Karsten Schröder
Egon Bahr

KARSTEN SCHRÖDER

EGON BAHR

VERLAG ARTHUR MOEWIG

Originalausgabe
Copyright © 1988 by Verlag Arthur Moewig GmbH, Rastatt
Alle Rechte vorbehalten
Umschlagentwurf und -gestaltung: Werbeagentur Zeuner, Ettlingen
Umschlagfoto: dpa
Textbearbeitung: Joachim Peters
Verkaufspreis inkl. gesetzl. Mehrwertsteuer
Gesetzt aus der Aldus-Buchschrift
bei Utesch Satztechnik GmbH, Hamburg
Druck und Bindung: Mohndruck Graphische Betriebe GmbH
Gütersloh
Printed in Germany 1988
ISBN 3-8118-1040-5

Inhalt

Vorwort

„Er sieht aus wie eine blasse Eule, kleidet sich wie ein kleinstädtischer Leichenbestatter, und wenn man ihn fragt, wie es ihm gehe, seufzt er spöttisch und zitiert aus einem Zoologiebuch: ‚Mühsam ernährt sich das Eichhörnchen.'" So stellte das amerikanische Nachrichtenmagazin *Newsweek* im Juli 1973 seinen Lesern unter der Überschrift „Das Eichhörnchen der Ostpolitik" den sozialdemokratischen Politiker Egon Bahr vor. Weder an eher wohlgesonnenen Etikettierungen noch an gehässigen Charakterisierungen mangelt es in der Bundesrepublik, wenn der Name Egon Bahr fällt. Mit ihm verbinden viele Bundesbürger, die diese Zeit noch in Erinnerung haben, das 1963 geprägte Schlagwort vom „Wandel durch Annäherung" und den spektakulären Moskauer Vertragsabschluß im Jahre 1970, der eine Serie ostpolitischer Verträge unter der sozialliberalen Koalitionsregierung Brandt/Scheel eröffnete.

Egon Bahr, wie kaum ein anderer Politiker der Bundesrepublik umstritten, seit er es wagte, die festgefahrenen Bahnen der Politik zu verlassen, bekam seither auch die Kehrseite des Erfolgs deutlich zu spüren. Sein Name ist für nicht wenige zu einem Reizwort und Inbegriff der Polarisierung geworden. In konservativen Kreisen wird bis heute das schillernde Bild eines „zwielichtigen, trickreichen Verräters" gepflegt, der in konspirativen Verhandlungen mit Kommunisten „Deutschlands Ehre um ein Linsengericht verkauft hat". Mit angeblichen „Enthüllungen" wurde ein vielstimmiges Kesseltreiben inszeniert, doch keiner der abwegigen und abenteuerlich klingenden Vorwürfe hielt einer kritischen Prüfung stand, die Kampagnen brachen schließlich in sich zusammen.

Das vorliegende Buch beschreibt den journalistischen und politischen Lebensweg von Egon Bahr, dem „Designer" der Ostpolitik. Bislang liegen lediglich unzählige Presseartikel und vereinzelte Aufsätze über den sozialdemokratischen Politiker vor, die zwar alle, durch die jeweilige Tagesaktualität bedingt, Ausschnitte seiner politischen Aktivitäten reflektieren, aber keine Gesamtdarstellung vermitteln.

Bei der chronologisch angelegten Beschreibung von Leben und politischem Werk Egon Bahrs mußte freilich eine Beschränkung auf jene Phasen und Stationen seines Lebens erfolgen, die die Entwicklungslinien besonders markant hervortreten lassen. Die für einen allgemein politisch interessierten Leserkreis bestimmte Biographie konzentriert sich daher aus Gründen der Lesbarkeit nicht auf die Darstellung bestimmter Detailfragen.

Für einen mit der Problematik der Ost- und Deutschlandpolitik vertrauten Experten, Zeitgeschichtler oder Völkerrechtler dürfte die Lektüre kaum neue, wissenschaftlich verwertbare Erkenntnisse vermitteln. Der vorliegende Überblick über Egon Bahrs politisches Denken und Handeln dürfte aber auch ihnen bei der Bewertung der gesamten Persönlichkeit des SPD-Politikers von Nutzen sein.

Egon Bahr hat sich, trotz zahlreicher Termine und Verpflichtungen, die Zeit zu mehreren längeren Gesprächen mit dem Autor genommen und dabei kaum eine Frage unbeantwortet gelassen. Ausnahmen mußte der immer noch in Ost-West-Fragen engagierte Politiker freilich bei einigen Aspekten machen, die noch lebende Zeitzeugen und politische Persönlichkeiten betreffen.

Egon Bahr sieht sich selbst derzeit nicht in der Lage, Memoiren oder Erinnerungen zu schreiben, weil sie nach seinem Ermessen seinen eigenen Ansprüchen auf Vollständigkeit nicht genügen könnten. Außerdem, so gibt er verschmitzt zu erkennen, fühle er sich noch nicht in dem dafür „angemessenen Alter". Es wird also noch einige Zeit verstreichen, bevor der Lebensbericht dieses Politikers aus seiner eigenen Feder in Druck geht. Bis dahin mag diese Biographie eine seit langem bestehende Lücke schließen und ein bei vielen politisch Interessierten vorhandenes Informationsbedürfnis befriedigen.

Wir danken Herrn Günter Grass für die Erlaubnis, die Bahr-Laudatio abzudrucken, die er im Januar 1973 aus Anlaß der Verleihung des Friedenspreises der „Freda-Wüsthoff-Stiftung" für Egon Bahr in der Bonner Universität gehalten hatte. Eine Überarbeitung des Textes schien Günter Grass wenig sinnvoll, „zumal ja auch Egon Bahr sich nur ungern rückblickend kommentiert, sondern – wie ich – nach Schneckenart weitermacht".

Bei der Abfassung des Manuskripts habe ich von vielen Seiten hilfreiche Unterstützung erfahren. Dank sei an dieser Stelle all denen gesagt, die mit bei der Materialsuche geholfen haben, insbesondere den Damen und Herren der Pressedokumentation des Deutschen Bundestages, des Bundespresseamtes, der Friedrich-Ebert-Stiftung und des Archivs im Erich-Ollenhauer-Haus. Herrn Bodo Buhse, wissenschaftlicher Mitarbeiter in Egon Bahrs Bundestagsbüro, bin ich nicht nur für stets hilfreiche Auskünfte dankbar, er hat mir auch mit weiterführenden Hinweisen sehr geholfen. Frau Anne Mentis hat das Manuskript in seinen verschiedenen Phasen und Versionen sorgfältig und zuverlässig in Druckfassung erstellt und darüber hinaus die Fertigstellung des Buches mit ihrer motivierenden Art und Weise zu beschleunigen versucht. Mit besonderer Dankbarkeit blicke ich auf die Unterstützung meines Bonner Journalisten-Kollegen Rudolf Schwinn zurück, der diese Arbeit mit großem Interesse betreut und durch wertvolle Anregungen gefördert hat.

Bonn, im September 1988

Erstes Kapitel

Kindheit und Jugend

Wenige Kilometer von der innerdeutschen Grenze entfernt – auf dem Gebiet der DDR, zwischen Eisenach und Langensalza – liegt an der Werra das Städtchen Treffurt. Viel gibt es über diesen Ort mit seinen rund dreitausend Einwohnern nicht zu berichten. Einige stattliche Fachwerkhäuser mit hohen Giebeln, Erkern und Steinportalen sind am Marktplatz um ein Rathaus, einen Renaissancebau, gruppiert. Das interessanteste Baudenkmal von Treffurt sind die Ruinen der Burg Normannstein, die von beherrschender Höhe den Werra-Übergang an der alten Siedlung im Tale schützte. Heute haben sich in der thüringischen Kleinstadt eine Reihe von Industriebetrieben angesiedelt; die Treffurter Tabakfabrik ist der größte Zigarettenhersteller in der DDR.

In Treffurt wurde – so weist seine Geburtsurkunde aus – am 18. März 1922 Egon Karlheinz Bahr geboren, einziger Sohn einer Lehrerfamilie. Der Vater Karl Bahr war gebürtiger Schlesier, die Mutter Hedwig stammte aus dem westpreußischen Posen.

Wenige Wochen nach der Geburt, am 16. April, trat ein Ereignis ein, das den gemäßigt national denkenden Vater mit Genugtuung erfüllte: Der Rapallo-Vertrag wurde paraphiert. Am 4. Juli im Reichstag ratifiziert, eröffnete er dem Deutschen Reich erste außenpolitische Operationsmöglichkeiten. Dieser Vertrag, am Rande einer Reparationskonferenz der westlichen Siegermächte in Genua heimlich mit der Sowjetunion geschlossen, hatte die Wiederaufnahme der diplomatischen Beziehungen und den wechselseitigen Handel zum Inhalt. Dennoch wurde er von den Westmächten als Brüskierung aufgefaßt. Auch die Mehrheit der Sozialdemokraten, selbst Reichspräsident Ebert, war vom raschen Abschluß dieses Vertrags überrascht; viele empfanden das Zustandekommen einer Verständigung mit der Sowjetunion als verfrüht. Schließlich hatten die Befürworter dieses Vertrages auch daran gedacht, mit der Sowjetunion im Rücken den Versailler Friedensvertrag nachträglich „korrigieren" zu können – eine Hoffnung, die etwa der deutsche Botschafter in Moskau, Graf Brockdorff-Rantzau, hegte. Seit diesem spektakulären Vertragsabschluß mit der Sowjetunion, der zum Symbol einer Schaukelpolitik zwischen Ost und West („Geist von Rapallo") erklärt wurde, mußten deutsche Politiker, die in Moskau Verträge aushandelten, sich stets gegen westliche Verdächtigungen einer Neuauflage der „Rapallo-Politik" zur Wehr setzen. Viele Jahre nach Rapallo sollte dies auch Egon Bahr widerfahren, der im Jahr der Ratifizierung des Rapallo-Vertrags geboren wurde.

Die politischen Ereignisse in der Reichshauptstadt wurden vom politisch interessierten Lehrer Bahr im thüringischen Treffurt recht genau verfolgt, während die Mutter eher „unpolitisch" war.

An die Stadt, in der er geboren wurde, hatte Egon Bahr bis vor wenigen Jahren nur noch „ganz schemenhafte Erinnerungen", denn die Eltern zogen 1928 mit dem sechsjährigen Sohn nach Torgau.

Treffurt hat Egon Bahr erst nach über fünfzig Jahren wiedergesehen. Er hatte oft daran gedacht, einmal nach Treffurt zu reisen, um zu sehen, „wie weit die Erinnerungen noch übereinstimmen".[1] Als sein Name im Zusammenhang mit der neuen Bonner Ostpolitik auch in den DDR-Zeitungen genannt wurde, erinnerten sich manche alten Bürger in Treffurt wieder an die Familie des Lehrers

12

Bahr, die in den zwanziger Jahren in dem Werra-Städtchen gelebt hatte. Und mancher schrieb ihm. „Ich habe ganz rührend von Leuten, die ich natürlich gar nicht kannte, Bilder bekommen, sogar von meinem Geburtshaus", erinnerte er sich später.[2]

1984 erhielt Bahr endlich die Gelegenheit, seine Erinnerungen an Treffurt durch einen Besuch zu überprüfen. „Ich bin in den Ort hineingefahren und brauchte keinen Ortsführer, denn ich wußte, wo ich hinzufahren hatte. Freunde meiner Eltern hatten ein Sägewerk, das wußte ich noch genau, wo es war; ich bin dann zum Marktplatz gefahren, zum Bahnhof, zur Tabakfabrik. Und ich erinnerte mich noch genau, wie ich als kleiner Junge zugeschaut habe, wie die Frauen die Zigarren gerollt und in die Holzformen gelegt und gepreßt haben. Ich habe in dem Augenblick, in dem ich vor meinem Geburtshaus stand, gegenüber ein Haus wiedergesehen, in dem damals ein Bauer wohnte, das schon deshalb unvergeßlich war, weil sich in der Küche an einer Wand ein Holzschieber befand. Den konnte man aufschieben und die Kühe direkt aus der Küche füttern. Das war auch deshalb unvergeßlich, weil manchmal die Kuh mit dem Kopf in die Küche guckte. Und ich habe dort auch Schlachtfeste mitgemacht, leckere Wurstsuppe gekostet, die in einem großen Kessel gerührt wurde. Und ich hatte an den Namen dieser Familie natürlich nie mehr gedacht bis zu dem Augenblick, als ich da nach fünfundfünfzig Jahren wieder stand. Da lehnte ein Mann in der Toreinfahrt, und ich bin auf ihn zugegangen, habe gefragt: ‚Wohnte hier nicht früher eine Familie Urban?' Der Mann antwortete mit tiefer Stimme: ‚Ich heiße Urban.' Es war sehr bewegend. Den einzigen Weg, den ich nicht kannte, war der Weg auf den Normannstein, denn da sind wir früher immer hingelaufen, und ich wußte nicht, wie man nun mit dem Auto dorthin kommt. Auf dem Weg wieder herunter bin ich dann an einem Fahrradfahrer vorbeigefahren, und der rief: ‚Anhalten, anhalten!' Ich hielt, er stieg ab und sagte: ,Herr Bahr, daß ich Sie noch einmal sehe. Ich bin doch als Junge bei Ihrem Vater in die Schule gegangen und habe doch bei Ihrem Umzug geholfen. Sie sind 1928 aus Treffurt weggemacht.' Also, ich hab' noch sehr lebhafte Erinnerungen, die ich 1984 aufgefrischt habe."

Für zehn Jahre, von 1928 bis 1938, wurde Torgau der nächste Wohnort der Familie Bahr. An diese Stadt an der Elbe, die mit Treffurt kaum zu vergleichen war, hat Egon Bahr markante Erinnerungen. Er selbst verbindet mit ihr „auch ein Stück Heimatgefühl, und zwar nicht nur, weil man dort groß geworden ist, sondern weil es in Torgau eine Reihe von Faktoren gab, die interessant geblieben sind".[3] Die Kreisstadt an der Elbe mit ihren vielen imposanten Renaissance-Häusern, dem Schloß Hartenfeld aus dem sechzehnten Jahrhundert − „Fürwahr, eine recht kaiserliche Burg!" soll Kaiser Karl V. gestaunt haben − sowie der sehenswerten Stadtkirche haben den Schüler bei seinen Streifzügen immer wieder beeindruckt. Er erinnert sich an Torgau als an eine Stadt, „die preußische Traditionen in besonderem Maße gepflegt hat und die eine starke evangelische Tradition hat. Die Schloßkirche in Torgau, von Martin Luther geweiht, ist die erste evangelische Kirche der Welt gewesen, in der es auch zu meiner Zeit noch eine ungewöhnlich interessante Orgel mit Kupferpfeifen aus dem späten Mittelalter gab".[4] Diese Kirche hat ihn fasziniert, doch hat ihn weniger der reformatorische Gottesdienst als vielmehr die sakrale Musik in den Bann gezogen.

Bereits im Elternhaus hatte sein Vater ihn mit einem Musikinstrument bekannt gemacht: dem Klavier. „Ich fing früh an zu klimpern und habe eigentlich Klavierspielen von meinem Vater gelernt. Es kam kein Musiklehrer ins Haus, denn das hat mein Vater alles allein gemacht. Und wir haben auch vierhändig gespielt, leichte Sonatinen von Diabelli."

Mit Begeisterung sang Egon Bahr im Johann-Walter-Chor, einem Kirchenchor, der bereits während der Reformationszeit gegründet worden war. Der Chorleiter, gleichzeitig sein Musiklehrer, hat ihn in den Kirchenchor geholt. „Der hat von neuen Sextanern, die da kamen, für den Chor immer welche ausgesucht, wenn sie gut singen konnten. So bin ich in den Kirchenchor gekommen, und es hat mir irrsinnigen Spaß gemacht." Der Chorgesang hat ihm im übrigen nicht nur Spaß gemacht, der Junge konnte damit auch sein Taschengeld aufbessern: „Fünf Mark bekam ich jedes halbe Jahr aus einer Stiftung fürs Mitsingen, das war mein erstes selbstverdientes Geld." Etliche Jahre behielt er seinen Platz im Kirchenchor, denn „ich mußte nie aufhören mit dem Singen, weil ich ohne Stimmbruch langsam vom Sopran über Alt und Tenor zum Baß wechseln konnte".[5] Egon Bahr erinnert sich heute noch mit Begeisterung an die Stunden im Kirchenchor: „Wir haben alte Chorsätze von Schütz gesungen und die Missa Solemnis aufgeführt, aus der ich heute noch ganze Passagen auswendig weiß."[6]

Die Bedeutung, die die Musik für ihn hat, wird deutlich, wenn er auf die alljährlichen Aufführungen von Bachs Weihnachtsoratorium zu sprechen kommt: „Das hat mir sehr viel gegeben für das ganze Leben. Ohne das, was an Grund gelegt worden ist damals von meinem dortigen Musiklehrer, der außerdem ein sehr guter Komponist war, hätte es wahrscheinlich nie mein wirkliches Hobby gegeben, nämlich die Musik. Und das verbindet einen dann eben mit Torgau."[7]

Bahr besuchte in der Elbstadt freilich nicht nur den Kirchenchor, sondern auch die Schule. Nach dem Besuch der Volksschule wechselte er 1932 auf das nach dem Ersten Weltkrieg errichtete Mackensen-Gymnasium. Der Schulname wies nicht zufällig auf ferne Zeiten hin, schließlich war auch Torgau von preußischer Geschichte nicht unberührt geblieben: Es gehörte seit 1815 zu Preußen. Zu den historischen Ereignissen, die nicht nur in der Stadtchronik zu einer bleibenden Eintragung fanden, fällt Egon Bahr als Resümee ein: „Der Alte Fritz, der dort fast eine Schlacht verloren hätte, wenn sie eben Ziethen nicht gewonnen hätte, ist dabei nicht so wichtig. Auch daß Torgau dann noch länger verteidigt wurde von den Franzosen, als die Völkerschlacht bei Leipzig, das ja bekanntlich weiter westlich liegt, schon verloren war, war nicht so wichtig. Und daß sich dort einmal die Amerikaner mit den Russen treffen würden, 1945, hat damals niemand vorausahnen können."[8]

In der Festungsstadt Torgau befand sich aus der preußischen Zeit auch eine Kavalleriekaserne. Dort war das traditionsreiche Reiterregiment Nr. 10 untergebracht, mit dem Egon Bahr noch lebhafte Erinnerungen verknüpft: „Die haben gelegentlich Treibjagden gemacht, und die Jungen durften dann danach die Pferde derer, die in die Kutschen gestiegen waren, nach Hause in die Ställe reiten. Das war eine tolle Sache!"

Der Torgauer Gymnasiast absolvierte ohne große Mühe die einzelnen Schulklassen. Am Sportunterricht fand der begabte Schüler wenig Gefallen, doch dafür kam er mit den klassisch-humanistischen Fächern um so besser zurecht. Deshalb hatte der Lateinlehrer auch wenig Bedenken, Egon Bahr wegen der Proben im Kirchenchor gelegentlich vom Unterricht zu befreien. Der Lehrersohn hat seine Schuljahre auf dem Gymnasium – sowohl in Torgau als auch anschließend in Berlin – denn auch in überaus positiver Erinnerung. „Ich habe, was man eine klassische Bildung nennt, genossen, also humanistisches Gymnasium, und zwar wirklich mit dem allergrößten Vergnügen genossen, nicht was die griechischen Vokabeln anging, wohl aber die Möglichkeit, Originaltexte zu lesen."[9]

Bahr hat die Schule nicht als „Paukerei" in Erinnerung, die sich im Laufe der Jahre anekdotisch verklärt, sondern als einen Ort, wo er die Dimension von Geschichte erfahren, den Wert des historischen Vergleichs erfassen konnte. Die Auseinandersetzung mit Texten von Platon, Aristoteles, Sokrates, Cicero und Seneca, das gelegentlich mühsame Übersetzen von Passagen aus Cäsars Gallischem Krieg oder Thukydides' Darstellung des Peleponnesischen Krieges – all das hat ihn tief in seinem politischen und moralischen Empfinden geprägt. Schließlich geht es bei den antiken Autoren auch um Ethik, Wahrheit, um Krieg und Frieden, Kriegsverhütung, bedrohliche Aufrüstung und friedliche Schlichtung, um das Wohl des Staates und seiner Bürger. Der Brückenschlag zu dem, was Egon Bahr später zu seiner politischen Aufgabe machte, war hier bereits angelegt. „Die Auffassung, daß der einzelne einen Dienst zu leisten hat für die Res publica, also für die öffentlichen Dinge, für die Allgemeinheit, und daß er nicht dazu da ist, um ein möglichst gutes Leben auf Kosten der Gemeinschaft zu führen, gehört zu den Grundsätzen, die ich meiner Erziehung zu verdanken habe... Wer die Fähigkeit besitzt, einen Dienst zu leisten, hat die Pflicht dazu, im Gegensatz zu anderen, die weder die Möglichkeit noch die Fähigkeit oder Gelegenheit dazu haben. Diese Überzeugung hat sich aus dem, was man humanistische Bildung nennt, aus der Mischung von griechischem und römischem Denken gegenüber dem Staat und der Allgemeinheit für mich ergeben und war für mein Handeln immer ein starkes Motiv."[10]

Nicht zuletzt in diesem protestantisch-preußischen, klassisch-humanistischen Umfeld lokalisiert Egon Bahr auch die Quelle seines späteren sozialdemokratischen Denkens. Und von den immer wieder zitierten sogenannten preußischen Tugenden, die bereits dem Schüler nahegebracht wurden, nennt Egon Bahr besonders drei, die ihn geprägt und sein späteres Handeln bestimmt haben: „Mehr sein als scheinen, Unbestechlichkeit und einer Sache dienen."

Während seiner Schulzeit erlebte der Gymnasiast zwar noch die letzten Jahre der Weimarer Republik und den Machtantritt der Nationalsozialisten, aber er war noch zu jung, um diese politischen Vorgänge zu begreifen. Was konnte es auch den Zwölfjährigen schon angehen, daß in der fernen Reichshauptstadt die Nazis alle politischen Parteien und Gewerkschaften verboten und ihr diktatorisches Regime errichteten. Jugendliche seines Alters, und da machte auch Egon Bahr keine Ausnahme, unterhielten sich in den Schulpausen und auf dem Weg nach Hause viel lieber über Winnetou – „Ich war ein begeisterter Karl-May-Leser" – als über Politik.

Dieses Thema wurde auch im Elternhaus nur ungern aufgegriffen. Der Vater, Beamter im Staatsdienst, war vorsichtig genug, den Sohn nicht allzu frühzeitig gegen die braunen Machthaber einzunehmen. Vorlaute, gar kecke Reden des Schülers hätten die Familie gefährden können. Parteipolitische Diskussionen wurden im Kreis der Familie kaum geführt. Gleichwohl ließ der Vater seine tiefe Verachtung gegenüber den Nazis erkennen. Als er schließlich 1933 im Familienkreis äußerte, mit Hitler werde es Krieg geben, konnte dies den Sohn lange Zeit nicht recht überzeugen. Egon Bahr erinnert sich daran: „Er war ein kluger Mann, den ich natürlich mit der Skepsis gegenüber der älteren Generation sah. Und außerdem haben wir ja gesehen, 1934/1935, es gab gar keinen Krieg, er hatte gar nicht recht. Und zwei Jahre sind für einen jungen Menschen eine schrecklich lange Zeit. Im Gegenteil, 1936 kamen alle aus dem Ausland nach Berlin und machten ihren Hofknicks oder Diener vor Adolf dem Großen, was damals meinen Vater übrigens sehr getroffen hat wie viele andere auch."[11]

Als Heranwachsender trug Egon Bahr mit seinem Vater wie jeder Junge Dispute und Konflikte aus, doch gab es nie tiefe Verstimmungen oder bleibende Entfremdung. Rückblickend erinnert sich Egon Bahr in bezug auf sein Elternhaus „an viele Dinge gern und an viele nicht gern. Gespräche, Weihnachtsfeiern, Sonntage, wundervoll! Aber es war da auch eine Atmosphäre der Enge, die zum Teil auch durch die politischen und wirtschaftlichen Gegebenheiten bedingt war. Mein Vater war Lehrer. Also, wir litten nicht Not. Aber es herrschte doch eine gewisse Kleinbürgerlichkeit. Der Gedanke, dahin zurückzukehren, ist für mich unwirklich fremd".[12]

Als Gymnasiast blieb Egon Bahr in allgemeiner Distanz zu den Nazis und weigerte sich auch beharrlich, der Hitlerjugend beizutreten. Andererseits verfehlte manche von nachhaltiger Propaganda flankierte Aktion der Nazis nicht ihre Wirkung auf den Gymnasiasten. „Alles, was ich damals erlebt habe, die Rheinlandbesetzung, die Wiedereinführung der allgemeinen Wehrpflicht, erlebte ich als etwas, worauf man stolz sein konnte."[13]

In den folgenden Jahren bekam er freilich bald zu spüren, wie richtig sein Vater mit seinen Befürchtungen lag. „Als es dann 1939 soweit war, daß mein Vater recht bekam, der angenommen hatte, es würde schon 1938 mit Österreich nicht so glattgehen, da wurde dieses Gefühl, er hat recht, eigentlich überlagert durch das andere: Wir haben gewonnen. Wir haben ganz schnell gewonnen. Wir haben 1939 die Fehler von 1914 nicht wiederholt; es hat auch mit Frankreich geklappt. Erst in dem Augenblick, als ich an einem Sonntag, meine Eltern waren nicht da, zum ersten Mal im Radio die Sonderfanfare Rußland hörte, im Juni 1941 also, da habe ich die Ahnung gehabt, mein Vater hat recht. Es bedeutete nicht nur einen weiteren, neuen Krieg, sondern es bedeutete den Verlust des Krieges, den mein Vater vorausgesagt hatte in dem Augenblick, als er anfing."[14]

Zu diesem Zeitpunkt waren Egon Bahr schon längst die Augen über die Wirklichkeit des Regimes geöffnet worden. Er erfuhr, wie engste Familienangehörige von der Gestapo verfolgt und verhaftet wurden. Er erinnert sich viel später, „wie ein Onkel ins KZ wanderte, weil er gesagt hatte, das geht zum Krieg, wir halten keine Verträge, und der andere Onkel ins KZ gewandert ist, weil er eben ohnehin mitgenommen wurde, und der dritte Onkel ausgewandert ist. Und ich werde nie den Tag vergessen, als der eine von ihnen aus dem KZ kam – ich weiß nicht mehr, in welchem Jahr das war – und innerhalb von vierundzwanzig Stunden das Land verlassen mußte. Er hatte eine Ausreise- und Aufenthaltsgenehmigung für Shanghai, und ich durfte mitgehen auf den Anhalter Bahnhof. Ich erinnere mich noch, mein Vater schickte mich zur Seite, nachdem ich ihm guten Tag gesagt hatte, dem Onkel Kurt, und erschrocken war, weil er abrasiert und kahlgeschoren war und weil die beiden Goldzähne, die ich so bewundert hatte, bei ihm fehlten."[15]

Die Eltern Egon Bahrs waren vom Rassenwahn der Nazis auch direkt betroffen. Aus der Haltung, die der Vater in dieser bedrohlichen Situation einnahm und konsequent durchhielt, leitet der Sohn dann auch eine „ganz besonders tiefe Neigung" zu seinem Vater ab, „weil er, wie ich glaube, sagen wir mal, menschlich mit meiner Mutter Schwierigkeiten hatte und dennoch, soweit ich das weiß oder gesehen habe, nicht eine Sekunde schwankend gewesen ist, das Naheliegende oder das Bequeme zu tun, sich nämlich von ihr zu trennen. Es wäre für ihn leichter gewesen. Meine Mutter kam aus einem jüdischen Haus, das zwar nicht orthodox war, sondern den Weg der Assimilation gegangen war. Aber man hatte meinem Vater nahegelegt, sich scheiden zu lassen. Dann hätte er seine Beamtenstellung behalten. Aber er hat sich statt dessen vom Amt getrennt und hat den für ihn sehr mühsamen Weg des kaufmännischen Angestellten in einem Berliner Industriebetrieb gewählt. Wir konnten nicht in Torgau bleiben. Dort gab es für ihn nichts mehr zu tun."[16]

Dies geschah 1938, im Jahr der „Reichskristallnacht". Die Zwangspensionierung hat den Vater schwer getroffen, „denn er war mit Leib und Seele Lehrer. Mein Vater hatte noch ein Medizinstudium nachgeschoben und war dann, was man damals Hilfsschullehrer nannte, d. h. Lehrer für schwererziehbare Kinder geworden. Und er war ein begnadeter Pädagoge, d. h. er hatte die Fähigkeit, Menschen, auch wenn sie nur begrenzt aufnahmefähig waren, etwas beizubringen und jede Sonderbegabung zu fördern."

Außer dem Klavierspielen hatte Egon Bahr von seinem Vater damals noch etwas nur durch Zuhören gelernt: „Mein Vater hat in der Heeresfachschule in Torgau Stenografie unterrichtet, und ich habe gebeten, ob ich da mit hingehen darf. Ich habe mich dann in die Ecke gesetzt, nur still zugehört, mit dem Ergebnis, daß ich schon als Sextaner oder Quintaner fließend Stenografie schreiben konnte. Ich habe bis heute nichts davon verlernt."

Nachdem der Vater aus dem Schuldienst entlassen worden war, zog die Familie nach Berlin, wo Verwandte der Mutter wohnten. Noch drei Jahre mußte Egon Bahr im Friedenauer Gymnasium am Maibachufer die Schulbank drücken, bevor er 1941 das Abiturzeugnis (Geschichte „gut" und Deutsch „sehr gut") erhielt. Doch der neunzehnjährige Abiturient konnte sich nur kurze Zeit auf das vermeintlich sich nähernde Musikstudium freuen. Wegen einer jüdischen Großmutter wurde Egon Bahr nicht zum ersehnten Studium zugelassen. Das hat den Neunzehnjährigen zwar sehr getroffen, gekränkt hat ihn aber vor allem die Diskriminierung seiner Großmutter, zu der er ein inniges Verhältnis hatte. Für den wegen des „nicht reinrassischen" Familienstammbaums von der Universität ausgeschlossenen Abiturienten gab es dann nur noch die Möglichkeit, eine Lehre anzufangen.

Den Start ins Berufsleben hatte sich der musisch begabte Lehrersohn anders vorgestellt. Daß er nicht zum Musikstudium zugelassen wurde, machte ihn zwar „traurig", er tröstete sich aber mit dem Gedanken, „das dauert hier mit dem Dritten Reich nur noch kurze Zeit, und danach sehen wir weiter. Ich habe das Verbot so ernst eigentlich nicht genommen." Dem Vater kam die Zurückweisung gar nicht so ganz ungelegen. „Mein Vater war eigentlich immer dagegen, sagte, das sei ein brotloser Beruf, mach irgend etwas anderes und bewahre dir die Musik als etwas, das du zu deiner Freude machen kannst, aber nicht machen mußt, um Geld zu verdienen." Und aus heutiger Sicht, meint Egon Bahr schmunzelnd, „gibt es unter meinen politischen Gegnern einige, die mindestens so wie ich bedauern, daß es mit dem Musikstudium nicht geklappt hat".

Er folgte den Fußstapfen des Vaters, der bereits zwei Jahre zuvor zur beruflichen Umschulung gezwungen worden war, und bekam in Berlin bei Rheinmetall-Borsig eine Stelle als Volontär für die Ausbildung zum Industriekaufmann. Ohne Enthusiasmus durchlief er die verschiedenen Abteilungen – Stahlwerk, Magazin, Einkauf, Verkauf – und absolvierte die kaufmännische Lehre. Viel Zeit blieb ihm indes nicht, sich an die neue Ausbildungs- und Arbeitsstätte zu gewöhnen: Die Wehrmacht brauchte nach Kriegsausbruch bald immer mehr Soldaten.

Im Jahre 1942 wurde Egon Bahr als Soldat eingezogen – zu einer Zeit, da der Krieg „nach meinem Gefühl verloren" war. Egon Bahr entschied sich, freiwillig seinen Wehrdienst bei der Luftwaffe abzuleisten, „weil ich es im Prinzip besser fand zu fliegen, als zu laufen".

Doch diese Hoffnung erfüllte sich nicht. „Zu unserer großen Enttäuschung wurden wir plötzlich eines Nachts herausgeholt und nach einer schrecklichen infanteristischen Grundausbildung, einer richtigen Schleiferei, nach Rendsburg gebracht. In Rendsburg wußte man nichts mit uns anzufangen. Nachdem wir dort zwei oder drei Wochen gelegen hatten, wurden uns die gelben Fliegerspiegel gegen die roten Flakspiegel ausgetauscht. Wir wußten gar nicht, was das zu bedeuten hatte. Erst viel später haben wir erfahren, daß man Leute für die Flak gebraucht hatte, um Panzer zu knacken. Und dafür hat man uns, die unausgebildeten Flieger, genommen. Da hieß es dann, die Abiturienten links raus, und dann kamen wir zu einem Offiziersbewerberlehrgang nach Zingst auf dem Darss. Dann war ein Jahr um. Und dann kam ich nach Neubiberg bei München zum Kraftfahrlehrgang, Führerschein I, II und III. Danach erhielt ich den Marschbefehl für den Mittelabschnitt in Rußland. Wir haben damals nur ,Rußland', nie ,Sowjetunion' gesagt. Als Deutschland in das unbesetzte Frankreich einmarschierte, wurden zwanzig Mann von uns gebraucht. Der Buchstabe B liegt am Anfang des Alphabets, also wurde mir der Marschbefehl nach Rußland abgenommen, und ich bekam einen an die Frontleitstelle Brüssel. Von dort sollten wir mit unserer Gruppe von drei oder vier Mann, die mir als Kommandoführer anvertraut worden waren, nach Dieppe. Die Flaktruppe Dieppe, so fanden wir, sei am besten über Paris zu erreichen. In Paris angekommen, stellten wir fest, daß der einzige Zug nach Dieppe den Bahnhof in einer Dreiviertelstunde verlassen würde, und wir beschlossen, ihn zu verpassen. Dadurch konnten wir einen Tag lang Paris erleben, das wir zum erstenmal sahen an diesem Tag. Als wir die Champs-Élysées entlanggingen, hatte ich das erwähnte Gefühl des Zweifels. In Dieppe wurden wir aufgeteilt. Ich kam in eine Batterie, die am Rande des Flugplatzes von Abbéville lag. Danach wurde ich zum Unteroffizier befördert und kam zur Luftkriegsschule 6, LKS VI, nach Kitzingen am Main, um dort die Grundbegriffe von Strategie und Taktik zu lernen."[17]

Die Wehrmachtszeit des Sohnes bedeutete für die Familie Bahr auch 'eine gewisse Form von Sicherheit, denn „die Uniform war der beste Schutz". Gleichwohl ergab sich die „skurrile Situation", erzählt Egon Bahr, daß die Mutter, derentwegen der Vater entlassen worden war, „im Prinzip unbehelligt in Berlin lebte. Allerdings hatte sie Nachteile, was die Zuteilung von Lebensmittelkarten betraf. Und ich bin dann eines Tages mit meiner Mutter in Uniform zum Lebensmittelamt gegangen, habe gesagt, ‚das ist doch unerhört', und dann hat sie auch eine normale Lebensmittelkarte bekommen. Insofern hat ihr die Uniform wirklich geholfen."

Zwar hatte Egon Bahr das Glück, wegen Lehrgangsaufenthalten vom direkten Fronteinsatz verschont zu bleiben, dennoch erinnert er sich an seine „Frontbewährung als Fahnenjunker", als er bei einer Abschußstellung der V I eingesetzt war. „Da haben wir Sturzkampfangriffe, Tieffliegerangriffe, Bombenangriffe, alles, was es so gab, über uns ergehen lassen müssen."[18]

Aber nicht nur in solchen gefährlichen Situationen hat er Ängste durchlebt; auch ohne Fronteinsatz oder Tieffliegerangriffe konnten Soldaten in Situationen geraten, da eine Entscheidung gegen den Befehl und für das Gewissen das eigene Leben gefährden konnte. Eine derartige Entscheidung ist Egon Bahr zwar erspart geblieben, doch er hat trotzdem während seiner Soldatenzeit etwas unternommen, was nach den damaligen Vorschriften des Kriegsrechts strengstens verboten war. Egon Bahr erinnert sich an diese Begebenheit: „1943 bin ich durch reinen Zufall in einer französischen Bauernfamilie aufgenommen worden – und das waren ja Feinde –, von denen ein Sohn in deutscher Kriegsgefangenschaft war. Er arbeitete in einem Werk in der Nähe von Berlin. Ich empfand es als unmenschlich, daß die Familie ihm nicht schreiben konnte ohne Kontrolle, und selbst dann nur einmal in vier Wochen eine Karte. Einen unkontrollierten brieflichen Kontakt zwischen Sohn und Familie habe ich dann über meine Eltern organisieren können. Ich habe es aber nicht als einen Konflikt zwischen Befehl und Gewissen empfunden, sondern einfach als eine Hilfe für Menschen, einen brieflichen Kontakt zwischen Eltern und Sohn herzustellen. Es machte mir nur die Diskrepanz zwischen dem einzelnen und dem sogenannten großen Ganzen deutlich."[19]

Während dieser Akt der Menschlichkeit unentdeckt blieb, wurde in der Heimat erneut eine Nazi-Behörde auf Egon Bahrs nicht-arische Großmutter aufmerksam. Wer aus solchen Familienverhältnissen stammte, war in den Augen der braunen Machthaber „wehrunwürdig". Diese Entdeckung führte zwangsläufig zur Entlassung aus der Wehrmacht.

Wie dieser Vorgang sich abgespielt hat, schildert Egon Bahr: „Eine Tages erhielt ich einen Brief von meinem Vater, in dem stand, das Gau-Sippenamt habe mitgeteilt, daß meine Großmutter nicht arisch sei. Ich habe mich daraufhin bei meinem Kommandeur gemeldet, mit Stahlhelm und sauberen Fingernägeln, wie sich das gehört, und habe Meldung erstattet. Er hielt das für eine große Schweinerei und suspendierte mich vom Dienst... Es gab ein Kriegsgerichtsverfahren wegen versuchten Einschleichens in die Wehrmacht. Das Kriegsgerichtsverfahren ist aber niedergeschlagen worden, und das im Jahre 1944, zu einem Zeitpunkt, als die Nazis nicht pingelig waren mit dem Verhängen von drakonischen Strafen. Daß mein Verfahren niedergeschlagen wurde, verdanke ich hauptsächlich den hervorragenden Berichten aller Offiziere in der Kriegsschule. Unter den Offizieren in Kitzingen war nur ein einziger, von dem alle wußten, das ist ein richtiger Nazi, die anderen waren es nicht. Aber es ist auch noch aus einem anderen Grund niedergeschlagen worden: Es war ein entsprechender Vermerk über meine Familie mütterlicherseits in meiner Wehrmachtsstammrolle, die ich von Dienststelle zu Dienststelle mitgeschleppt hatte. Es stellte sich nun heraus, daß keine einzige Dienststelle in meine Wehrstammrolle geguckt hatte, und deshalb konnte mir daraus kaum ein Vorwurf gemacht werden. Ich bin dann zurücktransportiert worden zu meiner Stammdienststelle, dem Offiziersbewerberregiment in Zingst, und von dort unter Aberkennung aller Beförderungen in die Nähe von Spandau zur Entlassung gekommen. Ich sollte am 20. Juli 1944, dem Tag des Attentats auf Hitler, als ‚Fritz Pumpelmus' entlassen werden, aber an diesem Tag wurde natürlich niemand entlassen. Ich bin dann, nachdem sich diese Sache beruhigt hatte, ein paar Tage später entlassen und dienstverpflichtet worden zu Rheinmetall-Borsig nach Berlin-Tegel. "[20]

Seine unehrenhafte Entlassung aus der Wehrmacht ist später oft als ein prägendes Erlebnis Bahrs interpretiert worden; man vermutete, die Verletzung seines Nationalgefühls habe sein späteres Denken und Handeln maßgeblich beeinflußt. Von Willy Brandt wird in diesem Zusammenhang der Satz zitiert: „Egon trägt schwer an dieser Geschichte. Das Kriegsgeschehen kommt immer wieder in ihm hoch. "

Doch Egon Bahr will diesem Vorgang nicht die Qualität eines Schlüsselerlebnisses beimessen. Er wiegelte, in einem Interview darauf angesprochen, kurz und knapp ab: „Nein, dies ist es sicherlich nicht gewesen. "[21] Aber es hat sicher dazu beigetragen, „daß ich in relativ jungen Jahren politisch sehr bewußt geworden bin". Egon Bahr, froh darüber, glimpflich davongekommen zu sein, sah „nur noch ein Generalziel, das mein Vater mir gegeben hatte, an dem ich nun nicht mehr im geringsten zweifelte. Mein Vater hatte mir gesagt: ‚Junge, in einer solchen Situation mußt du sehen, daß du mit dem Arsch an die Wand kommst. Nichts sonst.' Die Schlußphase hieß überleben. "[22] Und das war nicht einfach.

Während Egon Bahr als Dienstverpflichteter in seine

alte Lehrfirma Borsig zurückkehrte, wurde sein Vater, der sich beharrlich weigerte, sich von seiner Frau zu trennen, Mitte 1944 von Himmlers „Aktion Mitte" in ein Arbeitslager der Organisation Todt gesteckt und war zunächst einfacher Fabrikarbeiter, später Munitionsschlepper. Mit Munition und Rüstungsgütern mußte sich auch Egon Bahr beschäftigen. „Bei Borsig habe ich dann im Stahlverkauf gearbeitet, ein Arbeitsplatz, der im Frieden die Sahne auf der Torte dieses Werkes war. Meine Aufgabe war die Verteilung von Läufen für Geschütze usw. auf die einzelnen Frontabschnitte. Es gab ja fast nur noch eine Rüstungsindustrie. Ich durfte zwar kein Gewehr mehr tragen, aber viele Gewehre und Geschütze verteilen, das durfte ich, weil ,Heldenklau' durch die Reihen gegangen und die Besetzung dort sehr dünne geworden war. Aber damals, im Herbst 1944, gab es nicht mehr viel zu verteilen, denn zu dem Zeitpunkt wurde das Großdeutsche Reich schon ziemlich klein."[23]

Wenn es auch nicht gerade Spaß gemacht hat, dienstverpflichtet zu arbeiten, so ist Egon Bahr dennoch stolz auf seine erfolgreich abgeschlossene Lehre als Industriekaufmann und erwähnt nicht selten, daß er auch heute noch „Siemens- und Martins-Öfen genau unterscheiden" kann. Aber noch aus einem anderen Grund hält er die Erinnerung an seine Zeit bei der Berliner Firma wach: In der Buchhaltung lernte der Zweiundzwanzigjährige die Sekretärin Dorothea Grob kennen, deren Vater von den Nazis umgebracht worden war. Zwölf Monate nach ihrer ersten Begegnung, im Sommer des Jahres 1945, fuhren sie gemeinsam mit der Straßenbahn zum Standesamt.

Vom thüringischen Treffurt über die Elbe-Stadt Torgau war Egon Bahr schließlich nach Berlin gekommen. Mit diesen Orten, den Landschaften im Osten Deutschlands, assoziiert er den Begriff Heimat. „Die flache Landschaft der Mittelelbe bei Torgau, Ostpreußen, Pommern,

Schlesien und Berlin, das waren Prägestöcke." Doch auf die Frage, wo er sich heute zu Hause fühlt, antwortet er ohne langes Nachdenken: „Wenn ich in Tempelhof lande, fühle ich, ich komme nach Hause. Das ist Berlin."[24]

Diese Stadt ist ihm trotz seines späteren Ortswechsels nach Bonn zur Heimat, zu einem Ort der Geborgenheit geworden. Hier hat er sein Abitur gemacht, eine kaufmännische Lehre abgeschlossen, als Dienstverpflichteter gearbeitet und eine Familie gegründet. Er kannte das Berlin der dreißiger Jahre, erlebte die Spree-Stadt in der Endphase des Dritten Reiches, von der am Ende des Krieges im Mai 1945 nur noch ein chaotisches Trümmerfeld übriggeblieben war. In diesem zerbombten Berlin mußte Egon Bahr wie die meisten Berliner erst einmal sehen, wie man in dieser Steinwüste das Überleben organisiert. „Es gab eine ganz fundamentale Einstellung: Überleben; die zweite Priorität: Fressen; dritte Priorität: Heizen; vierte Priorität: Fensterscheiben statt Pappe oder Holz, damit wieder Licht reinkommt, aber das war schon Luxus. Das war es, was die Menschen damals beschäftigte mit allem, was sie an physischer und psychischer Kraft aufbringen konnten."[25]

Es war die Zeit des Kohlenklaus und des Schwarzmarktes, des Improvisierens in der von Hungers- und Wohnungsnot gezeichneten Stadt. In diesen Wochen und Monaten nach Kriegsende versuchte auch Egon Bahr, sowohl sich und seine Familie – 1945 wurde sein Sohn Wolfgang geboren – durchzubringen als auch für seine Mutter zu sorgen; der Vater kam erst später aus der Gefangenschaft zurück.

Nun an das von den Nazis verhinderte Musikstudium zu denken wäre illusorisch gewesen – „Wer dachte im Mai 1945 schon daran, Musik zu machen?" –, und für einen gelernten Industriekaufmann gab es in der unmittelbaren Nachkriegszeit keinen Bedarf. Also mußte Egon Bahr beruflich ganz von vorn anfangen. Viel Zeit zur beruflichen Umschulung blieb nicht. „Ich mußte schlicht Geld verdienen, um das bißchen, was wir auf Lebensmittelmarken kaufen konnten, auch kaufen zu können. Und da habe ich mir gedacht, das machst du, indem du zur Zeitung gehst und Journalist wirst... Ich war im Deutsch-Aufsatz und in Geschichte schon immer sehr gut gewesen, von daher, fand ich, lag das sehr nahe."[26]

Für die nächsten zweiundzwanzig Jahre blieb Egon Bahr dem Journalistenberuf treu – dann stand ihm ein weiterer Berufswechsel bevor.

ZWEITES KAPITEL

Der Journalist

Der Entschluß des dreiundzwanzigjährigen Egon Bahr, den Lebensunterhalt durch journalistische Tätigkeit zu sichern, war mehr als mutig. Außer gefälligen Schulaufsätzen konnte er nichts vorweisen, was ihn für diesen Beruf empfohlen hätte. Doch seine Neigung war so stark, daß er den Versuch des beruflichen Neuanfangs wagte. Dabei half ihm sein früh ausgeprägtes Selbstbewußtsein. Später sagte Egon Bahr einmal im Hinblick auf seinen Lebensweg: „Ich hatte nie das Gefühl, besonders faul zu sein, und nie den Komplex, übermäßig dumm zu sein."[1]

Die Familie mit den Einkünften aus journalistischer Arbeit zu ernähren – diesem Wagnis lag zudem ein sehr spezielles Motiv zugrunde. Ein Motiv, das aus seinen Erlebnissen und Erfahrungen während der Nazi-Diktatur herrührte: „Ich hatte mir vorgenommen, wenn du das alles überstehst, wirst du alles tun, was du kannst, daß es nie wieder passiert, du wirst nicht einfach ein [rein privates] Leben leben. Das war völlig klar."[2]

Während die meisten Menschen nach Krieg und Diktatur apathisch geworden waren, an nichts mehr glaubten, nur noch an den nächsten Tag dachten und das nackte Überleben, gehörte Egon Bahr zu denen, die trotz ihres jugendlichen Alters entschlossen waren, aus der Vergangenheit persönliche Konsequenzen zu ziehen. Er wollte sich öffentlich engagieren und bei der Beseitigung der Trümmer daran erinnern, wie es zu dieser Katastrophe gekommen war. Ein Rückzug ins Private kam für ihn nicht in Betracht. In der sogenannten Stunde Null, die bei korrekter Betrachtung gar keine war, stellte er sich einer historischen Verpflichtung, die sich aus seinem Verständnis von Res publica ergab. Ihm war bald klargeworden, „daß eigentlich kein Mensch, keine Generation austreten kann aus der Geschichte seines, ihres Volkes mit allen Belastungen; daß auch Erben die Aktiva und Passiva dieser Belastungen mitschleppen. Auch wenn man keine persönliche Schuld am Dritten Reich trägt, auch wenn man dann noch gar nicht geboren war."

Der Lokalreporter

Als Journalist wollte Egon Bahr seinen Beitrag zum Aufbau einer neuen Gesellschaft leisten, die sich offenkundig in einem Zustand des Chaos befand. Nach der Kapitulation des Deutschen Reiches hatten die Alliierten die Macht in der zerstörten Reichshauptstadt übernommen. Das öffentliche Leben war fast völlig zum Erliegen gekommen, alle Verkehrswege und Kommunikationsverbindungen waren durch Kriegseinwirkungen zerstört oder unterbrochen, Post- und Telefondienst waren eingestellt, ebenso der Druck von Tageszeitungen. Es dauerte einige Wochen, bis die Besatzungsmächte, die vollauf mit der notdürftigen Versorgung der Millionenstadt beschäftigt waren, darangingen, das Zeitungs- und Rundfunkwesen neu zu organisieren.

Als erste deutschsprachige Zeitung in Berlin erschien am 15. Mai die *Tägliche Rundschau*, eine Tageszeitung der sowjetischen Armee für die deutsche Bevölkerung. Ende Mai 1945 gab die sowjetische Besatzungsmacht dann auch die *Berliner Zeitung* heraus.

Als Egon Bahr Mitte Mai von der Existenz einer neuen

Tageszeitung erfuhr, sah er eine Chance. Allerdings fand er es „gar nicht in Ordnung, daß die nur von den Russen gemacht wurde". Aber er erfuhr, daß die Herausgabe einer weiteren Zeitung bevorstand, und wartete zunächst ab. Nach etwa einer Woche war es dann soweit, die zweite Zeitung, die *Berliner Zeitung* erschien. „Ich ging dann zur *Berliner Zeitung*. Die wurde in Berlin-Neukölln am Hermann-Platz gemacht, das war ein ziemlicher Fußmarsch von Weißensee nach Neukölln. Ich kam dahin, ziemlich naiv, und sah, daß auch an dieser Zeitung Russen mitarbeiteten, aber auch Deutsche, Fritz Erpenbeck zum Beispiel und Helmut Kindler, und als Überwacher ein sowjetischer Major namens Feldmann. Mir wurde gesagt, ,Na ja, also dann machen Sie mal, wenn das, was Sie bringen, interessant ist, ist es gut, wenn es nicht gut ist, dann bringen wir es nicht'. Also bin ich losgezogen und habe als erstes von der Trümmerbeseitigung in Weißensee berichtet. Das Thema war aber nicht sehr nahrhaft und außerdem anstrengend, weil man dabei stundenlang durch die Gegend laufen mußte."[4]

Um das nötige Laufpensum in Grenzen zu halten, hatte Egon Bahr bereits den Wehrdienst bei der Luftwaffe gewählt; als junger Reporter der *Berliner Zeitung*, dessen Arbeitsvertrag nach alter Kaufmannsregel per Handschlag besiegelt wurde, wollte er nun bei den weiten Wegen in Berlin nicht nur das tägliche Laufpensum in Grenzen halten, sondern auch der raschen Abnutzung der Schuhsohlen entgegenwirken. „Und mir kam deshalb die Idee, ein Fahrrad zu benutzen, für das ich einen *propusk*, einen Passierschein, erhielt, der bescheinigte, daß der Fahrer berechtigt war, das Fahrrad zu benutzen. Das war natürlich eine große Erleichterung, mit dem Fahrrad die großen Entfernungen zu bewältigen. Aber man mußte auch höllisch aufpassen, denn es konnte vorkommen, daß man von Russen angehalten wurde und die zu einem gesagt haben, ,Du Propusk, ich Fahrrad'."[5]

Eines Tages, als er gerade aus dem Rathaus kam, erlebte Egon Bahr jedoch eine böse Überraschung: Sein Fahrrad war weg. Das war besonders bitter, „denn ohne Fahrrad war ich aufgeschmissen". Ohne lange zu überlegen, wie dieser Verlust zu verschmerzen sei, entschloß er sich in seiner Wut zu spontanem Handeln: „Ich muß gestehen, daß ich dann einfach ein anderes Fahrrad genommen habe, um beweglich zu sein – das war aber leider nicht so gut wie mein altes." So blieb er weiterhin ein Fahrradbesitzer.

Auf dem Drahtesel – und damit in jenen Zeiten ein Privilegierter – radelte Egon Bahr durch die Berliner Ruinenlandschaft und erkundete, wie die Berliner zusammen mit den Alliierten versuchten, akute Notlagen zu überwinden und das zivile sowie das öffentliche Leben der Stadt wiederaufzubauen. Bei seinen Streifzügen im Sommer des Jahre 1945 war er mit erschütternden Bildern konfrontiert: abgemagerte Männer, hilflose Invaliden, abgehärmte Frauen und Kinder, die nicht lachten – alle in Bewegung, alle auf der Suche nach irgend etwas, nach vermißten Angehörigen, nach einem neuen Wohnquartier, nach Lebensmitteln. Er fuhr vorbei an endlosen Kolonnen von Trümmerfrauen, die Ziegelstein für Ziegelstein beiseite räumten; er sah, wie Bombentrichter zugeschüttet, Bunker abgerissen und U-Bahn-Schächte freigeschaufelt wurden.

Der radelnde Reporter fand hier den Stoff für seine ersten Artikel für die *Berliner Zeitung*. Im nüchternen Chronistenstil beschrieb Egon Bahr die Trümmerbeseitigung im Bezirk Weißensee, und unter der Überschrift „Ich bin Optimist" folgte am 29. Mai ein Interview mit dem dortigen Bürgermeister. „Wir hatten heute Gelegenheit zu einer längeren Unterredung mit Herrn Knappe, dem ersten Bürgermeister des Bezirks Weißensee, in der viele aktuelle Probleme zur Sprache kamen . . .", beginnt Egon Bahrs Interview, in dem, kommentarlos aneinandergereiht, eine Aufzählung administrativer Maßnahmen des Bürgermeisters zu lesen ist.

In unregelmäßigen Abständen erschienen in der täglich vier Seiten umfassenden Zeitung Egon Bahrs Berichte und Reportagen aus den Bezirken im sowjetisch besetzten Teil Berlins. Es sind Nachrichten über lokale Ereignisse, Berichte über die Beseitigung von Kriegsschäden und Reportagen über den Wiederaufbau städtischer Versorgungseinrichtungen. Da informiert Egon Bahr über die Arbeit der Feuerwehr („Die neue Berliner Feuerwehr", 15. Juni), läßt den Berliner Unterhaltungskünstler und Filmschauspieler Paul Westermeier über neue Pläne erzählen („Wir müssen wieder flinke Lippen machen", 2. Juni) oder gibt in einer langen Spalte Auskunft über den „Wiederaufbau des Berliner Straßenverkehrs" (17. Juni).

Und immer wieder fordert die Redaktion Reportagen von der Trümmerfront, verlangt aufmunternde Berichte über Erfolge bei der Schuttbeseitigung. Egon Bahr fährt zu den Geröllhalden und liefert detaillierte Beobachtungen in einem Hundert-Zeilen-Artikel. Unter der Überschrift „Nach dem Aufräumen beginnt der Aufbau" (11. Juli) informiert er die Leser über den Fortgang der Räumarbeiten: „Bevorzugt werden Gebäude vom Schutt freigemacht, deren Grundmauern noch stehen, die also verhältnismäßig leicht wieder aufzubauen sind. Verwendbare Steine werden vom Mörtel befreit und in zählbaren Stapeln von zweihundert oder 250 Steinen aufgesetzt. Gleichzeitig erfolgt ein Sortieren noch brauchbarer Altstoffe wie Türklinken, Scharniere, Balken, Eisenträger, Bretter usw. Der anfallende Stein- und Mörtelschutt ist nach eigens dafür angewiesenen Lagerplätzen zu schaffen. Die wiedergewonnenen Altstoffe werden in ehemaligen Luftschutzkellern und ähnlich verschließbaren Räumen bis zu ihrer Weiterverwendung gelagert . . ." Mit einem optimistischen Ausblick schließt sein

Trümmer-Artikel: „Wir wissen, daß ein Aufbau Berlins nicht von heut auf morgen erfolgen kann. Es ist aber ein zusätzlicher Ansporn, zu sehen, daß wir jetzt mit einer produktiven Arbeit beginnen und anfangen, nicht mehr aufzuräumen, sondern aufzubauen."

Das war ganz nach den Vorstellungen der Chefredaktion. Doch ständig in der trostlosen, grauen Steinwüste mit dem Notizblock herumzustolpern, um Aufbau-Berichte zu schreiben, konnte den jungen Reporter schließlich nicht mehr befriedigen. Er griff andere Vorgänge auf, und ein paar Tage später berichtete Egon Bahr über seine Eindrücke in „Neuköllns Lebensmittelmagazin" (14. Juli).

Eine Woche darauf bot er den Lesern eine „Vorschau zur ersten Ausstellung der Kammer der Kulturschaffenden" (20. Juli). Diese Ausstellung von Künstlern, deren Werke während der Nazi-Jahre als „entartet" galten, sollte nach Meinung des Berichterstatters „auch ein Anfang sein auf dem Wege, das Publikum wieder Geschmack zu lehren". Bahr schrieb über die Werke der Künstler, die nun wieder frei arbeiten konnten: „Die Plastiken, unter denen die Arbeiten von Gerhard Marx einen besonderen Platz einnehmen, bestätigen, daß sich Kunst nicht in überlebensgroßen Monumentalfiguren beweist, die noch im Tode mit schwellenden Muskelpaketen protzen. In der Graphik überrascht neben Busso Malchow vor allem Oskar Nerlinger mit zart kolorierten Federzeichnungen. Endlich neue Wege, Abkehr vom Kulturbarbarismus der vergangenen Jahre. Hier sind die ersten sichtbaren Zeugnisse einer neuen Zeit."

Neben diesen künstlerischen Zeugnissen gab es in den Sommermonaten auch unübersehbare politische Entwicklungen, die den Beginn einer neuen Zeit signalisierten. Durch Verordnungen der Besatzungsmächte durfte sich nun auch das parteipolitische Leben wieder entwickeln. Zuerst im sowjetisch besetzten Teil Berlins konnten sich antifaschistische, demokratische Gruppen und Parteien organisieren und sich mit Aufrufen, die auch in der *Berliner Zeitung* abgedruckt wurden, an die Bevölkerung wenden.

Für die lokalpolitischen Vorgänge und Ereignisse zeigte Egon Bahr schon frühzeitig reges Interesse. Als er eines Tages aus der Zeitung erfuhr, daß es in Berlin wieder eine Verwaltung, einen Magistrat, gab, billigte die Chefredaktion seinen Vorschlag, mit dem Oberbürgermeister von Groß-Berlin ein Interview zu führen. Und in der Samstagsausgabe der *Berliner Zeitung* vom 9. Juni 1945 stand dann zu lesen: „Herr Dr. Werner empfing heute einen Berichterstatter der *Berliner Zeitung*. Er betonte, daß die städtische Verwaltung und die Presse als Träger öffentlicher Aufgaben in Harmonie zusammenarbeiten und sich gegenseitig unterstützen müssen . . . "

Der junge Journalist, noch keine vier Wochen bei der schreibenden Zunft, teilte diese Einschätzung des Bürgermeisters. Fünfzehn Jahre später sollte sich Egon Bahr als Berliner Senatssprecher noch oft an diesen Wunsch erinnern, als er sich einer teilweise gehässigen Kritik seitens konservativer Presseorgane ausgesetzt sah. Von harmonischer Zusammenarbeit zwischen Senat und Presse war zeitweilig wenig zu spüren, von Unterstützung nicht die Rede.

Von dieser ersten Begegnung mit dem Bürgermeister Dr. Arthur Werner, einem „vornehmen, alten Herrn", war Egon Bahr beeindruckt. Ihm war auch klar, warum dieser ehemalige Architekt von den Russen mit dem Oberbürgermeisteramt betraut worden war: „Er hatte eine überzeugende antifaschistische Vergangenheit, war im Grunde seines Herzes ein unpolitischer Mensch und ein guter Bürgerlicher – so einer wurde damals gebraucht."[6]

Der parteilose Oberbürgermeister, seit dem 17. Mai 1945 im Amt, mußte im siebzehnköpfigen Magistrat mit neun Vertretern der KPD, jeweils zwei Mitgliedern von SPD und CDU sowie drei weiteren parteilosen Mandatsträgern zurechtkommen. Die Zusammensetzung dieses Magistrats ließ angesichts der KPD-Mehrheit schon die künftigen Auseinandersetzungen erahnen. Wichtige Positionen wurden mit Kommunisten besetzt, beispielsweise wurde Arthur Pieck, Sohn des späteren DDR-Staatspräsidenten Wilhelm Pieck, Stellvertreter von Dr. Werner. Ins Amt für Inneres und Personalfragen rückte Karl Maron, und der spätere DDR-Außenminister Otto Winzer amtierte als Volksbildungsstadtrat. Zwar wurde noch ein Pfarrer in den Magistrat berufen und stellte somit ein Patt zwischen den KPD-Vertretern und den anderen Magistratsmitgliedern her, doch war aufgrund der sowjetischen Besatzungsmacht der Einfluß der KPD größer, als es ihrer Mandatszahl entsprach. Das bekam auch Egon Bahr in seiner journalistischen Tätigkeit bald zu spüren.

Zwischen ihm und dem parteilosen Oberbürgermeister entwickelte sich ein vertrauensvolles Verhältnis mit dem Ergebnis, daß „der eines Tages zu mir sagte, also damit ich Ihnen das nicht immer alles erzählen muß, nehmen Sie doch auch einfach an den Magistratssitzungen teil. Was ich dann auch tat. Ich hatte schon das sichere Gefühl, daß ich besser nicht alles druckte, was ich im Magistrat zu hören bekam. Ich war zu der Zeit eigentlich ein Monopoljournalist; kein Kollege außer mir kam ins Rathaus, die meisten druckten Kommuniqués und was es sonst noch gab einfach ab. Aber dieser Zustand hielt nicht lange an. Eines Tages fragte Karl Maron, wer das denn dort sei (er zeigte auf mich), den kenne er nicht. Ich habe nicht gewagt, meine Stimme zu erheben, also hat Werner geantwortet: ‚Der ist von der *Berliner Zeitung*.' Maron: ‚Der muß raus.' Das war das kurze Ende einer kurzen Vorstellung."[7]

Aber auch mit seinen Auftraggebern von der *Berliner*

Zeitung, vor allem dem kommunistischen Chefredakteur Rudolf Herrnstadt, dem späteren Chef des SED-Organs *Neues Deutschland*, bekam Egon Bahr im Juli 1945 immer häufiger Probleme. „Ich hatte keine Schwierigkeiten mit den Russen in diesen Wochen, aber ich hatte sofort Schwierigkeiten mit den kommunistischen Emigranten, die aus Moskau kamen", erinnerte sich der angehende Journalist. Man bemängelte nun seine nüchterne Diktion, seinen parteilosen Standpunkt in der Berichterstattung. Andere, ältere Kollegen der *Berliner Zeitung* wurden von der Kritik nicht ausgenommen. Es wehte plötzlich ein anderer Wind in der Redaktion. „Herrnstadt warf mir vor, mir fehle der richtige Klassenstandpunkt, und deshalb, so meinte er, solle ich nicht mehr ins Rathaus gehen, sondern erst mal richtig vor Ort recherchieren, in die Schächte der U-Bahn steigen und aus dieser Perspektive Reportagen über den Wiederaufbau schreiben. Kindler, der älter und erfahrener war als ich, hat gemeint, als er das hörte, also, das beste ist, du bleibst still zu Hause, ich bleibe auch still zu Hause, wir bleiben nacheinander alle still zu Hause."[8]

Zuerst empfand Egon Bahr Herrnstadts Aufforderung als „eine Gemeinheit", doch so einfach wollte er den Vorschlag des Chefredakteurs nicht auf sich beruhen lassen. Schon auf dem Rückweg von der Redaktion ergab sich durch Zufall eine Möglichkeit, den gewünschten Beitrag zu schreiben. „Ich fuhr an einem U-Bahn-Schacht vorbei, guckte da mal rein, sah, was da vor sich ging. Anschließend radelte ich nach Hause und schrieb meine Reportage. Nach drei Tagen Erholung fuhr ich in die Redaktion und lieferte meine Reportage ab."

In den Text hatte er die entsprechenden klassenkämpferischen Adjektive eingefügt, die der Chefredakteur erwartete. In der 63. Ausgabe der *Berliner Zeitung* vom 27. Juli 1945 erschien unter der Überschrift „Berlin arbeitet – wir arbeiten mit" seine Reportage, der die Redaktion den

Hinweis voranstellte: „Heute berichtet unser Mitarbeiter von einem arbeitsreichen Tag in einem U-Bahn-Schacht." Das war leicht übertrieben. Den „anstrengenden" Tag im U-Bahn-Schacht schilderte Egon Bahr so: „Ich stieg eines Morgens hinab in die Unterwelt, natürlich nicht mit Papier und spitzem Bleistift, sondern in den ältesten ‚Arbeitsklamotten'. Ich fühlte mich als halber BVGler [BVG = Berliner Verkehrsgesellschaft], als ich am Ende des Bahnsteiges an dem Schild ‚Weitergehen verboten' vorbeigehen durfte. Aber der Stolz sollte sich bald legen. Da waren nämlich Kabel auszurollen, und Kabel sind schwer. Diese Trommel mochte wohl sechs bis acht Zentner wiegen, ich bin jedoch nur Besitzer von 120 lebenden Pfunden. Auch meine drei Mitarbeiter waren keine Riesen. Es war jedenfalls nicht ‚die wahre Liebe', wie einer sagte, und schon nach einer Viertelstunde standen uns die Schweißperlen auf der Stirn, obwohl es angenehm kühl im Schacht ist. Jetzt fühle ich mich völlig wie ein BVGler und schimpfe wie ein Rohrspatz auf alle lästigen Fahrgäste, die ewig meckern, daß die Züge nur eingleisig verkehren, daß es erst Pendelverkehr gibt und die Zugfolge nicht zwei Minuten beträgt. Für solche Leute gibt es nur ein Heilmittel: eine Kabelrolle ... Als ich am späten Nachmittag an die Oberwelt zurückkehrte, brachten mir meine müden Knochen die Erkenntnis, daß die Aufbauarbeit der Männer unten im Schacht viel mehr Würdigung und Anerkennung als bisher verdient, und wenn alle täglich so hart arbeiten würden, ich glaube, wir wären schon ein Stück weiter."

Ein Stück weiter war zunächst der Autor dieser farbigen Reportage. Der kritisierte Journalist bekam für die Plackerei im U-Bahn-Schacht mit seinem Loblied auf die Helden an der Arbeitsfront vom Chefredakteur gute Noten. Als Herrnstadt Egon Bahrs Erlebnisbericht gelesen hatte, meinte er zu ihm: „Das ist echt, das ist aus dem Leben gegriffen. So ist es richtig. Sie sind auf dem richtigen Weg."[9]

Der um eine Erfahrung reicher gewordene Zeitungsmitarbeiter mochte allerdings nur dem ersten Teil der Beurteilung zustimmen, die Behauptung, er sei auf dem richtigen Weg, vergrößerte dagegen seine Bedenken. Die nun spürbare ideologische Ausrichtung der journalistischen Arbeit erinnerte ihn an die jüngste Vergangenheit. Ein solches Journalismusverständnis war mit Bahrs Vorstellungen von einem neuen Anfang nach dem Kriegsende nicht vereinbar. Bereits nach kurzer Lehrzeit verstand er sich in seinem künftigen Beruf nicht als willigen Lieferanten von klassenkämpferischen Parolen und manipulativen, schönfärberischen Artikeln. Die entsprechende Erwartungshaltung auf seiten der kommunistischen Chefredaktion empfand er als krassen Widerspruch zu den klassischen Prinzipien eines auf Wahrhaftigkeit und Kritik beruhenden Journalismus. „Dieses proletarische Aufbaupathos war einfach abstoßend."

Und nicht allein die doktrinäre Bevormundung stieß den sensiblen jungen Reporter ab, er mußte sich auch gegen ein anderes, immer massiver vorgetragenes Anliegen zur Wehr setzen: Er sollte nicht nur in den Artikeln deutlich politisch Farbe bekennen. „Dann haben die gedrückt, ob ich also Mitglied der Kommunistischen Partei werden sollte oder wollte oder eigentlich sollen müßte, wenn ich dort bleiben wollte, und dies ging nicht."[10] Egon Bahr lehnte entschieden ab. „Da wußte ich, daß es höchste Eisenbahn war, zu Hause zu bleiben."[11] Ende Juli 1945 stellte Egon Bahr seine Mitarbeit bei der *Berliner Zeitung* ein.

Nach einer nur wenige Wochen dauernden und recht improvisiert erfolgten Ausbildung durch die alten „Zeitungshasen" – er durfte beim Redigieren und Umbruch gelegentlich zusehen – sah sich Egon Bahr zunächst am Ende einer hoffnungsvoll begonnenen Berufsausbildung.

Auch wenn er keinen Augenblick seine Entscheidung bereute und lieber arbeitslos war als ein rückgratloser Mitläufer, hielt sich angesichts der Konsequenzen seine Freude doch in Grenzen. Die eigene Familie und seine Eltern mußten versorgt werden. Das war überaus schwierig; fast alle lebensnotwendigen Güter waren in spärlich rationierten Portionen nur mittels amtlich verausgabter Lebensmittelmarken oder zu horrenden Preisen auf dem Schwarzmarkt erhältlich. Bei diesem täglich neu zu organisierenden Überlebenskampf blieb keine Zeit für resignative Stimmungen.

Zwar kam Egon Bahr nun doch wieder der Gedanke, ein Musikstudium zu beginnen, um nebenbei mit Klavierspielen bei kleinen Veranstaltungen und Feiern etwas zur Verbesserung der kargen Finanzlage beizutragen, doch bevor solche in Tagträumen erwogenen Überlegungen zur Entscheidung reifen konnten, führte ihn ein Zufall zurück zum Journalismus – und dieses Mal ohne eine weitere Unterbrechung. Und das kam so: „Ein alter Freund der Familie, der 1934 ausgewandert war und in der Uniform eines amerikanischen Sergeanten wiederkam, uns suchte und fand, sagte, er sei Graphiker, und er fragte, was ich machte. Ich sagte, ich machte gar nichts, ich sei arbeitslos. Er sagte, du mußt zu uns kommen, wir machen eine Zeitung auf. Und das war die *Allgemeine Zeitung*."[12]

Egon Bahr brauchte nicht lange zu überlegen, er sagte sofort zu. Diese Tageszeitung wurde von den Amerikanern herausgegeben und gemeinsam von den deutschen Chefredakteuren Hans Wallenberg und Hans Habe geleitet. Beide Journalisten hatten während des Krieges zur Stabseinheit der „Psychologischen Kriegsführung" im amerikanischen Hauptquartier gehört. Hans Habe, „ein gebürtiger Ungar, war Journalist und erfolgreicher Romancier. Begabt, dabei clever und reichlich flexibel, erschien er im Laufe der Zeit vielen als eine schillernde

Figur", meint Theodor Eschenburg, während Hans Wallenberg „ein seriöser, hochgebildeter und sehr talentierter Journalist" war, der als „Urberliner" mit „Mutterwitz und Schlagfertigkeit" sein Berliner Publikum zu beeindrucken verstand.[13]

Egon Bahr schwärmt heute noch von dieser amerikanisch-deutschen Zeitung. Seiner Ansicht nach war sie „sicher eine der besten Zeitungen, die es bisher gegeben hat, eine ganz einmalige Zeitung. Mit der ersten Nummer, die im August 1945 erschien, ließen wir auf der Headline die erste Atombombe platzen, Hiroshima, und mit der zweiten Nummer beendeten wir den Zweiten Weltkrieg. Welche Zeitung kann das schon von sich sagen?"[14]

Zunächst erschien diese vierseitige Zeitung, Preis zwanzig Pfennig pro Ausgabe, zweimal, dann dreimal in der Woche, mit einer zweiseitigen Sonderbeilage, in einer Auflage von sechshunderttausend Exemplaren. Bei dieser Zeitung erhielt der Nachwuchsjournalist, der im Oktober in den Westteil der Stadt, nach Schöneberg, umgezogen war, eine gründliche Ausbildung. „Erst bei dieser Zeitung habe ich den Journalismus richtig gelernt. Und wie! ,All the news that's fit to print.' Wer, wie, wo, was, wann, das muß eine Nachricht enthalten; ansonsten strikte Trennung von Nachricht und Kommentar."[15]

Und er fühlte sich recht wohl in diesem Kreis gebildeter, toleranter Kollegen, die ihn umsichtig mit dem Nachrichtenmetier vertraut machten und sich auch nicht scheuten, ihn unnachgiebig auf Fehler hinzuweisen. Der Chefredakteur erinnerte ihn also anfangs auch öfter mal an die journalistische Einsicht, „daß es nichts auf der Welt gäbe, was man nicht auf anderthalb Seiten sagen könnte". Und noch heute amüsiert Egon Bahr eine Begebenheit, die die Volontäre zu allen Zeiten in ähnlicher Form erlebt haben: „Ich werde nie vergessen, wie ich einen Artikel schrieb oder zu tippen anfangen wollte, als der amerikanische Offizier mir über die Schulter blickte, las und die Frage stellte, ob ich beabsichtige, *Krieg und Frieden* neu zu schreiben."

Es war eine harte, aber gute Schulung, die Egon Bahr in dieser Redaktion genoß und vielleicht manchmal auch durchlitt. Nachdem er den Status eines ausgebildeten Journalisten erreicht hatte, dauerte es nicht lange, bis er nun seinerseits mit der Schulung von Nachwuchsjournalisten betraut wurde. So hatte er „bald einen Volontär. Der hieß Peter Boenisch." Dieser scheute sich Jahre später als *Bild*-Chefredakteur nicht, zahlreiche widerwärtige Kommentare über Egon Bahrs ostpolitische Aktivitäten zu drucken.

Auch ein anderer Mitarbeiter der *Allgemeinen Zeitung*, der angesehene Theaterkritiker Friedrich Luft, hat noch heute an seinen früheren Redakteurskollegen Bahr eine wenig schmeichelhafte Erinnerung: „Seine Beiträge waren immer gut. Aber brillant waren sie nicht. Sonst würde ich mich an einen bestimmt noch heute erinnern. Aber das mag auch daran liegen, daß ich damals dem Chef des Lokalen mit dem branchenüblichen Hochmut des Feuilletonisten begegnete."[16] Vermutlich hat der Feuilletonist nicht einmal den Lokalteil seiner Zeitung gelesen. Es wäre ihm dann sicher aufgefallen, daß fast sämtliche Artikel über Lokales ohne Namensnennung veröffentlicht wurden.

Egon Bahr blieb nun für mehrere Jahre Lokalberichterstatter, schulte seine Beobachtungsgabe und entwickelte seinen eigenen Stil. Knappe, präzise Formulierungen waren für ihn charakteristisch. Mit sicherem Gespür beschrieb er nicht nur die Situation und die aktuellen Ereignisse in der Trümmerstadt Berlin, sondern spürte auch Äußerungen und Anzeichen nach, die auf dramatische Entwicklungen in der von Alliierten besetzten und kontrollierten Stadt hinwiesen. Damit veränderte sich seine Stellung und auch sein Ansehen in der Redaktion. „Allmählich avancierte ich vom reinen Lokalreporter zum lokalpolitischen und vom lokalpolitischen zum innenpolitischen Redakteur. Man muß wissen, daß in Berlin zu dieser Zeit Stadtpolitik fast Weltpolitik wurde. Die beiden Verwaltungen brachen auseinander, die Amerikaner und Engländer und Russen und Franzosen waren unmittelbar involviert. Lokalpolitik bekam eine Dimension, die sie in Hamburg oder in München oder in Düsseldorf natürlich nicht hatte. Damit wurde ich mit Problemen konfrontiert, bei denen sich Innenpolitik und Außenpolitik kreuzten, berührten und manchmal ununterscheidbar ineinander übergingen. Die S-Bahn ist in anderen Städten ein reines verkehrspolitisches Problem. In Berlin ist sie ein Problem, das letztlich in Moskau und Washington mitentschieden werden muß, um ein plastisches Beispiel zu geben."[17]

In ihrer Berichterstattung war die *Allgemeine Zeitung* – und später die *Neue Zeitung* – dank der liberal eingestellten Chefredakteure und amerikanischen Presse-Offiziere relativ frei. Zwar galt es, gewisse Vorschriften und Anordnungen strikt zu beachten, etwa die Politik der Alliierten nicht zu kritisieren, aber die anfängliche Zensur lockerte sich rasch. Und nur ganz selten wurde ein Artikel aus politischen Gründen verboten. Ein solcher Fall blieb Egon Bahr in Erinnerung: „Eines Tages bekam ich eine wirklich große *news* aus der Zone, nämlich, daß man da im Erzgebirge Pechblende, d. h. Grundmaterial für die Herstellung einer Atombombe, gefunden hatte und offenbar abbaute. Und ich war mir der Tragweite noch gar nicht bewußt, doch der amerikanische Presse-Offizier begriff das sofort und sagte: ‚Das drucken wir nicht. Das müssen meine Dienststellen erst überprüfen.' Und es wurde dann nicht gedruckt."

Die Redaktion der *Allgemeinen Zeitung* versuchte ihren Berliner Lesern ein möglichst realistisches Bild von den Ereignissen der Welt und der Lage in Deutschland

geben. Der stark überregionale Charakter der Berichterstattung wurde aber von den Berlinern nicht honoriert,
und die Zeitung blieb an den Kiosken liegen. Die Menschen waren zu sehr mit ihren Alltagssorgen befaßt.
Bereits nach drei Monaten wurde die *Allgemeine Zeitung*
wieder eingestellt.

Die Redakteure fanden jedoch bei der seit Oktober
1945 von den Amerikanern in München herausgegebe-
nen *Neuen Zeitung* eine entsprechende Beschäftigung.
Diese überregionale Zeitung brachte nach einer Anlauf-
zeit ab März 1948 für Berlin, Bayern und Hessen eigene
Lokalausgaben heraus. In der Berliner Redaktion der
Neuen Zeitung blieb Egon Bahr bis Ende 1948. Dann
wechselte er zu einer anderen Berliner Tageszeitung,
denn „ich hatte mich wirklich physisch übernommen. Ich
war Lokalchef und auch noch Chef vom Dienst, das war
einfach zuviel. Ich bin dann ausgeschieden und bekam im
Augenblick des Ausscheidens ein Angebot vom *Tagesspiegel.*" Der überarbeitete Journalist zögerte nicht lange
und nahm das attraktive Angebot an, zumal ihm nun ein
Korrespondentenposten außerhalb Berlins angetragen
wurde.

Der „Tagesspiegel"-Korrespondent

„Ich bin dann zum *Tagesspiegel* gegangen, nach einem
kurzen Zwischenspiel in Hamburg, wo Erik Reger wollte,
daß ich eine norddeutsche Redaktion aufbauen sollte."[18]
Der *Tagesspiegel*-Chefredakteur Erik Reger, der sich
vor 1933 durch sozialkritische Romane über die Schwer-
industrie *(Union der festen Hand)* einen Namen gemacht
hatte, verstand die intellektuell aufgemachte Zeitung zunächst als eine Brücke zwischen Ost und West.

Doch mit dem Verständnis für die Sowjetunion und deren Politik in ihrer Besatzungszone war es nach der Zwangsvereinigung von SPD und KPD im Frühjahr 1946 vorbei; der *Tagesspiegel*, der sich von diesem Zeitpunkt an eine „unabhängige und unzensierte Zeitung" nennen durfte, schwenkte auf einen konsequent sozialdemokratischen Kurs.

Mit einem „Rosinenbomber" wurde Egon Bahr nach Lübeck ausgeflogen – „Es war ziemlich dreckig, denn die Maschine hatte gerade Kohlen befördert" –, und als er in Hamburg eintraf, war er „wirklich erschlagen". Sein erster Stadtbummel in der Hansestadt war für ihn, der aus dem eingeschlossenen und unter Güterknappheit leidenden Berlin kam, ein besonderes Erlebnis. „Die Geschäfte waren voll, und ich weiß noch genau, wie ich mit ungewöhnlich erstaunten Augen die vielen Sorten von Sahnetorten sah. Ich habe mir auch ein Stückchen geleistet, mit großem Behagen aufgegessen und mir fest vorgenommen, angesichts des Mangels, den ich in Berlin erlebt hatte, nie in meinem Leben etwas zurückgehen zu lassen, sondern alles aufzuessen."

Ende 1948 richtete sich Egon Bahr in Hamburg ein kleines Redaktionsbüro ein und kommentierte bis zum Herbst 1949 vorwiegend Hamburger Lokalpolitik. Doch eine seiner ersten längeren Reportagen aus jener Zeit hatte wieder mit Berlin zu tun. Egon Bahr war am 13. Mai 1949 nach Aufhebung der Berliner Blockade auf einer Fahrt „Mit dem ersten Autobus nach Berlin" durch die Besatzungszonen unterwegs.

Ausgestattet mit einem Interzonen-Paß, fuhr Egon Bahr zusammen mit einem Reporter des Nordwestdeutschen Rundfunks sowie dreiunddreißig Berlinern und drei Kindern durch die sowjetische Besatzungszone. Nach stundenlangem Warten am russischen Schlagbaum wurde die Fahrt fortgesetzt. „Und das war der bestimmende Eindruck der ganzen Fahrt: Wir rollten durch ein totes Land. Plötzlich keine Autos mehr auf den Straßen. Keine Menschen auf den Feldern, ein paar magere Hennecke-Kühe auf den Weiden statt der fetten holsteinischen Herden. Dann die Dörfer und Städte. Grau und verfallen lehnen sich die Häuser aneinander. Nirgends ein Lichtkranz. Man hat es hundertmal gehört und gelesen; die Wirklichkeit ist niederschmetternd. Die Menschen mit stumpfem Blick. Wäre nicht das Brummen der Luftbrückenflugzeuge, läge umheimliche Stille über dem Land . . . Über der russischen Zone lag eine krankhafte Sonntagsruhe, in Berlin war richtige Sonntagsstimmung. Um zwanzig Uhr hielten wir am Zoo."

Solche Stimmungsbilder in fast epigrammatischem Stil wurden bald zu einem hervorstechenden Markenzeichen von Bahrs Zeitungsartikeln. Der siebenundzwanzigjährige Korrespondent des *Tagesspiegel* fand es zunehmend reizvoll, auch sein literarisches Talent in die Berichte über eigentlich recht trockene Themen einfließen zu lassen. Ob Egon Bahr Berichte über ein Studententreffen, über schleswig-holsteinische Landespolitik oder eine Veranstaltung des Deutschen Städtetages in Lübeck der Zentralredaktion nach Berlin schickte, stets gelang ihm eine beeindruckende Kombination aus präziser Darstellung und erhellender Kommentierung. In keinem seiner Artikel gerät die Sprache zu einem aggressiven Instrument, nie wird er persönlich verletzend oder herablassend. Er ist stets bemüht, politische Fehlentscheidungen und auch politische Gegner in klarer Form und mit adäquaten Stilmitteln zu attackieren. Stimmungsmache ist seine Sache nicht, und sie entspricht auch nicht seinem Verständnis vom Beruf des Journalisten. Egon Bahr steht in der Tradition eines an den Prinzipien des Humanismus und der Aufklärung orientierten Journalismus. Buchstäblich stilvoll, die Würde des Menschen achtend und dabei auch oft mit vorsichtig erhobenem Pädagogen-Zeigefinger an die „Erziehung" der Leser denkend, verfaßt er seine journalistischen Arbeiten. Variationsreich wird zwischen den Zeilen oft ein schier grenzenloser Optimismus und feingestrickter Humor spürbar. Es ist ein nuancierter, präziser Sprachstil, auf angenehm lesbare Weise angereichert durch eine witzige Diktion und metaphorisches Raffinement.

Der für einige Monate nach Hamburg abkommandierte Journalist lieferte seinen Lesern Anfang 1949 eine Beschreibung seiner Eindrücke von der zerstörten Hansestadt. Unausgesprochen zieht er einen Vergleich zu den Verhältnissen in der alten Reichshauptstadt, und der Wahlberliner fällt über seine neue Wahlheimat an der Elbe ein mitunter spöttisch gefärbtes Urteil. Unter der Überschrift „Hamburg im Zwielicht" teilte er den Lesern in einem spaltenlangen Beitrag mit: Hamburgs „in Jahrhunderten gewachsene Struktur ist zerbrochen. Geblieben sind der unkomplizierte und gemächliche Fleiß und Charakter, vergangen sind die unwahrscheinlichen Gewohnheiten der Männer, die viel verdienten und viel versteuerten, ihre Oberhemden in London waschen, stärken und bügeln ließen; geblieben ist die Haltung eines Standes, der in der Armut immer etwas Beschämendes gesehen hat, etwas, das ängstlich verborgen werden und mit Zähigkeit überwunden werden muß – nicht nur äußerlich, zum Schein, sondern sozusagen von der Pike auf, wie jeder Reeder von der Pike auf diente, auch wenn er ein siebenstelliges Vermögen hinter sich wußte . . ."

Und an anderer Stelle notiert er: „So wie die Stadt bemüht ist, ihr Gesicht zu wahren, ihre Trümmer – nicht weniger häßlich und traurig als die in anderen Orten – zu verstecken, wie sie fast hastet, bauliche Lücken zu schließen, um ihr Gepräge patrizischer Zucht zu wahren, während sich kaum merkbar zwischen die massiven Gebäude mit Patina die zweckmäßige Modernität von dachlosen Stahl- und Betongerippen schiebt, so leben auch ihre Menschen in einer Welt zwischen Tag und Traum. Der

Sinn für die Realität scheint verlorengegangen... Die Fassadenwirklichkeit hat den Hamburgern suggeriert, sie müßten einen Radioapparat und eine Klubgarnitur und einen Gänsebraten und Wildlederschuhe besitzen, und läßt ihnen nicht ins Bewußtsein dringen, daß ihr Anspruch auf ein solches Lebensniveau durch nichts gerechtfertigt ist, daß auch die Preise mit dem verlorenen Krieg zusammenhängen. Für die Leute ist der Krieg beendet, nicht verloren... Wenn die Dinge der realen Politik, wenn Befehle der Besatzungsmacht ernüchtern, tritt nicht der Verstand an die Stelle der Illusionen, sondern der Kater und damit der Wunsch, möglichst bald wieder die Schlechtigkeit der Welt vergessen zu können."

Egon Bahr hat auch stets den anderen Teil Deutschlands im Kopf, mahnt angesichts des beginnenden Wirtschaftsaufschwungs im Westen, die „anderen" nicht zu vergessen. In seinem „Hamburg"-Artikel lautet ein entsprechender Hinweis: „Der dezente Luxus am Jungfernstieg erinnert daran, daß die Zonengrenze näher ist als die Elbmündung."

Neben solchen Land und Leute charakterisierenden Artikeln lieferte der Hamburger Redakteur auch Beiträge, in denen er sich mit politischen Ereignissen im Norden Deutschlands auseinandersetzte. In dieser Berichterstattung verwob er geschickt die exakten Nachrichten mit dem erläuternden Kommentar, beispielsweise Mitte Juni 1949 in seinem Bericht über den Parteitag der FDP in Bremen. Bereits der einleitende Satz gibt in gebündelter Form seinen Eindruck wieder:

„Die Reden, die auf dem ersten Gesamtparteitag der FDP in Bremen am Sonnabend und Sonntag gehalten wurden, beriefen sich zwar immer wieder auf die Dringlichkeit der Tagesprobleme, sie waren in ihrer Art jedoch größtenteils akademisch und hätten ebensogut als staatsphilosophische oder kulturpolitische Vorlesungen an einer Universität gehalten werden können. Die Bedenken waren begreiflich, wenn einzelne Diskussionsredner dem Vorstand zuriefen, den Arbeiter anzusprechen, oder wenn verlangt wurde, man müsse deutlich erkennbar für die Wähler die Grenzen zur CDU abstecken, sonst käme die FDP in Gefahr, der ,Blinddarm der Christlichen Demokraten' zu werden."

Über die künftige Rolle der Liberalen im Parteiensystem – im August 1949 standen die ersten Wahlen zum Deutschen Bundestag an – gab Egon Bahr eine Prognose ab, die sich nur zu bald bestätigte: „Man hatte im ganzen den Eindruck, daß die FDP vielleicht doch noch zu einem regulierenden Faktor in der Auseinandersetzung zwischen den beiden großen politischen Strömungen werden kann, die das deutsche politische Leben beherrschen."

Mit besonderem Interesse verfolgte Egon Bahr Äußerungen der FDP-Delegierten zum Thema Deutschland, wobei ihm auffiel, daß kaum von einer Wiedervereinigung die Rede war, dafür mehr von einem Anschluß Westdeutschlands an den Westen. Einer Aussage des Berliner FDP-Vorsitzenden Schwennicke hielt der Westzonen-Vorsitzende Franz Blücher entgegen: „Wir geben unserem Freunde Schwennicke recht, daß wir Ostdeutschland brauchen, aber wir brauchen vor allem den Ausgleich mit Europa." „Dieser Satz Blüchers erübrigt jeden weiteren Kommentar", befand Egon Bahr.

Von Hamburg aus erlebte der Berliner Journalist auch den Wahlkampf zum ersten Deutschen Bundestag. Die Wahl am 14. August 1949 verlief überaus ruhig. „Wie schon während des Wahlkampfes festzustellen war, konnte man lediglich bei den Parteien von einer hitzigen Atmosphäre reden. Die Bevölkerung ging in auffallender Selbstverständlichkeit zur Wahl. Selbst politische Gespräche waren kaum zu hören."

Wenige Wochen nach der Bundestagswahl war Egon Bahrs Zwischenspiel in Hamburg beendet. Der Versuch der Zentralredaktion des Berliner *Tagesspiegel*, mit Hilfe von mehreren Regionalredaktionen eine überregionale Tageszeitung aufzubauen, war gescheitert. Die Chefredaktion holte Egon Bahr jedoch nicht nach Berlin zurück, sondern schickte ihn im Herbst 1949 als personelle Verstärkung nach Bonn. In der kleinen Universitätsstadt am Rhein hatte der Parlamentarische Rat seine Sitzungen abgehalten, und nun sollte das gewählte Parlament hier seine Arbeit aufnehmen. Deshalb entsandten fast alle Zeitungen wenigstens einen Korrespondenten in die vom Krieg nur wenig zerstörte Stadt.

Bonn wurde Egon Bahrs dritter Einsatzort als Journalist. Nachdem er in der Millionen-Metropole Berlin als kleiner Lokalreporter unterwegs gewesen war und nach seiner Ausbildung zum innenpolitischen Redakteur dann sein eigenes Korrespondentenbüro in Hamburg unterhalten hatte, mußte er nun aus der rheinischen Kleinstadt über die Anfänge bundesdeutscher Politik berichten.

Der Ortswechsel kam ihm sehr gelegen. Das lag weniger an den urbanen Verhältnissen als vielmehr an den sich anbahnenden parteipolitischen Auseinandersetzungen nach der Bundestagswahl, die genauer zu beobachten ihn faszinierte. Als Journalist der ersten Stunde erlebte er in Bonn den Beginn der parlamentarischen Demokratie. „Vom ersten Tage an habe ich dort viel gelernt", erinnert er sich, „habe den Zusammentritt des ersten Deutschen Bundestags, die Wahl des ersten Präsidenten, die Wahl des ersten Bundeskanzlers erlebt."

Der fast hautnahe Kontakt mit den Nachkriegspolitikern blieb nicht ohne Auswirkungen auf das eigene politische Selbstverständnis. „Ich ging nach Bonn mit einem – heute würde ich sagen – unpolitischen und eher gefühlsmäßigen Drall zum sozialen und gesellschaftlichen Engagement, das mehr bildungsbedingt als politisch durchdacht war. Erst durch das, was ich in Bonn gelernt habe, bin ich Sozialdemokrat geworden."[19] Doch es sollte noch einige Jahre dauern, bis Egon Bahr Konsequenzen aus seinen Bonner Erfahrungen und Beobachtungen zog.

Gleich die ersten Sitzungen des Bundestags vermittelten dem Bonner Korrespondenten des *Tagesspiegel* einen Eindruck vom Stil der künftigen Auseinandersetzungen, die in personalisierter Form besonders zwischen dem CDU-Bundeskanzler Konrad Adenauer und dem SPD-Oppositionsführer Kurt Schumacher ausgetragen wurden. Die Debatte um die erste Regierungserklärung des Bundeskanzlers im Oktober 1949 beispielsweise ließ Egon Bahr zu dem Fazit kommen, „daß die parlamentarischen Formen und ihre Möglichkeiten zwar schon ihre praktische Vollendung in der Anwendung gefunden haben, aber doch noch recht sorglich gepflegt werden müssen, ehe man sagen kann, daß der Bundestag sie beherrsche".

Die Erwartungen erfüllten sich so rasch nicht; im Gegenteil, der parlamentarische Umgangston zwischen Regierungs- und Oppositionsparteien wurde rauher, schärfer, schriller. Obwohl die Bundesrepublik zu diesem Zeitpunkt nur über eine beschränkte Souveränität verfügte und in allen wichtigen Angelegenheiten die drei westlichen Alliierten, die Hohen Kommissare auf dem Petersberg, konsultieren mußte, wurden außenpolitische Themen zum Gegenstand erbitterter Wortgefechte vor allem zwischen dem Bundeskanzler und dem SPD-Vorsitzenden.

Zu Beginn seiner parlamentarischen Berichterstattung belegte Egon Bahr eher den Bundeskanzler als den SPD-Vorsitzenden mit guten Noten. Die ersten außenpolitischen Schritte der Bundesregierung fanden in seinen Artikeln eine deutliche Anerkennung. Ende Oktober stellte er in einem Beitrag („Außenpolitik als Streitfall") fest: „Der Bundeskanzler hat dem Parlament über seine ersten Erfolge berichtet. Daß es seine Erfolge sind und daß diese Erfolge für Westdeutschland beachtenswert sind, steht außer Frage. Es wäre deshalb angebracht gewesen, wenn auch die Opposition das bei aller Kritik anerkannt hätte. Statt dessen hört das Ausland nur heftige Ablehnung und den Schrei nach ‚Mehr‘, was den Boden für weitere Erfolge nicht gerade ebnen hilft."

Rückblickend meint Egon Bahr heute zu diesen Vorgängen: „Da die Bundesregierung in den Anfängen in ihren Möglichkeiten sehr begrenzt war, fand ich, im Prinzip sollte man nehmen, was man kriegen kann. Ich war wirklich nicht in der Lage zu unterscheiden oder zu entscheiden, ob das eine oder andere mehr hätte sein können. Aber ich fand, im Prinzip war Adenauer wohl richtig, das wird sich schon alles entwickeln, da kann man auf die normative Kraft des Faktischen zählen. Auch das Petersberger Abkommen fand ich richtig, und ich glaubte, daß die Opposition damals zuviel forderte."

Als die Bundesregierung dem Parlament dann weitere Erfolge präsentierte, so etwa das Petersberger Abkommen, das der Bundesrepublik den Zugang zu internationalen Organisationen eröffnete, hagelte es von den Oppositionsbänken lautstarke Proteste. Die SPD-Fraktion wertete das Petersberger Abkommen nicht als eine Vereinbarung, sondern als Vertrag, den das Parlament ratifizieren müsse. Zudem wurde der Verhandlungsstil des Kanzlers kritisiert, der, wenig mitteilsam, ohne parlamentarischen Auftrag im autoritären Alleingang mit den Alliierten das Abkommen ausgehandelt hatte.

Die massive Kanzlerschelte von seiten der Sozialdemokraten fand einen ersten Höhepunkt in der nächtlichen Bundestagssitzung vom 24. auf den 25. November, als Schumacher sichtlich erregt den Bundeskanzler in einem Zwischenruf als „Bundeskanzler der Alliierten" bezeichnete. Für Egon Bahr war mit den Tumulten, die der beleidigende Zwischenruf ausgelöst hatte, nun ein „parlamentarischer Kriegszustand" ausgebrochen. Als eine bedauerliche Folge der „peinlichen Ereignisse" registrierte er einen „Prestigeverlust Schumachers", zumal dieser sich nicht dazu bewegen ließ, umgehend den Zwischenruf mit dem Ausdruck des Bedauerns zurückzunehmen. „Die Gefahr, die sich nach der ersten außenpolitischen Debatte andeutete, ist zur Wirklichkeit geworden: Regierung und Opposition stehen sich feindlich gegenüber ... Das Zusammenspiel von Regierung und Opposition, das eine Gegnerschaft verträgt, ist jetzt, da an ihre Stelle offene Feindschaft tritt, zunächst beendet."

Nach über einer Woche kam dann zwischen Adenauer und Schumacher ein klärendes Gespräch zustande, bei dem die Situation mit einer Ehrenerklärung Schumachers bereinigt wurde. Bei dieser „Verständigung auf Umwegen", so Egon Bahr in einem Kommentar, wurde die „Atmosphäre entgiftet, ein Modus vivendi geschaffen, in dem die materiellen Gegensätze in unverminderter Schärfe ausgetragen werden können".

In den folgenden Wochen und Monaten gab es unzählige Anlässe, bei denen die Ansichten von Regierung und Opposition über die Gestaltung der Politik unversöhnlich aufeinanderprallten. Ein besonders heikles außenpolitisches Thema, über das Egon Bahr die Leser in losen Abständen ausführlich informierte, war die Lösung der Saar-Frage. Über den jeweiligen Stand der Verhandlungen zwischen Deutschen und Franzosen, die unterschiedlichen Auffassungen der deutschen Parteien in Westdeutschland und im französisch verwalteten Saarland gab Egon Bahr gemäß der aktuellen Nachrichtenlage Auskunft. Es war ein außenpolitisches Thema, das jahrelang Politiker wie Journalisten beschäftigte, bis das Saarland dann 1957 in die Bundesrepublik eingegliedert werden konnte.

Über andere außenpolitische Probleme hat sich Egon Bahr während der Zeit als Bonner Korrespondent des *Tagesspiegel* nicht so ausführlich geäußert. Aus Anlaß des einjährigen Bestehens des Bundestags zog Egon Bahr am 7. September 1950 eine überaus kritische Bilanz der Parlamentsarbeit. Zunächst erinnerte er in seinem Rückblick an die Eröffnungsrede des Alterspräsidenten Paul Löbe, der auch vom Auftrag der Parlamentarier gesprochen hatte, sich mit allen Kräften für die Wiedervereinigung einzusetzen. „Diese Sätze, in denen die Worte Berlin, deutsche Ostgebiete, Wiedergewinnung der deutschen Einheit und geeintes Europa als logisch verbundene Glieder eines politischen Programms auftraten, waren sicher so ernst gemeint, wie sie gesprochen wurden. Daß sie nicht so ernst genommen wurden, liegt daran, daß der Bundestag sie rein rhetorisch auffaßte und in der Folgezeit die Neigung zu rein rhetorischen Auffassungen immer stärker ausbildete."

Die Einschätzung, daß das Thema Wiedervereinigung bereits nach einem Jahr parlamentarischer Auseinandersetzung nur noch als rhetorische Pflichtübung taugte, wurde in den folgenden Jahren für viele Parlamentarier aus Regierung und Opposition zur erschreckenden Gewißheit. Nicht nur die Sozialdemokraten, die den forcierten Westkurs des Kanzlers von Beginn an als Beitrag zur Vertiefung der Spaltung Deutschlands betrachteten, sondern auch Regierungsmitglieder wie Innenminister Gustav Heinemann oder der FDP-Fraktionsvorsitzende Thomas Dehler gingen auf Distanz zu Adenauers Politik der Remilitarisierung und Westintegration.

Resigniert hatte wohl in diesem Zusammenhang auch der aus Berlin stammende CDU-Politiker und Minister für gesamtdeutsche Fragen, Jakob Kaiser. Dieser Politiker war, so erinnert sich Egon Bahr, „der erste Mensch, der mich in der Nachkriegspolitik auf deutscher Seite beeindruckt hatte". Beide waren sich unmittelbar nach Kriegsende in Berlin begegnet, und Egon Bahr empfand für den stellvertretenden CDU-Vorsitzenden „eine wirkliche Zuneigung und Bewunderung". Denn: „Kaiser hatte die Vision, daß Deutschland in der Mitte Europas eine

Brückenfunktion zwischen Ost und West haben müsse. Er war ein Mann, der überhaupt nicht anders denken konnte, als die nationale Einheit als erstes Ziel zu setzen... Jakob Kaiser war der Überzeugung, daß es unter Adenauer zu einer separaten westdeutschen Entwicklung kommt. Die Russen waren töricht genug, ihm den Boden unter den Füßen wegzuziehen. Als er seine politische Basis verloren hatte, blieb ihm gar nichts anderes übrig, als eine Art von Hausmacht in Westdeutschland über die Sozialausschüsse wiederzugewinnen. Ich habe ihn dann erst 1949 in Bonn wiedergesehen und ihn fast nicht wiedererkannt. Ich hatte geglaubt, Jakob Kaiser würde vielleicht einmal der erste deutsche Außenminister werden können, aber als ich ihn wiedertraf, war er ein gebrochener Mann."[20]

Kaisers Erfolglosigkeit in Bonn änderte zwar nichts an dem Respekt, den Bahr ihm zollte, wohl aber ließ sie ihn der SPD näherrücken. „In dieser Zeit damals, in den Jahren 1949 bis 1951, wurde die persönliche Neigung zu Jakob Kaiser, die mich theoretisch auch zu einer CDU des Ahlener Programms hätte führen können, abgebaut, und aufgebaut worden ist die Hinwendung zu einer von Kurt Schumacher geführten SPD."[21]

Dieser SPD-Vorsitzende war es auch, der, wie Bahr in seiner Bundestags-Bilanz im September 1950 ausführte, gemeinsam mit Adenauer das Bild der politischen Auseinandersetzungen prägte. „Das Verhältnis der Regierungsparteien zur Oppositionspartei stellte sich immer mehr als eine Frage des persönlichen Verhältnisses zwischen Adenauer und Schumacher dar. Die Vorgänge hinter den Kulissen überschatteten die Vorgänge vor den Kulissen, und sie waren meist entscheidender als diese", urteilte der Parlamentsbeobachter, der zudem den Eindruck gewann, daß sich „das Parlament mehr als etwas Geführtes denn als etwas Führendes" erwiesen hatte. Zwar hatten die Abgeordneten bei ihrer Gesetzgebungsarbeit „ein achtenswertes Pensum" bewältigt, doch „all dies geschah unter den erschwerenden Umständen einer Kleinstadtatmosphäre, in der ein Parlament entweder nur als Fremdkörper erscheinen kann oder aber in der es selbst versinken muß".

Wenn auch bis heute die Kleinstadtatmosphäre geblieben ist, so sind Bahrs düstere Befürchtungen doch nicht eingetroffen. Nachdem die Bonner Parlamentarier am 3. November 1949 entschieden hatten, „daß Bonn die endgültig vorläufige und Berlin die vorläufig endgültige Hauptstadt der deutschen Bundesrepublik" wird, so Bahr am 5. November in einer kurzen Notiz, mußte in großer Eile und mit einem starken Zwang zur Improvisation der Aufbau der Bundesorgane vollzogen werden. Daß es dabei zu Schwierigkeiten und Pannen kam, kann niemand überraschen.

Auch die meisten Pressevertreter hatten zunächst etliche Probleme mit der Nachrichtenbeschaffung, denn erst im Oktober 1949 wurde schließlich die Einrichtung eines „Presse- und Informationsamtes der Bundesregierung" beschlossen, das im Laufe des Jahres 1950 die kontinuierliche Berichterstattung der Korrespondenten erleichterte.

Der *Tagesspiegel* bemängelte denn auch im Herbst 1949 die Arbeitsmöglichkeiten der in Bonn tätigen Journalisten. „Über die Stellung der Presse in Bonn haben sich in- und ausländische Korrespondenten nach einigen Wochen praktischer Arbeit nicht immer günstig geäußert."

Skeptisch wurde das Amt eines „Pressechefs der Bundesregierung" beurteilt, das „auf eine uniforme Informierung der Öffentlichkeit hinauslaufen" könne. Deshalb wurde den Kollegen geraten, „durch Befragung einzelner Persönlichkeiten und durch Erkundung der jeweils vorausgegangenen Entwicklungen die Aspekte der offiziellen Darstellungen aufzuhellen". Trotz der damals vielfach registrierten „Pressefeindlichkeit der Politiker" sollten sich Journalisten nicht abschrecken lassen, den persönlichen Kontakt zu politischen Informanten zu suchen. „Angesichts wirklicher politischer Erfahrung eines Pressevertreters, die auch bei kritischer Einstellung auf seiner Seite die sachlich unantastbare Verwendung der Information garantiert, wird ein Politiker die Verbindung zur Presse eher suchen denn ablehnen. Eine nähere Bekanntschaft zwischen den Parlamentariern und den Presseleuten dürfte sehr bald die Auslese bewirken, die kommen muß, damit Vertrauen entstehen kann."

In diesem Sinne waren die meisten Journalisten bemüht, vertrauensvolle Kontakte zu Politikern aller Parteien zu knüpfen, um an sogenannte Hintergrundinformationen zu gelangen. Die Journalisten schufen sich bald eine besondere Form von Informationsquelle, die in ähnlicher Weise bis heute existiert und zu deren Begründern auch Egon Bahr gehört. „Es hat sich im Laufe der Zeit eine Gruppe von Korrespondenten gebildet, die dann Politiker privat zu sich einluden. Wir hatten die Regel, daß dort völlig offen gesprochen wurde und aus diesem Gespräch nie zitiert, niemals eine Meldung gemacht wurde. Das hat funktioniert, kein Politiker hatte sich zu beklagen, und die Diskretion ist nie verletzt worden. Und da ich sehr interessiert war an Entwicklungen, an der Kommentierung, war diese Art von Hintergrundgesprächen sehr wertvoll. Und ich habe ungeheuer viel gelernt."

Daneben nutzte Egon Bahr die sich bietenden Chancen, Informationen jenseits der offiziellen Verlautbarungen aus Ministerbüros und Parteizentralen zu bekommen. Da er seit seiner Bonner Tätigkeit immer weniger seine Sympathien für die Sozialdemokraten verbarg, war er bald bei den SPD-Parlamentariern und -Mandatsträgern ein geschätzter Gast.

Drei Tage nach Veröffentlichung seines Artikels über

die einjährige Tätigkeit des Bundestags, am 10. September 1950, erschien in der Sonntagsausgabe des *Tagesspiegel* eine fünfzeilige Meldung, die eine personelle Umbesetzung im Bonner Korrespondentenbüro ankündigte:

„Mit dem heutigen Tage übernimmt Rudolf Schmidt die Leitung der Bonner Redaktion des *Tagesspiegel*. Er ist unseren Lesern aus vielen Veröffentlichungen über kommunalpolitische und allgemeinpolitische Fragen bekannt. Der bisherige Leiter Egon Bahr wird künftig in unserer Berliner Redaktion tätig sein."

Mit dieser Nachricht wurde nicht nur Egon Bahr völlig überrascht, auch seine Bonner Kollegen waren verwundert. Der SPD-nahe *Parlamentarisch-Politische Pressedienst* meldete drei Tage später: „Bereits am Dienstag tauchte in Bonn sein Nachfolger aus Berlin auf. Bis zu diesem Zeitpunkt hatte Bahr noch keinen Bescheid, weder privat noch offiziell, über seine Ablösung . . . Über die Hintergründe dieser eigenartigen Abberufung, die in Bonn Aufsehen erregt hat, ist zur Stunde nichts bekannt."

Der *Tagesspiegel*-Chefredakteur war zu dieser Zeit auf einer USA-Reise, so daß die Abberufung auf redaktionsinterne Berliner Querelen zurückgeführt wurde. Man wollte offensichtlich den Berliner Redakteur Schmidt nach Bonn abschieben. Daneben kursierten aber Gerüchte, wonach, wie der *Parlamentarisch-Politische Pressedienst* ergänzte, als Grund der Abberufung „ein kürzlich erfolgter Zusammenstoß mit Bundesinnenminister Dr. Heinemann angesehen" wurde.

Zu diesem Vorgang meint Egon Bahr aus heutiger Sicht: „Der Grund war ein völlig anderer. Erik Reger war hier in Bonn gewesen, und wir hatten über alles gesprochen, was anlag, und er war dann in die USA gereist. Ein oder zwei Tage später bekam ich eine Änderungskündigung, nämlich der *Tagesspiegel* hatte wirtschaftliche

Schwierigkeiten, und er kündigte allen Redakteuren ihre bisherigen Verträge mit der Bereitschaft, sie danach, ich glaube, mit einem Gehalt von tausend Mark weiterzubeschäftigen. Und das war für mich, wenn ich das recht in Erinnerung habe, ein Verlust von zwanzig Prozent. Darüber hätte man reden können, aber ich empfand es als unverständlich, daß mir Reger kein Wort gesagt hatte. Nachdem ich das feststellte, daß er sich einem Gespräch zur Sache entzogen hatte, indem er nämlich eine Weile in Amerika war, habe ich gedacht: Das ist eine Gemeinheit, jedenfalls unfair. Und ich hatte seit einigen Wochen ein Angebot des RIAS vorliegen, und denen hatte ich gesagt, ich fühle mich beim *Tagesspiegel* wohl, obwohl der RIAS mir viel mehr Geld angeboten hat. Und nachdem ich dieses Schreiben auf dem Tisch hatte, habe ich dann den RIAS angerufen und gefragt, ob das Angebot immer noch gilt. Da haben die gesagt: ,Ja, aber natürlich gilt das noch.' Darauf bin ich zum RIAS nach Berlin gefahren und habe mit denen den Vertrag abgeschlossen und habe dem *Tagesspiegel* mitgeteilt, ich nehme die Kündigung an und den neuen Vertrag nicht."

Egon Bahr hatte inzwischen so viel Spaß an der Arbeit in der kleinstädtischen Bundeshauptstadt bekommen, daß er nicht nach Berlin zurückgehen wollte. Er räumte zwar sein Büro in der *Tagesspiegel*-Redaktion, richtete sich aber kurze Zeit später in der Bonner Redaktion des Berliner Rundfunksenders RIAS ein.

Aufgrund seiner alten Berliner Kontakte, der Verbindungen zu amerikanischen Presse-Offizieren bei der *Allgemeinen Zeitung* und *Neuen Zeitung* sowie seiner freundschaftlichen Beziehungen zu den Bonner Pressevertretern wurde ihm die neue Stellung als RIAS-Kommentator ermöglicht. Den entscheidenden Anstoß gab schließlich RIAS-Programmdirektor Eberhard Schütz, der zuvor in Bonn RIAS-Korrespondent gewesen war und den Egon Bahr in Paris während der Schuman-Plan-

Konferenz wiedergetroffen hatte. Eberhard Schütz hatte ihn dort gefragt, „ob ich neben meiner Berichterstattung für den *Tagesspiegel* für den RIAS ein paar Kommentare machen würde. Das habe ich auch gemacht, damit war er wohl auch zufrieden, und dann kam das Angebot."

Der RIAS-Kommentator

Für die nächsten zehn Jahre wurde der Berliner Rundfunksender nun zur journalistischen Wirkungsstätte Egon Bahrs. Er blieb zwar in Bonn, war aber auch wieder enger mit Berlin verbunden.

Hatte er bislang für eine Tageszeitung Artikel und Kommentare verfaßt, so durfte er nun für den Hörfunk meinungsbildend das Zeitgeschehen analysieren und bewerten. Und eine weitere Besonderheit der Rundfunkarbeit reizte ihn: die größere Reichweite dieses Mediums. Seine Zeitungsartikel waren allein für Leser in Westdeutschland und West-Berlin gedacht, über den Rundfunk dagegen konnte er jetzt auch die Menschen in der „Ostzone" erreichen.

Gerade die Information der Deutschen in dem von Kommunisten beherrschten Teil Deutschlands war wesentliches Anliegen der RIAS-Berichterstattung. Mit Beginn des kalten Krieges Ende der vierziger Jahre fiel den Medien, besonders in der geteilten ehemaligen Reichshauptstadt Berlin, eine besondere Aufgabe zu. Die antikommunistischen Kräfte in Ostdeutschland in ihrem Widerstand zu stärken und daneben die Hoffnung auf eine staatliche Wiedervereinigung Deutschlands aufrechtzuerhalten waren mehr oder weniger deutlich formulierte medienpolitische Aufgaben, denen die meisten Journalisten in Westdeutschland und West-Berlin in nur wenig nuancierten Ausprägungen entsprachen. Auf die massive SED-Propaganda gegen den „Adenauer-Staat" folgte in der Regel aus dem Westen eine ebenfalls wenig zimperliche Antwort.

In den Zeitungs- und Rundfunkredaktionen Ost- wie Westdeutschlands herrschte, was die Berichterstattung über den jeweils anderen Teil der gespaltenen Nation betraf, eine irritationsfreie Diktion: Die kriminellen politischen Kräfte befanden sich jeweils auf der anderen Seite der Zonengrenze. Diese Haltung fand jahrelang ihren entsprechenden Niederschlag in den Zeitungsspalten und Rundfunkkommentaren. Gegenüber der professionellen Demagogie von östlicher Seite befanden sich die westdeutschen Journalisten allerdings in einem entscheidenden Vorteil: Sie hatten politische Entscheidungen in Westdeutschland zu kommentieren, die aufgrund demokratischer Legitimation zustande gekommen waren, und konnten vor diesem Hintergrund sämtliche Ereignisse im anderen Teil Deutschlands als von undemokratisch-kommunistischen Machthabern oktroyiert bewerten. Das Ulbricht-Regime in Berlin-Pankow, „ferngesteuert aus Moskau", wie es damals unisono hieß, stand unter permanenter westlicher Anklage. Die Medien leisteten auf beiden Seiten ihren Beitrag zur Vergiftung des politischen Klimas, das die führenden Politiker in beiden Teilen Deutschlands unter dem Schutz der jeweiligen Sieger- bzw. Besatzungsmächte zur Realisierung ihrer innen- und außenpolitischen Ziele geschickt zu nutzen verstanden.

Die Teilung Deutschlands, die nach dem Krieg fast jeder als vorübergehenden Zustand einschätzte, vertiefte sich, je länger der Ost-West-Konflikt zwischen den ehemaligen Alliierten andauerte. Kaum war 1949 die Bundesrepublik als westlicher Teilstaat entstanden, folgte umgehend die Gründung der DDR. Hatten die Währungsreform im Juni 1948 und die unmittelbar folgende

Berlin-Blockade durch die Sowjetunion faktisch schon die Teilung bewirkt, so war mit der Bildung der beiden deutschen Teilstaaten die Phase der Provisorien vorbei, die vorläufige Spaltung festgeschrieben und eine Wiedervereinigung in weite Ferne gerückt. Als nach Ausbruch des Korea-Kriegs 1950 auch die Remilitarisierung in beiden Teilen Deutschlands einsetzte, war der Schritt zur Eingliederung in zwei unterschiedliche Bündnissysteme getan. Von gesamtdeutscher Einheit war zwar immer wieder auf beiden Seiten die Rede, doch in Wirklichkeit entfernten sich die Deutschen in Ost und West immer mehr voneinander. Es war weniger ein schicksalhafter Verlauf als vielmehr das gewollte Ergebnis der praktizierten Politik.

Dieser Eindruck hatte sich inzwischen auch bei Egon Bahr verfestigt. In der Frage der Wiederbewaffnung glaubte er, „die Opposition hat recht, jedenfalls mit ihrer Auffassung, wenn wir das machen, ist die deutsche Frage für lange Zeit ad acta gelegt. Das bedeutet die eigentliche Teilung, und man müßte sondieren. Das war übrigens einer der wichtigsten Punkte, die mich der SPD nahegebracht haben." Und in jenen Februartagen des Jahres 1950 will Egon Bahr zum ersten Mal den Verdacht gespürt haben, „daß Adenauer zwar immer von Wiedervereinigung spricht, sie aber eigentlich nicht will. Dazu trug ganz sicher ein Gespräch mit dem damaligen Bundespressechef Paul Bourdin bei, den ich aus Berlin kannte. Der rief mich eines Tages an, war verzweifelt, weil der den ‚alten Herrn', wie er sich damals ausdrückte, am Abend mit dem Auto nach Rhöndorf begleitet und der eine Bemerkung gemacht hatte, aus der völlig klar hervorging, daß Adenauer die Wiedervereinigung gar nicht wollte. Bourdin wollte sie aber und meinte, er müsse nun zurücktreten, weil dieser innere Widerspruch nicht korrigierbar war und er deshalb den Kollegen Bahr um Rat fragte. Er hat dann noch einige

Wochen jongliert und ist dann ausgeschieden. Und für mich war das ein Alarmzeichen."

In dieser Phase der Ost-West-Auseinandersetzungen, der Debatten um Deutschlands Zukunft inmitten des kalten Kriegs, der Diskussionen um Wiederaufrüstung und Westintegration begann Bahr seine Arbeit beim RIAS. Und er erwarb sich bald den Ruf eines scharfzüngigen Kommentators, der aus seiner abgrundtiefen Abneigung gegenüber den in Ost-Berlin regierenden Kommunisten keinen Hehl machte. Das war auch ganz im Sinne des RIAS, des Rundfunks im amerikanischen Sektor.

Der Wechsel von der Tageszeitung zum Hörfunk bedeutete für die Familie Bahr aber auch eine Verbesserung der materiellen Verhältnisse. Nachdem im Jahr 1950 seine Frau Dorothea die Tochter Marion geboren hatte und die Familie nun vier Köpfe zählte, war der achtundzwanzigjährige Journalist mit einem für die damaligen Verhältnisse üppigen Gehalt des Rundfunksenders in der glücklichen Lage, den Lebensunterhalt der Familie ohne weiteres zu bestreiten. Da Bahr nach eigener Einschätzung im Jahre 1950 „zu den wirklich bestbezahlten Journalisten in Deutschland" gehörte, konnte er sich schon frühzeitig die eine oder andere extravagante Anschaffung leisten. Und für einen Journalisten, der viel in Bonn herumkommen und zudem noch gelegentlich in Berlin präsent sein mußte, war der Kauf eines Autos naheliegend. „Ich habe mir 1950 für 5800 Mark einen Mercedes gekauft. Achthundert Mark hatte ich gerade übrig, die fünftausend Mark habe ich mir geliehen und in Raten zurückgezahlt. Das empfand ich als richtigen Luxus, eigentlich fast ein bißchen gewagt."[22]

Der Journalist dachte um die Jahreswende 1950/51 nun ernsthaft daran, der SPD beizutreten, um „mein Engagement auch politisch deutlich werden zu lassen". Trotz einer kritischen Distanz zum SPD-Vorsitzenden, dessen Reden Bahr damals für „zu nationalistisch" hielt, entwickelte er zu Schumacher einen „sehr guten Kontakt". Als Bahr ihm sein Anliegen vortrug, winkte dieser ab. „Er sagte, wir haben so viel Ärger, bleiben Sie lieber beim RIAS, wo Sie sind, und wenn Sie nicht Mitglied der Partei sind, ist es auch genauso gut."[23]

Bahr folgte diesem Rat, ein außerhalb der Partei wirkender Sympathisant zu bleiben. Seinem ersten Anlauf, das Parteibuch zu erwerben, folgte in den nächsten Jahren zunächst kein zweiter: „Ich fühlte mich dieser Partei verbunden, ohne ihr anzugehören." Gleichwohl waren viele in der SPD froh, einen solch kompetenten Journalisten zu ihren publizistischen Verbündeten zählen zu dürfen. Egon Bahr erinnert sich an deren besondere Wertschätzung: „Schon zu einem relativ frühen Zeitpunkt habe ich die Außenpolitik als mein Gebiet gesehen, und Schumacher hat mich darin bestärkt. Er hat mal zu einem Bekannten gesagt, auf den müssen wir aufpassen, das ist ein Talent – auf diesem Gebiet jedenfalls."[24]

Von der Qualität seiner außenpolitischen Analysen und Kommentare zeugen denn auch seine Beiträge im RIAS, die in der Regel abends kurz vor acht Uhr ausgestrahlt wurden. Fast zehn Jahre war Egon Bahr als Rundfunk-Kommentator für den RIAS (später auch gelegentlich für den Hessischen und Westdeutschen Rundfunk) tätig. In diesen Jahren nahm er sowohl zu innenpolitischen Ereignissen als auch zu außenpolitischen Vorgängen dezidiert Stellung. Seine Abendkommentare wurden bald für viele Hörer, besonders in der DDR, zu einem Begriff, zu einem RIAS-Markenartikel. Der Berliner Theaterkritiker Friedrich Luft, der die Artikel des ehemaligen Lokalredakteurs Bahr nicht besonders aufregend fand, hatte dagegen dessen RIAS-Kommentare in guter Erinnerung: „Ich hörte sie immer, also mußten sie gut sein. Sie waren, mit allem schuldigen Respekt, mehr als er."[25]

Anhand einiger ausgewählter Beispiele aus der unüberschaubaren Anzahl der RIAS-Kommentare, die seit 1952 auch vom Bundespresseamt zur Auswertung herangezogen wurden, lassen sich sowohl Bahrs politischer Standpunkt als auch seine verbale Stärke deutlich machen. Im Sommer 1952 nahm Egon Bahr den seit zwei Jahren andauernden Korea-Krieg zum Anlaß eines Kommentars, der ganz unverhohlen die westliche Haltung als friedenssichernd begrüßt: „Die Freiheit ist unteilbar. Gerade das war der Grund für die Vereinten Nationen, Widerstand zu leisten. Hinzu kamen die Erfahrungen der Politik in München. Ein totalitäres Regime wird durch Schwäche nicht besänftigt, sondern ermutigt. Die Preisgabe Koreas hätte eine Ermunterung bedeutet, ähnlich risikolose Annexionen an irgendeinem anderen Punkt der Welt, vielleicht in Europa, vielleicht in Deutschland, zu unternehmen. Genau dasselbe sowjetische Material, das heute in Korea eingesetzt ist, würde ohne Einsatz der Vereinten Nationen in Korea jetzt das sowjetische Potential in Westeuropa stärken. "

Das Mißtrauen gegenüber der Sowjetunion und ihren Verbündeten hatte bereits seit einigen Jahren die Formen einer ausgeprägten Bedrohungsphobie angenommen. Für die Mehrheit der Politiker wie für die Öffentlichkeit schien nur eine gemeinsam vom Westen getragene „Politik der Stärke" den nötigen Schutz vor den sowjetischen Machtambitionen zu gewährleisten. Alle Ansätze der Sowjetunion im Jahr 1952, zu einem Viermächtetreffen zu kommen, wurden, zumal nach der berühmten März-Note Stalins, als Störmanöver betrachtet, das zum Ziel hatte, die Unterzeichnung des Deutschland-Vertrags sowie des Vertrags über die „Europäische Verteidigungsgemeinschaft" (EVG) zu torpedieren. Diese Einschätzung wollte auch Egon Bahr damals nicht ausschließen, doch war er für eine „Sondierung der Wiedervereinigung". Er war schon damals davon überzeugt, „es gibt Sicherheit nur mit den Vereinigten Staaten".[26]

Als dann im September 1952 auch die Ost-Berliner Führung den westdeutschen Konsolidierungskurs zu beeinflussen versuchte und eine Volkskammerdelegation mit einem Schreiben zur Frage der Wiedervereinigung nach Bonn entsandte, die tatsächlich von Bundestagspräsident Hermann Ehlers zu einem viertelstündigen Gespräch empfangen wurde, meldeten die westdeutschen Medien nur ablehnende Reaktionen. Egon Bahr nahm im RIAS zu diesem Vorgang so Stellung: „Die Parole ‚Deutsche an einen Tisch' verlor den Rest ihrer Anziehungskraft, als die Volkspolizei den Sperrgürtel längs der Zonengrenze ziehen und die Bevölkerung von Haus und Hof vertreiben mußte. Der lauwarme zweite Aufguß dieser Parole, der uns jetzt vorgesetzt wird, kann mindestens in der Zone niemand glauben machen, daß fünf Volkskammerabgeordnete nun etwa in Bonn zusagen könnten, was der Kreml bisher nicht zugesagt hat und was uns am brennendsten interessiert, nämlich freie Wahlen." (12. 9. 1952)

Ein paar Tage später zeigte er sich über den erfolglosen Auftritt der Volkskammerabgeordneten in Bonn befriedigt und wertete dies als „ein Zeichen dafür, daß man auf Propagandatricks Pankows keine Rücksicht mehr zu nehmen braucht, und insofern kann man die Absicht Pankows, die westdeutsche Öffentlichkeit durch die Reise nach Bonn unsicher zu machen oder gar für sich zu gewinnen, bereits jetzt als absolut gescheitert ansehen. Die Bundesrepublik will keine Chance zur deutschen Einheit auslassen, aber Gespräche mit Pankow bedeuten keine Chance." (16. 9. 1952)

An dieser Haltung hielt Egon Bahr als RIAS-Kommentator jahrelang unerschütterlich fest: Keine Gespräche mit Pankow! Die Forderung „Deutsche an einen Tisch" war für ihn nur ein durchsichtiger Propagandatrick; mit den Ost-Berliner Kommunisten redete man nicht und verhandelte schon gar nicht. Mit dieser Einstellung befand sich Egon Bahr allerdings in guter Gesellschaft. Es war nicht nur offizielle Regierungspolitik, denn auch die Sozialdemokraten pflegten in den fünfziger Jahren einen strikt antikommunistischen Kurs, der Kontakten oder Gesprächen mit dem Ost-Berliner SED-Regime im Wege stand. Niemand wollte durch Begegnungen mit den Machthabern in Pankow deren Aufwertung betreiben.

Für die meisten Beobachter im Westen war spätestens im Sommer 1952 deutlich geworden, daß den regierenden Kommunisten in Ost-Berlin an substantiellen Gesprächen über die Einheit Deutschlands nicht gelegen war. Im Juli verkündete die SED den „Aufbau des Sozialismus" und ersetzte die bislang fünf bestehenden Länder in der DDR durch vierzehn Verwaltungsbezirke. Wie man in der Bundesrepublik die Folgen dieses Vorgangs bewertete, drückte Egon Bahr in einem RIAS-Kommentar aus: „Der unverhüllte Übergang zum sowjetähnlichen Verwaltungssystem zeigt, daß ein Stadium erreicht ist, in dem der Eindruck, den solche Maßnahmen etwa in Westdeutschland machen müssen, keine Rolle mehr spielt. Dies ist in allen Details eine Bestätigung, daß der ‚Aufbau des Sozialismus' von der Einheit Deutschlands wegführt. Das Einschmelzen der DDR in die Verwaltungsreform der Sowjetunion und der Volksdemokratien ist die erste Konkretisierung der Politik, den einen Teil Deutschlands in die Uniformität der Satellitenstaaten einzupassen." (27. 7. 1952)

Dieser Eindruck sollte sich in den folgenden Monaten noch durch weitere Maßnahmen der SED, so die „Sozialisierung der Landwirtschaft", verstärken. Während man sich in der Bundesrepublik einig war in der Verurteilung der kommunistischen Machtausübung, der rücksichtslosen gesellschaftlichen und wirtschaftlichen Umgestaltung sowie des gezielten Terrors gegen Andersdenkende, war die Schar derjenigen, die den Menschen in der DDR und den von ihnen erduldeten Entbehrungen Respekt

68

zollten, nicht annähernd so groß. Die meisten Bundesbürger registrierten zwar mit Abscheu die Vorgänge in der DDR, doch rückten im Zuge des in Westdeutschland einsetzenden Wirtschaftsaufschwungs die eigenen Sorgen und materiellen Wünsche immer mehr in den Vordergrund. Man hatte mit der Gestaltung der eigenen Lebensverhältnisse genug zu tun, und so verloren nicht wenige die Sorgen und Nöte der Deutschen in der DDR aus den Augen.

Anders Egon Bahr, der zu Weihnachten 1952 die Westdeutschen an den „moralischen Anteil der Menschen in der Sowjetzone an dem ‚deutschen Wunder'‟ erinnerte und damit zweifellos vielen Hörern in der DDR aus dem Herzen sprach: „Die Menschen in der Zone können mit gutem Recht bei jedem Fortschritt in der Bundesrepublik an den Teil denken, den die Bundesrepublik ihnen verdankt. Und wenn einmal die deutsche Bilanz gezogen wird, so werden sie nicht das Geschenk eines besseren Lebens erhalten, sondern das, was ihnen zusteht, was sie sich im wahrsten Sinne des Wortes verdient haben." (23. 12. 1952)

Mit Lebensmittelpaketen allein war dieser Anspruch nicht einzulösen. Daß er nur politisch eingelöst werden konnte, war Egon Bahr damals klar, doch die erhoffte „deutsche Bilanz" konnte angesichts des sich verschärfenden Ost-West-Gegensatzes und der Vertiefung der Spaltung nicht gezogen werden und rückte immer rascher in unerreichbare Ferne. Inzwischen hat die geschichtliche Entwicklung sie längst zur Fiktion werden lassen.

Zu Beginn des Jahres 1953 konnte der RIAS-Kommentator seinen Hörern in Ost- und Westdeutschland von einer Kanzlerrede berichten, die Adenauer am 12. Januar zur Eröffnung des Deutschen Presseclubs in Bad Godesberg gehalten hatte. Dort hatte der Kanzler eine schärfere Gangart bei der Auseinandersetzung mit der Ost-Berli-

ner SED-Führung angekündigt. Egon Bahr war von den Worten des Kanzlers beeindruckt: „Um allen Mißverständnissen oder absichtlichen Mißdeutungen vorzubeugen, muß hervorgehoben werden, daß der Kanzler ausdrücklich erklärte, er halte es für wahrscheinlich, daß der geistige Kampf mit dem Kommunismus den Ausschlag geben werde. Wenn man wie der Kanzler einen vielleicht längeren erbitterten geistigen Kampf gegen den Stalinismus für unumgänglich hält, dann ist es notwendig, Konsequenzen zu ziehen, die bisher zweifellos versäumt oder zumindest ungenügend praktiziert wurden. Ich muß sagen, daß mich nichts in den letzten Monaten so zuversichtlich gemacht hat wie die heutigen Kanzlerworte, daß manches Versäumnis nachgeholt wird. Ich bin überzeugt, daß diese gesamtdeutsche Politik auch eine Zusammenarbeit zwischen Opposition und Regierung möglich macht, die in anderen Fragen nicht möglich war."
(12. 1. 1953) Letztgenannte Auffassung sollte sich als Irrtum erweisen.

Mit markigen Worten schien zu Anfang des Jahres 1953 eine neue Phase der westdeutschen Politik eingeleitet worden zu sein. Als im Februar der neue amerikanische Außenminister John Foster Dulles mit dem deutschen Bundeskanzler in Bonn zusammentraf, fand die amerikanische Strategie härterer Konfrontation mit der Sowjetunion bei Adenauer offenes Gehör. Ziel der amerikanischen Außenpolitik sollten das Hinausdrängen der Sowjetunion aus Europa sein („Roll Back"-Konzept) sowie die Einkreisung der Sowjetunion durch eine Kette von Militärbündnissen von Europa bis Ostasien. Eine der im Westen propagierten Spekulationen und Hoffnungen war, daß das sich wirtschaftlich rasch erholende Westdeutschland einen so starken Sog auf die von andauernden Reparationsleistungen ökonomisch geschwächte DDR ausüben könnte, daß diese eines Tages von selbst den Anschluß anstreben oder von der Sowjetunion als unbequemer Ballast fallengelassen würde. Diese als Magnet-Theorie publizistisch geförderte Erwartung traf bis weit in die Oppositionsparteien auf Zustimmung.

Nach dem Tod Stalins am 5. März 1953 erreichten die Hoffnungen auf ein Ende der kommunistischen Herrschaft in der DDR und in anderen osteuropäischen Ländern fast beängstigende Ausmaße. Im RIAS warnte Egon Bahr vor allzu großen Erwartungen: „So sehr menschlich verständlich es auch ist, wenn die Bevölkerung in allen unterdrückten Gebieten - und das gilt nicht nur für die Zone – jetzt den Atem anhalten mag und neue Hoffnungen auf eine schnelle Wende ihres Schicksals hegen möchte, niemand wird übersehen dürfen, daß auch Stalin, wenn auch der mächtigste Repräsentant, aber eben doch nur Repräsentant eines Systems war." Der Rundfunk-Kommentator war Realist genug, um zu sehen, daß der Tod des Sowjetführers nicht automatisch eine grundlegende Veränderung des Systems kommunistischer Herrschaft nach sich ziehen würde.

Als die führenden Persönlichkeiten der sowjetischen Nachfolgeregierung – Ministerpräsident Malenkow, Innenminister Berija und Außenminister Molotow – erste Signale der Entspannung nach Westen aussandten, wurden diese in der Bundesrepublik durch lautstarke Warnungen übertönt. Zu den Warnern gehörte auch der RIAS-Kommentator Bahr, der Anfang April den Entspannungswillen der Sowjetunion in Zweifel zog und es für gefährlich hielt, „übertriebene Hoffnungen zu nähren und das Mißtrauen und die Vorsicht aufzugeben, die die Frucht fast acht Jahre langer sowjetischer Politik sind". (2. 4. 1953) Sein Kollege Otto Herr vom Hessischen Rundfunk sah die Lage noch dramatischer: „Die westlichen Regierungen werden verhandeln, auch wenn sie nicht glauben, daß sie damit den ewigen Frieden erreichen. Aber jede Frist, die wir für den Frieden gewinnen, ist wirklich gewonnen, und in der heutigen Zeit kann es nur darum gehen, den fatalen Termin eines neuen Krieges immer wieder hinauszuschieben." (2. 4. 1953) Wenn auch nicht alle Kommentatoren diesen Pessimismus teilten, so fanden sie es doch angebracht, das jahrelang mehr oder weniger gerechtfertigte Mißtrauen gegen die Sowjetunion nicht erlahmen zu lassen.

Im Nordwestdeutschen Rundfunk (NWDR) brachte der Journalist Ernst Friedländer die allgemeine Stimmung auf die Formel: „Sich nicht verwirren lassen, fest bleiben!... Gestern hieß unsere Parole: Keine falsche Furcht! Heute heißt sie: Keine falsche Hoffnung!" (8. 4. 1953) Im RIAS wurde von Egon Bahr dieselbe Parole verbreitet: „Das sowjetische Bedürfnis nach bloßer Entspannung würde die Aufrechterhaltung des Status quo, der Spaltung Deutschlands, bedeuten. Da wir bisher kein Zeichen für den Wunsch nach Ausgleich haben, wäre es falsch, auch nur eine Minute auf Überlegungen zu verwenden, ob die Politik der Stärke aufgrund der Ereignisse der letzten drei Wochen irgendeiner Änderung bedürfe." (8. 4. 1953)

Die von ihm getroffene Feststellung, daß Entspannung für die Sowjetunion Aufrechterhaltung des Status quo und folglich der Teilung Deutschlands bedeute, sollte Egon Bahr Jahre später angesichts einer nur wenig veränderten weltpolitischen Konstellation entscheidend modifizieren. In den fünfziger Jahren indes bezog er aus seiner Analyse des Ost-West-Konflikts nur Argumente für die Beibehaltung einer Politik der Stärke gegenüber der Sowjetunion. Allerdings hielt Bahr auch kritische Distanz zu der einseitigen Westpolitik der Adenauer-Regierung, der von Sozialdemokraten vorgeworfen wurde, sie mache jegliche Chancen zur Wiedervereinigung zunichte. Aus heutiger Sicht stimmt Egon Bahr damaligen Bedenken zu: „Der Fehler, meiner Auffassung nach, der in den frühen fünfziger Jahren gemacht worden ist, war der, daß man die Westintegration vorgenommen hat, ohne auch ernsthaft die Angebote der Sowjetunion zu überprüfen, auszuloten oder zu versuchen, sie beim Wort zu nehmen. Es kann ja sein, daß dann dasselbe herausgekommen wäre. Aber so sicher ist es nicht. Ein paar Leute sind ja nach den Veröffentlichungen, die es nach dem Tode Stalins gegeben hat, auch schon klüger geworden. Dies ist sozusagen der Generalvorwurf, der uns aber heute nicht mehr weiterführt."[27]

Jedenfalls gehörte Egon Bahr im Frühsommer 1953 zu denen, die sich zu ihrer skeptischen Einstellung gegenüber sowjetischen Verhandlungsangeboten offen und öffentlich bekannten. Am 11. Juni meinte er im RIAS: „Niemand darf sich der Illusion hingeben, der offensichtliche russische Wunsch nach Verhandlungen schließe automatisch einen sowjetischen Wunsch nach einem weltweiten echten Ausgleich ein. Der Drang zum Verhandlungstisch sagt noch nichts aus über die Vorstellungen des Kreml von dem Verhandlungsergebnis."

Am selben Tag übrigens bewertete Egon Bahr den in der DDR eingestellten Kampf der SED gegen die Kirchen, dessen – vorläufiges – Ende wohl auf Druck der Sowjets erfolgte. Im Abendkommentar lautete Bahrs Schlußfolgerung: „Tatsache ist, daß das Regime den Kirchenkampf aufgeben mußte. Tatsache ist, daß die Sowjets gezeigt haben, wie leicht man unter Umständen das Regime und die SED fallenlassen kann. Und dies kann man ohne Übertreibung sagen: Von diesem psychologischen Druck wird sich die SED nie mehr erholen." (11. 6. 1953)

Die Freude über die Schlappe der SED sollte aber nicht lange anhalten. Genau eine Woche später, am 17. Juni, wurde deutlich, wie wenig die Sowjets nach den Arbeiterunruhen gewillt waren, die SED fallenzulassen. Die trotz einer beschlossenen Verlangsamung des „Aufbaus des Sozialismus" beibehaltene Normenerhöhung hatte am 16. und 17. Juni spontane Protestaktionen in Ost-Berlin ausgelöst, die sich rasch über andere Industriezentren der

DDR zu gewaltsamen Demonstrationen ausweiteten. In dieser Situation spielte der Berliner Rundfunksender RIAS, der die Bevölkerung in Berlin und in Teilen der DDR über die fortlaufenden Ereignisse informierte, eine besondere Rolle.

Aufgrund seiner permanenten Berichterstattung wurde gegen ihn später der Vorwurf erhoben, die Unruhen bewußt angeheizt zu haben. Egon Bahr widerspricht diesen Behauptungen, die vor allem von Ost-Berlin verbreitet wurden. „Was den Juni-Aufstand angeht, so weiß ich besser als die meisten, daß wir wirklich, jedenfalls was den RIAS angeht, und ich wüßte nicht wer sonst, nichts davon gemacht haben, sondern dies war ein Strohfeuer, das sich ausbreitete, und zwar weit mehr, als wir uns überhaupt je vorstellen konnten. Wir haben keine Ahnung gehabt, was in der DDR passiert war. Wir haben am Siebzehnten keine Ahnung gehabt, was in der DDR passiert war. Wir haben am Achtzehnten keine Ahnung gehabt; am Achtzehnten abends, weiß ich noch ganz genau, kam zum ersten Mal ein Mensch, der erzählte, daß in Brandenburg etwas passiert sei... Die Rolle des RIAS, uns unbewußt, war die, daß man uns gehört hat und dadurch die Nachrichtenübermittlung im Sinne einer Integration funktioniert hat. Es ist also völliger Unsinn, wenn behauptet wird, daß eine Organisation, eine Absicht – oder ich weiß nicht, welche finsteren Geschichten da sonst noch behauptet werden oder wurden – bestanden hätten; sondern wenn allein die BBC dagewesen wäre, hätte die BBC die gleiche Funktion unwissentlich erfüllt, nämlich die gleiche Nachricht über die gleiche Situation an alle Stellen der DDR zu bringen. Aber nun wurde damals nicht BBC gehört, sondern RIAS wurde gehört, und damit tat es der RIAS, ohne zu wissen, was passierte."[28]

Der RIAS, so erinnerte sich später auch der stellvertretende Direktor Gordon Ewing, war von den Ereignissen völlig überrascht und zu ständiger Improvisation gezwungen worden. „Wir nahmen das normale Programm im RIAS nicht wieder auf, glaube ich, bis zum Zweiundzwanzigsten, vielleicht war es sogar ein paar Tage später. Wir hatten wenigstens fünf Tage kein normales Programm, berichteten nur über die Ereignisse um uns herum. Und natürlich am Abend des Siebzehnten und am Morgen des Achtzehnten diskutierte jeder mit jedem, den er erreichen konnte. Was sollten sie dort drüben tun? . . . Jeder hatte eine andere Idee, zu guter Letzt aber konnte man nur die moralische Unterstützung ausdehnen und – soweit der RIAS betroffen war – mit den praktischen Vorschlägen für den Alltag fortfahren. Das konnte durch die Sendungen mit all unseren Programmen für die Sowjetzone geschehen. Wir hätten am 16. und 17. Juni mit dem RIAS mitgerissen werden können, mit uns selbst zerstritten. Einige Redakteure wollten sehr weit gehen. Ich erinnere mich aber an niemanden, der der Überzeugung war, daß die westlichen Alliierten militärisch intervenieren sollten. Jeder akzeptierte, daß das nicht geschehen durfte. Doch es gab einige, die am liebsten eine Menge flammender Aufrufe ausgestrahlt hätten, natürlich gibt es immer solche. Wir hatten heiße Debatten, am Ende aber gab es keine echten Schwierigkeiten, in der Abendsendung eine Richtung einzuschlagen, die tatsächlich ausgestrahlt wurde."[29]

Was den Berliner Sender RIAS betraf, so hatte es vor den Arbeiterunruhen in der DDR bereits Kritik an dessen Programm gegeben. Mitte Februar 1953 informierte sich beispielsweise der Bundestagsausschuß für gesamtdeutsche Fragen (Vorsitzender: Herbert Wehner) beim RIAS über den Umfang, den Inhalt und die Auswirkungen der für die Bevölkerung der DDR bestimmten Sendungen. Nach Angaben der *Frankfurter Allgemeinen Zeitung* (14. 2. 1953) wurde nach dem Besuch der Ausschußmitglieder beim RIAS „strengstes Stillschweigen über die

Frage der Sendungen für die Sowjetzone bewahrt". Zugleich berichtete die Zeitung, daß auch Persönlichkeiten der evangelischen und katholischen Kirche wiederholt gegen Sendungen des RIAS protestiert hätten, „weil dadurch eine ständige Unruhe in die Bevölkerung hineingetragen werde, die zu einer Verstärkung des Flüchtlingsstromes beigetragen haben soll. Demgegenüber wird von der Sendeleitung des RIAS anhand statistischen Zahlenmaterials, Flüchtlingsaussagen und Hörerbriefen erklärt, daß die Stärke des Flüchtlingsstromes nur unwesentlich von den Sendungen des RIAS beeinflußt werde. Der RIAS habe jedoch jetzt davon Abstand genommen, in seinen Sendungen für die Sowjetzone die Zahl der täglich in Berlin eintreffenden Flüchtlinge zu melden oder über Absperrmaßnahmen der Sowjetzone zu berichten, um einer Panik entgegenzuwirken."

An der grundsätzlichen Arbeit des Senders änderte sich aber nichts, sein Programm blieb weiter auf die Hörer in der DDR abgestellt. In einem Artikel der *Hannoverschen Allgemeinen Zeitung*, wenige Tage vor den Arbeiterunruhen am 17. Juni, wurde die Arbeit des Berliner Senders („Viel gehört, viel geschmäht – der RIAS") vorgestellt: „Den größten Unwillen aber erregt der RIAS bei den östlichen Machthabern mit seinen Sendungen über die Entwicklung in Mitteldeutschland selbst. Eine der bekanntesten Folgen heißt ‚Aus der Zone für die Zone'. Darin werden die Hörer mit Vorgängen vertraut gemacht, die die kommunistische Presse entweder ignoriert oder einseitig darstellt. Aus vielen Hörerbriefen, die dem RIAS zugehen, aus Gesprächen mit mitteldeutschen Besuchern schöpft der Sender seine Informationen." Die Zeitung schloß ihren Bericht aber auch mit einer kritischen Bewertung: „So läßt er die mitteldeutschen Hörer oft zu sehr im Saft eigener Sorgen schmoren. Er malt ein wenig zu sehr in Schwarz-Weiß, wo eigentlich Grau richtiger und eindrucksvoller wäre. Das ist eine Schwäche des RIAS, über die man trotz aller Verdienste des Senders nicht hinwegsehen kann." (13. 6. 1953)

Die Verdienste des von den Amerikanern finanzierten Senders wurden sogar in den Vereinigten Staaten zeitweilig in Abrede gestellt. Schwierigkeiten für den RIAS entstanden Ende Juni 1953, also nach der Niederschlagung des Volksaufstandes, durch den republikanischen Senator McCarthy, der als Vorsitzender des Senatsausschusses zur Untersuchung „unamerikanischer Umtriebe" die Suche nach angeblichen Kommunisten in Staat und Verwaltung leitete. Dabei wurde auch der RIAS nicht ausgespart, „seit Kriegsende wichtige und (zugegebenermaßen) erfolgreiche Außenbastion im Ätherkrieg", wie der *Münchner Merkur* am 26. Juni berichtete. Anlaß der Meldung war eine Vorladung des stellvertretenden RIAS-Direktors Gordon Ewing, der in Washington vor dem Ausschuß zu der Verdächtigung, die RIAS-Sendungen seien kommunistisch beeinflußt, Stellung nehmen sollte. Für den *Münchner Merkur* war damit die „Tragikomödie vollkommen". Denn: „Der RIAS beschäftigt drei ehemalige Kommunisten: den Programmdirektor Eberhard Schütz, den Abteilungsleiter für Sowjetzonensendungen Wolfgang Kohl und den Kommentator Heinz Frentzel. Alle drei haben seit Jahren bewiesen, daß sie keine Kommunisten mehr sind. Das nützt ihnen heute nichts."

Es kam jedoch nicht zu den befürchteten Maßnahmen, der „McCarthy-Rummel" blieb ohne personelle Konsequenzen für den RIAS. Denn, so erinnert sich Egon Bahr noch lebhaft an diesen Vorfall, „als wir hörten, daß Ewing zu dem Ausschuß sollte, haben wir uns mit ihm solidarisiert. Wir haben den Amerikanern einen Brief geschrieben und sie wissen lassen, wenn sie diesen Mann dorthin brächten, könnten sie uns gleich mitnehmen, dann könnten sie den Sender gleich einstellen. Ewing kam nicht vor den Ausschuß, und alles blieb beim alten."

Der Berliner Sender hatte durch seine Berichte während des dramatischen Geschehens am 17. Juni die Notwendigkeit seines Bestehens nachhaltig unterstreichen können, so daß alle Spekulationen über eine Veränderung des Personals oder der Programmstruktur gegenstandslos waren.

Während des Volksaufstands in der DDR war der RIAS-Kommentator Bahr in Berlin, hielt sich fast ununterbrochen in der Redaktion auf, übernachtete auch im Sender, besprach sich mit Kollegen über die einlaufenden Nachrichten und diskutierte über Verlauf und mögliche Folgen der Entwicklung in Ost-Berlin. Am Abend des 18. Juni, als die Lage in der DDR immer noch unüberschaubar war, sprach auch Egon Bahr seinen Abendkommentar, in dem es unter anderem hieß: „Die SED und ihr Regime konnten die Ordnung nicht aufrechterhalten, weder in Berlin noch in der Zone . . . Es gibt nach diesen Vorkommnissen für die herrschende Garnitur keine Mittel mehr, sich den Respekt der Bevölkerung wieder zu erwerben."

Für die Wiederherstellung der Ordnung sorgten dann die sowjetischen Panzer, die durch die gewaltsame Niederwerfung des Aufstands das SED-Regime an der Macht hielten. Das passive Zuschauen der Westmächte und die ohnmächtigen Gesten der Bundesregierung offenbarten aber auch, daß weder konkrete Pläne für den Fall eines Volksaufstands in der DDR in den Schubladen lagen noch der Westen gewillt war, jenseits der Demarkationslinie militärisch zu intervenieren. Von einer Befreiung der DDR konnte nun erst recht nicht mehr die Rede sein, die Westmächte respektierten die nach dem Krieg für Deutschland vereinbarten Einflußzonen. In den sechziger Jahren sollte es dann weitere Erfahrungen dieser Art geben. Zunächst waren weiterhin moralische Unterstützung für die Bevölkerung in der DDR und Kampf gegen das SED-Regime angesagt. „Das Bewußtsein der Kraft, das die Bevölkerung Ost-Berlins und der Zone durch den 17. [Juni] gewonnen hat, wird das Regime durch keine Milderung des Kurses, durch keine Änderung der Methode und durch keine ihm abgetrotzten Erleichterungen aus dem Bewußtsein löschen können", lauteten die eher tröstenden Worte Bahrs drei Wochen nach dem Volksaufstand. Es fiel den westdeutschen Kommentatoren schwer, die Einsicht in die eigene Ohnmacht den Landsleuten im anderen Teil Deutschlands verständlich, begreiflich zu machen.

Neue Hoffnungen wurden dagegen in den letztlich erfolglosen Notenaustausch zwischen der Sowjetunion und den Westmächten gesetzt, der sich bis Mitte der fünfziger Jahre hinzog. Am außenpolitischen Kurs der Bundesregierung änderte sich jedenfalls nichts, wenn man von intensivierten Bemühungen des Kanzlers um die militärische Eingliederung der Bundesrepublik in ein westliches Bündnissystem einmal absieht.

Die Wahlen am 6. September 1953 zum zweiten Deutschen Bundestag brachten der regierenden CDU unter Bundeskanzler Adenauer einen erheblichen Stimmengewinn, während die Sozialdemokraten Stimmenverluste verbuchten. Das eindeutige Wahlergebnis wurde auch als Bestätigung der Regierungspolitik gewertet. Zum Wahlausgang bemerkte Bahr: „Wir haben eine Konzentration auf die demokratische Mitte erlebt, die ausschließlich positiv zu werten ist, wobei Tendenzen zu einem Zwei-Parteien-System sichtbar wurden. Die SPD hat eine klare politische Niederlage erlitten. Ob sie daraus neben organisatorischen oder personellen auch politische Konsequenzen ziehen wird, bleibt abzuwarten." (7. 9. 1953) Es folgte zwar eine Personaldebatte, in deren Mittelpunkt der Parteivorsitzende Erich Ollenhauer stand, dessen mangelnde Ausstrahlungskraft als Kanzlerkandidat als eine Ursache der Wahlniederlage galt, dennoch blieb in der SPD-Spitze alles beim alten. Vier Jahre später, bei der

Bundestagswahl 1957, zog die SPD erneut mit Ollenhauer in den Wahlkampf, und ein noch schlechteres Stimmenergebnis war die Folge.

Die politischen Diskussionen drehten sich auch nach der Bundestagswahl 1953 weiter um Konsequenzen und Folgen eines eventuellen Beitritts der Bundesrepublik zu einer Europäischen Verteidigungsgemeinschaft. Und Egon Bahr warb bei verschiedenen Gelegenheiten um Zustimmung für dieses Projekt, unter anderem auch, weil er der Meinung war, eine „zügige Verwirklichung der EVG" würde die Sowjetunion in der Deutschlandfrage „verhandlungsbereiter" machen. „Wenn Moskau seine Chance zu Verhandlungen *vor* der Ratifizierung der EVG – wie man sieht – nicht ausnutzt, dann wird man eben erproben müssen, ob es *nach* Inkrafttreten der EVG geneigter ist. Jedes weitere Zögern des Westens wäre blamabel und würde im Effekt der Sprödigkeit der Sowjets recht geben", meinte er am 4. November 1953 im RIAS, und gut vier Wochen später, am 6. Dezember, lautete sein Befund: „Es wäre töricht, gerade das politische Instrument (Beteiligung an der EVG, Wehrhoheit) stumpf werden zu lassen, das nach allem, was wir wissen, die Sowjets überhaupt erst verhandlungsbereit gemacht hat."

Gemeint war die Bereitschaft der Sowjets, an der Viermächtekonferenz der Außenminister in Berlin (25. 1. – 18. 2. 1954) teilzunehmen, auf die sich die vier Mächte nach einigem Hin und Her geeinigt hatten. Die Erwartungen an diese erste Viermächtekonferenz seit 1949 waren hoch, ging es doch auch um die deutsche Frage (die anderen Themen waren der Korea- und Indochina-Konflikt). Doch Egon Bahr blieb noch vor Beginn der Konferenz in seinem Kommentar skeptisch und rechnete mit einem Mißerfolg: „Ein Scheitern dieser Konferenz würde mit größter Wahrscheinlichkeit nur ein Vertagen bedeuten, ein Vertagen, bis in wohl gar nicht allzu langer

Zeit neugeschaffene Tatsachen einen neuen Versuch lohnend erscheinen lassen." (24. 1. 1954)

Der Ausgang der Viermächtekonferenz, auf der sich die westlichen (Eden-Plan) und die sowjetischen Vorstellungen über eine Lösung der Deutschlandfrage nicht auf einen gemeinsamen Nenner bringen ließen, bestätigte Egon Bahrs Befürchtungen. Da nun in der Deutschlandfrage nichts erreicht wurde, bestand jetzt um so mehr Anlaß, nicht länger mit der Verwirklichung einer europäischen Verteidigungsgemeinschaft zu zögern – auch im Interesse der deutschen Einheit: „Die Stärke des Westens reicht aus, um die Situation zu halten, wie sie ist. Sie reicht aus für den Status quo. Aus dem auf dem Papier bekundeten Willen [zur EVG] muß eine Realität werden. Wir müssen verstehen, daß eine Macht nur Argumente der Macht versteht. Man wird eine Situation herbeiführen müssen, die den Sowjets in ihrem eigenen Interesse einen Ausgleich der Kräfte in Europa geraten erscheinen läßt. Wenn der Westen diese Konferenz zum Anlaß nimmt, sich die Ärmel aufzukrempeln und weniger zu deklamieren und mehr zu tun, dann hat uns diese Konferenz der deutschen Einheit ein Stück näher gebracht." (22. 2. 1954)

Das war unverändert die Sprache des kalten Krieges, das Vokabular der Politik der Stärke. Was heute einen fast gespenstischen und illusionären Klang erzeugt, war die damals weitverbreitete politische Tonlage. Die Sprache der politischen Vereinfacher hatte Hochkonjunktur, bei den Politikern ebenso wie bei den Medien. Der Ost-West-Konflikt färbte nicht nur auf die allgemeine Bewußtseinslage der Deutschen ab, er trübte auch aufgrund eines schwarz-weiß gestrickten Argumentationsrasters die politische Analysefähigkeit.

Einen Tag später glaubte Egon Bahr zusätzlich auf einen Faktor aufmerksam machen zu müssen, den die Sowjetunion bei ihren deutschlandpolitischen Konzeptionen wohl nicht berücksichtigt hatte: „Das, was jetzt geschieht und geschehen wird, geschieht nicht mit dem Rücken zu den Sowjets, mit dem Rücken zur Zone als einem für unabsehbare Zeit sowjetisch okkupierten Gebiet, sondern unter dem Motiv, daß mehr geschaffen werden muß, um wieder verhandeln zu können. Wenn der Westen, wenn die Bundesrepublik stark genug sein werden, dann darf nicht der Fall eintreten, daß der andere wichtige Partner der Wiedervereinigung ausfällt, nämlich das Bewußtsein der Sowjets, daß der von ihnen besetzte Teil Deutschlands niemals für sie innerlich zu gewinnen ist." (22. 2. 1954) Bei den neu zu schaffenden Tatsachen, die die Sowjetunion noch am ehesten zu beeindrucken verstanden, dachte Egon Bahr immer wieder an die Europäische Verteidigungsgemeinschaft.

Als der Bundestag am 26. Februar gegen die Stimmen der SPD das Grundgesetz um ein Gesetz der Wehrhoheit ergänzt hatte, war ein entscheidender Schritt zur Aufstellung deutscher Streitkräfte für die EVG erfolgt. Egon Bahr stellte dazu in seinem Kommentar fest: „Die Deutschen haben sich nicht nach den Waffen gedrängt. Wenn sie sie wieder in die Hand nehmen müssen, so geschieht das nicht aus schnellfliegender Begeisterung oder aus gefährlicher Freude, sondern es geschieht in der Überzeugung, daß es sein muß und daß es anders nicht geht. Dieses Bewußtsein ist etwas wert. Es wird zu einem guten Teil die geistige Grundlage der deutschen EVG-Verbände bilden." (27. 2. 1954)

Ein halbes Jahr später war zwar die Gründung der Europäischen Verteidigungsgemeinschaft am Veto der französischen Nationalversammlung gescheitert, was für Egon Bahr jedoch „keine Überraschung war, denn ich hatte es für möglich gehalten". An dieses Ereignis erinnert sich Egon Bahr, der in Paris als Berichterstatter weilte, heute noch sehr genau. Überrascht hat ihn dabei „die Art, in der dieses Nein kam, d. h. es wurde gar nicht in der französischen Kammer behandelt, sondern irgendein General der Rechten stand da auf und beantragte den Übergang zur Tagesordnung. Ich war in dieser Sitzung, habe dann aber die Abstimmung nicht mehr miterleben können, weil inzwischen eine Leitung zu einer Übertragung nach Berlin gekommen war. Mit hängender Zunge bin ich gerade noch ins Studio an den Champs-Élysées gekommen, und Paczensky, der damals für die *Welt* in Paris war, sagte mir das Ergebnis der Abstimmung. Und zum größten Erstaunen meiner Kollegen in Berlin – da war die Meldung noch gar nicht über die Agenturen gelaufen – brachte ich nicht nur die Meldung, sondern schon den Kommentar live dazu. Eine der schwierigsten journalistischen Situationen, an die ich mich überhaupt erinnern kann. Ich war dann nach den fünf Minuten wie aus dem Wasser gezogen, völlig erschöpft. Mir war klar, dies ist das Ende Adenauerscher Integrationspolitik in Europa, und alles würde total anders sein – und das kam ja auch so."

Innerhalb kurzer Zeit wurde für die gescheiterte Europäische Verteidigungsgemeinschaft eine militärische Ersatzlösung gefunden. Die Bundesrepublik wurde Mitglied des Nordatlantikpakts, die deutschen Streitkräfte wurden den Führungsstäben der NATO unterstellt. Die Sowjetunion versuchte erneut, durch Gesprächsofferten über die Lösung der deutschen Frage die Aufstellung westdeutscher Streitkräfte zu verhindern, doch der Ratifizierungsprozeß ließ sich nicht mehr aufhalten. Am 5. Mai 1955 traten die Pariser Verträge in Kraft. Damit war die Bundesrepublik, zehn Jahre nach Kriegsende, ein „souveräner" Staat, war Mitglied des Nordatlantikpakts und somit Verbündeter der Westmächte. Ein wesentliches Ziel der von Adenauer betriebenen Westbindung war erreicht. Der Bundeskanzler zeigte sich über diesen Erfolg höchst zufrieden und erklärte am 11. Mai in Paris: „Wir sitzen nun im stärksten Bündnis der Geschichte. Es wird uns die Wiedervereinigung bringen."

In diesen Zweckoptimismus haben damals nicht wenige Bundesbürger eingestimmt, und auch Egon Bahr stand diesen Ansichten nicht allzu fern, hatte er doch stets den Eintritt der Bundesrepublik in ein westliches Militärbündnis für notwendig gehalten. Das war nun geschehen. Zugleich war damit die erste Phase der deutschen Nachkriegsgeschichte zu einem Abschluß gekommen. „Das Jahr 1955 brachte den Höhepunkt der Adenauerschen Politik der Wiederherstellung eines freien deutschen Staates durch seine Eingliederung nicht nur in den Westen, sondern in den Konflikt zwischen West und Ost. Er sollte auch ihren Wendepunkt bringen", schreibt der Zeitgeschichtler Richard Löwenthal, denn in diesem Jahr begann nun auch „erstmals eine Periode, in der die Bundesrepublik dem Westen nicht mehr als zu umwerbendes Bollwerk gegen eine als akut empfundene sowjetische Bedrohung, sondern zunehmend als Hindernis einer möglich werdenden Ost-West-Entspannung erscheint".[30]

Als die Sowjetunion die DDR in den Mitte Mai 1955 gebildeten Warschauer Pakt einband und ihr im September förmlich die volle Souveränität zuerkannte, ohne allerdings ganz auf ihr alliiertes Kontrollrecht zu verzichten, war die Blockbildung auch im Osten vollzogen. Die in den folgenden Monaten stattfindenden internationalen Konferenzen – Genfer Gipfelkonferenz (Juli 1955), Genfer Außenministerkonferenz (Oktober 1955)–, von denen Egon Bahr für den RIAS berichtete, demonstrierten, daß sich die Lösung der deutschen Frage in einer Sackgasse befand. Die Sowjetunion war zu Kompromissen immer weniger bereit. Die Bundesregierung, die unablässig Hoffnungen auf eine baldige Wiedervereinigung verbreitete, mußte sich nun gegen Versuche der internationalen Anerkennung der DDR zur Wehr setzen. Gleichzeitig mußte der Bundeskanzler mit ansehen, wie die bundesdeutsche These, daß es ohne Fortschritte in der

Wiedervereinigungsfrage auch keine Erfolge in der Frage der Ost-West-Entspannung geben dürfe, allmählich von den westlichen Verbündeten durchlöchert wurde. „Trotz allen formellen Festhaltens der westlichen Staatsmänner an den mit Bonn vereinbarten Bedingungen der Wiedervereinigung begannen so die Kommuniqués ihrer Besprechungen mit den sowjetischen Führern, die explizit den fortgesetzten Dissens in der deutschen Frage feststellten, implizit ein gemeinsames Sichabfinden mit der Fortdauer der deutschen Teilung anzuzeigen."[31]

Es dauerte noch ein paar Jahre, bis sich im Rahmen der Ost-West-Diplomatie auch offen der Grundsatz durchgesetzt hatte, daß nun die weltweite kontrollierte Abrüstung zur unerläßlichen Vorbedingung von Entspannung zu gelten habe und somit Voraussetzung einer deutschen Wiedervereinigung sei. Der durch internationale Ereignisse – Nuklearpotential der beiden Weltmächte, Ungarn- und Suez-Krise – erfolgte Umdenkungsprozeß förderte nach der beiderseitigen Blockabsicherung die Suche nach einem risikoärmeren Ost-West-Verhältnis. Im Rahmen dieser Entwicklungen verlor die gesamtdeutsche Option zunehmend an internationaler Unterstützung. Mit der Umkehrung der Prioritäten hatten sich nicht nur die Politiker auseinanderzusetzen; auch vielen Journalisten wurde ein Einstellungs- und Bewertungswandel hinsichtlich der deutschen Frage abverlangt.

Daß der Status quo nicht mehr über den Hebel der deutschen Frage zu verändern war, sah nun auch Egon Bahr, der seit Mitte der fünfziger Jahre beobachtete, wie wenig sich die Sozialdemokraten von ihren deutschland- und sicherheitspolitischen Positionen zu lösen vermochten. Die SPD hatte sich nach seiner Meinung „in eine Opposition um jeden Preis" verrannt. „Die SPD hat lange gebraucht, ehe sie innerlich und äußerlich bereit war, die durch die Bundesregierung geschaffenen Tatsachen zur Basis ihrer eigenen Politik zu machen und voll zu akzeptieren. Dies konnte nur zu einer Katastrophe führen, obwohl sich die Männer der SPD, voran Erich Ollenhauer, in einer wirklich bewundernswerten Integrität und Hingabe bemüht haben. Ich habe versucht, denen zu raten, und ich habe damals die Überzeugung gehabt, daß der Weg, den die SPD in Berlin unter Ernst Reuter ging, der ja doch ein bißchen abgesetzt und unterschiedlich war von dem der Bundes-SPD, der richtige sei."[32]

Der SPD-Sympathisant Bahr lernte in diesen Jahren nicht nur die junge Garde Bonner SPD-Abgeordneter kennen, sondern meldete sich auch wieder mit seinem Beitrittswunsch. „Es gab drei hoffnungsvolle Nachwuchsabgeordnete, die hießen Erler, Brandt und Schmidt. Brandt, der aus Berlin kam, habe ich eines Tages gesagt, ich möchte in die Partei eintreten. Da hat er gesagt, das machen Sie man nicht, Sie machen sich da falsche Vorstellungen, Sie können von draußen mehr bewegen, als wenn Sie in der Partei sind, und können uns vielleicht auch mehr helfen."[33]

Dieses Gespräch wurde ungefähr im Jahr 1954 oder 1955 geführt. Und erst in Bonn ist Bahr dem Berliner Abgeordneten Willy Brandt begegnet. „Man kann nicht sagen, daß wir in dieser Zeit befreundet gewesen sind, das wäre falsch. Wir kannten uns halt, wir waren bekannt, nicht mehr."[34] Doch Egon Bahr ließ nicht locker, wollte nicht länger nur als Zaungast den Weg der SPD verfolgen. „1956 habe ich gesehen, welche schrecklichen Fehler meiner Meinung nach die Partei machte, und habe gesehen, daß wir 1957 einer phantastischen Niederlage entgegengehen würden. Zu diesem Zeitpunkt bin ich zu Brandt gegangen und habe gesagt, es hat keinen Zweck mehr, ich will nun eintreten. Da meinte er, wenn Ihnen nicht zu raten ist, ist Ihnen auch nicht zu helfen; wenn Sie unbedingt darauf bestehen, kann ich natürlich nichts dagegen machen. Und dann bin ich 1956 in der festen Überzeugung der kommenden Wahlniederlage, die dann auch kam, in die SPD eingetreten."[35]

Egon Bahr war nun seit November 1956 beitragszahlendes SPD-Mitglied. Zehn Jahre zuvor, im Oktober 1946, hatte er in Berlin, bei den ersten Wahlen zu den Stadtparlamenten, zum ersten Mal die SPD gewählt. Diese Stimmabgabe wertete Egon Bahr auch als eine Anerkennung für die Haltung der Berliner Sozialdemokraten, die sich gegen die Zwangsvereinigung mit der KPD zur Wehr gesetzt hatten. Das Kreuz in der Wahlkabine zu machen war zugleich ein bedeutender Augenblick: „Es war ein Gefühl, Einfluß zu haben, und zwar vor dem Hintergrund einer Zeit, in der es lange so gewesen war, daß der einzelne seine Meinung und seine Haltung gar nicht dokumentieren konnte, sondern faktisch von außen bestimmt war. Ich empfand es als etwas Großes."[36]

So großartig wie bei der Stimmabgabe war seine Stimmung indes nach dem langgeplanten Parteieintritt nicht. Der euphorischen Erwartungshaltung, nun selber in der Partei mitzumischen, folgte ziemlich schnell die Ernüchterung. Es dauerte gar nicht lange, und Egon Bahr war „schrecklich enttäuscht". Er hatte zwar „viel gelesen über die Geschichte der Partei" und kannte folglich auch die Milieubeschreibungen über das Innenleben der alten Arbeiterpartei, aber die traditionelle Parteianrede „Genosse" ging ihm beispielsweise nicht so flink und locker über die Lippen. In dieser Anrede empfand er einerseits eine Form von Ausgrenzung, so „als ob man nicht nur ein Stück von sich aufgibt, sondern sich von dem Rest der Welt trennt und in eine Gemeinschaft eingeht, die eine geschlossene Gesellschaft darstellt". Andererseits würdigte er die Anrede als Umgangsform, um ein besonderes, historisch gewachsenes Zugehörigkeitsgefühl auszudrücken, das

„die politische Familie beinhaltete. Das heißt ein Sonderverhältnis zueinander und der Genossen untereinander. "[37]

An diesem Verständnis von Sonderverhältnis hinsichtlich der Anrede unter Sozialdemokraten hält Egon
Bahr bis heute fest. „Wenn mir heute jemand als Genosse
vorgestellt wird, oder es kommt jemand, von dem ich
weiß, er ist Mitglied der Partei, dann werde ich ihn in den
meisten Fällen sofort duzen, denn es könnte auch als
Arroganz oder Überheblichkeit angesehen werden, wenn
ich als Mitglied des Präsidiums das distanzierende Sie
benutze. Das ist also im Laufe der Jahre vom einfachen
Parteimitglied zum Mitglied des Präsidiums anders geworden."

Nach seinem Parteieintritt hat Egon Bahr zwar rasch
gelernt, mit der doch irgendwie hausbackenen Anrede
sparsam umzugehen, aber zunächst noch mehr abgeschreckt hat ihn eine andere innerparteiliche Erschei-
nung: „Meine Erwartung, die dann enttäuscht wurde,
war, die Sozialdemokraten müßten eigentlich bessere
Menschen zueinander sein. Die Enttäuschung kam, als
ich feststellen mußte, daß – etwas salopp gesagt – auch
Sozialdemokraten nur Menschen sind. Man kann sagen,
Gott sei Dank, oder man kann sagen, leider. Jedenfalls
war ich enttäuscht, als ich sah, daß die Genossen untereinander nicht nur nicht bessere Menschen waren, sondern daß es alles das, was es an Meinungsstreit, an Konkurrenz, an Kampf in der übrigen Gesellschaft gibt, dort
auch gab. Darüber enttäuscht zu sein war vielleicht die
Enttäuschung des politisch Unreifen. Aber ich könnte
mir vorstellen, daß es mehr Menschen wie mir so ging
oder auch heute noch geht. Daß sie diese Phase durchma-
chen müssen, die Phase der Resignation durch die Erkenntnis, daß dieser ‚Verein' ähnlich ist wie andere und
daß man nicht unmittelbar etwas bewegen kann, wenn
man sich im Ortsverein politisch engagiert. Aber durch

diese Phase muß jeder durch und trotzdem weitermachen."[38]

Nach dem ersten desillusionierenden Eindruck vom Parteialltag war die Motivation des neu hinzugestoßenen „Genossen" Egon Bahr nicht sonderlich ausgeprägt, sich als einfaches Parteimitglied an der Basis, im Ortsverein, durch auffallende Aktivitäten zu profilieren. Die Gaststätten- und Hinterzimmeratmosphäre der Parteiveranstaltungen im Ortsverein konnte ihn nicht begeistern. Wie viele Abende er bei diesen Zusammenkünften zugebracht hat, weiß Egon Bahr heute nicht mehr genau, aber sehr viele sind es nicht gewesen. Schließlich lag es auch nicht in seiner Absicht, etwa über den Ortsverein eine Parteikarriere zu starten, „denn ich bin in die Partei gegangen, nicht um die Gesellschaft zu ändern, sondern um die Außenpolitik der Partei zu ändern".

An Parteifunktionen zeigte er wenig Interesse. Dafür war er durch seine journalistische Arbeit als Chefkorrespondent des RIAS in Bonn zu sehr ausgelastet, und in diesem Beruf sah er damals eher Chancen, mit neuen, interessanten Positionen betraut zu werden. Nachdem er bereits für einige Zeit, von Januar 1953 bis März 1954, als Chefredakteur des RIAS in Berlin Erfahrungen auf einem angesehenen und begehrten Spitzenposten hatte sammeln können, schienen seine Hoffnungen auf den weiteren beruflichen Aufstieg nicht unrealistisch. Das SPD-Neumitglied Egon Bahr setzte aber zunächst seine Tätigkeit als politischer RIAS-Kommentator fort. Seine Abendkommentare blieben nahezu unverändert innenpolitischen, aber mehr noch außenpolitischen Vorgängen gewidmet.

Geändert hatte sich allerdings seine Diktion, die zunehmend auf das Vokabular des kalten Krieges verzichtete. Die von der Bundesregierung gemeinsam mit den Westalliierten geschaffenen Tatsachen summierten sich bei ihm allmählich zu einer kritischen Bestandsaufnahme der Nachkriegspolitik. Das Thema Wiedervereinigung hatte, wie Egon Bahr die internationale Diskussion richtig analysierte, an Dringlichkeit verloren. Vorrang bekam nun die Frage nach den Möglichkeiten einer Ost-West-Entspannung. Beide Stichworte, Wiedervereinigung und Entspannung, griff er in seinen RIAS-Kommentaren auf und setzte die Akzente neu. Als nach Aufnahme der diplomatischen Beziehungen der Bundesrepublik mit der Sowjetunion (September 1955) es dann im April 1958 zur Unterzeichnung mehrerer Vereinbarungen kam, sah der RIAS-Kommentator sich veranlaßt, einen neuen Ton anzuschlagen: „Die Abkommen dienen der Entspannung und fördern die Zusammenarbeit beider Staaten... und sie werden vor allem menschliche Probleme beseitigen, die die Beziehungen beider Länder erschwert haben. Nach diesem Abkommen gibt es keine Fragen von Belang mehr, die zwischen der Sowjetunion und der Bundesrepublik zu lösen sind, denn die Wiedervereinigung ist bekanntlich keine zweiseitige, nur durch die Bundesrepublik und die Sowjetunion zu lösende Frage." (8. 4. 1958)

Im gleichen Monat, vom 25. bis 28. April, besuchte zum ersten Mal ein prominentes Mitglied der sowjetischen Regierung, Anastas Mikojan, die Bundesrepublik. Nach diesem Besuch glaubte Egon Bahr, daß „eine Wiedervereinigung vielleicht nur nach vielen Verhandlungen auf anderen Gebieten möglich" sein würde. Immerhin sah er Anhaltspunkte für eine Verbesserung des politischen Klimas zwischen beiden Staaten. „Nach den harten, manchmal fast an die Grenze des Brutalen reichenden Erklärungen Mikojans auf seiner Pressekonferenz im Auswärtigen Amt steht fest, daß sich an den politischen Standpunkten der beiden Regierungen insbesondere zur Frage der Wiedervereinigung auch nicht ein Deut geändert hat. Wenn man sich fragt, was dieser Besuch für Ergebnisse haben konnte, im besten Falle, dann ergibt sich neben der getroffenen Vereinbarung, Verhandlungen über ein Kulturabkommen zu beginnen, allein die Möglichkeit eines offenen Gespräches, eines Abtastens der Meinungen, eines gegenseitigen Kennenlernens der Standpunkte, das vielleicht in den kommenden Wochen und Monaten anregt, darüber nachzudenken, ob und wo sich Ansatzpunkte sinnvoller weiterer Gespräche ergeben. Und das ist offenbar der Fall gewesen. Die Barrieren sind nicht kleiner geworden. Aber es ist schon viel, wenn man sich kennt oder beginnt, sich zu erforschen." (26. 4. 1958)

Aus der Erkenntnis, daß der deutsche „Sonderkonflikt" nicht länger eine möglich werdende Ost-West-Entspannung behindern dürfe, begrüßte Egon Bahr nunmehr alle Bemühungen der Bundesregierung, den Ost-West-Dialog nicht weiter zu belasten. Über erste Anzeichen einer realistischen Haltung der Bundesregierung während einer NATO-Konferenz in Kopenhagen Anfang Mai 1958 berichtete Egon Bahr, der in die dänische Hauptstadt gereist war: „Die Bundesregierung hat volles Verständnis für eine Haltung gefunden, die die Deutschlandfrage nicht jedem möglichen Abrüstungsabkommen in den Weg legen will, aber doch eine Gewißheit haben möchte, daß einem solchen Abkommen weitere Schritte folgen, unter denen auch solche zur Lösung der Fragen sein müssen, ohne die es keine wirkliche Entspannung geben könne." (7. 5. 1958)

Es blieb zunächst bei den guten Absichten. Zum Problem der Wiedervereinigung nahmen die Bundestagsparteien bei verschiedenen Anlässen deutlich Stellung, bekräftigten die bekannten Positionen und forderten nicht zuletzt in gemeinsamen Entschließungen freie Wahlen für Gesamtdeutschland. So auch anläßlich des fünften Jahrestags des Juni-Volksaufstandes in der DDR. Im RIAS merkte Egon Bahr kritisch an: „Der 17. Juni ist fast zu einem Tag der deutschen Zwietracht geworden. Es ist genug gesprochen worden darüber, daß offenbar der Staatsfeiertag des 17. Juni in Gefahr ist, das Schicksal anderer, früherer solcher Tage zu teilen, durch das offenbar deutsche Unvermögen, ein echtes Nationalbewußtsein zu entwickeln. Bei aller Genugtuung und bei allem berechtigten Stolz auf das Ergebnis ist es aber eben doch ein wenig beschämend, wenn der Zufall des Datums in der gleichen Woche zu Feierlichkeiten über den zehnten Jahrestag der guten und harten DM führte." (22. 6. 1958) Zweifellos war der Mehrheit der Westdeutschen ein Rückblick auf eine positive Wirtschaftsbilanz angenehmer als die Besinnung auf die Lage des geteilten Landes und der Deutschen in Mitteldeutschland.

Doch kaum ein halbes Jahr später richtete sich das Interesse erneut auf Berlin, den Kristallisationspunkt der direkten Ost-West-Konfrontation in Europa. Die Westmächte und die Bundesregierung wurden Mitte November 1958 von einem Vorstoß in der Deutschlandfrage überrascht. Als der Kreml-Chef Chruschtschow in einer Rede die Rechte der Westmächte in Berlin in Frage stellte und erklärte, sie sollten sich künftig in dieser Angelegenheit an die nun dafür zuständige DDR wenden, wurde dies im Westen als propagandistische Drohung zurückgewiesen. Für Bahr dagegen war diese Aktion ein Beweis dafür, „daß es sich bei dem angekündigten sowjetischen Schritt nicht um eine Aktion gegen Berlin handelt, sondern daß es dabei um ein hohes diplomatisches Spiel geht, das nur politisch ist und nur politisch beantwortet werden kann. Die Anwesenheit der Westmächte in Berlin und damit die Sicherheit dieser Stadt sind gar nicht bedroht. Bedroht ist die bisherige Deutschlandkonzeption des Westens und der Bundesrepublik, nach der das Regime in Pankow nicht als eine legitime Regierung anerkannt werden dürfe... Gerade das Festhalten des Westens an

Berlin soll das Sprungbrett sein, die ‚DDR' salonfähig zu machen und ihr auf das internationale diplomatische Parkett zu verhelfen." (22. 11. 1958)

Genau darin lag die Strategie Moskaus: nämlich den Rückzug der Westmächte aus ihrer exponierten Position in Berlin zu veranlassen und zugleich der DDR zu internationaler Anerkennung zu verhelfen. Als der Westen nach dieser Rede Chruschtschows nicht zu einer Änderung seiner Haltung bereit war, präzisierte Moskau seine Forderung und verschärfte den Ton. In einer Note an die drei Westmächte vom 27. November verlangte die Sowjetunion ultimativ die Umwandlung West-Berlins in eine entmilitarisierte „Freie Stadt" in einem Zeitraum von sechs Monaten. Für den Fall, daß nach Ablauf dieser Frist keine Einigung mit dem Westen erreicht würde, kündigte die UdSSR gemeinsam mit der DDR entsprechende Maßnahmen zur Änderung des alliierten Status von Berlin an. Die Westmächte reagierten ablehnend und beteuerten ihre Entschlossenheit, notfalls auch unter Gewaltanwendung die Rechte und Freiheiten der West-Berliner zu verteidigen.

Der RIAS-Kommentator sah in dem Berlin-Ultimatum der Sowjets keinen Grund zu übertriebener Sorge. „Der Freistaat-Vorschlag der Sowjets ist so unzumutbar, daß sich der Schluß aufdrängt, die Sowjetunion selbst müsse wissen und sich bewußt gewesen sein, daß ihr Vorschlag niemals würde angenommen werden können. Gerade weil der Vorschlag so offensichtlich gegenstandslos ist, muß man sich mit dem Gedanken beschäftigen, ob die De-facto-Anerkennung der Zonenregierung dem Westen nicht als das kleinere Übel erscheinen sollte. Es ist nicht an der Zeit, sich darüber in Spekulationen zu verlieren. Jedenfalls ist sicher, daß die Westmächte und ihre Truppen in Berlin bleiben werden, auch wenn die Sechs-Monate-Frist vorüber sein wird." (29. 11. 1958)

Die Außenminister der drei Westmächte und der Bundesregierung wiederholten Mitte Dezember auf einer Konferenz in Paris ihren Standpunkt und sprachen der Sowjetunion das Recht ab, den Viermächtestatus Berlins einseitig aufzuheben. Zu der deutschen Delegation in Paris gehörte auch der Berliner Regierende Bürgermeister Willy Brandt, der dort besonders die Franzosen mit der Empfehlung beeindruckte, gegenüber Moskau eine elastischere Haltung einzunehmen. Die überaus positive Beachtung, die Brandt in der französischen Hauptstadt bei Politikern und in den Medien fand, war auch ein Gewinn für Berlin: „Die Achtung und die Autorität, die sich Willy Brandt erworben hat, sichern Berlin eine ungewöhnliche Beachtung, wenn es um internationale Entscheidungen geht. Das geht so weit – und das sollten auch die Sowjets und die Behörden in Ost-Berlin wissen –, daß heute keine Entscheidung des Westens mehr denkbar ist, die gegen den erklärten Willen Berlins zustande kommt", sagte Egon Bahr im RIAS. (13. 12. 1958) Er teilte die Auffassung Brandts, der in Paris erklärt hatte, daß Berlin nicht zum Schauplatz der Konfrontation mit der Sowjetunion gemacht werden dürfe, sondern ein Mittelpunkt des Ausgleichs und der Verständigung zwischen Ost und West werden müsse.

Der Journalist Bahr sah in dem Berliner Bürgermeister und SPD-Abgeordneten Willy Brandt den einflußreichen Wortführer einer neuen Richtung in der Partei, die sich angesichts der außenpolitischen Konstellationen um neue Wege und Konzeptionen in der Deutschlandpolitik bemühte. Bereits Willy Brandts Wahl zum Berliner SPD-Landesvorsitzenden im Januar 1958 wertete Egon Bahr als ein Zeichen dafür, „wie stark die Wandlungen sind, die sich innerhalb der Partei vollziehen". (13. 1. 1958) Und auf dem SPD-Parteitag im Mai 1958 in Stuttgart erlebte Egon Bahr, der als Pressevertreter teilnahm, wie die Partei in der Deutschlandpolitik vorsichtig, aber doch bewußt zu neuen Ufern aufbrach.

Zwar waren sich die Delegierten einig in der Absicht, alles zu tun, um eine völkerrechtliche Anerkennung der Teilung Deutschlands zu verhindern, doch bekamen Redner wie Herbert Wehner starken Beifall für die „sehr mutigen, interessanten und neuen Gedanken, die durchweg auf der Voraussetzung basierten, daß nun, neben den vier Mächten, die Deutschen selber wesentlich zur Überwindung der Spaltung beitragen müßten". (20. 5. 1958) Auf diesem Parteitag wurde Willy Brandt, dessen Politik des „neuen Stils" – Bejahung der Westbindung und gleichzeitiges Bemühen um Verständigung mit dem Osten – in der Partei deutlich auf Zuspruch stieß, zum ersten Mal in den Parteivorstand gewählt.

Das sowjetische Berlin-Ultimatum vom November 1958 leitete in den folgenden Monaten eine Serie von langwierigen Verhandlungen und Konferenzen ein, die, wenn sie auch zu keinem Fortschritt in der Deutschlandfrage führten, doch die Berlin-Krise entschärften.

Am Ende seiner mittlerweile achtjährigen Tätigkeit für den RIAS hielt Egon Bahr Ausschau nach neuen beruflichen Möglichkeiten. „Ich kam im Laufe dieser Jahre an einen Punkt, den jeder Journalist irgendwann erreicht, an dem man sich die Frage stellt, ob man nicht endlich aufhören müßte, nur zu reden über etwas, und nicht versuchen müßte, etwas zu tun, selbst versuchen müßte, etwas zu tun. Ich war also innerlich darauf eingestellt, den Beruf zu verlassen, wenn sich etwas anderes geboten hätte."[39]

Konkrete Pläne verfolgte Egon Bahr nicht, aber er hörte sich um. Dank seiner vielen Bonner Kontakte brauchte er nicht allzulange auf ein attraktives Angebot zu warten. Und da er wild entschlossen war, zumindest für eine Weile als Rundfunkkommentator zu pausieren, „nahm ich das erste, was mir angeboten wurde: nämlich für die Berlin-Aktion als Presseattaché an die Botschaft in Ghana zu gehen. Die Berlin-Aktion war eine verspätete

Reaktion der Bundesregierung auf das ,Chruschtschow-Ultimatum', der Versuch, unsere Lage in Ländern der dritten Welt besser zu erläutern. Ich übernahm diese Aufgabe um so lieber, als ich 1957 und 1958 schon einmal in Afrika gewesen war."[40]

Anfang des Jahres 1959 reiste Egon Bahr also nach Ghana und blieb dort fünf Monate als Presseattaché; die Familie hatte er in Bonn zurücklassen müssen. Als Westafrika-Beauftragter mit Sitz an der deutschen Botschaft in Ghana sollte Egon Bahr Regierung und Öffentlichkeit über die aktuelle Deutschlandpolitik sowie über das Berlinproblem unterrichten. Denn es war auch eine seiner Aufgaben, die jungen, gerade in ihre Unabhängigkeit entlassenen Staaten Afrikas als Verbündete zu gewinnen. Die Kontakte und Gespräche mit afrikanischen Politikern und Journalisten dienten Egon Bahr nicht allein zur Information über die Lage des geteilten Deutschlands; er war auch ein aufmerksamer Zuhörer, wenn es um die Probleme schwarzafrikanischer Länder ging.

Bei seiner neuen Arbeit als Presseattaché fiel ihm dann bald auf, „wie wenig wir wissen von den Problemen dieser Länder, und wir hatten gar keinen Grund, denen einen Vorwurf zu machen, daß sie von uns ebensowenig wissen, sich für uns ebensowenig interessieren". So bemühte er sich beispielsweise, Journalisten für einen Deutschland-Besuch zu interessieren, damit sie sich ein authentisches Bild von den deutschen Problemen machen konnten. Die Informationsarbeit in den westafrikanischen Ländern sollte daneben auch den Politikern und Diplomaten auf der internationalen Bühne helfen, etwa bei der UNO, so daß, „wenn in den Vereinten Nationen über Deutschland geredet wird, die Botschafter entsprechende Weisungen von zu Hause haben und wissen, wie sie in der Debatte abstimmen sollen". Das war die politische Aufgabe des Presseattachés „und, wenn man so will, Werbung für unsere Sache". Obwohl er vor allem die

offizielle Deutschlandpolitik der Bundesregierung erläuterte, fertigte Egon Bahr daneben auch kritische Berichte
an, und „Außenminister von Brentano war ein Mann,
der das akzeptiert hat".

Als er Mitte 1959 nach Bonn zurückkehrte, hatte Egon
Bahr dennoch das Gefühl, „die werden froh sein, daß sie
mich los sind". Doch das Gegenteil war der Fall: Er sollte
umgehend wieder im Auftrag des Auswärtigen Amtes
nach Afrika reisen. Der neue Abreisetermin war schon
vereinbart, „doch dann stellte sich heraus, daß meine
Frau nicht feuchttropentauglich, sondern nur trockentro-
pentauglich war. Dann haben die mir eine Stelle in Khar-
tum, Teheran oder Ottawa angeboten. Und das habe ich
mir eine Weile überlegt."

Während Egon Bahr über einen weiteren Auslandseinsatz nachdachte, meldete sich beim RIAS-Chefkorre-
spondenten in Bonn Henri Nannen, Herausgeber der
Hamburger Illustrierten *Stern*. „Er wollte ein politisches
Magazin machen, mich als Stellvertreter haben, mit
phantastischen Bedingungen. Und das habe ich auch
überlegt."

Während der Afrika-Heimkehrer die neuen beruflichen Aussichten noch gegeneinander abwog, überraschte
ihn in seinen Überlegungen ein weiteres Stellenangebot.
Inmitten seiner beruflichen Gedankenspiele rief eines
Tages, so erinnert sich Egon Bahr, der Bundessenator
Günter Klein in seinem RIAS-Büro an „und sagte, können Sie mal rüberkommen, der Regierende Bürgermeister von Berlin möchte Sie sprechen. Da ging ich dann
rüber, in die Vorhalle, die Wandelhalle des Bundestags.
Da stand er da, der Willy Brandt, es muß so gegen halb
zehn Uhr morgens gewesen sein, stand da in seiner typi-
schen Morgenmuffelart, in der es ihm schwer wird, das
Gehege seiner Zähne auseinanderzukriegen, und fragte:
‚Haben Sie Lust, zu mir nach Berlin zu kommen, als
Nachfolger von Hirschfeld Chef des Presse- und Infor-

mationsamtes des Landes Berlin zu werden?' Und darauf habe ich nach zehn Sekunden ,Ja' gesagt, und das war's. . . . Und dann habe ich gefragt: ,Was ist denn mit Hirschfeld? Nehme ich dem was weg?' – ,Nein, der geht in Pension. Ja', sagte er, ,dann gehen Sie mal nach Berlin, setzen sich mal mit dem CdS auseinander.' – Ich fragte: ,Was ist denn CdS?' – ,Chef der Staatskanzlei, Herr Albertz, und wenn Sie sich mit dem verstehen, dann ist es in Ordnung.' "[41]

Nach diesem kurzen Gespräch mit Willy Brandt im Spätherbst 1959 arbeitete Egon Bahr noch einige Monate weiter als RIAS-Kommentator, bevor er im Frühjahr 1960 seine neue Stelle als Berliner Senatssprecher antrat. Bis zu diesem Zeitpunkt hatte er noch mehrfach Gelegenheit, im RIAS zu aktuellen innen- und außenpolitischen Vorgängen Stellung zu nehmen. Beispielsweise warnte er im September 1959 vor einer Vergiftung des politischen Klimas durch Erklärungen von Vertriebenenverbänden: „Man kann nachgerade von einer Kampagne sprechen, durch die alle Politiker, die sich Gedanken über eine Änderung unserer Ostpolitik machen, mit der Vokabel ,Verzichtspolitiker' bedacht werden. Allerdings muß man einschränken, daß mit solchen Vokabeln meist nur Politiker der Opposition bedacht werden; wenn man sie auf den Außenminister z. B. nicht anwendet, obwohl er dieses diffamierende Etikett – wenn man die Maßstäbe solcher Verbandsstrategen anlegte – auch verdient, liegt das offenbar nur an der mangelnden Zivilcourage, die den Angriff auf Mitglieder der Opposition für ungefährlicher oder vielleicht auch feiner als den auf Mitglieder der Regierung hält. Fast scheint es, als dächten manche Vertriebenensprecher, wer Verzichtspolitiker ist, bestimmen sie. Es kann nicht angehen, daß Verbände dazu übergehen, Außenpolitik zu machen." (15. 9. 1959)

Egon Bahr ahnte bereits, welche einflußreiche Lobby da zu einem öffentlichkeitswirksamen Störfaktor auf dem Gebiet der Deutschlandpolitik heranwuchs. Wenige Jahre später stand er selbst im Mittelpunkt übelster Verdächtigungen und Schmähungen durch Vertriebenenfunktionäre, die ihn als einen „Verzichtspolitiker" verunglimpften. Obwohl er seit Mitte der fünfziger Jahre von früheren Vorstellungen zur Lösung der Deutschlandfrage unter dem Eindruck veränderter Beziehungen der Großmächte abgerückt war, wird sein Standpunkt zu dieser internationalen Streitfrage in einem Kommentar Ende November 1959, wenige Wochen vor Dienstantritt in Berlin, noch einmal deutlich: „Es könnte sein, und darin liegt die Gefahr, daß es in Ost und West Politiker gibt, die sich in der Hoffnung wiegen, daß, wenn man sich auf Spielregeln der friedlichen Koexistenz einigte, das Deutschlandproblem zu den Akten gelegt werden könnte, wenigstens für eine gewisse Zeit. Wenn beide Seiten entschlossen sind, auf Gewalt zu verzichten, dann ist damit auch für die deutsche Frage ausgesagt, daß sie bereits vor jedem Abkommen, das einen solchen Gewaltverzicht beinhaltete, einen guten Teil ihrer friedensgefährdenden Kraft verloren hat. Wie immer der jeweilige Zustand sein wird, wie immer man den jeweiligen Status quo nennen wird, er wird nur eine Zeitlang und dann nicht mehr funktionieren, bis das deutsche Selbstbestimmungsrecht realisiert ist." (21. 11. 1959)

Noch mehrere Jahre vertrat Egon Bahr diese Position, in der Überzeugung, „es würde möglich sein, die Dinge noch zu ändern". Er hielt es Ende 1959/Anfang 1960 noch nicht für ausgeschlossen, daß sich die Wiedervereinigung Deutschlands auf dem Wege von Viermächtekonferenzen wiederherstellen lasse, aber auch durch eigene, deutsche Anstrengungen. „Wir haben alle damals noch, die sich dafür interessierten, gedacht an eine Politik – nun, nicht als Objekt anderer, sondern im eigenen Interesse mit dem Ziel, einen Prozeß in Gang zu setzen, an dessen Ende das deutsche Selbstbestimmungsrecht stand. Dies ist bis in die späten sechziger Jahre hinein sozusagen die Arbeitshypothese des Denkens gewesen."[42]

Mit diesen politischen Hoffnungen verabschiedete sich der RIAS-Chefkorrespondent aus der Bundeshauptstadt, um in der geteilten Viermächtestadt Berlin nun als in die Politik eingebundener Journalist neue Erfahrungen zu sammeln. Nachdem er 1948 Berlin verlassen, sich kurzfristig in Hamburg und dann für zehn Jahre in Bonn häuslich eingerichtet hatte, freute er sich auf den erneuten Umzug nach Berlin. War Egon Bahr 1946 zunächst als heimlicher Beobachter des Gesamtberliner Magistrats zugelassen und dann schließlich doch aus dem Saal gewiesen worden, so kehrte er nun als offizieller Senatssprecher in den jetzt im Schöneberger Rathaus residierenden West-Berliner Magistrat zurück. Es war für ihn „ein schönes Gefühl".

Der Senatssprecher

Nachdem der Berliner Senat am 2. Februar 1960 beschlossen hatte, Egon Bahr auf der Grundlage eines Privatdienstvertrags zum neuen Leiter der Presse- und Informationsabteilung der Senatskanzlei zu berufen, konnte er am 1. April sein Büro im Schöneberger Rathaus beziehen.

Daß der renommierte RIAS-Kommentator, der wenige Wochen zuvor seinen achtunddreißigsten Geburtstag gefeiert hatte und erst seit drei Jahren das SPD-Parteibuch besaß, auf den Berliner Posten rückte, kam nicht nur für die Öffentlichkeit überraschend. In der Partei, in der sich andere bereits Hoffnungen gemacht hatten, Nachfolger von Hirschfeld zu werden, wurde Kritik laut.

Einigen Unmut hatte es bereits im Zusammenhang mit Hirschfelds Abschied – er hatte sich vorzeitig in den Ruhestand versetzen lassen – gegeben. Mit der Mitte Oktober 1959 erfolgten Unterstellung des Presse- und Informationsamts unter den Chef der Senatskanzlei war Hirschfeld, der frühere Vertraute Ernst Reuters, nicht einverstanden und reichte deshalb seinen Rücktritt ein.

Den Personalvorschlag des Regierenden Bürgermeisters Willy Brandt akzeptierten dennoch die meisten Berliner Sozialdemokraten. Sie kannten Egon Bahr nun schließlich schon seit vielen Jahren als RIAS-Kommentator, schätzten ihn als sachkundigen und klugen Kopf ein, und im übrigen wußten sie auch, daß er Mitglied der Partei geworden war. Schon bald fühlten die Genossen, daß ihr Landesvorsitzender eine recht eigenwillige Persönlichkeit ins Rathaus geholt hatte. Der Chef der Senatskanzlei, Heinrich Albertz, der es stets als „reines Vergnügen" empfand, mit Bahr zu diskutieren, „auch wenn man seine Meinung nicht teilt", wußte, warum der Journalist bei den Berlinern auf Vorbehalte traf: „Eine seltene Blume in der Mittelmäßigkeit der Berliner Verwaltung. Argwöhnisch betrachtet und den Spießbürgern in allen Rängen ein bißchen unheimlich."[43]

Als „Leiter Abt. III der Senatskanzlei, Presse- und Informationsamt Berlin" – so die genaue Amtsbezeichnung – stellte Egon Bahr frühzeitig klar, daß er mehr als nur einen bürokratischen Verwaltungsposten übernommen hatte. Am Tage der Amtsübernahme versicherte er in einem Interview einem früheren Kollegen, seine neue Tätigkeit so zu führen, „daß ich jedenfalls meine journalistischen Wünsche, die ich gehabt habe, solange ich auf Ihrer Seite war, nicht vergessen werde".[44] An diese Zusage, eine journalistenfreundliche Haltung einzunehmen, glaubten in den nächsten Jahren etliche Pressevertreter Egon Bahr erinnern zu müssen.

Der Pressechef erläuterte in dem Interview auch, was

ihn an dem neuen Amt in Berlin besonders reizte: „Das
ist ja das Faszinierende an dieser Stadt, wenn man im
inneren Betriebe ist, daß man ständig springen muß von
der rein kommunalen Ebene auf die Länderebene, denn
Berlin ist ein Bundesland besonderer Art, wie der Bundespräsident sagte, und dann geht es gleich in die mehr
oder weniger große oder hohe Politik. Wenn es nur
darum gegangen wäre, ein Amt zu führen, das sich mit
kommunalen Angelegenheiten beschäftigt, hätte ich diesen Posten nicht übernommen."[45] Und zu dem Seiten-
wechsel vom Rundfunkkommentator zum Senatspressesprecher bekannte er, „daß ein politisch interessierter
Journalist, wenn er nicht um der Form halber und um des
reinen Vermittelns halber arbeitet, nach einer gewissen
Zeit immer vor die Frage gestellt wird, ob er das reine
Betrachten, ob er die reine Reflexion mal eintauschen soll
mit dem Versuch, auch direkt etwas zu tun".[46]

Mit dem Verlesen von Senatsbeschlüssen, dem Verfas-
sen von Reden, Redigieren von Broschüren und Arrangieren von Ausstellungen wollte sich Egon Bahr jedenfalls nicht zufriedengeben, die Wahrnehmung einer
„Lautsprecherfunktion" allein reichte ihm nicht. Er sah
in dem neuen Amt schließlich Möglichkeiten, auf politische Entscheidungen selber Einfluß zu nehmen, und
zwar nicht auf eigene Faust, sondern durch das persönliche Gespräch mit dem Regierenden Bürgermeister. In
seiner Sonderstellung fühlte sich Egon Bahr weniger an
das Amt, vielmehr an die Person Willy Brandts gebunden. Noch vor Amtsantritt hatte er dem Berliner Bürgermeister eine Bedingung angekündigt: „Das wird nur gut-
gehen, wenn ich meine Meinung sagen kann." Brandts
Antwort stellte ihn zufrieden: „In Ordnung. Aber wenn
es zu schlimm ist, dann bitte unter vier Augen."

Egon Bahr fand die Aussicht, für Willy Brandt zu
arbeiten, faszinierend, der materielle Aspekt der neuen
Aufgabe erschien ihm zweitrangig. „Ich fühlte mich nie

abhängig, ich bin Mitarbeiter und nicht Angestellter etwa in dem Sinne, daß ich meine Brötchen verdiene." In Bonn war Willy Brandt dem jungen RIAS-Journalisten begegnet, doch mehr als freundlichen Respekt empfanden damals die beiden Berliner nicht füreinander. Erst während ihrer Zusammenarbeit in Berlin entwickelte sich zwischen dem Regierenden Bürgermeister und dem Pressesprecher ein besonders vertrautes Verhältnis. Noch Wochen nach seiner Amtsübernahme in Berlin bekannte Egon Bahr einmal gegenüber Brandt: „Wir kennen uns ja eigentlich gar nicht." Das änderte sich allmählich. Schon bald kamen die beiden sich in ihrer Arbeit näher, und aus dem lockeren Kontakt wurde ein sehr persönliches, freundschaftliches Verhältnis.

Der Senatssprecher erwarb sich in kurzer Zeit den Ruf als Willy Brandts „getreuer Ekkehart", eine zutreffende Beschreibung seines positiv gemeinten „Treuekomplexes". Egon Bahr störte sich an dieser Einschätzung seiner vorbehaltlosen Bindung zu Brandt nicht. „Politiker werden von einer gewissen Position an einsam. Sie müssen wissen, daß es Leute gibt, denen sie bedingungslos vertrauen können", begründete er einmal seine besondere Stellung, die ihn bei nicht wenigen Sozialdemokraten suspekt machte. So gehörte Egon Bahr zu den wenigen Personen, die jederzeit unangemeldet Zutritt zum Regierenden Bürgermeister hatten.

Folglich mußte sich der Senatssprecher auch das Etikett einer grauen Eminenz, die im Hintergrund operiert, gefallen lassen. Bald kamen noch weitere hinzu. Es war mehr als ein Scherz, wenn in Berliner Journalistenkreisen die Formel vom „Regierenden Pressechef" kursierte. Sehr schnell wurde aus dem bloßen Manager für Public Relations der engste politische Berater des Stadtoberhaupts und SPD-Vorsitzenden: „Ideenlieferant mehr als bloßes Sprachrohr, ‚Chefdenker' und Inspirator des schwerblütigen Lübeckers, der zugleich Berlin verwalten und die Opposition im Bund führen mußte", schrieb Fritz René Allemann, Korrespondent der Schweizer *Weltwoche*.[47] Egon Bahr arbeitete zwar an den Richtlinien der Politik des Regierenden Bürgermeisters mit, steuerte Ratschläge und Formulierungshilfen bei, aber er bestimmte sie nicht. Er war einer der wichtigsten politischen Köpfe im Beraterteam um Willy Brandt. Seine Doppelrolle, politischer Berater und offizieller Sprecher, „Mundstück und intellektuelles Alter ego" (Theo Sommer), stand zwar so nicht im Stellenplan, entsprach aber den Vorstellungen und Wünschen Egon Bahrs, dem Angestellten im Range eines Senatsdirektors, der sich viel mehr um die „große Politik" kümmern mochte als um die Etatverwaltung seines Amtes. Gleichwohl mangelte es an anerkennenden Worten über seine Amtsführung nicht: „Der Senatspressechef arbeitet bis zur Grenze physischer Leistungsfähigkeit, aber er ackert nicht. Er ist da von morgens um neun bis in die Nacht – für Brandt. ,Was macht der Bürgermeister?' begrüßt er morgens seine Sekretärinnen, und wirklich Zeit hat er erst, wenn Brandt das Schöneberger Rathaus verlassen hat."[48]

Einmal angesprochen auf seine ersten Erfahrungen im neuen Amt, antwortete Bahr mit dem Vergleich, daß seine Tätigkeit in Bonn und Ghana ihm dagegen nun wie die Arbeit in einem Sanatorium vorkomme. Einen geruhsamen Arbeitsplatz hatte Bahr in Berlin wahrlich nicht bekommen, und das zu einer Zeit, als die politisch angespannte Lage in der geteilten Stadt krisenhaften Entwicklungen zusteuerte. Für beide, Willy Brandt und Egon Bahr, zeichnete sich der Wendepunkt ihres politischen Denkens und Handelns ab, als die DDR im August 1961 den Ostteil Berlins durch den Mauerbau vom Westen trennte.

1961 wurde zum Schlüsseljahr, und zwar deshalb, meint Egon Bahr, „weil der Anlauf auf Bonn in den Bundestagswahlen mißlang und sich dies addierte mit dem Bau der Mauer am 13. August 1961. Wir kamen nicht zu Atem damals, im Aufruhr der Empfindungen: der Sorge, wie viele Stunden es denn brauchen würde, bis die ersten Patrouillen der drei Mächte zeigten, daß sie wenigstens da sind; der Sorge über das Unverständnis in Washington, in Paris, in London und Bonn, die Dimension dessen zu erfassen, was hier vor sich ging; zweiundsiebzig Stunden brauchte es, ehe ein maßvoller Protest nach Moskau übermittelt wurde; die Freude, den amerikanischen Vizepräsidenten an der Spitze einer amerikanischen Kampftruppe in Berlin zu begrüßen, als Repräsentanten einer zuverlässigen Freundschaft und Solidarität, der schneller über den Ozean kam als Adenauer über den Rhein; die verachtenswerte Routine, mit der sich das amtliche Bonn wieder im Unterholz des Bundestagswahlkampfes verlief. Und als das alles vorbei war, stand die Mauer, in unabweisbarer, grausamer Realität."[49]

Ein Schock auch für den Regierenden Bürgermeister: „Der 13. August wurde ein Tag des Entsetzens, der Angst und Verwirrung", meinte Willy Brandt rückblickend. „Mich zwang dieser Einschnitt, die äußeren Faktoren zu überdenken, von denen die deutsche und europäische Politik in den nächsten Jahren abhängig sein würde."[50]

Auch Egon Bahr registrierte eine tiefe Zäsur der deutschen Nachkriegsgeschichte, die der Mauerbau bewirkte: „Nicht nur die Politik der Stärke war 1961 zusammengebrochen, es schmolzen auch, zunächst noch unbemerkt, innenpolitische Illusionen. Die größte enttäuschte Hoffnung der deutschen Nachkriegsgeschichte wurde offenbar: die von der SPD zwar nicht geteilte, aber mögliche Hoffnung der Unionsparteien, daß West-Integration und Wiederbewaffnung zwangsläufig zur Wiedervereinigung führen würden. Und auch der andere Satz wurde hohl: ‚Es gibt keinen Frieden ohne Einheit' – eine These, die zwar noch weiter vertreten wurde, aber an Glaubwürdigkeit verlor."[51]

An Glaubwürdigkeit verloren hatte in jenen Tagen im August auch das Ansehen der westlichen Alliierten, hatten doch die Berliner mit ihrem Eingreifen gerechnet. Vor dem Schöneberger Rathaus hielten Tausende von Demonstranten Plakate mit Slogans wie „Wo sind die Schutzmächte?" und „Weiß der Westen keinen Rat?" dem Bürgermeister entgegen. In dieser emotional aufgeladenen Atmosphäre rief Willy Brandt am 16. August vor den versammelten Berlinern die Westmächte auf, nicht passiv zu bleiben: „Berlin erwartet mehr als Worte! Berlin erwartet politische Aktion!" Und am gleichen Tag sandte Willy Brandt einen Brief an Kennedy, in dem er vor den Folgen westlicher Passivität warnte: „Untätigkeit und reine Defensive können eine Vertrauenskrise zu den Westmächten hervorrufen." Er würde es daher begrüßen, so Brandt in dem Schreiben, „wenn die amerikanische Garnison demonstrativ eine gewisse Verstärkung erfahren könnte".[52]

Zwei Tage später, am 18. August, forderte Brandt im Deutschen Bundestag den Westen auf, sichtbare Zeichen der Präsenz der Alliierten und ihrer Rechte in Berlin zu setzen und „überzeugende nichtmilitärische Gegenmaßnahmen" zu ergreifen. Der amerikanische Präsident kündigte die Verstärkung der US-Truppen in Berlin um eine Kampfgruppe von 1500 Mann an und entsprach so einem Wunsch des Berliner Bürgermeisters. Der genaue Inhalt des Schreibens wurde bis heute nicht vollständig bekannt – Brandt hat lediglich einige Passagen veröffentlicht[53] –, doch er muß wie ein Aufruf zu einer neuen Politik verstanden worden sein.

Daß die Ereignisse des August 1961, einschließlich des Kennedy-Briefes, für die Berliner SPD-Führung eine entscheidende Wende ihrer Deutschlandpolitik bewirkten, bestätigte Willy Brandt später indirekt: „Was sich neu aufzwang, war die Einsicht, daß traditionell gewordene Formeln der westlichen Politik sich als unwirksam oder sogar als wirklichkeitsfremd erwiesen hatten."[54] Die junge Schöneberger Führungsmannschaft begann von alten Konzepten und Hoffnungen Abschied zu nehmen und das veränderte politische Terrain zu sondieren. Auch für Egon Bahr „ergab sich aus dieser Situation der Zwang zum Nachdenken darüber, wie es eigentlich in Deutschland und mit Deutschland weitergehen sollte".[55]

In welche Richtung sich die neuen Gedankengänge bewegen sollten, hatte der amerikanische Präsident mit seiner mehr oder weniger deutlich ausgesprochenen Forderung nach einer Politik der Stabilisierung in Berlin und Mitteleuropa bereits vorgegeben. Das bedeutete: von einer Anerkennung der Realitäten, also auch der Teilung, auszugehen, um die Lage in Berlin zu entspannen. Die Vorstellung, über eine schrittweise eingeleitete Entspannung doch noch zur Wiedervereinigung zu gelangen, wurde allerdings nicht aufgegeben. Der Graben zwischen beiden Teilen Deutschlands und Berlins sollte nicht noch tiefer werden, und deshalb müsse man etwas zur Überbrückung der Spaltung, besonders in Berlin, unternehmen – so lauteten nach dem Mauerbau die politischen Losungen.

An den Westen wie an den Osten wurden entsprechend gleichlautende Forderungen gerichtet. Neben beschwörenden Appellen, nicht an den westlichen Sicherheitsgarantien zu rütteln, um die Lebensfähigkeit Berlins nicht zu gefährden, kamen aus dem Schöneberger Rathaus gleichzeitig Appelle an den Osten, die Mauer „durchlässig" zu machen. Vor den Berliner Abgeordneten wie auch auf einem außerordentlichen Landesparteitag im Dezember 1961 signalisierte Willy Brandt vorsichtig seine Bereitschaft, zu den östlichen Machthabern Verbindung aufzunehmen, um „menschliche Erleichterungen" zu erreichen. „Wir sind der Bevölkerung ernsthafte Bemühungen in dieser Richtung schuldig, und das ohne Rücksicht auf unfreundliche Kommentare in der östlichen Presse."[56]

In den folgenden Monaten gab es dann erste Versuche des Berliner Senats, Ost-Berlin zu Verhandlungen über humanitäre Fragen zu bewegen. Als ein erster bescheidener Erfolg galt eine Vereinbarung des Internationalen Roten Kreuzes mit der DDR über Hilfeleistungen für verletzte Flüchtlinge an der Mauer. Allerdings hat das Rote Kreuz im Schlußdokument die Verwendung der Bezeichnung DDR ohne Anführungszeichen akzeptieren müssen, was als eine Anerkennung der DDR, wenn auch durch eine neutrale Organisation, ausgelegt wurde. Die Berliner SPD-Führung versprach nach diesem Abkommen, ihre Bemühungen im Rahmen einer „Politik der kleinen Schritte" fortzusetzen und die Ostkontakte zu verstärken, um eine gewisse „Durchlässigkeit der Mauer" zu bewirken. Wichtige Themen waren die Familienzusammenführung und der kleine Grenzverkehr. „Wir machten Ostberlin immer wieder Vorschläge," erinnert sich Willy Brandt, doch „wir blieben lange ohne Antwort. Die DDR-Regierung, stur auf den Schutz angeblicher Interessen bedacht, verweigerte jeden Kompromiß und jede vernünftige Regelung."[57]

Bis Ende 1963 blieb die DDR-Führung bei ihrer kompromißlosen Haltung und boykottierte Verhandlungen über „menschliche Erleichterungen" in der geteilten Stadt. Das Beraterteam um Willy Brandt, zu dem neben Egon Bahr auch Heinrich Albertz und Klaus Schütz zählten, veranstaltete vertrauliche endlose Zusammenkünfte, um über erfolgversprechende Initiativen gegenüber der DDR zu diskutieren. Und allmählich kamen die gemeinsam entwickelten Entwürfe einer neuen Politik an die Öffentlichkeit. Bei einer Vortragsreise Brandts in die USA im Oktober 1962 identifizierte sich der Berliner Bürgermeister mit der amerikanischen Entspannungspolitik und betonte die Bereitschaft, durch lokale Entkrampfungsbemühungen in Berlin zu vernünftigen Kontakten zwischen Ost und West beizutragen.

Besonders eine Episode illustriert die Bemühungen, mit der Sowjetunion ins Gespräch zu kommen. Als Mitte Januar 1963 Chruschtschow in Ost-Berlin weilte und Willy Brandt über Zeitungsreporter zu erkennen gab, daß er gerne dem sowjetischen Parteichef seine Ansichten zur Deutschland- und Berlin-Frage persönlich mitteilen würde, kam prompt eine Einladung ins sowjetische Hauptquartier. Egon Bahr riet Brandt, der Einladung zu folgen. Denn beide sahen eine Chance, mit den Sowjets direkt einen Meinungsaustausch zu führen, ohne sich dabei mit DDR-Vertretern an einen Tisch setzen zu müssen. Egon Bahr verhandelte mit einem sowjetischen Abgesandten, und man einigte sich rasch über die Modalitäten. Doch obwohl die Alliierten als auch die Bundesregierung ihre Zustimmung gaben, wurde das Treffen von der Berliner CDU, die mit in der Regierung saß, torpediert. Sie drohte mit der Aufkündigung der Koalition. Zwar hätte die SPD auch ohne die CDU weiterregieren können, aber der Regierende Bürgermeister gab dem Druck nach und sagte das Treffen ab.

Dem sowjetischen Gesprächspartner die Absage übermitteln zu müssen, war für Egon Bahr „eine der miesesten Aufgaben, die ich je zu erfüllen hatte. Ich kam mir schrecklich vor, und die Vertrauenswürdigkeit und die Verläßlichkeit dessen, der das vereinbart hatte, stand in Frage. Und ich konnte mir genau vorstellen, wie sicher nicht nur die sowjetischen, sondern auch unsere deutschen Kommunisten höhnisch gegrinst und gesagt haben werden: ‚Das ist wieder mal typisch Sozi, die wackeln und kneifen im letzten Augenblick.‘"

Obwohl Egon Bahr dem Regierenden Bürgermeister riet „durchzumarschieren", blieb Brandt bei seiner Entscheidung. „Es fiel mir nicht leicht", schrieb Brandt später, „Chruschtschow mußte meine Ablehnung als Brüskierung empfinden. Botschafter Abrassimow erzählte mir später sehr plastisch, sein ehemaliger Chef sei völlig konsterniert gewesen, als ihm meine Absage mitgeteilt wurde: Chruschtschow, der sich gerade umzog, habe in seiner Überraschung fast die Hosen fallen lassen, als ihm der Botschafter – damals noch neu im Amt – meinen Bescheid überbrachte. Er habe sich meinen Sinneswandel nicht erklären können. Abrassimow fügte hinzu, dies sei eine verpaßte Gelegenheit gewesen, denn Chruschtschow habe mir damals ,etwas geben wollen'."[58]

Einen Monat später, die SPD hatte in Berlin einen großen Wahlsieg errungen, war es dann auch mit der SPD/CDU-Koalition vorbei. In seiner Regierungserklärung machte Willy Brandt am 18. März 1963 die Grundzüge einer aktiven Politik der kleinen Schritte in Berlin deutlich, die auch zu einem Wandel der gesamtdeutschen Politik führen sollte. Statt nur die Wiedervereinigung vor Augen zu haben, sollte es als Nahziele für Berlin „Zwischenlösungen" geben, die für Verhandlungen den Status quo als Ausgangslage akzeptierten.

Unterstützung für seinen neuen Kurs erhielt der Berliner Bürgermeister noch im selben Sommer 1963 durch den Besuch des amerikanischen Präsidenten John F. Kennedy in Berlin, der es bei seinen Auftritten nicht nur bei Solidaritätsbekundungen („Ich bin ein Berliner") beließ, sondern sich ganz deutlich für eine Politik der kleinen Schritte und der Annäherung zwischen Ost und West aussprach. Kennedys Vorstellungen über diese Politik wurden konkret in einer Rede in der Freien Universität: „Unterdessen verlangt unser Sinn für Gerechtigkeit von uns, daß wir tun, was wir können, um Erleichterung zu schaffen und um die Hoffnung derer jenseits der Mauer... durch so viele Kontakte und Verbindungen wie möglich, durch so viel Handel, wie es die westliche Sicherheit erlaubt, lebendig zu halten..." Ferner versicherte Kennedy: „Wir werden den Schild militärischer Verpflichtungen... so lange nicht beiseite legen, wie er notwendig ist; hinter diesem Schild aber genügt es nicht,

auf der Stelle zu treten und sich am Status quo festzu-
klammern, um auf bessere Zeiten zu warten ... In einer
Zeit des Wandels und der Herausforderung hat jeder
Bewohner West-Berlins die Pflicht, sich zu fragen, wo er
steht, wohin seine Stadt treibt und wie man am besten
dorthin gelangt."[59]

Diese Rede war eine ganz enorme Rückenstärkung für
die Berliner Regierung, die sich bei ihrer Politik der
kleinen Schritte in den folgenden Monaten stets auf Kennedys Aussagen berufen und somit den Verdächtigungen, eigenmächtig zu handeln, wirksam entgegentreten
konnte. Die Berliner SPD-Führung fühlte sich geradezu
ermuntert, nicht nur für Berlin, sondern insgesamt für
Deutschland nach neuen wegweisenden Initiativen zu
suchen, zumal in Bonn die Regierung Adenauer in
deutschlandpolitischer Bewegungs- und Entschlußlosig-
keit verharrte. Das eröffnete für Willy Brandt und sein
Beraterteam neuen Bewegungsspielraum, der intern
nach allen Richtungen und unter Berücksichtigung aller
Aspekte ausgelotet wurde.

Eine erste Gelegenheit, die neuen Ansätze in der Öffentlichkeit vorzustellen, ergab sich im Sommer 1963.
Aus Anlaß des zehnjährigen Bestehens des Politischen
Clubs der Evangelischen Akademie Tutzing wurde Willy
Brandt gebeten, dort ein Referat zu halten. An der Vorbereitung des Vortrages wurde auch Egon Bahr beteiligt:
„Wir haben mehrfach gemeinsam darüber gesprochen,
und das Manuskript ging mehrfach hin und her, wurde
redigiert, geändert, denn es war auch gedacht als sein
gesamtpolitisches Konzept." Aber weniger Brandts Rede
am 15. Juli sorgte für Schlagzeilen als vielmehr der improvisiert zustande gekommene Diskussionsbeitrag des
Senatssprechers.

Egon Bahr erinnert sich noch genau, wie es zu dieser
„grotesken Situation" gekommen war: „Als dann Roland
Messner aus Tutzing anrief und sagte, ich sollte mich auf

einen Diskussionsbeitrag vorbereiten und auch ein paar Seiten aufschreiben, habe ich gedacht, ich weiß nichts mehr, alles Wichtige ist doch in Brandts Rede drin. Dann bin ich auf die Idee gekommen, einen Punkt aus seiner Rede zu nehmen und ihn zu exemplifizieren, was das für das innerdeutsche Verhältnis bedeuten könnte. Das habe ich dann einfach runterdiktiert, Brandt gar nicht mehr gezeigt, weil es sich aus seiner Rede ergab. Meinem Stellvertreter gab ich den Text und sagte, mach mal eine Überschrift, denn ich bin schlecht in Überschriften. Er formulierte dann die Überschrift ‚Wandel durch Annäherung'."

Anregungen für sein Thesenpapier hatte Egon Bahr nicht allein aus Brandts Rede bezogen; er nahm auch Hinweise aus einer Rede Präsident Kennedys auf, die dieser erst fünf Wochen zuvor an der American University in Washington unter dem Titel „Strategie des Friedens" gehalten hatte. Kennedys Grundgedanken empfahl Bahr auf die deutsche Situation anzuwenden. Seinen Diskussionsbeitrag begann er am Abend des 15. Juli, einen Tag vor Brandts Auftritt, mit der Bemerkung, „daß es an der Zeit ist und daß es unsere Pflicht ist, sie [die Wiedervereinigungspolitik] möglichst unvoreingenommen neu zu durchdenken". Bei diesem neuen Denkansatz müsse man davon ausgehen, daß das Deutschland-Problem nur ein Teil des Ost-West-Konflikts sei.

Egon Bahr schloß sich Kennedys Konzept einer „Strategie des Friedens" an, das auf das Ziel hinauslaufe, „daß die kommunistische Herrschaft nicht beseitigt, sondern verändert werden soll. Die Änderung des Ost-West-Verhältnisses, die die USA versuchen wollen, dient der Überwindung des Status quo, indem der Status quo zunächst unverändert bleiben soll. Das klingt paradox, aber es eröffnet Aussichten, nachdem die bisherige Politik des Drucks und Gegendrucks nur zu einer Erstarrung des Status quo geführt hat."

Bei einer Übertragung dieser Strategie auf Deutschland ergebe sich die erste Folgerung, „daß die Politik des Alles oder Nichts ausscheidet". Und da man mit Sicherheit davon ausgehen könne, daß eine Lösung des Deutschland-Problems nicht ohne oder gegen die Sowjetunion möglich wird, und andererseits es richtig ist, „daß die Zone dem sowjetischen Einflußbereich nicht entrissen werden kann", ergab sich für Egon Bahr der zwingende Schluß, „daß jede Politik zum direkten Sturz des Regimes drüben aussichtslos ist". Auch wenn die DDR eine Realität ist, komme eine juristische Anerkennung nicht in Betracht, aber „die selbstverständliche und von niemandem in Frage gestellte Weigerung, die Zone als einen rechtmäßigen Staat anzuerkennen, darf uns nicht lähmen".

Unterhalb der juristischen Anerkennung sah er viele Möglichkeiten, Formen der Zusammenarbeit zu erproben und auszubauen. Bahr erinnerte an die bisherige Praxis der Treuhandstelle für den Interzonenhandel und plädierte für eine Intensivierung des Handels, der ein Mittel sein könne, die Lage im anderen Teil Deutschlands erträglicher zu gestalten. „Uns hat es zunächst um die Menschen zu gehen und um die Ausschöpfung jedes denkbaren und verantwortbaren Versuchs, ihre Situation zu erleichtern. Eine materielle Verbesserung müßte eine entspannende Wirkung in der Zone haben." Und da man seiner Meinung nach die Mauer als ein Zeichen der Angst und des kommunistischen Selbsterhaltungstriebs ansehen müsse, stellte Egon Bahr am Schluß seines Beitrages die Frage, „ob es nicht Möglichkeiten gibt, diese durchaus berechtigten Sorgen dem Regime graduell so weit zu nehmen, daß auch die Auflockerung der Grenzen und der Mauer praktikabel wird, weil das Risiko erträglich ist. Das ist eine Politik, die man auf die Formel bringen könnte: Wandel durch Annäherung. Ich bin fest davon überzeugt, daß wir Selbstbewußtsein genug haben können, um eine solche Politik ohne Illusion zu verfolgen, die sich außerdem nahtlos in das westliche Konzept der Strategie des Friedens einpaßt, denn sonst müssen wir auf Wunder warten, und das ist keine Politik. "

Egon Bahrs Formel vom „Wandel durch Annäherung" war eine regelrechte Sensation, sie schockierte Freunde wie politische Gegner gleichermaßen. Die sich anschließenden Diskussionen rieben sich an dieser Formulierung und ignorierten, wie Egon Bahr bedauerte, Brandts Rede völlig. „Gewaltiger Staub wurde aufgewirbelt", erinnert sich Egon Bahr, „Äußerungen des völligen Unverständnisses kamen", und selbst Herbert Wehner, der von „Narretei" sprach, hat ihm „öffentlich eins an den Kopf gegeben". Wehner hat vermutlich befürchtet, Bahrs Thesen würden die SPD innenpolitisch zu angreifbar machen.

Aber auch heftige Vorwürfe aus der Berliner SPD mußte sich der Senatssprecher gefallen lassen. Die Berliner Genossen fühlten sich durch ihren Pressechef ungenügend informiert und konsultiert. Ziemlich verstört war beispielsweise der Berliner Abgeordnete Kurt Mattick. „Ich habe nach der Rede ein langes Gespräch mit ihm geführt, wo er mich auf einzelne Formulierungen aufmerksam gemacht hat. Wir haben dann Punkt für Punkt alles diskutiert." Kurt Mattick blieb aber skeptisch. Egon Bahr, aber auch Willy Brandt, mußten Partei und Öffentlichkeit beschwichtigen.

Der Regierende Bürgermeister und SPD-Landesvorsitzende machte dann auf einer parteiinternen Sitzung im August selbst gewisse Bedenken gegen Bahrs Rede geltend „sowohl hinsichtlich der politischen Vorstellungen als auch in bestimmten Formulierungen" und baute dem Senatssprecher eine Brücke, indem er ihm vorschlug, er solle seine Rede mit dem Hinweis auf eine ungenügende Vorbereitungszeit nachträglich abschwächen.[60] Egon Bahr wertet rückblickend diese Empfehlung als „reine

Taktik". Brandt hat sich nämlich bei gleicher Gelegenheit ganz hinter ihn gestellt, „war auch völlig mit mir einer Meinung, was die Sache betraf". Auf diese Form der persönlichen Loyalität war Egon Bahr später häufiger angewiesen, nicht nur in Berlin.

Nach Bahrs Tutzinger Rede mußte Brandt auch besondere Rücksicht auf die öffentliche Stimmung, vor allem in Berlin, nehmen. Denn es gab, so Egon Bahr, „in der Partei die Angst, in zu starke Gegensätze zu der übermächtigen Springer-Presse zu geraten". Auf eine unfreundliche Formel brachte der Berliner CDU-Vorsitzende Franz Amrehn die Tutzinger Rede Bahrs, die er als „Wandlung durch Annäherung an das Regime der Zone" interpretierte und damit völlig mißverstand. Nicht viel anders ist es dem Journalisten Matthias Walden ergangen, der auf derselben Tagung zu dem Ergebnis kam, wer eine wirtschaftliche und politische Stabilisierung der DDR befürworte, damit sie auf die Mauer verzichten könne, züchte Illusionen, „die dem Kommunismus willkommen sind, weil sie den Antikommunismus lähmen und die Gewöhnung an das Ungewöhnbare fördern". Er warnte dringend vor einem „neuen München", das von „Anerkennungsgeneigten, Kompromißverliebten, Aufgeweichten" vorbereitet werde.[61]

Demgegenüber zog Ernst-Otto Maetzke in der *Frankfurter Allgemeinen Zeitung* ein eher nüchternes Fazit: „Der neue Blickwinkel der führenden Berliner Sozialdemokraten richtet sich auf die menschliche Not in Berlin beiderseits der Mauer. Er hat einen modus vivendi zum Ziel, der dieser Not abhelfen oder sie wenigstens erträglicher machen soll. Zu diesem Zweck scheinen Brandt, Albertz und Bahr Mittel und Methoden vorzuschweben, die bisher allgemein für unratsam gehalten wurden. Sie werben besonders für die Verstärkung der Kontakte zu den Behörden und Amtsstellen jenseits der Mauer, wobei es ihnen mehr oder weniger gleichgültig zu sein scheint, in welcher Form solche Kontakte angesponnen und weitergesponnen werden, wenn nur die Situation des freien Stadtteils sich verbessert."[62]

Genau dies war die Botschaft, die in Tutzing von Brandt und Bahr verbreitet worden war. Der *Tagesspiegel*, für den Egon Bahr jahrelang als Korrespondent geschrieben hatte, nannte seine Tutzinger Ausführungen „eine umstrittene Rede". Das SED-Organ *Neues Deutschland* berichtete zunächst recht freundlich über Bahrs Thesen, ohne allerdings die Formel „Wandel durch Annäherung" zu zitieren, erkannte aber bald darauf die Brisanz seines Politik-Ansatzes und wetterte gegen „die Aggression auf Filzlatschen". Ost-Berlin mußte registrieren, daß tatsächlich ein neues politisches Konzept in West-Berlin entwickelt und formuliert wurde, das nun auf seine praktische Erprobung wartete.

Hinter diesem neuen Denken stand sowohl bei Willy Brandt wie auch bei Egon Bahr im Jahr 1963 immer noch der Gedanke, „Wandel durch Annäherung" auch als Wiedervereinigungskonzept zu verstehen. „Es war eine aus der damaligen Situation hervorgegangene Sicht, nämlich die Vorstellung eines zeitlich begrenzten Übergangs zu einem Zusammenwirken der beiden deutschen Staaten mit der Richtung auf Einheit", meinte Egon Bahr viele Jahre später. Und rückblickend schrieb Willy Brandt, daß Egon Bahr in Tutzing „mit großer Behutsamkeit Chancen für einen neuen Abschnitt deutscher Politik im Gefüge der weltpolitischen Machtverhältnisse" dargelegt hatte. „Wir beide zogen nach vielen Gesprächen, die wir miteinander geführt hatten, nicht nur Schlußstriche unter einen Abschnitt deutscher und europäischer Nachkriegsgeschichte, sondern versuchten ‚nach vorn' zu denken und zu argumentieren."[63]

Sechs Monate nach den Reden von Brandt und Bahr in Tutzing rechtfertigte der erste erfolgreiche Abschluß eines Passierscheinabkommens mit der DDR das neuentwickelte politische Konzept. „Die bekannten Richtlinien unserer Politik haben nur eine erste begrenzte Verwirklichung erfahren", erklärte Brandt vor dem Berliner Abgeordnetenhaus.[64]

Nach dem Bau der Mauer war es erklärtes Ziel des Berliner Senats, mit Ost-Berlin über eine innerstädtische Besuchsregelung zu verhandeln. Eine solche Vereinbarung stand ganz oben auf der Prioritätenliste und sollte die schlimmsten Auswirkungen der Trennung der Berliner lindern helfen. Im September 1963 verabschiedete das Berliner Abgeordnetenhaus „Leitsätze", in denen es hieß: „Der Senat ist bereit, an einer Zwischenlösung für Berlin mitzuarbeiten, die die Grundlage der Existenz dieser Stadt unangetastet läßt und das Leben ihrer Bürger erleichtern hilft ... Es bleibt unser unverrückbares Ziel, die Mauer zu überwinden. Zunächst müssen ihre besonders unmenschlichen Auswirkungen gemildert werden ... Rechtsverwahrungen allein, so wichtig sie sind und bleiben, ersetzen keine gesamtdeutsche Politik."[65] An der Formulierung dieser „Leitsätze" hatte auch Egon Bahr mitgewirkt.

Willy Brandt und sein Beraterstab waren schon seit geraumer Zeit davon ausgegangen, daß die DDR über eine Vereinbarung des Besuchsverkehrs noch am ehesten mit sich reden ließe. Erste Signale, die dies zu belegen schienen, sollen schon Ende 1961 an den Berliner Senat ergangen sein. Im Herbst 1963 wurden enge Mitarbeiter Brandts aus der Senatskanzlei zu einem zweitägigen Seminar nach Schwanenwerder „abkommandiert", um sich auf mögliche Passierscheinverhandlungen vorzubereiten.

Einer der Seminarteilnehmer war Egon Bahr, der die geschickte Inszenierung dieses Seminars in guter Erinnerung hat: „Ich hatte damals einen der schärfsten Kritiker dieser Überlegungen, nämlich Horst Korber, zum Verhandlungsführer des Berliner Senats vorgeschlagen, weil wir zu einem früheren Zeitpunkt erkannt hatten, wir müssen und wollen über Passierscheine verhandeln. Wir rechneten damit, daß auch die DDR mit einem Vorschlag kommen könnte, und hatten fast seminarmäßig diese Verhandlungen durchgespielt: Welche Kriterien notwendig sind, was zu beachten sein würde, was abgestimmt werden müßte, wo die Gefahren sind. Als die Verhandlungen begannen, war Korber in der phantastischen Lage, daß er, wenn sein Verhandlungspartner einen Satz anfing, schon wußte, wie er enden würde. Korbers Antwort war dann sofort da. Wir waren wirklich erstklassig vorbereitet, und die Verhandlungen führten dann auch zu den Passierscheinen."[66]

Diese Art von Vorbereitung war natürlich sehr effektiv, und der passionierte Analytiker Bahr hat dann auch später in Bonn in vielen Planspielen und Modell-Verhandlungen ost- und deutschlandpolitische Konzepte erprobt.

Nachdem der Regierende Bürgermeister am 5. Dezember 1963 ein Verhandlungsangebot von Alexander Abusch, dem Stellvertretenden Vorsitzenden des DDR-Ministerrats, erhalten hatte, griff er sofort zu. Nach sieben Gesprächen, die zwischen dem 13. und 17. Dezember abwechselnd in Ost- und West-Berlin stattfanden, einigten sich der West-Berliner Senatsrat Horst Korber und der DDR-Staatssekretär Erich Wendt auf ein Passierscheinabkommen. In einem „Protokoll", d. h. einem Bericht über die Verhandlungen von beiden Seiten, hielten sie am 17. Dezember 1963 fest, daß DDR-Postangestellte in West-Berlin die Anträge der West-Berliner für einen Passierschein nach Ost-Berlin entgegennehmen sollten und die Bearbeitung und die Ausstellung wiederum in West-Berlin vonstatten gehen sollten, und zwar in zwölf West-Berliner Schulen und Turnhallen, in denen die Landespostdirektion Hausrecht erhalten hatte.

Obwohl bei diesem umständlichen Verfahren die DDR

keinen Hoheitsakt in West-Berlin vollzog und auch bei der Unterzeichnung des Protokolls – die eigentlichen Regelungen waren in einem nicht unterzeichneten Anhang aufgeführt – ausdrücklich festgehalten wurde, „daß eine Einigung über gemeinsame Orts-, Behörden- und Amtsbezeichnungen nicht erzielt werden konnte", kritisierte sogleich die CDU dieses Vorgehen, weil sie fürchtete, die DDR könnte ihn als Präzedenzfall im Sinne ihrer Drei-Staaten-Theorie betrachten. Die Opposition sah sich in ihrer Kritik auch durch die Einschätzung des Vizekanzlers Erich Mende (FDP) bestätigt, der erklärte: „Das Protokoll kann kein Muster für weitere Abmachungen sein." Genau das aber wurde der Fall. Und der Initiator der Passierscheinverhandlungen, Alexander Abusch, ging noch darüber hinaus, indem er im *Neuen Deutschland* die künftigen Perspektiven andeutete: „Was hier im kleinen in der Suche nach Verständigung begonnen worden ist, das berührt die großen Fragen der Nation, die Frage des Friedens, der Annäherung zwischen den beiden deutschen Staaten."[67]

Auch für Bürgermeister Albertz war nach dieser Vereinbarung klar, „daß unsere Stadt . . . für die Politik in Deutschland neue Markierungen gesetzt hat".[68] Für Willy Brandt war „die eher versteckte als offene Kritik der Zeitgenossen" ein wiederholter Anlaß, auch darauf hinzuweisen, „daß man sich längst an die Durchlaßscheine auf der Autobahn gewöhnt hatte sowie an die Scheine, die für westdeutsche Besucher ausgestellt wurden, wenn sie Ost-Berlin besuchten".[69] Egon Bahr hat auch heute kein Verständnis für die damaligen Skeptiker und Kritiker in Bonn, die sich über die protokollarischen Spitzfindigkeiten aufgeregt hatten: „Ich hätte ja gern Passierscheine aus Bonn von der Bundesregierung bekommen, nur – die konnten sie mir nicht geben. Auch die Franzosen nicht, auch die Amerikaner nicht. Und ich konnte sie nicht mal von den Russen bekommen. Die hatten sie nämlich nicht.

Ergebnis: Es führte gar nichts daran vorbei, mit der DDR, und eben nicht nur mit dem Magistrat von Ost-Berlin, reden zu müssen, wenn man Passierscheine bekommen wollte. Und das war im Prinzip die Anerkennung von Realitäten – auch wenn sie einem nicht gefallen – mit dem Ziel, Realitäten zu verändern."[70]

Was Egon Bahr mit „Realitäten" umschrieb, begann schon mit dem Problem der Benennung der DDR, denn „DDR" durfte er nicht sagen, das wäre als Anerkennung ausgelegt worden, und „Zone" wäre andererseits als Diskriminierung aufgefaßt worden. „Ich wußte offen gestanden nicht, wie ich es anpacken sollte. Aber ich war ja bei den täglichen Pressekonferenzen gezwungen, dieses Ding, das es nicht gab, in irgendeiner Form zu benennen. Und nach langem Nachdenken fiel mir dann die Formulierung ein ‚die andere Seite'. Das war unangreifbar, und es war doch völlig klar, was gemeint war. ‚Die andere Seite' ist also eine Sprachfindung gewesen, die sich ziemlich schnell eingebürgert und bewährt hat."

Das auf achtzehn Tage befristete erste Passierscheinabkommen vom Dezember 1963 erlebte trotz zunehmender Kritik aus Bonner Regierungskreisen in den folgenden Jahren mehrere Fortsetzungen, so für die Weihnachtstage 1964, für Ostern und Pfingsten 1965, für die Jahreswende 1965/66 bis hin zur vierten Vereinbarung für die Oster- und Pfingstfeiertage 1966.

Der Erfolg der ersten Vereinbarung hatte gezeigt, daß die angestrebten „menschlichen Erleichterungen" nur zu erreichen waren, wenn mit der DDR verhandelt wurde und sie, trotz der bestehenden unterschiedlichen Rechtsauffassungen, dabei schrittweise auf dem Weg zur Anerkennung als Staat vorankam. Der Berliner Senat, vor allem Willy Brandt, mußte sich aber nach dem ersten Passierscheinabkommen immer mehr gegen juristisch bemäntelte Attacken durch die Bundesregierung zur Wehr setzen. Der Nachfolger Adenauers als Bundeskanzler, Ludwig Erhard, etwa drückte seine Einstellung zu den Passierscheinverhandlungen im Bundestag so aus: „Die Mauer wird nicht durch Passierscheine abgetragen." Der Kanzler, aber auch die Mehrheit der CDU, inklusive der Berliner Christdemokraten, klammerten sich in kleinkarierter Ängstlichkeit an Rechtspositionen und mißtrauten den sich anbahnenden Berliner Ost-West-Kontakten. Charakteristisch für diese Haltung war eine weitere Äußerung des Bundeskanzlers: „Passierscheine bedeuten schon so etwas wie ein Trojanisches Pferd. Mittels solcher List und Tücke soll die Dreistaatentheorie zu uns hereingeschleust werden."[71]

Die Querelen blieben denn auch nicht ohne Eindruck in der DDR, die ihre Forderungen langsam höherschraubte und sich dann 1966 mit der Ausklammerung ihrer Orts-, Behörden- und Amtsbezeichnungen („salvatorische Klausel") nicht länger zufriedengeben wollte. Willy Brandt gab später zu diesem Vorgang folgendes zu Protokoll: „Die andere Seite wollte sich nicht mehr mit der ‚salvatorischen Klausel' abfinden, durch die unterschiedliche politische und rechtliche Standpunkte festgehalten wurden. Auch die Stelle der Härtefälle war dadurch gefährdet. Anfang Juli 1966 hatte die Bundesregierung ein Kompromißabkommen über die Härtefälle als unannehmbar bezeichnet, da die salvatorische Klausel – gleich Nichtanerkennung – weggefallen war. Zwei Wochen später einigten wir uns über eine mündliche Erklärung. Wieder eine Woche später weigerte sich der DDR-Vertreter, diese anzuhören. Anfang Oktober wurde unterzeichnet, aber schon kurz danach galt dies nicht mehr . . . Für Weihnachten 1966 und die Festtage der folgenden Jahre . . . konnten keine Passierscheinübereinkünfte mehr getroffen werden."[72]

Zwar konnte die Härtestelle – nun in einem vertraglosen Zustand – weiterarbeiten, doch eine befriedigende Regelung der Besuchsmöglichkeiten, die dann über Ost-

Berlin hinausgehend die gesamte DDR mit einschloß, konnte erst 1972 im Rahmen des Viermächteabkommens über Berlin erzielt werden.

In den Jahren 1963 bis 1966 mußte sich nicht nur der Regierende Bürgermeister mit Kritik an der Berliner Senatspolitik auseinandersetzen, die ihm u. a. vorwarf, Außenpolitik auf eigene Faust zu betreiben, auch der Senatssprecher geriet nun häufig unter Beschuß. Egon Bahr wurde, besonders während der Passierscheinverhandlungen 1964, eine unzureichende, ja irreführende Information der Presse vorgehalten. Vorsichtig dosiert seien seine Auskünfte über den jeweiligen Stand der Passierscheinverhandlungen gewesen, seine Aussagen hätten mehr verhüllt als enthüllt. Seine Gegner, besonders von der einflußreichen Springer-Presse, nannten ihn, halb bewundernd, halb abschätzig, „Tricky Egon". Er hat diese Etikettierung mit Humor getragen.

Schwerwiegender war allerdings die parteiinterne Kritik an der Arbeit des Pressechefs. Die Presseattacken gegen den Senat in der Passierscheinfrage, an denen, so der Bahr-Gegner Kurt Mattick, „zweifelsohne eine verfehlte Informationspolitik schuld" war, führte 1964 zu einem Versuch, Bahr zu „entmachten". Am 3. Juni fand im Schöneberger Rathaus eine Krisensitzung statt, an der Willy Brandt, Heinrich Albertz, der DGB-Vorsitzende Walter Sickert sowie der Landes- und Fraktionsvorstand der Berliner SPD teilnahmen. Die „Unterhaltung" war auf Wunsch Egon Bahrs erfolgt, der von „Meckereien" gehört hatte, die sich auf ihn und seine Amtsführung bezogen. Willy Brand verteidigte in dieser Sitzung seinen Pressechef mit dem Hinweis, eine Anti-Senat-Kampagne in den Springer-Zeitungen wäre auch mit einer veränderten Informationspolitik nicht zu stoppen gewesen. Nach der über zweistündigen Sitzung zeigte sich Egon Bahr „voll befriedigt" und meinte zu dem Versuch, ihn „maßregeln" zu lassen:

„Falls man das tatsächlich hätte versuchen wollen, war das nicht zu erkennen."

Zwar kam Egon Bahr ungeschoren davon, doch wurde in der Sitzung beschlossen, daß der RIAS-Chefkommentator Peter Herz als Verstärkung im Presseamt tätig werden sollte. Der stellvertretende Senatssprecher Herz beschrieb seine Aufgabe als ständige Kontaktpflege zu den Berliner Zeitungen und Rundfunksendern, den westdeutschen und ausländischen Korrespondenten, um ihnen die Senatspolitik zu erläutern. Auf diesem Gebiet sollte Egon Bahr entlastet werden, dem zusätzlich noch der Stellvertretende Leiter des Presse- und Informationsamtes, Rudolf Kettlein, zur Seite stand.

Für dieses neue Presseteam fand Willy Brandt beim Jahresessen der Berliner Pressekonferenz das treffende Bonmot: „Bahr wird mit Herz ans Kettlein gelegt." Diese Worte seines Chefs findet Egon Bahr noch heute „richtig liebevoll und fürsorglich". Und Willy Brandt hatte bei jener Gelegenheit noch humorvoll die Hoffnung ausgedrückt, daß nun Senat und Presse „mit kleinen Schritten hier auf unserem Berliner Stückchen Erde einen Wandel erreichen, der zur Annäherung führt".

Die Ruhe um den Senatssprecher hielt aber nicht lange an. Denn nur wenige Monate später sorgte Egon Bahr erneut für einen erheblichen Pressewirbel. Ende Oktober hatten sich in der *Berliner Morgenpost* zwei Leser über die Ablehnung ihres Passagierscheinantrags beklagt. Egon Bahr vermutete ein weiteres Störmanöver der Springer-Presse, wollte aber auf Nummer Sicher gehen, „denn ich fand, es ist die Pflicht des Senats, dieser Sache nachzugehen, ob das, was da berichtet wurde, stimmte. Denn wenn es zutraf, war das ein Punkt, den wir in unseren Verhandlungen beschwerdehalber an die DDR hätten geben müssen."

Also stellte der Senatspressechef Nachforschungen darüber an, ob die Einsender der Leserbriefe wahrheitsgemäße Angaben gemacht hatten und ob die Absender dieser Briefe überhaupt in Berlin existierten. Nachdem die *Morgenpost*-Redaktion jegliche Auskünfte verweigerte, erkundigte sich ein Mitarbeiter des Presseamts zunächst beim Einwohnermeldeamt und erschien dann bei den Leserbriefschreibern.

Es stellte sich dabei heraus, daß der von den Leserbriefschreibern dargestellte Sachverhalt keinen Grund für eine Beschwerde an die DDR lieferte, denn es hatte sich um „frisierte" Leserbriefe gehandelt. Die *Berliner Morgenpost* mußte sogar zwei Gegendarstellungen des Senatspressechefs veröffentlichen.

Dennoch reichte die Berliner CDU-Fraktion im Senat eine große Dringlichkeitsanfrage ein, um zu erfahren, ob der Senat das Vorgehen des Presseamtes billige, bei Einsendern von Leserzuschriften „hinter dem Rücken der Zeitungen Recherchen anzustellen". In dieser von teilweise tumultartigen Zwischenrufen gestörten Debatte erklärte der Regierende Bürgermeister: „Einen Grund, das Verhalten des Presseamtes zu mißbilligen, sehe ich nicht. Und ob in einer bestimmten Situation einer meiner Mitarbeiter den Hut zu nehmen hat, das lasse ich mir nicht von außen aufzwingen. Der Pressechef hat mein Vertrauen."[73]

Doch die Springer-Presse attackierte weiter den Senatspressesprecher und zielte damit auf die Politik Willy Brandts. Zu dieser Einschätzung gelangte selbst die konservative *Frankfurter Allgemeine Zeitung*, die am 4. November zu diesem Vorgang feststellte: „So drängt sich das Gefühl auf, daß man in Wirklichkeit nicht jene Befragung, sondern die Passierscheinaktion als solche gemeint hat."

Nicht allein die Passierscheine mißfielen dem Springer-Konzern, ihm paßte die ganze Richtung, nämlich die Bereitschaft zu Verhandlungen mit dem Gänsefüßchen-Regime, nicht. Bereits nach der ersten Passierscheinübereinkunft machte der Pressekonzernchef Axel Springer Stimmung dagegen. Als Egon Bahr ihn unmittelbar nach der Vereinbarung auf dessen Wunsch in seiner Villa auf Sylt aufsuchte, konnte er – im Beisein seines früheren Chefredakteurs Hans Wallenberg – Axel Springer eine angekündigte Pressekampagne gegen die Passierscheine mit dem Hinweis ausreden, diese würden ein weiteres Auseinanderleben der Berliner vermeiden helfen und dienten schließlich dem Zusammenhalt der geteilten Nation. „Er hat sich leider nur dies eine Mal davon überzeugen lassen", bedauerte Bahr.

Danach war der Pressefrieden vorbei. Ein neues Kesseltreiben mußte Egon Bahr im Oktober 1966 über sich ergehen lassen, als dem Senatspressesprecher die unzureichende Informierung über eine Rede vorgeworfen wurde, die der Ostberliner Staatssekretär Michael Kohl nach der Unterzeichnung des Protokolls über die Wiedereröffnung der Dauerpassierscheinstelle für Härtefälle gehalten hatte. In dieser Rede hatte Kohl eine mündliche Erklärung des West-Berliner Senatsrats Korber als „gegenstandslos" zurückgewiesen. Horst Korber hatte nämlich gesagt, er unterzeichne ungeachtet unterschiedlicher politischer und rechtlicher Standpunkte über Staats-, Amts- und Behördenbezeichnungen das Protokoll. Egon Bahr hat dann im Verlauf einer Pressekonferenz am 6. Oktober, zwei Stunden bevor die Ost-Berliner Nachrichtenagentur ADN eine unrichtige Meldung veröffentlichte, erklärt: „Alles, was sich sonst noch während des Treffens Korber/Kohl zugetragen hat, hat mit dem materiellen Inhalt der Übereinkunft nichts zu tun."[74]

Die Zurückweisung von Korbers Erklärung erfuhren die West-Berliner Journalisten zuerst aus Ost-Berlin. Willy Brandt nannte die Vorgänge nach der Unterzeichnung des Protokolls zwar „unliebsame Begleiterscheinungen", doch die CDU-Opposition vermutete, Bahr habe geschwiegen, damit die These vom „Wandel durch

Annäherung" nicht durch die Klarstellung der Zonenpraktiken gefährdet würde.[75] Karl-Heinz Schmitz vom CDU-Landesvorstand äußerte einen Wunsch, dem sich prompt die Springer-Presse anschloß: „Egon Bahrs Zeit als Pressechef sollte zu Ende sein."[76]

Anders, als es sich die Opposition vorgestellt hatte, ging dieser Wunsch dann zwei Monate später in Erfüllung: Anfang Dezember räumte Egon Bahr sein Büro im Berliner Presseamt, um nach der Ernennung Willy Brandts zum Außenminister als Sonderbotschafter ins Bonner Auswärtige Amt überzuwechseln.

DRITTES KAPITEL

Der Ostpolitiker

Die Ende des Jahres 1966 eingegangene Große Koalition zwischen CDU/CSU und SPD bedeutete nicht nur das Ende einer innenpolitischen Ära; sie signalisierte auch den Beginn einer neuen Phase der Ost- und Deutschland-politik. Leichtgefallen ist keinem der Partner diese Koalition.

Überrascht von der neuen politischen Konstellation war auch Egon Bahr. Mit „gemischten Gefühlen", wie er sich heute erinnert, verfolgte er die Bildung dieses Regierungsbündnisses von Berlin aus. Trotz eines gewissen „Unbehagens" riet er dem Berliner Bürgermeister und SPD-Vorsitzenden Willy Brandt, das Wagnis einzugehen. „Die Große Koalition ist für die SPD zwar zunächst einmal eine Belastung gewesen", meinte Egon Bahr später, „weil der innenpolitische Gegner eben bis dahin ganz eindeutig und klar CDU hieß, und das war schon wirklich eine Kröte, die man zu schlucken hatte, als der Herr Strauß akzeptiert werden mußte. Ich gebe zu, daß es auch für andere eine Kröte war, Wehner schlucken zu müssen. Dies bedeutete, daß eine beginnende oder eine weiterentwickelte Freund-Feind-Mentalität zugunsten eigentlich der Demokratie in diesem Lande sich nicht weiterentwikkelte; ich glaube, daß es im Gegenteil sogar schwerer für die CDU war als für die SPD, denn die CDU hatte immer gesagt, die SPD sei regierungsunfähig, und die SPD sei der Untergang Deutschlands und was weiß ich sonst noch. Und plötzlich, siehe da, hatte die SPD, wenn man das Kabinett damals insgesamt nahm, sogar die besseren und überzeugenderen Leute. Umgekehrt war es für die SPD oder für einige jedenfalls in ihr eine wichtige Erfahrung. Es ist nämlich insgesamt natürlich einfacher, in der Opposition zu sein als in der Regierung. Und es ist eine unentbehrliche Erfahrung gewesen für diejenigen bei uns, die geglaubt haben, wenn man eine hervorragende Resolution verabschiedet, die außerdem noch gut formuliert ist, dann sei dies bereits Politik. Das ist auch ein Stück Politik. Aber noch wichtiger ist das, was man tun kann und verantworten und was, gemessen an den Realitäten, an anderen Möglichkeiten, durchsetzbar ist. Die zweite wichtige Sache war, daß natürlich auch nach der Erfahrung, die Willy Brandt als Regierender Bürgermeister gehabt hat, die Zeit als Außenminister für ihn ungeheuer wertvoll gewesen ist. Man könnte sogar sagen, ich weiß nicht, ob ihm der Sprung zur Kanzlerschaft ohne diese Zeit als Außenminister gelungen wäre. Der dritte Punkt war, daß die CDU im Prinzip schon einen Bruch mit ihrer bisherigen Politik vollzog. Denn das, was die CDU akzeptierte in der Großen Koalition, bedeutete im Prinzip: weg von der Konfrontation, hin zur Kooperation mit dem Osten. Sie war aber nicht bereit, weit genug zu gehen. Sie bekam Angst vor ihrer eigenen Courage. Und in dem Maße, in dem die Wahlen näher kamen, verlor sie sozusagen von Woche zu Woche mehr Courage, oder der damalige Bundeskanzler verlor die Kraft oder die Möglichkeit, sich durchzusetzen gegenüber seinen eigenen Parteifreunden."[1]

Die CDU unter Bundeskanzler Kiesinger sah sich hinsichtlich der Ost- und Deutschlandpolitik zu einigen Korrekturen, nicht aber zu einem grundlegenden Wandel veranlaßt. So einigten sich die beiden Koalitionsparteien auf diesem Gebiet nur auf allgemeine Grundsätze. Schon bei der Frage der Methoden, geschweige denn der Ziele ließ sich kein Konsens herstellen. Der Streit war mithin vorprogrammiert. Vor allem das Thema Ost- und Deutschlandpolitik gewann mit zunehmend verschärfter Auseinandersetzung 1969 ein für die Bundestagswahl entscheidendes Gewicht.

Der Start der Großen Koalition verlief dabei zunächst recht verheißungsvoll, hatte doch der Bundeskanzler im außenpolitischen Teil seiner Regierungserklärung im Dezember 1966 die Bereitschaft zur Verständigung mit dem Osten besonders hervorgehoben. In seiner auf Entkrampfung des Verhältnisses gegenüber den östlichen Staaten angelegten Politik bot Kiesinger, wie schon sein Vorgänger Erhard, erneut der Sowjetunion und Polen einen Austausch von Gewaltverzichtserklärungen an. Ohne Vorbedingungen war die Große Koalition zur Aufnahme diplomatischer Beziehungen zu allen osteuropäischen Staaten bereit. Einen neuen Ton schlug der Kanzler auch gegenüber der DDR an. Er benutzte zwar nicht deren eigene Staatsbezeichnung, vermied aber die bis dahin übliche Formel „Sowjetzone". Und er sagte zum Anspruch, „für das ganze deutsche Volk zu sprechen", darin sei keine „Bevormundung" der Mitteldeutschen mehr zu sehen. Dies war ein erstes, wenn auch vorsichtiges Abrücken vom Alleinvertretungsanspruch, das vor allem von Teilen der CDU und CSU nur äußerst widerstrebend hingenommen wurde. Die Staatlichkeit der DDR als Realität anzuerkennen gelang denn auch während der Großen Koalition nicht, obwohl die Einsicht gewachsen war, daß die traditionelle Wiedervereinigungspolitik keine Perspektive mehr hatte.

Die Veränderung der ostpolitischen Zielsetzung zeigte sich schließlich in der offiziell verkündeten Rangordnung der Prioritäten: erst Entspannung, dann Wiedervereinigung. In der Rede des Kanzlers vom 17. Juni 1967 wurde diese Linie deutlich sichtbar: „Die Bundesregierung macht sich keine Illusion darüber, wie schwierig es sein wird, dieses Ziel [die Wiedervereinigung] zu erreichen, und welch lange Geduld und durchhaltende Energie dazu notwendig sein wird. Letzten Endes . . . hängt das Gelingen dieser Einigung wesentlich von einer großen europäischen Friedensordnung ab, innerhalb derer auch die Spaltung Deutschlands überwunden werden kann."[2]

Nur von einer „Europäisierung" der deutschen Frage seien auch Fortschritte zur Wiederherstellung der deutschen Einheit zu erwarten; das war seit Beginn der Großen Koalition allseits betont worden. Gleichzeitig wurde auch die These akzeptiert, daß deutschlandpolitische Fortschritte sich nur erzielen ließen, wenn sowohl die (Sicherheits-)Interessen der Sowjetunion als auch die der DDR berücksichtigt würden. Die Bundesregierung folgte damit dem Kurs ihrer westlichen Verbündeten, die schon seit Beginn der sechziger Jahre die Frage der Wiedervereinigung von Fragen der Entspannung, Abrüstung und Sicherheit vorsichtig zu trennen begonnen hatten und auch die Existenz zweier deutscher Staaten als Faktum akzeptierten. Um nicht länger als internationaler „Störenfried" oder „Bremser" zu gelten, hatte die Bundesregierung darauf verzichtet, bei den Alliierten ständig deutschlandpolitische „Initiativen" anzumahnen, sie aber aufgefordert, drei wesentliche Anliegen zu verfolgen: nämlich den Schutz West-Berlins weiter uneingeschränkt zu gewährleisten, die internationale Anerkennung der DDR zu verhindern und die Frage der Oder-Neiße-Grenze zum Thema eines späteren Friedensvertrags zu erklären.

Gegenüber der DDR wurde nun ein flexibler Kurs eingeschlagen: Erstmals gab es offizielle Kontakte zur Regierung in Pankow, zwar vorerst nur durch Briefwechsel, aber die Briefe der DDR-Regierung wurden immerhin jetzt nicht mehr wie in früheren Zeiten zurückgewiesen, sondern entgegengenommen und beantwortet. Bundeskanzler Kiesinger ließ sich sogar dazu bewegen, in seinen Antwortschreiben die Bezeichnung „Vorsitzender des Ministerrats" zu verwenden.

Die Konzessionsbereitschaft fand freilich bei der Bezeichnung „DDR" ihre Grenze. Denn die unverändert praktizierte Nichtanerkennungspolitik gestattete es nicht, die DDR offiziell als Staat zu bezeichnen. Zu einer Änderung dieser Haltung konnten sich der Bundeskanzler und die Mehrheitsfraktion nicht durchringen; folglich blieb auch das Verhältnis zwischen beiden deutschen Staaten bis zum Ende der Großen Koalition unverändert. Dies lag aber nicht zuletzt auch im Interesse Ost-Berlins, das durch Maximalforderungen – völkerrechtliche Anerkennung, Anerkennung einer eigenen DDR-Staatsbürgerschaft – ein geringes Interesse an deutsch-deutscher Entspannung signalisierte.

Als die Bundesrepublik dann Anfang 1967 diplomatische Beziehungen zu Rumänien aufnahm, waren nicht nur die Sowjets besorgt. Auch SED-Chef Ulbricht fürchtete, durch die ostpolitischen Aktivitäten aus Bonn in die Isolierung zu geraten. Um den Blockzusammenhalt gegen die Bonner Initiativen abzuschirmen, verstärkten Moskau und Ost-Berlin ihre Bemühungen, die sozialistischen Staaten auf eine gemeinsame Linie gegenüber der Bundesrepublik festzulegen. Während die Bonner Koalition allmählich von der Hallstein-Doktrin Abstand gewann, formulierte Ost-Berlin unter umgekehrten Vorzeichen nun eine eigene Art von Hallstein-Doktrin: Die Aufnahme diplomatischer Beziehungen zwischen der Bundesrepublik und den Staaten Osteuropas dürfe erst nach der völkerrechtlichen Anerkennung der DDR durch die Bundesrepublik erfolgen. Diese auch als sogenannte Ulbricht-Doktrin bezeichnete Forderung, nach der eine Normalisierung der Lage in Europa nur über die völkerrechtliche Anerkennung der DDR möglich sei, erhoben die Warschauer-Pakt-Staaten mit Ausnahme von Rumänien auf einer Konferenz in Karlsbad im April 1967.

An der von Ost-Berlin und Moskau betriebenen harten Abgrenzung gegenüber den Bonner Entspannungsinitiativen scheiterten zunächst alle Bemühungen, die Lage in Europa zu normalisieren. Mit dem Einmarsch der Truppen des Warschauer Paktes in die Tschechoslowakei im August 1968 kam die erste Phase der neuen deutschen Ostpolitik zum Stillstand.

„Sie war nicht erfolglos gewesen", urteilt der Politologe Richard Löwenthal, „sie hatte das Deutschlandbild in der Weltöffentlichkeit verwandelt, die Gefahr der Isolierung der Bundesrepublik beseitigt, die ersten Brücken zu einigen kommunistischen Ländern geschlagen und durch Verringerung der Furcht der Völker Osteuropas vor dem westdeutschen Revanchismus mitgeholfen, die Hindernisse eines inneren Wandels in einigen dieser Länder abzutragen. Doch indem sie die Furcht der ostdeutschen Führer vor ihrer eigenen Isolierung hervorrief und die Entschlossenheit der sowjetischen Führer unterschätzte, keine substantiellen Veränderungen in ihrer Machtsphäre zu dulden, war auch sie anscheinend in einer Sackgasse gelandet. Die Bundesregierung stand nun vor der Frage, welche Schlußfolgerungen sie aus diesen Erfahrungen ziehen sollte – und darauf gaben die beiden Koalitionsparteien alsbald radikal verschiedene Antworten, weil sie im Grunde schon vorher von verschiedenen Konzepten ausgegangen waren."[3]

Daß es zwischen den Koalitionsparteien unterschiedliche Konzepte auf dem Gebiet der Ost- und Deutschlandpolitik gab, lag nicht zuletzt an den führenden Sozialdemokraten wie Willy Brandt, Helmut Schmidt und Herbert Wehner, die ihre Partei als Motor einer neuen Ostpolitik zu präsentieren verstanden.

Die Konturen einer flexibleren Einstellung gegenüber Osteuropa und der DDR zeichneten sich innerhalb der SPD seit Mitte der 60er Jahre ab und fanden im März 1968 auf dem Nürnberger Parteitag einen vorläufigen Abschluß mit Willy Brandts Formel, daß die Bundesrepublik bis zu einer friedensvertraglichen Regelung „die bestehenden Grenzen in Europa, insbesondere die gegenwärtige polnische Westgrenze, zu respektieren und anzuerkennen" habe.[4] Damit waren auch die Grenzen zum christdemokratischen Koalitionspartner abgesteckt, der Brandts Parteitagsrede sogleich heftig attackierte und vom Ende der Gemeinsamkeiten sprach.[5]

Die deutlich gewordene außenpolitische Neuorientierung der Partei, von Brandt, Schmidt und Wehner nach außen vertreten, trug zu wesentlichen Teilen Egon Bahrs Handschrift. Die 1963 von ihm formulierte Formel vom „Wandel durch Annäherung", die ihre praktische Anwendung in einem Programm der „kleinen Schritte" im innerdeutschen Verhältnis fand, sollte künftig auch der Normalisierung der Beziehungen zu Osteuropa dienen.

Als im Dezember 1966 Willy Brandt Vizekanzler und Außenminister der Großen Koalition geworden war, gab Egon Bahr sein Amt als Berliner Senatssprecher auf und folgte ihm nach Bonn. Nach sechs Jahren in einer ambitiösen Doppelrolle – Pressechef und persönlich nahestehender politischer Berater Brandts – sollte er sich nunmehr allein auf die zweite Funktion konzentrieren. Willy Brandt ins Auswärtige Amt zu folgen kam Egon Bahr „irgendwie selbstverständlich" vor; es gab weder langwierige Diskussionen noch Gründe, den Wechsel von Berlin nach Bonn zu überdenken. „Als er mich eines Tages fragte, habe ich sofort ja gesagt, das war's."

Längst war zwischen beiden eine Art politischer Lebensgemeinschaft mit beiderseits uneingeschränkter Loyalität entstanden, wobei jeder die Rolle des anderen bedingungslos akzeptierte. So fand es Egon Bahr vollkommen in Ordnung, gleichsam im Hintergrund seinem „Chef" mit vorausblickender Phantasie auf zahllosen Zetteln Denk- und Formulierungshilfen anzubieten. „Aber ich hatte nie das Gefühl, daß ich ihm diene. Ich hatte immer wirklich das Gefühl, wir arbeiten beide an derselben Sache oder für dieselbe Sache." Und die gemeinsame „Sache" konnte nun von Bonn aus in anderer Position und mit anderen Mitteln ihre Fortsetzung erfahren. Der Umzug an den Rhein war damit eigentlich eine Selbstverständlichkeit. Als Botschafter „zur besonderen Verwendung", so der Amtstitel, zog Egon Bahr Anfang Dezember in Auswärtige Amt ein.

Vordenker im Auswärtigen Amt

Als Vertrauter des Außenministers sollte Egon Bahr sich vorrangig um den Aufgabenbereich Osteuropa und um die europäische Sicherheit kümmern, die politischen Entwicklungen beobachten, analysieren und Konzeptionen entwickeln. Der seit seinen Tutzinger Thesen für analytisches Denken und logisches Argumentieren bekannte Berater bekam jetzt die Chance, an der Gestaltung der Grundzüge bundesdeutscher Außenpolitik mitzuarbeiten. Dem oft entstandenen Eindruck, Egon Bahr sei emotionslos den operativen Geschäften des Amtes nachgegangen, steht sein Selbstverständnis entgegen, wonach „Außenpolitik wohl auch eine Sache der kühlen Berechnung" sei, die freilich „nicht ohne Leidenschaften zu sein braucht".[6]

Nach gut einem halben Jahr im neuen Amt absolvierte Egon Bahr seine erste Bewährungsprobe als Sonderbotschafter. Außenminister Brandt schickte ihn im Juli 1967 als Leiter der deutschen Delegation nach Prag, um dort ein Handelsabkommen sowie eine Vereinbarung über die Errichtung von Handelsmissionen mit konsularischen Befugnissen abzuschließen. Die Aufgabe, die handelspolitischen Beziehungen zu Osteuropa durch ein Abkommen mit der CSSR zu vervollständigen, wurde nach rund vierzehntägigen Verhandlungen erfolgreich abgeschlossen. Aber Bahrs Bemühungen, die Beziehungen auch auf diplomatische Vertretungen auszuweiten, scheiterte an der starren Haltung der Prager Führung, die den Bonner Emissär nachhaltig mit der Forderung nach der Ungültigkeitserklärung des „Münchner Abkommens" von 1938 konfrontierte.

Der Sonderbotschafter, der für eine aufgeschlossene, beweglichere Politik gegenüber Osteuropa warb, mußte sich zunächst damit abfinden, daß der Verhandlungsspielraum, über den sich die Koalitionsregierung nur mühsam verständigen konnte, eine Änderung der über Jahrzehnte beibehaltenen Rechtspositionen verhinderte. Der Theoretiker spürte, wie schwierig es in der Praxis war, Ostpolitik zu gestalten.

Dennoch war ein ausbaufähiger Kontakt zur Tschechoslowakei hergestellt, und Egon Bahr reiste zufrieden nach Bonn zurück. In der Bundeshauptstadt sah Egon Bahr sich nach dem ersten erfolgreichen Auslandseinsatz sogleich böswilligen Verdächtigungen von rechts ausgesetzt. Ihm wurde vorgeworfen, deutsche Interessen und Rechtspositionen aufs Spiel gesetzt zu haben, weil er bei den Verhandlungen in Prag die tschechische Bezeichnung „Deutsche Bundesrepublik" für „Bundesrepublik Deutschland" widerspruchslos akzeptiert hatte. Der Wirbel um diese Staatsbezeichnung legte sich erst, als Linguisten der Kölner Universität dem bedrängten Sonderbotschafter mit einem Gutachten zur Hilfe kamen, in dem sie nachwiesen, daß die tschechische Sprache eine Wortverbindung der beiden Substantive „Bundesrepublik" und „Deutschland" nicht erlaube.

Die Aufregung über diesen Streit hatte sich kaum gelegt, da sorgte der Sonderbotschafter einige Wochen später erneut für lebhafte Kritik; ein weiteres Mal erhitzten sich die Gemüter über die Frage der politischen Terminologie. In einer von Kurt Wessel am 4. September 1967 geleiteten Fernsehdiskussion hatte Egon Bahr die

135

Frage aufgeworfen: „Aber warum akzeptieren wir eigentlich nicht den Status quo?" Nach einer Aufforderung Wessels, diese Frage doch selbst zu beantworten, erklärte Botschafter Bahr: „Ich verstehe es nicht, daß man uns diesen Vorwurf [den Status quo nicht zu akzeptieren] macht, wir haben ihn doch akzeptiert. Wenn die Bundesregierung sagt, Gewaltverzicht, na, was ist denn das anderes?"[7] Obwohl Egon Bahr im weiteren Verlauf der Diskussion betonte, daß das Selbstbestimmungsrecht für das deutsche Volk das Ziel dieser Politik darstelle und man vom Status quo ausgehen müsse, um ihn zu überwinden, reagierte der christdemokratische Koalitionspartner sichtlich verstimmt.

Die CDU/CSU-Fraktion protestierte lautstark gegen Bahrs Äußerung, und Bundeskanzler Kiesinger kündigte einen Beschwerdebrief an Vizekanzler Brandt an, um die Mißbilligung darüber auszudrücken, daß Bahr die Ostpolitik der Bundesregierung und ihr Angebot eines Gewaltverzichtes mit der Anerkennung des Status quo gleichgesetzt hatte. „Dies ist eine unhaltbare Darlegung", ergänzte später auch der CSU-Landesgruppenchef in Bonn, Richard Stücklen, die Kritik an Bahrs Definition der Ostpolitik. Zwar wurde von CDU- und CSU-Politikern versichert, man wolle selbstverständlich den Status quo nicht mit militärischen Mitteln verändern, aber den Status quo in Europa einfach anzuerkennen, die nach 1945 geschaffenen „Realitäten" zur Kenntnis zu nehmen und sich an das Aussprechen von unliebsamen Wahrheiten zu gewöhnen, dazu konnte sich in der Mehrheitsfraktion niemand öffentlich durchringen.

Anders dagegen die SPD; Außenminister Willy Brandt hatte im Sommer 1967 bei seinem Besuch in Rumänien unmißverständlich von der „Realität" des anderen Teils Deutschlands und der dort „bestehenden Ordnung" gesprochen. Für den CDU-Bundeskanzler galt die Sprachregelung, daß die DDR lediglich ein „Gebilde" oder „Phänomen" sei – was nun wirklich „nicht sehr beeindruckend" (Brandt) war. Kiesinger im Herbst 1967 im Bundestag: „Wir anerkennen natürlich, daß sich da drüben etwas gebildet hat, ein Phänomen, mit dem ich in einen Briefwechsel getreten bin."[8]

Für Egon Bahr ist dies noch heute ein Anlaß zum Kopfschütteln. Der Streit um seine damalige Fernseh-äußerung ist für ihn nur ein zeittypischer Beleg für die wirklichkeitsfremde Einstellung und verzerrte Wahrnehmungsfähigkeit führender Unionspolitiker; sie ist ihm heute nicht einmal mehr einen Kommentar wert. Die Aufforderung des Bundeskanzlers, Brandt solle seinen Botschafter zur Zurückhaltung ermahnen, verhallte übrigens danach folgenlos im atmosphärisch ohnedies gestörten Bonner Koalitionsbetrieb.

Im November 1967 wurde Egon Bahr noch enger ins Auswärtige Amt eingebunden: Willy Brandt ernannte ihn zum Leiter des Planungsstabs im Außenministerium. Im Auswärtigen Amt an der Koblenzer Straße richtete er sich in Zimmer 341 sein Büro ein. Nachdem ihm sein Vorgänger Diehl nur einen Fachbeamten zurückgelassen hatte, mußte er ein neues Team um sich gruppieren. „Die Auswahl habe ich vorgenommen unter dem Gesichtspunkt der Erfahrung, die sie hatten, und unter dem Eindruck ihrer Loyalität. Die Parteizugehörigkeit hat überhaupt keine Rolle gespielt. Und keiner dieser Leute war Mitglied der SPD, das war auch ganz wichtig. Aber natürlich waren die skeptisch in dem Augenblick, in dem ich gesagt habe, wir wollen doch mal verschiedene außenpolitische Möglichkeiten durchprüfen; und skeptisch unter dem Gesichtspunkt, das können wir nicht, das schaffen wir nicht, dazu ist die Bundesrepublik zu schwach. Und wir haben, glaube ich, bewiesen, daß die Bundesrepublik sehr wohl etwas kann, wenn sie nur will und ihr Gewicht richtig einsetzt."

Den ihm zugeordneten Mitarbeitern empfahl Egon

Bahr: „Vergeßt, was ihr gelernt habt, fangt an zu spinnen, denkt das Undenkbare." In einer „Atmosphäre der kollegialen Zusammenarbeit" wurden mit Hilfe des zur Verfügung stehenden professionellen Apparates des Auswärtigen Amtes unterschiedliche Handlungsmodelle theoretisch durchgespielt. Zu seiner eigenen großen Verwunderung mußte Egon Bahr feststellen, „daß zum Thema Osten effektiv leere Schubladen"[9] vorhanden waren. Es fehlte nicht nur an handlungsleitenden Orientierungen, wenn man von der – freilich brüchig gewordenen – Hallstein-Doktrin absieht; auch an realistischen Konzepten, wie durch Verhandlungen mit Osteuropa ein Prozeß der Normalisierung durchzuführen sei, mangelte es. Für den Vordenker Egon Bahr war das zunächst eine deprimierende Bestandsaufnahme. Sie barg aber zugleich die Chance, unbelastet von bindenden Vorgaben ein gründliches Konzept für eine umfassende europäische Friedensordnung unter maßgeblicher Beteiligung der Bundesrepublik zu entwickeln.

Gleichsam zurückgezogen in eine Denknische des betriebsamen Auswärtigem Amtes, entwarf Egon Bahr mit seinen Mitarbeitern zahlreiche außenpolitische Szenarien. Das Ergebnis dieser Analysen und konzeptionellen Überlegungen mündete nach Egon Bahrs Worten schließlich in das ein, „was man später Ostpolitik genannt hat. Es war ein richtig durchgearbeitetes, durchgechecktes Konzept: Was sind die Interessen der Amerikaner, der Franzosen, der Engländer, der DDR, der Russen etc.? Diese Arbeit schlug sich in zwei großen Papieren nieder, die über den Staatssekretär dem Außenminister übergeben wurden und eigentlich unter der Voraussetzung erarbeitet worden waren, daß 1969 die Große Koalition fortgesetzt werden würde. Sie war aber nicht als Politik der Großen Koalition, sondern als notwendige Politik formuliert worden. Wir haben zwar nicht angenommen, daß diese Politik von der Großen Koalition umgesetzt werden würde, aber sollte sich die Fortsetzung dieser Koalition ergeben, dann hätte Brandt mit Kiesinger auch darüber reden müssen. Das hielten wir für notwendig. Dieses Gespräch hat aber nie mehr stattgefunden, sondern es ging in die Kleine Koalition, und diese Kleine Koalition war in einer Aufbruchstimmung."[10]

Die Arbeit im Planungsstab verlief „reibungslos", denn es gehört, so Egon Bahr, „zu den großen Privilegien des Planungsstabs, sich Themen auszusuchen, über die er arbeiten will, abgesehen von den Themen, die zugewiesen werden". Zu den Papieren, die vom Planungsstab ausgearbeitet wurden, zählt auch eine Studie, die Jahre später zu heftigen Auseinandersetzungen zwischen der CDU-Opposition und der Regierung führte. Während das erste Papier die Grundzüge der späteren Ostpolitik formulierte, skizzierte das zweite Papier Schlußfolgerungen für die multilaterale Phase dieser Ostpolitik.

Der Planungsstab hatte „unterschiedliche Wahrscheinlichkeiten entwickelt. Das eine hieß im Prinzip: Wir gehen direkt auf deutsche Einheit im Zusammenhang mit Abrüstung, also ein europäisches Sicherheitssystem, zu; dies wurde als unwahrscheinlich, wenngleich wünschenswert, verworfen. Die andere Möglichkeit, die in diesem Zusammenhang auch untersucht wurde, war: Gibt es die Denkbarkeit eines gesonderten deutschen Weges, d. h. Neutralität; und das wurde ebenfalls verworfen. Der dritte Ansatz war der eigentlich unangenehmste, nämlich, daß es im Prinzip so weitergeht, daß die Teilung sich vertieft, daß es ohne die beiden Staaten und ihre Verfestigung und gegenseitige Anerkennung gar nicht geht und daß es ein langer Weg wird, der über Abrüstung in Europa und die beiden Staaten führt. Das ist aber leider der wahrscheinlichste, haben wir hinzugefügt, wenngleich der am wenigsten erwünschte unter den Kriterien des Satzes in der Präambel des Grundgesetzes", resümiert Egon Bahr heute die damaligen Überlegungen. Konkret enthielt die Studie drei Modelle:

Konzeption A: Das nordatlantische Bündnis und der Warschauer Pakt bleiben als grundsätzlich antagonistische Organisationen bestehen, es findet keine institutionelle Verklammerung dieser Bündnisse statt. Gleichwohl wird versucht, zwischen den Staaten in Ost und West ein Höchstmaß an Entspannung und Abrüstungsmaßnahmen herbeizuführen.

Konzeption B: Die beiden Militärbündnissysteme bleiben bestehen, werden aber durch gemeinsame Institutionen so miteinander verklammert, daß sie schließlich ihren antagonistischen Charakter verlieren.

Konzeption C: Die Bündnisse werden aufgelöst und durch ein neues europäisches Sicherheitssystem ersetzt.

In seiner hypothetischen Konzeption C sollten dem europäischen Sicherheitssystem „außer den beiden deutschen mindestens noch die Beneluxstaaten, Polen und die CSSR angehören". In dieser „atomwaffenfreien Zone" müßten östliche und westliche Streitkräfte „gleichgewichtig" sein. Zwar sei es vorteilhaft, wenn auch Frankreich und Großbritannien diesem Sicherheitssystem beiträten, doch schätzte Bahr die Chancen hierfür gering ein, weil beide Staaten kaum bereit seien, auf ihren nuklearen Status zu verzichten. Innerhalb dieser Zone sollten weder amerikanische noch sowjetische Truppen stationiert sein dürfen. Die atomwaffenfreie Zone sei von beiden Supermächten zu garantieren. In seinem Begleitschreiben an Außenminister Brandt wertete Bahr die Konzeption C zwar „als zur Zeit nicht verwirklichbar", doch sei eine Situation denkbar, in der es der Bundesrepublik nützlich sein könnte, „einen derartigen Vorschlag zu machen".[11]

Als nüchterner Analytiker verkannte der Planungschef indes nicht, wohin voraussichtlich die Entwicklung gehen würde, nämlich zu einer Verklammerung der Bündnissysteme. Sie kam nicht nur den Interessen der Bündnispartner entgegen, sondern ließ sich auch ohne gravierende Veränderungen des gegebenen Zustands erreichen. An dieser Einschätzung hat sich auch rund zwanzig Jahre nach ihrer Formulierung im wesentlichen nichts geändert. Wenn auch Bahrs generalstabsmäßig erstellten Modelle in einer seit Mitte der fünfziger Jahre stehenden Tradition von internationalen Planspielen über die Zukunft Deutschlands und Mitteleuropas stehen und sich beispielsweise auf den amerikanischen Diplomaten George F. Kennan oder den britischen Oppositionsführer Gaitskell berufen konnten, so war doch auffallend, daß Bahrs Modelle in erster Linie die Möglichkeiten untersuchten, wie man das eigentliche Ziel der Bundesrepublik, die Wiedervereinigung, erreichen konnte. Deshalb fand der Kommentator der *Süddeutschen Zeitung* auch weniger den Neutralisierungsgedanken bemerkenswert als vielmehr die Tatsache, daß sich der Politiker Bahr „gerade als ein unentwegter Patriot zeigt, der auch auf lange Sicht den Gedanken an eine nationale Lösung der deutschen Frage nicht aufgeben will".[12]

Diese Ansicht, so zutreffend sie Bahrs Anliegen auf den Punkt brachte, traf nicht überall auf Zustimmung. Dem Politiker wurden ganz andere Motive unterstellt, als diese Studie aus dem Jahre 1968, in der versucht wurde, die deutsche Interessenlage im Rahmen einer gesamteuropäischen Sicherheit darzustellen, 1973 durch die Presse (in der Zeitschrift *Quick*) an die Öffentlichkeit kam. Sofort las die Opposition das Papier als eine „Geheimstudie zur Neutralisierung Deutschland", wertete der CDU-Parlamentarier Marx es als „auffrisierten Rapacki-Plan", war der CDU/CSU-Fraktionsvorsitzende Karl Carstens davon überzeugt, daß Bahr in Europa aus den beiden deutschen Staaten eine neutrale Zone schaffen wolle, und der CSU-Vorsitzende Franz Josef Strauß vermutete, die Realisierung von Bahrs Überlegungen würde „unweigerlich auf ein vereinigtes Sowjet-Deutschland hinauslaufen".[13]

Die Union hatte mit der „Enthüllung" dieser Planungsstabs-Arbeit und einer eher künstlich geschaffenen Aufregung versucht, den Autor als „Neutralisten" zu diffamieren – ein abwegiger Vorwurf, der noch öfter aus Unionskreisen dem Ostpolitiker Bahr entgegenschallte. Ein Gemisch aus Halbwahrheiten, Behauptungen und Verdächtigungen galt den politischen Gegnern stets als Mittel, Egon Bahr zu einem in nationalen Fragen „unsicheren Kantonisten" hinzustellen.

Ein solcher Versuch erfolgte in größerem Umfang Ende November 1968. Das CSU-Organ *Bayern-Kurier* behauptete, über Informationen zu verfügen, wonach Bahr sich in Ost-Berlin mit Mitgliedern des Zentralkomitees der SED zu Gesprächen getroffen habe. Springers *Welt am Sonntag* kam ein paar Tage später mit der Behauptung heraus, Tonbänder des konspirativen Treffens, die vom britischen Geheimdienst stammten, lägen beim Bundesnachrichtendienst. In Bonn wurde von interessierter Seite sogleich von einem „Fall von Landesverrat" geredet; der Vorsitzende der CSU-Landesgruppe, Richard Stücklen, fand es „ungeheuerlich, zu denen rüber zu gehn und im Zentralkomitee Verhandlungen zu führen". Vorsichtig ergänzte er: „Wenn es stimmt."[14]

Es stimmte nicht – und die Urheber dieser Geschichte wußten dies. Bahr, Außenminister Brandt und die zuständigen alliierten Stellen dementierten die Behauptungen, und auch amtliche Nachforschungen brachten das angebliche Tonband nicht zutage. „Fröhlich" sah Bahr einer von Karl Carstens, Staatssekretär im Bundeskanzleramt, geleiteten Untersuchung über diese Vorwürfe entgegen. In einer schriftlichen Erklärung ließ der Ministerialdirektor den Staatssekretär wissen, daß er nur einmal in dem Gebäude in Ost-Berlin gewesen sei, und zwar vor zweiundzwanzig Jahren. Damals hatte Bahr als Mitarbeiter der *Neuen Zeitung* mit dem späteren DDR-Staatspräsidenten Wilhelm Pieck ein Interview geführt; seither, seit 1946 also, hatte Bahr das Gebäude in Ost-Berlin nicht mehr betreten. In einem fünfundvierzigminütigen Gespräch, das Egon Bahr mit Bundeskanzler Kiesinger führte, wurde der „Fall Bahr" dann am 28. November ad acta gelegt. Egon Bahr wurde offiziell rehabilitiert.

Hinter dem Kesseltreiben auf den Vordenker in der Ostpolitik stand der Versuch, seinen Chef, Außenminister Willy Brandt, zu treffen. In der Kampagne wurde von Beobachtern ein von rechten Unionskreisen inszenierter Vorgriff auf den Bundestagswahlkampf gesehen; diese Kreise begannen, sich auf das „Gespann" Bahr/Brandt einzuschießen. Im letzten Jahr der Großen Koalition war nicht nur für Egon Bahr ein nahezu unerträgliches Klima entstanden, auch sein Chef Willy Brandt war der „absurden Angriffe" überdrüssig geworden: „Das Bonner Spiel, mit Berichten aus obskuren Quellen Mißtrauen zu wecken, war mehr als lästig. Diese Störungen und manche sachlich unvertretbaren Interventionen aus dem Kanzleramt ließen mich an einigen Stationen darüber nachdenken, ob es nicht besser wäre, das Amt aufzugeben. Ich blieb, denn nicht ich durfte es sein, der die Große Koalition scheitern ließ. Wir mußten bis zur Erledigung der wichtigsten Punkte des Programms ausharren."[15]

Über so wichtige Vorhaben wie die Unterzeichnung des Atomwaffensperrvertrags war in der Großen Koalition freilich keine Einigung mehr möglich; die Unionsparteien verhinderten die Bonner Unterschrift unter das internationale Vertragswerk. Die Unterzeichnung des Atomwaffensperrvertrags wurde erst im November 1969 von der sozialliberalen Koalition vollzogen.

Der Versuch der Großen Koalition, auf ost- und deutschlandpolitischem Gebiet gemeinsam neue Wege zu beschreiten, blieb nach ersten erfolgversprechenden Ansätzen stecken. Die Koalitionspartner hatten sich am Ende der Legislaturperiode in ihren Positionen deutlich auseinanderentwickelt; substantielle Fortschritte im Verhältnis zu Osteuropa und der DDR konnten nicht erreicht werden. Der Bundestagswahlkampf 1969 wurde denn auch zu weiten Teilen und in polemischer Schärfe mit ost- und deutschlandpolitischen Themen geführt. „Der Wahlkampf war von Kiesinger und der CDU/CSU weitgehend mit den traditionellen Argumenten der Adenauer-Zeit gegen Brandts Versuch geführt worden, Entspannung und Kontakt auf der Grundlage des Status quo zu suchen, und SPD und FDP waren in die Abwehr dieses Rückfalls in die Vergangenheit getrieben worden", urteilt Richard Löwenthal.

Die FDP, die sich seit ihrem Parteitag 1967 unter ihrem neuen Vorsitzenden Walter Scheel zu einer linksliberalen Partei mit einem aufgeschlossenen deutschlandpolitischen Profil entwickelt hatte, strebte, je näher der Wahltag kam, auf ein sozialliberales Bündnis zu.[16] Während die FDP einerseits von der Union als „Anerkennungspartei" bezeichnet wurde, wollte der einflußreiche SPD-Parlamentarier Herbert Wehner andererseits das politische Schicksal der SPD nicht mit der „Pendlerpartei" verknüpfen. Doch sowohl in der SPD als auch in der FDP hatten sich längst die Befürworter einer sozialliberalen Koalition durchgesetzt; zu ihnen gehörte auch Egon Bahr.

Für ihn gab es „keinen Zweifel am Willen zur Koalition mit der FDP nach dem geführten Wahlkampf und nach dem, wie sich die Dinge zwischen Kanzler und Vizekanzler entwickelt hatten. Ich glaube, wenn man so sagen darf, aus der Sicht Kiesingers war es eben ein Fehler, einen Wahlkampf geführt zu haben, der allein auf die

144

absolute Majorität gerichtet war. Er hatte sich innerlich von dem Partner gelöst und hatte einen Wahlkampf geführt mit der erklärten Absicht, seinen bisherigen Koalitionspartner in die Opposition zu verweisen. Brandt ist in der Koalition geblieben, obwohl es ihm manchmal schwer genug fiel, und er war innerlich entschlossen, mit der FDP zusammen eine Koalition zu bilden, wenn dies zahlenmäßig möglich war. Sie können sich vielleicht erinnern, daß es vor der Wahl eine sehr beachtete große Fernsehdiskussion der Parteivorsitzenden gegeben hat, wo jedermann klar war, SPD und FDP würden es zusammen machen, wenn es zahlenmäßig ginge. Unter diesem Vorzeichen ist gewählt worden. Als die FDP einen auf den Deckel bekam und die SPD auch nicht so gut abschnitt, wie wir gedacht hatten, war eigentlich der einzige, der die Nerven behielt und gesagt hat, wir werden es probieren, der SPD-Vorsitzende, der dann auf den anderen Vorsitzenden, Herrn Scheel, zuging und sagte, ‚Warum nicht?'"[17]

Was viele politische Beobachter kaum für möglich gehalten hatten, trat ein: Noch in der Wahlnacht des 28. September 1969 verständigten sich die Parteivorsitzenden von SPD und FDP auf die Bildung einer sozialliberalen Koalition. Damit waren zugleich die Würfel für den Beginn einer neuen Ostpolitik gefallen. Und ebenso rasch wie die Koalition beschlossen wurde – eine „Wahnsinnstat", staunte selbst Horst Ehmke[18] –, gelang auch nach nur siebzehn Tagen die Bildung der Regierung, die dann am 28. Oktober ihre erste Regierungserklärung abgab. Sowohl inhaltlich wie personell hatten sich die beiden Verhandlungsdelegationen auf eine Koalitionsabsprache einigen können; einen sogenannten Koalitionsvertrag schlossen SPD und FDP nicht ab, man begnügte sich mit einem gemeinsam formulierten Protokoll.

Was die ost- und deutschlandpolitischen Ziele betraf, so bekundete die Koalition die Bereitschaft, die im Sommer 1968 unterbrochenen Gespräche mit der Sowjetunion über einen Gewaltverzicht wiederaufzunehmen sowie Verhandlungen mit allen osteuropäischen Staaten und der DDR über eine Normalisierung der Beziehungen zu führen. Als Zeichen des guten Willens gegenüber den östlichen Staaten wurde zudem die Unterzeichnung des Atomwaffensperrvertrags angekündigt: Vier Wochen nach ihrem Amtsantritt lieferte die Regierung Brandt/Scheel mit der Unterschrift unter den Nichtverbreitungsvertrag einen ersten Beweis ihrer Entspannungsbereitschaft.

Staatssekretär im Bundeskanzleramt

Zwischen den Koalitionsparteien gab es keine langen Diskussionen über die personelle Besetzung der wichtigen Positionen im Kabinett. Der bisherige Sonderbotschafter und Chef des Planungsstabs im Auswärtigen Amt, Ministerialdirektor Egon Bahr, folgte Willy Brandt nun als beamteter Staatssekretär ins Bundeskanzleramt und sollte vor allem für die Sondierungen mit der Sowjetunion zuständig sein. Ferner war ausgemacht, daß der FDP-Vorsitzende und Außenminister Walter Scheel erst dann nach Moskau reisen sollte, wenn das Stadium der Vorgespräche abgeschlossen sein würde und es zu konkreten Vertragsverhandlungen kommen sollte.

Da Ziele und Methoden der Ost- und Deutschlandpolitik beider Parteien nahezu deckungsgleich waren, ergaben sich auch keine Schwierigkeiten, dieses Thema in der Regierungserklärung sehr konkret vorzustellen. Die Regierungserklärung des Bundeskanzlers betonte zwar die Kontinuität zu früheren ostpolitischen Bemühungen, akzentuierte aber zugleich die Weiterentwicklung bestimmter außenpolitischer Elemente. Neben der Bereitschaft zu Verhandlungen mit der Sowjetunion und Polen bot Bundeskanzler Brandt der DDR „Verhandlungen beiderseits ohne Diskriminierung" an, die „zu vertraglich vereinbarter Zusammenarbeit führen sollen". Allerdings schloß er eine völkerrechtliche Anerkennung der DDR durch die Bundesrepublik unmißverständlich aus; da die zwei deutschen Staaten „füreinander nicht Ausland" seien, können ihre Beziehungen „nur von besonderer Art sein". Mit dieser Formulierung und der Definition von „zwei Staaten in Deutschland" wurde nicht nur die seit langem bestehende Staatlichkeit der DDR offiziell zur Kenntnis genommen; die Formel war auch eine „bewußt" gewählte Konzession, um ein deutliches Signal in Richtung Osteuropa abzugeben.

Zwar hatte die Arbeit am außenpolitischen Teil der Regierungserklärung fast „nur Minuten" (Bahr) in Anspruch genommen, doch gab es zwischen den Koalitionsunterhändlern einige Meinungsverschiedenheiten darüber, „ob der Satz, der die Staatlichkeit der DDR anerkannte, in die erste Regierungserklärung eingearbeitet werden sollte oder nicht. Ich war dagegen. Nachträglich weiß ich, daß Brandt und Scheel recht hatten: Denn gerade diese Wendung hat im Osten tiefen Eindruck gemacht, weil sie unseren Ernst annoncierte und dazu führte, daß die Russen zum ersten Mal der Meinung waren, es könne sich lohnen, ernsthaft mit diesen Burschen zu reden und festzustellen, was die sich eigentlich wirklich vorstellen."[19]

Die neue Bundesregierung löste sich zwar nicht völlig von dem traditionellen Wiedervereinigungskonzept – das Wort Wiedervereinigung kam in Brandts Regierungserklärung nicht vor –, doch sprach sie nunmehr von der unteilbaren Nation der Deutschen. Da eine gesamtstaatliche Einheit in absehbarem Zeitraum als nicht wiederherstellbar angesehen wurde, sollten sich wenigstens beide Teile nicht weiter auseinanderentwickeln. Die Nation wurde nun zum zentralen Begriff der neuen Deutschlandpolitik. Brandt betonte in seiner Regierungserklärung: „Zwanzig Jahre nach Gründung der Bundesrepublik Deutschland und der DDR müssen wir ein weiteres Auseinanderleben der deutschen Nation verhindern, also versuchen, über ein geregeltes Nebeneinander zu einem Miteinander zu kommen." Aus ihrem Verständnis von der Existenz zweier Staaten in Deutschland zog die Regierung auch eine logische Konsequenz: Sie benannte das „Ministerium für gesamtdeutsche Fragen" um in „Ministerium für innerdeutsche Beziehungen".

Für das umfassende ost- und deutschlandpolitische Programm der sozialliberalen Regierung war der siebenundvierzigjährige Staatssekretär im Palais Schaumburg bestens vorbereitet. Bei seinem Abschied aus dem Auswärtigen Amt, so erinnert sich Egon Bahr, wünschte ihm Staatssekretär Ferdinand Duckwitz vor der Direktorenrunde viel Erfolg: „So, wir setzen Sie jetzt hinter den feindlichen Linien, im Kanzleramt, ab!" Jetzt mußte sich zeigen, wie realistisch die modellhaften Planspiele angelegt waren; wertvolle Zeit war jedenfalls gewonnen.

Deshalb gestattete die rund neunmonatige intensive Vorbereitung im Planungsstab des Auswärtigen Amtes auf die künftigen Gesprächsthemen mit Moskau, Warschau und Ost-Berlin auch eine zügige Kontaktaufnahme. So konnte Egon Bahr auf erste Richtlinien für Sondierungen mit der Sowjetunion zurückgreifen, die im Planungsstab Ende 1968 formuliert worden waren. Selbst detaillierte Entwürfe für ein Gewaltverzichtsabkommen lagen bereits in den Schubläden. „Wir waren eben auf alle Variationen und Eventualitäten gut vorbereitet", erinnert sich Egon Bahr.

In der gründlichen Vorbereitung war auch die Reihenfolge der östlichen Verhandlungspartner bedacht worden. Jeder Versuch der Umgehung Moskaus oder gar das

Ausspielen der kleineren sozialistischen Staaten gegen die Sowjetunion mußte in die Sackgasse führen. Diese Einsicht hatte das Team im Auswärtigen Amt aus den gescheiterten Bemühungen des früheren Außenministers Gerhard Schröder (CDU) gewonnen, der über die Errichtung von Handelsmissionen in einigen Ostblockländern, vorbei an Moskau und der DDR, diplomatisches Terrain gewinnen wollte. „Zu dem ehrlichen Versuch der Verständigung", wie es in Brandts Regierungserklärung hieß, gehörte daher nach Meinung Egon Bahrs nun auch die Einsicht, „daß es eine Illusion wäre, Ostpolitik an der Führungsmacht Sowjetunion vorbei treiben zu wollen".[20]

Der Ansatz, die Normalisierung der Beziehungen zum Osten in Moskau zu beginnen, ließ sich nicht nur mit der Rolle der Supermacht und ihrer Führungsrolle im Warschauer Pakt begründen; ganz wichtig war zudem der Status der Sowjetunion als einer der vier Mächte, die für Deutschland als Ganzes immer noch verantwortlich sind. Wünsche anderer Ostblockstaaten, so der Tschechoslowakei oder Polen, sofort Gespräche mit Bonn aufzunehmen, mußten aufgeschoben werden. „Die Polen hätten es wohl gern gesehen, wenn man den Vertrag mit ihnen zuerst hätte schließen können, doch sie wußten, daß sie der Führungsmacht den inhaltlichen und zeitlichen Vorrang zu lassen hatten", bedauerte Willy Brandt, der es sehr „begrüßt" hätte, „wenn es möglich gewesen wäre, den deutsch-polnischen Vertrag zeitlich vorzuziehen".[21]

Die Sondierungsgespräche mit der Sowjetunion zu eröffnen bedeutete aber auch die Chance, einige Schlüsselfragen, welche die Regelung des Berlinproblems, des Verhältnisses zur DDR und der Beziehungen zu Polen betrafen, im direkten Gespräch in Moskau richtungweisend zu klären. In dieser Absicht setzte sich die Bundesregierung zugleich unter Erfolgszwang, denn ein Mißerfolg in Moskau hätte auch die Verhandlungsbereitschaft der anderen osteuropäischen Länder auf Null reduziert. Der Schlüssel zum Erfolg der gesamten Ost- und Deutschlandpolitik lag in Moskau.

Für die Sowjetunion gab es die Notwendigkeit, mit Bonn zu verhandeln, wenn sie ihr langjähriges Anliegen, eine Europäische Sicherheitskonferenz, realisiert sehen wollte. Denn noch vor Beginn der eigentlichen Sondierungen in Moskau hatte eine Nato-Tagung Anfang Dezember 1969 in Brüssel nicht nur der Bundesregierung ihre Unterstützung zugesagt, sondern auch die Einberufung einer Europäischen Sicherheitskonferenz von einem erfolgreichen Verlauf der deutsch-sowjetischen Gespräche abhängig gemacht. Der Warschauer Pakt signalisierte umgehend seine Zustimmung zu bilateralen Verhandlungen mit der Bundesrepublik vor einer Sicherheitskonferenz und verzichtete auf die Forderung, vor Verhandlungsbeginn müsse die DDR völkerrechtlich anerkannt werden. In diesem Punkt mußte die DDR nachgeben; es war nur bei der Formel von einer „Anerkennung der Existenz der DDR" geblieben.

Damit war auch sichtbar geworden, daß die sowjetische Führung nicht länger bereit war, alle Forderungen Ost-Berlins uneingeschränkt zu unterstützen, wenn diese einem Gespräch mit der neuen Bonner Regierung im Wege standen. DDR-Regierungschef Walter Ulbricht stieß in Moskau offensichtlich auf taube Ohren, als er warnte, daß die neue Koalition nur die bisherige „aggressive und revanchistische Politik" fortsetze.

Wie sehr die SED-Führung fürchtete, daß die Bundesrepublik ihr Arrangement mit Moskau und anderen Ostblockstaaten auf Kosten der DDR betreiben könnte, wurde dann im Verlauf der Verhandlungen mehrfach spürbar. Die DDR reagierte nervös auf die sowjetische Öffnung nach Westen – und hatte doch nach der offiziellen Kontaktaufnahme zwischen Bonn und Moskau zunächst keinen Anlaß zum Pessimismus. Denn die in

Bonn vorliegenden Informationen aus Moskau, darunter eine Note vom 12. September 1969, ließen den Schluß zu, daß die Sowjetunion nach wie vor an ihren Grundsatzforderungen festzuhalten gewillt war.

Der Bundestag debattierte noch über die Regierungserklärung der sozialliberalen Koalition, da ergriff am 30. Oktober 1969 der Außenminister bereits die Initiative: Scheel erörterte im Auswärtigen Amt mit dem sowjetischen Botschafter Zarapkin Fragen des Atomwaffensperrvertrags und erkundete die sowjetische Bereitschaft zum Austausch von Gewaltverzichtserklärungen. Zugleich ließ er Zarapkin wissen, daß die Bundesregierung die Wiederaufnahme der Gespräche mit Moskau wünsche und zu diesem Zweck den deutschen Botschafter in Moskau, Helmut Allardt, mit der Gesprächsführung beauftragen werde. Zarapkin vermittelte dem Außenminister einen positiven Eindruck auf dessen Vorschläge, so daß Scheel knapp vierzehn Tage später öffentlich bekanntgeben konnte, die Bundesregierung stehe „vor der Eröffnung von Verhandlungen in Moskau".

In diesem Zusammenhang drückte der Außenminister auch die Erwartung aus, daß gleichzeitig mit den deutsch-sowjetischen Gesprächen die sich anbahnenden Berlin-Verhandlungen der Sowjetunion mit den drei westlichen Alliierten stattfinden sollten. Damit wurde in Umrissen das später so bezeichnete „Berlin-Junktim" angesprochen, demzufolge eine Vertragsunterzeichnung in Moskau nur nach gleichzeitiger Regelung des Berlinproblems zu erwarten sei.

Ferner hatte Bonn den Sowjets zu verstehen gegeben, daß man mit dem Zustandekommen einer Europäischen Sicherheitskonferenz erst dann rechnen könne, wenn vorher auch das innerdeutsche Verhältnis und die Zukunft Berlins vertraglich geregelt seien. In enger Absprache mit den westlichen Verbündeten hatte die Bonner Koalition eine Reihe von inhaltlichen und zeitlichen Verknüpfungen konstruiert, die aus den einzelnen Verhandlungsangeboten mit osteuropäischen Ländern einschließlich der DDR ein zusammengeschnürtes Vertragspaket ergaben. „Die Problematik dieser Einschränkungen erklärt die ungewöhnliche Rolle, die ‚Junktims' und Absichtserklärungen in den Verhandlungen der folgenden Jahre spielten; daß die Sicherung der geplanten Reihenfolge in allen Punkten gelang, war eine der schwierigsten und wichtigsten Leistungen der Bonner Diplomatie", würdigt Richard Löwenthal den Verhandlungsverlauf.[22]

Entsprechend einer Ankündigung Scheels überreichte der Bonner Botschafter Allardt am 15. November im Moskauer Außenministerium eine kurze schriftliche Mitteilung, die eine Zusage zur Aufnahme von Verhandlungen über einen Gewaltverzicht enthielt und der Sowjetunion den 8. Dezember als Gesprächsbeginn vorschlug. Einen Tag vor dem von deutscher Seite vorgeschlagenen Termin erschien Moskaus Botschafter am Rhein im Auswärtigen Amt und überreichte Staatssekretär Duckwitz die offizielle Antwortnote seiner Regierung; das Gespräch zwischen Bonn und Moskau konnte am folgenden Tag beginnen.

Am 8. Dezember traf Bonns Botschafter Allardt im achten Stock des sowjetischen Außenministeriums am Smolensker Platz im Konferenzzimmer mit Außenminister Gromyko zusammen. Die äußeren Verhandlungsbedingungen ließen, wie sich Allardt erinnert, nicht zu wünschen übrig: „Gemessen an der spartanischen Einrichtung russischer Büros hatte man diesen Raum – groß genug für fünf Teilnehmer auf jeder Seite des Tisches – einladend freundlich gestimmt. Das Fenster war mit Grünpflanzen und Kakteen geschmückt, mir gegenüber hing ein ebenso hübsches wie sinniges Ölgemälde – erste Tauwetter- und Frühlingsspuren im Winterwald. Mineralwasser, Tee, Kaffee, Plätzchen sorgten dafür, daß die Diskussionen nicht wegen Ernährungsproblemen unterbrochen werden mußten."[23]

Aber zu solchen Unterbrechungen kam es schon deshalb nicht, weil es zwischen den beiden Verhandlungsdelegationen kaum Diskussionen gab. Sowohl bei diesem ersten Treffen als auch bei zwei weiteren am 11. und 23. Dezember wurden zunächst reine Verfahrensfragen und die Reihenfolge der zu behandelnden Probleme erörtert sowie die jeweiligen Grundsatzpositionen vorgestellt; regelrechte Verhandlungen fanden nicht statt. Gleichwohl zeigte sich bei diesen ersten Begegnungen, daß die Sowjetunion durch Präsentation ihrer Maximalforderungen testen wollte, wie weit der deutsche Verhandlungsspielraum reichte.

Der sowjetische Verhandlungskatalog stimmte die deutsche Delegation wenig optimistisch: Anerkennung des territorialen Status quo im Sinne der Unveränderlichkeit der in Europa bestehenden Grenzen, völkerrechtliche Anerkennung der DDR, Verzicht auf den deutschen Wiedervereinigungsanspruch, Trennung West-Berlins von der Bundesrepublik sowie Ungültigkeitserklärung des Münchner Abkommens. Das war für die deutsche Verhandlungsdelegation unannehmbar, und Botschafter Allardt wies Gromyko darauf hin, daß man nicht zusammengekommen sei, um nur über Probleme zu diskutieren, die der Sowjetunion als verhandlungsfähig erschienen. „Deswegen", so Allardt, „schien es mir richtig, der Gegenseite frühzeitig klarzumachen, daß keine Chance besteht, mit uns nach der Devise zu pokern: ‚What's ours, is ours, what's yours, is negotiable.'"[24]

Nach diesem ersten Abtasten der gegenseitigen Positionen war die erste Runde der deutsch-sowjetischen Sondierungen abgeschlossen, und der deutsche Botschafter reiste nach Bonn zurück. „Meine telegrafische und mündliche Berichterstattung über die je zwei- bis dreistündigen Unterredungen mit dem sowjetischen Außen-

minister und meine Vorschläge wurden vom Bundes-
außenminister und vom Bundeskanzler mit Interesse,
von Minister Ehmke und Staatssekretär Bahr dagegen
mit auffälligem Schweigen quittiert", berichtet Allardt in
seinen Memoiren.[25] Auch Bundeskanzler Brandt war wie
Egon Bahr zum Jahresende 1969 nach den Berichten
Allardts zunächst irritiert und wußte nicht recht, „wie
man vorankommen könnte".[26]

Unterdessen wurde in Bonn hinter vorgehaltener
Hand gemunkelt, daß der Botschafter wohl bei seiner
Mission überfordert, nicht mit dem notwendigen Engagement bei der Sache und in seinem weisungsgebunde-
nen Denken wohl nicht zu flexibler Verhandlungsführung geeignet sei. Allardt, der sich über seine Ernennung
zum Botschafter in Moskau Ende 1967 „überrascht" gezeigt hatte, weil er „kein Fachmann für Ostfragen" war,
mußte auch einräumen, daß ihm „die besonderen Probleme des europäischen Ostens zwar bekannt, aber nicht
näher vertraut" waren.[27] Auch wenn er sich seit seinem
Amtsantritt im Frühjahr 1968 in Moskau eingearbeitet
hatte, schien er der Regierungskoalition für die Durchführung der wichtigen Verhandlungen nicht länger der
geeignete Mann zu sein.

Aber auch protokollarische Gründe sprachen dafür, die
Leitung der Verhandlungen in andere Hände zu legen:
Dem sowjetischen Außenminister saß „nur" ein Bot-
schafter gegenüber, während man den Polen bereits den
Staatssekretär Duckwitz als Unterhändler genannt hatte.
Also wollte Bonn nach den ersten Sondierungen nun
einen höherrangigen Gesprächspartner nach Moskau
entsenden. Für diese Aufgabe kam eigentlich nur der
Staatssekretär im Bundeskanzleramt und ehemalige Pla-
nungschef im Auswärtigen Amt in Betracht: Egon Bahr.

Das sah auch Außenminister Scheel so, der weder
seinen Staatssekretär Günther Hartkort, einen EWG-
Spezialisten, noch Ralf Dahrendorf, den Parlamentari-

schen Staatssekretär, nach Moskau entsenden wollte. So einigten sich der Bundeskanzler und der Außenminister rasch, Egon Bahr mit der Fortführung der Moskauer Gespräche zu beauftragen.

Nach einer koalitionsinternen Absprache sollte Scheel die Regierungsmitglieder offiziell über Bahrs Verhandlungsauftrag informieren; da er aber in der dafür vorgesehenen Kabinettsrunde fehlte, entstand in der Öffentlichkeit der Eindruck, Kanzler Brandt habe im Alleingang den Staatssekretär in die sowjetische Hauptstadt abkommandiert. Egon Bahr kann sich an diese Absprache seiner Nominierung zwischen Brandt und Scheel zwar nicht mehr erinnern, versichert aber, daß der Vorschlag zuerst von Scheel gekommen sei.

Am 23. Januar 1970 informierte Außenminister Scheel per Telegramm Botschafter Allardt über die Entsendung Bahrs, der das nächste Gespräch mit Gromyko führen sollte. Zugleich versicherte er dem Botschafter: „Nach dieser Zwischenphase... würde die Delegationsleitung wieder von Ihnen übernommen werden. Selbstverständlich nehmen Sie auch an den Gesprächen von Staatssekretär Bahr teil."[28] Allardt war weniger von der Tatsache überrascht, daß ein Staatssekretär die Gesprächsführung übernehmen sollte, als vielmehr vom Zeitpunkt: „Mit der Betrauung des amtlich wie persönlich dem Bundeskanzler als Berater am nächsten stehenden Staatssekretärs wurde deutlich gemacht, daß wir nicht mehr vorhatten zu sondieren, sondern daß wir möglichst rasch zu einem Vertrag kommen wollten."[29]

Da irrte der Botschafter, denn es kam zunächst darauf an, mit den Sondierungen zügig voranzukommen. Egon Bahr, der Verständnis für den „frustrierten" Diplomaten aufbringt, weil dieser nun das eigentlich „Interessante" nicht selber machen durfte, nennt einen triftigen Grund für seine Entsendung: „Es war auch so, daß Botschafter Allardt eben gar nicht in der Lage war, mit Herrn Gromyko zu reden. Er konnte eine Weisung ausführen und die vorlesen, und wenn Herr Gromyko ihm dann geantwortet hat, dann hat er gesagt: ‚Ich muß nach Hause berichten.' Und das ging vier Wochen so. Das heißt, es hätte noch Jahre so gehen können. Das war der Punkt, wo wir gesagt haben, so kann das nicht weitergehen. Ein weiterer Punkt: Er stand dem, was wir im Planungsstab gedacht hatten, ganz fern, das war ganz fremd für ihn."

Das mangelnde diplomatische Geschick des Botschafters illustriert Egon Bahr heute noch gern mit einer Episode, die sich während der späteren Verhandlungen zugetragen hat: „Eines Tages saß uns Herr Semjonow gegenüber, neben Herrn Gromyko und Herrn Falin. Meine Vermutung, die sich bald bestätigte, war, Herr Semjonow sollte diesem Mann aus Bonn mal auf den Zahn fühlen und sein eigenes Urteil abgeben. Nach der Sitzung frage ich Herrn Allardt: ‚Was macht Herr Semjonow eigentlich?' Allardt: ‚Das weiß ich nicht.' Na, sage ich, das muß doch rauszukriegen sein, wo der jetzt arbeitet. Allardt: ‚Bei diesem System hier, das ist ein Geheimnis, das werden Sie nie herausfinden, das kann man auch nicht rauskriegen.' Ein paar Tage später hatten wir in der Botschaft einen Empfang, da kam dann auch Herr Semjonow. Und ich bin auf ihn zugegangen und habe ihn gefragt: ‚Was machen Sie eigentlich?' Da antwortete Semjonow sofort: ‚Ich bin Leiter des Planungsstabes.'"

Sondierungen in Moskau

Nach dem formellen Kabinettsbeschluß über die Entsendung Bahrs war dem Botschafter die Ankunft des Staatssekretärs am 28. Januar mitgeteilt worden. Zusammen mit seinem früheren Mitarbeiter aus dem Planungsstab, dem Ministerialdirigenten Carl-Werner Sanne, und Legationsrat von Treskow, Völkerrechtsexperte im Auswärtigen Amt, sowie einer Sekretärin traf Egon Bahr am 28. Januar im winterlichen Moskau ein. Auf dem Flughafen Scheremetjewo waren aus diesem Anlaß nur der Botschafter und einige Journalisten erschienen. „Vom sowjetischen Protokoll war nichts zu sehen", erinnert sich Egon Bahr. „Dies wurde später als ein Irrtum erklärt."

Die deutsche Delegation wurde in dem Wolkenkratzerhotel Ukraina untergebracht und bezog im sechsundzwanzigsten Stockwerk eine kleine Suite: Flur, Arbeitsraum, Schlafzimmer, Bad. Die Einrichtung beschreibt Egon Bahr mit „zeitlosem Stil", die Wände waren dekoriert mit Landschaftsbildern – Bahr: „nichts Bemerkenswertes" –, im Arbeitszimmer stand ein kleines Fernsehgerät, und in den übrigen Räumen konnte über Lautsprecher Radio Moskau empfangen werden – „von der Morgengymnastik bis zum Abendprogramm – meistens gute Musik". Frühstück, Getränke oder belegte Brote wurden in einem schlichten Büfettraum im neunten Stock serviert. „Nur an dem Tag, als die Zeitungen *Prawda* und *Iswestija* erstmals von meiner Anwesenheit berichteten, erschien eine Angestellte unseres Hotels an der Tür und fragte, ob ich Tee haben wollte. Ich empfand das als besondere Auszeichnung", erinnert sich Egon Bahr amüsiert.[30]

Als der Staatssekretär am nächsten Morgen vor die Tür des Hotels trat, mußte er feststellen, daß er den russischen Winter unterschätzt hatte. Bei minus achtundzwanzig Grad und „scharfem Wind" froren ihm kräftig die Ohren. Und „mit dem Schal um den Kopf (froh, daß kein Fotograf zu sehen ist)" machte sich Egon Bahr, der russischen Sprache unkundig, sogleich auf die Suche nach einer der Jahreszeit entsprechenden Kopfbedeckung. „Als ich die Läden abklappere, wo es Pelzmützen

157

geben soll, gerate ich von einem Kolonialwarenladen in eine Post, von einem Geschäft für Schreibutensilien zu einem Damenfriseur und ernte entrüstete Blicke, gewinne aber dafür die Erfahrung, wie das Parfüm ‚Roter Oktober' duftet.“

Erfolgreicher ist dann aber seine langjährige Sekretärin, Frau Kirsch, die schließlich im Valutaladen des Hotels ‚Rossija' eine schwarze Fellmütze, eine *schapka*, erwirbt – aus Kaninchenfell. „Es ist kühl geworden“, kommentiert Bahr humorvoll diese Anschaffung, „und ich kann es mir nicht noch leisten, daß mir der Verstand einfriert.“[31]

Den ersten Arbeitstag in Moskau verbringt die deutsche Delegation in der Bonner Botschaft. Dort wird die Marschroute für das kommende Gespräch mit Gromyko erörtert. Einen Tag später, am 30. Januar, fährt Egon Bahr in der schwarzen Botschafter-Limousine pünktlich um zehn Uhr am sowjetischen Außenministerium vor.

Das Thermometer registriert mit minus achtunddreißig Grad Celsius den kältesten Tag des Jahres in der sowjetischen Hauptstadt, als Brandts Abgesandter damit beginnt, das frostige deutsch-sowjetische Verhältnis aufzutauen und im Gespräch mit Gromyko die Möglichkeiten zu konkreten Verhandlungen zu sondieren.

Beim Eintritt in den Konferenzraum im achten Stock begrüßt Hausherr Gromyko die Delegation auf deutsch mit „Guten Tag“. Die deutsche Teilnehmerrunde setzt sich zusammen aus Bahr, dessen Stellvertreter Allardt, den Botschaftsräten Rudolf Wolff und Joachim Peckert sowie Ministerialdirigent Sanne aus dem Bundeskanzleramt. Auf sowjetischer Seite sitzen neben Außenminister Gromyko und dessen Stellvertreter Falin, Leiter der Dritten Europäischen Abteilung des sowjetischen Außenministeriums, auch noch Falins Stellvertreter

Tokowinin sowie Kraschenikow, ein weiterer Referent für Deutschlandfragen.

Bei dieser ersten Zusammenkunft legte Gromyko den Deutschen in aller Breite einen achtzehn Punkte umfassenden Katalog vor, der über ein reines Gewaltverzichtsabkommen hinausging. Die Forderungen der Sowjets, die in den Gesprächen mit Allardt bereits angesprochen worden waren, liefen nicht nur auf eine Anerkennung des Status quo in Europa hinaus, sie beinhalteten auch die völkerrechtliche Anerkennung der DDR und ihrer Grenzen, der Oder-Neiße-Grenze und der Westgrenze der Tschechoslowakei. Ferner erklärte Gromyko, daß die Sowjetunion nur dann mit der Bundesrepublik einen Gewaltverzichtsvertrag abschließen werde, wenn diese vorher die DDR völkerrechtlich anerkenne. Und der Außenminister legte im Verlauf seiner Darlegungen die Latte immer höher: Der westdeutsche Anspruch auf Wiedervereinigung müsse endgültig aufgegeben, Berlin als selbständige politische Einheit anerkannt und die Bindungen der Stadt zur Bundesrepublik abgebaut werden. In wenig konziliantem Ton ließ der dienstälteste Außenminister der Welt den deutschen Unterhändler Bahr wissen: Wer die Realitäten anerkenne, mache damit keine Zugeständnisse. Zwar versicherte Gromyko, daß sein Land an einer Normalisierung der Beziehungen zur Bundesrepublik interessiert sei, aber außer einer langen Liste wohlbekannter Standpunkte vermochte er der deutschen Delegation nichts anzubieten.

Egon Bahr wies in der ersten, insgesamt sechsstündigen Unterredung darauf hin, daß es eine Normalisierung der Lage in Europa nicht ohne eine befriedigende Lösung der Berlinfrage geben werde; Berlin dürfe nicht eine Insel des kalten Krieges bleiben. Auf die sowjetische Vorstellung, daß ein Gewaltverzicht gleichbedeutend mit Grenzfestschreibung sei, entgegnete Bahr, daß Gewaltverzicht die territoriale Integrität einschließe und somit ein Ge-

159

waltverzichtsvertrag auch als Grenzvertrag interpretiert werden könne. Hinsichtlich der DDR erinnerte Bahr an die Regierungserklärung, daß die Bundesrepublik zwar die DDR als Staat respektieren, nicht aber völkerrechtlich anerkennen könne.

Insgesamt nutzte Egon Bahr diese erste Gelegenheit zum Meinungsaustausch dazu, der sowjetischen Seite das gesamte Konzept der Bonner Regierung zum Thema Ostpolitik zu erläutern und alle Gesichtspunkte der deutsch-sowjetischen Beziehungen zumindest anzusprechen. Der Auftakt der Gespräche vermittelte allerdings der deutschen Delegation den Eindruck, daß der Außenminister der Weltmacht zwar auf allen Feldern der auswärtigen Politik seines Landes über den notwendigen Kenntnisstand verfügte, ihm aber mit Egon Bahr ein Mann gegenübersaß, der sich allein auf das Gebiet der deutschen Ostpolitik konzentriert hatte, über sämtliche Details dieser schwierigen Materie Bescheid wußte und dem „wirklich bis in die letzte Falte des Ackers jede Krume" vertraut war.[32] Deshalb war Egon Bahr auch davon ausgegangen, „daß man in zwei bis drei gründlichen Gesprächen feststellen können muß, ob es geht oder ob es nicht geht, ob das Konzept funktioniert oder ob es nicht funktioniert".[33]

Bei Beginn der Sondierungen war jedoch auf sowjetischer Seite noch ein tiefsitzendes Mißtrauen gegenüber der Bundesrepublik spürbar gewesen, ein Durchbruch nach zwei oder drei Sitzungen mithin kaum zu erwarten. Egon Bahr war nach dieser Sitzung zunächst skeptisch: „Das Gespräch wurde von sowjetischer Seite sehr viel gründlicher geführt, als ich angenommen hatte, nämlich weil nicht klar war, ob die Russen überhaupt bereit waren, über eine prinzipielle Veränderung unseres Verhältnisses zu sprechen."[34]

Daneben ließ noch eine andere Beobachtung Bahrs eine längere Sondierungsphase ratsam erscheinen: „Ich stellte fest, daß man sich erklären mußte, was mit Vokabeln für ein Sinn gemeint war ... Es gab Inhaltsvokabeln. Was ist zum Beispiel zu verstehen unter der Frage, daß wir die DDR als Staat akzeptieren, aber völkerrechtlich nicht anerkennen? Dies ist schon für Deutsche sehr schwer, wieviel mehr denn für Russen."[35]

Teilweise fühlte sich Egon Bahr wie in einem Universitätsseminar für Völkerrecht; die Vorbereitungen bei den Sowjets erschienen ihm manchmal nicht ausreichend. Bei dem zweiten Gespräch am 3. Februar, an dem zum ersten Mal auch der Deutschlandexperte Semjonow teilnahm, bemühten sich beide Delegationen, wichtige und zugleich umstrittene Themen einzugrenzen. Im Mittelpunkt des knapp dreistündigen Gespräches stand die von Gromyko verlangte Anerkennung der Unveränderbarkeit der in Europa nach 1945 bestehenden Grenzen. Die Bundesrepublik sollte nicht nur deren Unverletzlichkeit in einem Vertrag festschreiben, sondern auch den Verzicht, die Grenzen verändern zu wollen.

Egon Bahr versuchte sowohl durch semantische Erläuterungen als auch durch Hinweise auf bestehende Rechtspositionen den sowjetischen Außenminister davon zu überzeugen, daß die zu findende Formel zwar die Unantastbarkeit der Grenzen beinhalten könne, aber nicht deren Endgültigkeit. Außerdem, so Egon Bahr, „könne dies die Bundesrepublik auch gar nicht. Erstens aus einem formalen Grunde, nämlich wir sind nicht souverän. Die Siegermächte verfügen über Deutschland als Ganzes, das heißt, wir können gar nicht sagen, daß eine Grenze unveränderbar, unverrückbar und unzerbrechbar ist. Denn dann würden wir uns Siegerrechte anmaßen. Der zweite Punkt war, daß wir [dies] gar nicht wollen und auch gar nicht wollen können, weil nach dem Grundgesetz uns aufgegeben ist, das deutsche Selbstbestimmungsrecht, die staatliche Einheit, wiederherzustellen. Das ist ein Widerspruch: Ich kann nicht von der Endgültigkeit der Grenzen sprechen, und gleichzeitig ist es meine Existenzberechtigung, diese Grenze gegenstandslos zu machen. Und die Dimensionen dieses Problems waren den Russen anfangs gar nicht klar."[36]

Egon Bahr war deshalb schon froh, daß er nach den zwei Zusammenkünften das Interesse des sowjetischen Außenministers für den Fortgang der Sondierungen wecken konnte. Ein weiterer positiver Aspekt war, daß sich Gromyko für den Unterhändler aus Bonn ungewöhnlich viel Zeit nahm und durch seine persönliche Anwesenheit zugleich die Gespräche aufwertete.

Allerdings kam Bahrs Zeitplan etwas durcheinander, nicht zuletzt deshalb, weil „die Russen ja keine Meister der Short stories sind wie die Amerikaner, sondern eben Freunde des epischen Romans... Ich habe mir dann, nachdem ich das gemerkt habe, eigentlich unbegrenzt Zeit genommen, weil ich fand, es gibt für uns nichts Wichtigeres, als zwar nicht zum unmittelbaren, aber doch zu einem unserer Nachbarn, der dazu noch eine der beiden mächtigsten Mächte der Welt ist, zu richtigen, anständigen, wenn möglich normalen oder sogar guten Beziehungen zu kommen. Nachdem dies in der deutschen Politik sträflich vernachlässigt worden ist über viele Jahre, konnte es kaum Wichtigeres geben. Und wenn der sowjetische Außenminister dafür Zeit hatte, damals übrigens sehr beachtet, zum Teil beargwöhnt von anderen, dann mußten wir immer noch mehr Zeit haben als er."[37]

Nachdem sich Egon Bahr auf das russische Zeitmaß innerlich eingestellt hatte, mußte er zunächst sein Visum, das nur bis zum 10. Februar gültig war, verlängern lassen. Ihm war inzwischen klargeworden, „daß man in Moskau nicht morgens ankommen und am Abend mit gefüllten Taschen heimfahren kann. Die Worte ‚kurz‘ und ‚schnell‘ habe ich schon vergessen", ließ er einen Journalisten über seinen verlängerten Moskau-Aufenthalt wissen.[38]

Am 5. Februar wurde die deutsche Delegation von den

Sowjets zu einem Mittagessen eingeladen, was als freundliche Geste gewertet wurde und in einem gewissen Maße zur Entkrampfung der Atmosphäre beitrug. Am Rande dieser geselligen Zusammenkunft wurden zwischen den Teilnehmern auch Fragen des Gewaltverzichtvertrags angesprochen. Egon Bahr nutzte diese Gelegenheit, mit Gromyko für den nächsten Tag einen Meinungsaustausch unter vier Augen zu vereinbaren.

Bei diesem dritten, knapp dreieinhalbstündigen Gespräch konzentrierten sich Bahr und Gromyko, lediglich begleitet von einem Dolmetscher, auf die nach wie vor umstrittenen Themen der DDR-Anerkennung und der Stellung West-Berlins sowie auf das Problem der sogenannten Interventionsvorbehalte, nach denen Moskau aufgrund der Feindstaatenartikel 53 und 107 der UN-Charta ein Interventionsrecht in der Bundesrepublik habe.

Eine Annäherung der Standpunkte war aber auch nach dieser Unterredung nicht in Sicht, und Egon Bahr teilte anschließend zu dem Ergebnis mit: „Wir haben versucht festzustellen, ob man eine Bilanz des bisherigen Meinungsaustausches ziehen kann, und sind zu dem Schluß gekommen, daß es dazu noch viel zu früh ist."[39]

Über die Gespräche mit den Sowjets informierte Bahr die Zentrale in Bonn fortlaufend mit detaillierten Analysen. Das Auswärtige Amt hatte die Weisung gegeben, die Berichte und Telegramme Bahrs nur an Scheel oder Brandt persönlich zu richten; damit sollte nicht nur der Informationsweg verkürzt, sondern auch der Leserkreis eingeschränkt werden, um das Durchsickern von Informationen über den Stand der Sondierungen zu verhindern. Dieses Verfahren hat jedoch nur für kurze Zeit funktioniert, wie sich bald – und dann sehr störend – herausstellen sollte.

Auch wenn es nach den ersten Sondierungen kaum ermutigende Anzeichen für ein Einlenken der Sowjetunion in ihren Grundsatzpositionen nach Bonn zu melden gab, blieb Egon Bahr in seinen ersten Schlußfolgerungen optimistisch. Er machte den Bundeskanzler und den Außenminister darauf aufmerksam, daß Gromyko sich kaum vierzehn Stunden Zeit für die Gespräche genommen hätte, wenn er die Verhandlungen hätte scheitern lassen wollen. Außerdem läge der Sowjetunion sehr viel am Zustandekommen der Europäischen Sicherheitskonferenz, und Moskau brauche dafür zweifelsfrei auch die Zustimmung der Bundesrepublik. Schließlich deutete Bahr die Teilnahme Semjonows, der das besondere Vertrauen der Parteispitze besaß, an den Verhandlungen als untrügliches Zeichen für das Interesse Moskaus an der Fortsetzung des Dialogs.

Die Bonner Koalitionsregierung schloß sich dieser Einschätzung an; Egon Bahr richtete sich auf weitere zähe Gesprächsrunden in Moskau ein. Doch bevor beide Delegationen sich wieder am Verhandlungstisch trafen, überbrückten die Sowjets zunächst die Gesprächspause mit einem touristischen Programm für die deutschen Diplomaten. Für drei Tage reisten Bahr, Allardt und Sanne nach Leningrad und absolvierten dort ein umfangreiches Besichtigungsprogramm.

Zu ihrer vierten Sitzung am 10. Februar erschienen beide Delegationen wieder in voller Besetzung; hinzugezogen wurde diesmal auch der Bonner Völkerrechtsexperte von Treskow. Erneut behandelte die Runde das komplizierte Problem einer völkerrechtlichen Anerkennung der DDR, wobei Egon Bahr dem sowjetischen Verhandlungspartner unmißverständlich die bundesdeutsche Position darlegte. In sachlichem Ton wies er Gromyko darauf hin, daß die Erfüllung dieser Forderung für Bonn völlig unakzeptabel sei, weil dadurch die fortbestehenden Rechte der vier Mächte für Deutschland als Ganzes verletzt würden. Und er könne sich nicht vorstellen, daß die Sowjetunion einseitig auf ihre Rechtsposition verzichten wolle.

Diesen Sachverhalt den Sowjets in allen Facetten und Auswirkungen zu erläutern war für Egon Bahr und seine Experten ein schwer erreichbares, aber notwendiges Verhandlungsziel. „Das war der Kernpunkt", berichtete Egon Bahr später, der an diesem Punkt auch bereit gewesen wäre, die Sondierungen ergebnislos abzubrechen. „Wenn dieser Kern nicht durchsetzbar gewesen wäre oder akzeptabel geworden wäre für die Sowjetunion, hätte ich ohne Erfolg abreisen müssen und wäre auch abgereist."[40] Doch die sowjetischen Verhandlungspartner haben sich, auch wenn sie dazu viel Zeit benötigten, der Argumentation Bahrs letztlich angeschlossen. Es war wohl auch für Gromyko der am schwierigsten zu begreifende Punkt.

Zu einem späteren Zeitpunkt der deutsch-sowjetischen Verhandlungen fühlte sich Gromyko einmal veranlaßt, seinem deutschen Ansprechpartner ein Kompliment für dessen Gesprächsführung zu übermitteln. Egon Bahr staunte nicht wenig, als ihm der ansonsten verschlossen wirkende Gromyko sagte: „Wissen Sie, ich liebe Ihre Art, ein Problem hinzuhängen und dann von allen Seiten zu beleuchten, von der historischen Seite, von der juristischen Seite, von der politischen Seite, von der menschlichen Seite, und wenn man das dann so von allen Seiten her betrachtet hat, eingegrenzt hat, dann kann man auch genau sehen, ob man sich in der Sache wird einigen können; aber dies ist eine Methodik, die Ihnen liegt, sie ist ein bißchen episch."[41]

Doch so „episch", wie Gromyko den Argumentationsstil Egon Bahrs umschrieb, drückte sich der Bonner Unterhändler eigentlich nicht aus. In kurzen und präzisen Formulierungen hatte er jeden Verhandlungsgegenstand seziert und ihn dann einer Bewertung unterzogen, welche die Interessen beider Länder berücksichtigte.

Ein weiterer beeindruckender Vorteil Bahrs war seine exzellente Vorbereitung in Bonn. „Es gab während der ganzen Verhandlungen mit Gromyko keinen einzigen Punkt und keine einzige Frage, die für mich neu war, wo ich hätte neu überlegen müssen. Sondern in dem Augenblick, in dem er den ersten Halbsatz sagte, wußte ich schon, wie der Satz endete. Und ich wußte auch schon die Antwort. Das hat ihn wiederum sehr erstaunt. Er hat dann gesagt, ich würde es Ihnen gar nicht übelnehmen, wenn Sie jetzt erst einmal in Bonn nachfragen müssen. Nein, nein, antwortete ich, das ist nicht nötig, wir können gleich weitermachen." Und es ist Bahr noch heute anzumerken, daß ihm diese komplizierte ostpolitische Pionierarbeit Vergnügen gemacht hat.

Egon Bahrs „epische Methode" blieb nicht ohne Eindruck und erzielte die erwünschte Wirkung: Die Sowjetunion ließ während einer späteren Verhandlungsphase die Forderung nach einer völkerrechtlichen Anerkennung der DDR fallen. Am Abend dieses schwierigen Verhandlungstags hatte der Bonner Botschafter die russische Delegation zu einem Essen in die bundesdeutsche Residenz geladen. Es war das erste Mal, daß ein sowjetischer Außenminister der Einladung zu einem Essen in der diplomatischen Vertretung der Bundesrepublik folgte; auch dies war ein Zeichen besonderer Wertschätzung. Bei dieser Zusammenkunft wurden die politischen Gespräche in aufgelockerter Atmosphäre fortgesetzt.

Nach Gastgeber Allardt folgten Gromyko und Egon Bahr mit ihren Tischreden. Allardt erinnert sich: „Gromyko sprach eindringlich vom Realismus, der uns nun zu Gesprächen zusammengeführt hätte, und von seiner Hoffnung, daß wir verständen, die Sowjetregierung meine es ernst, ‚ungeachtet aller Schwierigkeiten, die noch überwunden werden müssen'. Bahr äußerte den Wunsch, daß alle miteinander beginnen mögen, die Gräben in Europa zuzuschütten."[42]

Im Verlaufe des Abends, so Allardt in seinen Memoiren, zeigten sich die sowjetischen Gäste von einer ganz anderen Seite: „Gromyko brillierte mit erstaunlichen Kenntnissen von Goethes Leben und seinen Werken, Semjonow interessierte sich für eine Sammlung geschichtsträchtiger Originalbriefe Friedrichs des Großen, Wallensteins, Maria Stuarts oder Marginalien Kaiser Wilhelms II., Valentin Falin für mancherlei in einer Vitrine ausgestellte Ausgrabungen römischer und frühpersischer Provenienzen und wir alle miteinander für die entscheidende Frage: Werden die Gespräche, deren letztes schwieriges erst am Mittag zu Ende gegangen war, wirklich eine Wende bringen?"[43]

Pünktlich um dreiundzwanzig Uhr verließen die sowjetischen Gäste die Residenz, und für Botschafter Allardt war es ein „geschichtsträchtiges Dinner" gewesen, „in dessen Folge die Weltpresse – insbesondere die französische – an den ‚Rapallo'-Vertrag erinnerte, mitunter um ein Positivum auszudrücken, meist aber doch, um das Gespenst einer deutsch-sowjetischen Verständigung auf Kosten Westeuropas an die Wand zu malen".[44]

Für derlei Befürchtungen bestand jedoch nicht der geringste Anlaß, und im übrigen erwiesen sich die Hoffnungen auf eine Wende bei den deutsch-sowjetischen Sondierungen als verfrüht. Dies bekam Egon Bahr zwei Tage später bei einer Unterredung mit dem sowjetischen Ministerpräsidenten Kossygin deutlich zu spüren. Egon Bahr traf am 13. Februar zu einem eineinhalbstündigen Gespräch mit Kossygin zusammen und mußte sich von dem Sowjetführer in knallhartem Ton vorgetragene Vorwürfe anhören. Den westdeutschen Anspruch auf Wiedervereinigung nannte Kossygin eine verbrecherische Idee; die Politik der Bundesrepublik befände sich in dieser Beziehung auf dem Weg des Abenteurertums. Egon Bahr wies diese Anschuldigung als grundlos zurück und plädierte dafür, die nun eingeleiteten Gespräche zu konstruktiven Verhandlungen zu nutzen, um einen Prozeß der Aussöhnung herbeizuführen.

Sichtlich enttäuscht vom Verlauf dieser Unterredung, erwartete Bahr auch vom nächsten, dem fünften Treffen beider Delegationen am 17. Februar kaum Fortschritte. Nach gut einer Stunde ergebnisloser Erörterung der gegenseitigen Grundsatzpositionen verabschiedeten sich beide Delegationen mit der Absicht, zunächst eine kleine Denk- und Verhandlungspause einzulegen.

Am 18. Februar flog Egon Bahr nach Bonn zurück, um dort von der unverändert hartnäckigen Haltung der Sowjetunion zu berichten, die nicht zu einer Aufgabe ihrer wesentlichen Positionen zu bewegen war. Nach der ersten Sondierungsrunde Bahrs in Moskau nutzten beide Seiten die Zeit bis zum erneuten Zusammentreffen, das für Ende Februar geplant war, zu ausführlichen Konsultationen ihrer jeweiligen Verbündeten.

In Bonn wurden in verschiedenen Gremien des Bundestags führende Parlamentarier der Regierungskoalition wie der Opposition umfassend über den Stand der Gespräche informiert. Mit den drei westlichen Alliierten hatte Bonn bereits vor Beginn der Sondierungen ständig in konsultativem Kontakt gestanden, sich deren Unterstützung versichert und die Verbündeten in jeder Phase der Moskauer Verhandlungen über den jeweiligen Stand der Ergebnisse umgehend in Kenntnis gesetzt. So war Egon Bahr vor seinem Abflug nach Bonn noch bei den Botschaftern der USA, Großbritanniens und Frankreichs in Moskau erschienen, um sie über die Gespräche zu informieren.

Auch die Sowjets informierten in der Zwischenzeit ihre wichtigsten Verbündeten. Gromyko und sein Stellvertreter Falin hielten sich vom 24. bis 27. Februar in Ost-Berlin auf, wobei der SED-Führung nicht allein der Stand der Bahr-Sondierungen mitgeteilt, sondern offenbar auch die Haltung der Sowjetunion begründet wurde, von der Forderung nach völkerrechtlicher Anerkennung der DDR durch die Bundesrepublik abzusehen. Auf dem Rückflug legte die russische Delegation in Warschau einen Zwischenstopp ein, um auch die polnische Führung über den Verlauf der deutsch-sowjetischen Gespräche zu informieren.

Nachdem Egon Bahr sich beim Bundeskanzler und Außenminister mit neuen Instruktionen ausgerüstet hatte, flog er am 1. März zur zweiten Sondierungsrunde nach Moskau. Zwei Tage später saßen die beiden Delegationen wieder zusammen. Bei dem dreistündigen Gespräch, dem mittlerweile sechsten seit Beginn der deutsch-sowjetischen Treffen, regte Bahr an, nun „ein Arbeitspapier zu machen, welches das enthalten sollte, worüber wir uns geeinigt hätten und was Inhalt des Abkommens werden sollte".[45] Zugleich umriß Bahr die modifizierte bundesdeutsche Position, derzufolge man statt eines Austausches von gegenseitigen Gewaltverzichtserklärungen eher zu einem Vertrag kommen sollte, der alle Europa betreffenden Fragen, einschließlich des Verhältnisses der Bundesrepublik zur DDR, beinhaltete.

Gromyko, der diesen Vorschlag nicht ablehnte, betonte in seiner Antwort das dominierende Interesse der Sowjetunion an der Anerkennung der Grenzen in Europa; statt von einer prinzipiellen „Unveränderbarkeit" sprach er nun in diesem Zusammenhang von „unantastbar". Dies waren für die deutschen Teilnehmer erste Anzeichen dafür, daß die Sowjetunion nun von früheren Forderungen abwich. Bei einem Vergleich der Ausgangspositionen beider Seiten konnte man zweifellos feststellen, wie Egon Bahr später zufrieden anmerkt, „daß die sowjetische Seite sich eben viel weiter hat bewegen müssen. Wir haben uns fast gar nicht bewegt. Wir haben unsere Position von allem Anfang an bis zum Schluß und zum heutigen Tage durchgehalten."[46]

Die deutsche Verhandlungstaktik erwies sich als erfolgversprechend: Bahr hatte den Sowjets die Bonner Möglichkeiten und Grenzen genau abgesteckt, und nur wenn sie zu einem Vertragsabschluß in diesem Rahmen bereit waren, würde es eine deutsche Unterschrift geben. „Vor die Wahl gestellt", beschreibt Peter Bender diese Situation anschaulich, „den Kuchen zu essen oder zu behalten, entschied sich die sowjetische Führung fürs Behalten."[47] Die sowjetischen Unterhändler begannen nun, weniger stark auf alten Forderungen zu beharren und statt dessen die Angebote und Formulierungsvorschläge Bahrs zu prüfen.

Der erste Schritt in diese Richtung konnte bei dem siebten Treffen am 6. März verzeichnet werden. Beide Delegationen diskutierten über ein gemeinsam formuliertes Arbeitspapier, das die Bilanz der bisher geführten Erörterungen enthalten sollte. Im Verlauf der zweistündigen Sitzung kamen auch Textvorschläge über die Anerkennung der Grenzen zur Sprache, wobei um die Bedeutung der Begriffe „unveränderlich" und „unantastbar" gerungen wurde. Eine Einigung über diesen Punkt kam bei dieser Zusammenkunft noch nicht zustande. Immerhin konnte schriftlich ein vorläufiges Zwischenergebnis festgehalten werden, das in manchen Punkten im späteren „Bahr-Papier" übernommen wurde.

In der anschließenden Sitzung am 10. März beschäftigte beide Delegationen vor allem das Problem, in welcher Form ein deutsch-sowjetisches Abkommen abzuschließen sei. Egon Bahr legte besonderen Wert auf das ostpolitische Gesamtkonzept der Bonner Regierung, demzufolge auch die noch ausstehenden Verträge mit Polen, der Tschechoslowakei und der DDR zusammen mit dem Moskauer Vertrag „ein einheitliches Ganzes" (Punkt 5 des „Bahr-Papiers") bilden sollten. Der sowjetische Außenminister räumte die Bonner Bedenken aus und versicherte, auf die entsprechenden Bündnispartner einwirken zu wollen. Aufgrund dieser Zusicherung konnte Egon Bahr den späteren Verhandlungen mit der DDR etwas ruhiger entgegensehen. Auch in Bonn war diese Nachricht höchst willkommen, bereitete sich doch Bundeskanzler Brandt auf das für den 19. März mit Ost-Berlin verabredete Treffen in Erfurt vor.

Trotz der bis dahin in Moskau mit Gromyko geführten Unterredungen, die ein Abkommen immer wahrscheinlicher werden ließen, fand Egon Bahr nachts in seinem Hotelbett selten einen ruhigen Schlaf. „Ich bin nachts aufgewacht, weil ich gemerkt habe, das Gehirn arbeitet weiter, und ich bin alle Argumente wieder und wieder durchgegangen, die kritischen Punkte, die möglichen Antworten. Aber ich habe keine Schlaftabletten genommen, weil ich am nächsten Tag klar sein wollte, lieber etwas müde, denn das ist im Augenblick wieder weg, wo man am Tisch sitzt, da wird etwas eingeschossen, Adrenalin."[48]

Am Verhandlungstisch sorgten dann Kaffee oder Tee dafür, Anflüge von Müdigkeit zu unterdrücken; allerdings waren die dort behandelten Themen aufregend genug, so daß auch ohne Koffein stets eine konzentrierte Aufmerksamkeit gewährleistet war. Und entgegen manchen Vorstellungen ging es bei den Unterredungen weder feucht noch fröhlich zu, versichert Egon Bahr. „Das war zunächst einmal total trocken, staubtrocken, in jeder Bedeutung dieses Wortes. Es erwies sich eben als schlichter Unsinn, daß da bei den Verhandlungen Wodka und Wein aufgefahren wird, um vielleicht den einen besoffen zu machen und über den Tisch zu ziehen. Gromyko trank keinen Tropfen, es gab auch keinen Tropfen. Nur Tee, Kaffee und Kekse, und die waren wirklich trocken. Und erst als Gromyko zu einem Essen in die deutsche Botschaft kam, hat er an einem Weißwein genippt, aber auch nur genippt. Das blieb auch so: kühl, förmlich, sachlich. Und erst in der zweiten Runde lockerte sich die Atmosphäre etwas auf, und es war schon mal ein halber Scherz möglich, bei dem Gromyko vielleicht mit Anstrengungen das Gesicht etwas verzog."

Auch wenn Gromyko ein spröde wirkender und anstrengender Gesprächspartner war, so war Valentin Falin in Bahrs Erinnerung der schwierigste Unterhändler in der Runde. „Der kannte die Bundesrepublik nur theoretisch und auf dem Papier, erstklassig, besser als viele Deutsche. Aber er hatte kein Gefühl für die Wirklichkeit und das Leben in der Bundesrepublik. Das bekam er erst später als Botschafter in Bonn; in Moskau zeigte er sich zuerst als kompromißloser Verhandlungspartner, mit dem viel schwieriger als mit Gromyko zu reden war."

Am 13. März setzten sich die beiden Delegationen zum neunten Male an den Konferenztisch im sowjetischen Außenministerium. Die Sowjets überraschten die Bonner Diplomaten mit einem Entgegenkommen: Gromyko akzeptierte am Ende des zweieinhalbstündigen Treffens Egon Bahrs Formulierungsvorschlag von der „Unzerstörbarkeit" bzw. „Unverletzlichkeit" der Grenzen. Damit war eine der schwierigsten Streitfragen aus dem Weg geräumt, und der ansonsten wenig mitteilsame Gromyko äußerte sich anschließend vor den wartenden Journalisten: „Wir sind ein gutes Stück weitergekommen und in die Substanz eingedrungen. Man kann absehen, wann der Meinungsaustausch zu Ende geht . . ."[49]

Jetzt war eine sperrige Hürde im Verhandlungsmarathon genommen. Am folgenden Tag wollten beide Seiten diesen Punkt noch einmal vertiefen, doch da Gromyko wegen Erkrankung das Treffen absagen mußte, kam dessen Stellvertreter Falin zu Bahr in die Botschaft, um gemeinsam Textentwürfe für die folgenden Sitzungen durchzugehen und aufeinander abzustimmen.

Bevor sich Deutsche und Sowjets erneut zusammensetzten, flog Egon Bahr am 16. März zu einem Kurzbesuch nach Bonn, um Brandt und Scheel über das erreichte Zwischenergebnis zu informieren, die weitere Marschroute abzusprechen. Vor dem Bundeskabinett und den Mitgliedern des Auswärtigen Ausschusses des Bundestags gab Egon Bahr einen Tag vor seinem Rückflug ausführliche Auskünfte über seine Moskauer Gespräche.

Daß Berlin in Moskau auch ein besonders wichtiges Thema war, machte Egon Bahr, dem immer wieder eine Ausklammerung dieses Punktes vorgeworfen wurde, in einem Interview im *Mittagsmagazin* des Westdeutschen Rundfunks klar: „Es ist in der Tat so, daß die Sowjetunion – und insoweit, ich betone ‚insoweit‘, entsprechend auch unserer Auffassung, entsprechend auch der Auffassung der drei Mächte – der Auffassung ist, daß es keine direkten Kompetenzen der Bundesrepublik für Berlin gibt. Das ist auch unsere Auffassung ... Und die Bereitschaft ist vorhanden, über Berlin zu reden. Was heißt über Berlin zu reden? Das kann nur heißen, daß Berlin in seinem jetzigen Zustand, in seinem jetzigen Status sicherer gemacht wird; das heißt, wenn man darüber redet, daß man die heutige Situation in Europa ins Auge fassen muß, dann gilt dies auch für das, was gewachsener Status ist. Da darf es keine Abstriche geben. Da muß höchstens sicherer gemacht werden das, was jetzt ist, und das, was an Erschwerungen zuweilen manchmal vorhanden ist, muß sicher aus dem Wege geräumt werden."[50]

Egon Bahr deutete damit indirekt an, daß von einer befriedigenden Regelung des Berlinproblems der Ausgang der deutsch-sowjetischen Gespräche abhing. Gegen die Aufnahme Berlins in die Gesprächsliste hatte sich Gromyko lange heftig gewehrt. Er wollte mit einem Vertreter der Bundesrepublik nicht über Berlin sprechen und verwies in diesem Zusammenhang auf die Anfang März begonnenen Vierergespräche der Alliierten in Berlin, mußte aber schließlich gegenüber Egon Bahr einlenken, indem er dem Bonner Gesamtkonzept nicht widersprach.

Am 20. März flog Egon Bahr zur Fortsetzung der

Sondierungen nach Moskau zurück und beendete am folgenden Tag mit dem zehnten Treffen auch offiziell die Gesprächsrunde. Egon Bahr unterrichtete im Verlauf der dreistündigen Sitzung die Sowjets über das deutsch-deutsche Treffen in Erfurt und hob das besondere Interesse der Bundesrepublik an einem vertraglich geregelten Verhältnis zur DDR hervor.

Bevor sich beide Delegationen bis zur vorgesehenen Wiederaufnahme der Gespräche im Mai trennten, konnte Egon Bahr noch die Veröffentlichung eines gemeinsamen Kommuniqués durchsetzen. Es lautete wie folgt: „In der Zeit vom 30. Januar bis 18. Februar und 3. bis 21. März fand in Moskau zwischen einer Delegation der UdSSR unter der Leitung von Andrej Gromyko und einer Delegation der Bundesrepublik Deutschland unter der Leitung von Staatssekretär Egon Bahr ein Meinungsaustausch über Fragen statt, die mit der Absicht beider Seiten zusammenhängen, ein Gewaltverzichtsabkommen zwischen der Bundesrepublik Deutschland und der UdSSR zu schließen. Die beiden Delegationen werden nunmehr ihren Regierungen das Ergebnis des Meinungsaustausches vorlegen, damit diese entscheiden, in welcher Form die Erörterung der genannten Fragen im Interesse der Entspannung – ausgehend von der in Europa bestehenden wirklichen Lage – weitergeführt werden soll.“

So nüchtern dieses Kommuniqué auch klingt, es kam nicht ohne Schwierigkeiten zustande. Zum einen gab es offenen Dissens zwischen Bahr und Allardt über den Halbsatz „ausgehend von der in Europa bestehenden wirklichen Lage“, den der Botschafter aus dem Entwurf gestrichen sehen wollte. Andererseits bestand der sowjetische Außenminister auf diesem Satz und hätte ein Kommuniqué ohne diesen Passus abgelehnt. Der Botschafter konnte sich nicht durchsetzen, und so wurde der Text am 22. März gleichzeitig in Moskau und Bonn veröffentlicht.[51]

Bei den letzten Gesprächen zwischen Bahr und Gromyko war aber mehr als nur der Text eines gemeinsamen Kommuniqués herausgekommen; es war auch gelungen, einige Artikel des künftigen Abkommens zu formulieren. Dazu Allardt: „Der deutsche Delegationschef reiste ab, um in Bonn Bericht zu erstatten und den Bundeskanzler im April nach Washington zu begleiten. Die Entwürfe einiger Artikel eines eventuell zu schließenden Abkommens über den Gewaltverzicht nahm er mit. Sie waren so weit vorformuliert, daß sich, wie mir schien, das Kabinett ein Bild über den Stand machen und Entschlüsse über das weitere Procedere treffen konnte."[52]

Verwundert hielt der Diplomat fest, daß sich in der siebenwöchigen Gesprächspause keine Gelegenheit gefunden habe, das Kabinett über den Zwischenstand der Ergebnisse zu informieren. Doch erwies sich Allardt damit als schlecht informiert. Denn Egon Bahr gab am 25. März, begleitet von dem für die polnischen Sondierungen zuständigen Staatssekretär Duckwitz, den Fraktionsvorsitzenden der Bundestagsparteien sowie den Vertretern des Auswärtigen und Innerdeutschen Ausschusses einen ausführlichen Bericht. Und es war nicht sein letzter Bericht vor den Parlamentariern; vor seinem Rückflug nach Moskau traf Egon Bahr noch zweimal mit den Mitgliedern des Auswärtigen Ausschusses zusammen. Das Bundeskabinett diskutierte anhand eines schriftlichen Berichts von Bahr über die Fortsetzung der Sondierungen.

Unterdessen war Botschafter Allardt zu Scheels österreichischem Urlaubsort Hinterthal gereist, um ihm dort einen ganz Tag lang „meine eigenen Einwände und Überlegungen" zu den Moskauer Gesprächen vorzutragen.[53] Scheel hörte sich seine Einwände an, entschied aber in allen Fragen so, wie es Egon Bahr empfohlen hatte.

In der Zeit bis zur nächsten Moskauer Gesprächsrunde fanden eine Vielzahl von Kontakten und Treffen mit

Vertretern der westlichen Verbündeten statt, die alle mehr oder weniger das Ziel verfolgten, den ostpolitischen Verhandlungskurs Bonns zu erläutern und abzusichern. Dies gelang ohne Einschränkung, wie Willy Brandt in seinen Memoiren detailliert schildert.[54]

Am 10. Mai reiste Egon Bahr wieder in die sowjetische Hauptstadt und begab sich zwei Tage später zum mittlerweile elften Treffen ins Außenministerium. Während der zweistündigen Unterredung nahm Egon Bahr ein weiteres Mal Stellung zum Thema Berlin. Laut der später veröffentlichten Protokollfragmente in der Illustrierten *Quick* führte Bahr dazu folgendes aus: „Der Bundeskanzler halte es im übrigen für eine Sache der Aufrichtigkeit, die sowjetische Regierung wissen zu lassen, daß die Bundesregierung die Gewaltverzichtsabkommen, die vertragliche Regelung der Beziehungen zwischen der DDR und der Bundesrepublik und eine befriedigende Regelung der Situation in und um Berlin als eine Einheit betrachte. Dies würde er der sowjetischen Seite auch in geeigneter Form mitteilen. Auf diese Weise könnte eine Erwähnung Berlins im Abkommen selbst vermieden werden."[55]

Der sowjetische Außenminister lehnte zwar ein förmliches Berlin-Junktim ab, von dem bereits Scheel in mehreren öffentlichen Interviews geredet hatte, aber in der Praxis hielt sich die Sowjetunion doch an diese Verknüpfung. Hatten die Sowjets schon schlucken müssen, daß es keine völkerrechtliche Anerkennung der DDR durch die Bundesrepublik geben könne, so waren ihnen die Deutschen auch noch mit dem Berlin-Junktim auf die Nerven gefallen. Doch Bahrs Beharren auf den Grundsatzpositionen zahlte sich schließlich aus, da die sowjetische Seite längst gewillt war, zu einem Abkommen mit der Bundesrepublik zu kommen.

Im Verlauf der elften Sitzung und der zwölften Unterredung am 15. Mai waren beide Delegationen sich bei der

Klärung einzelner Punkte ein ganzes Stück nähergekommen, so daß bereits Formulierungen von Kernsätzen diskutiert werden konnten. Denn drei Tage später, am 18. Mai, erörterten Bahr und Allardt im sowjetischen Außenministerium mit Falin in einem sogenannten „Formulierungsgespräch" formale und textliche Einzelheiten des auszuarbeitenden Abkommens. Nachdem am 15. Mai in groben Zügen eine Übereinstimmung in den wesentlichen Fragen erzielt und ein Verhandlungspapier formuliert worden war, blieb nur noch Filigranarbeit für Diplomaten und Dolmetscher; so schien es jedenfalls.

Ganz überraschend war jedoch am gleichen Tag, dem 15. Mai, aus Ost-Berlin eine hochrangige DDR-Gruppe in Moskau eingetroffen, um nicht nur über das anstehende zweite innerdeutsche Treffen in Kassel (21. Mai) zu konferieren, sondern auch auf die Bahr-Sondierungen einzuwirken. Sicherlich hat die DDR-Führung versucht, Moskau von einem Nachgeben gegenüber den westdeutschen Positionen abzuhalten.

Während des Pfingstwochenendes vom 15. bis zum 17. Mai war Egon Bahr zu einer Reise nach Tiflis eingeladen und wurde informell vom Eintreffen des Ost-Berliner Außenministers Winzer informiert. Die Anwesenheit der Ostdeutschen in Moskau zu diesem Zeitpunkt hat ihn allerdings „in keiner Weise irritiert". Denn nach den letzten beiden Sondierungsgesprächen stand für ihn das „Gebäude" eines deutsch-sowjetischen Abkommens schon ziemlich fest.

Nach zwei weiteren „Formulierungsgesprächen" am 19. und 20. Mai begann dann am Nachmittag des 20. Mai das dreizehnte Treffen beider Delegationen mit einer Überraschung. Gromyko schien von seiner bisherigen Verhandlungslinie abzuweichen, indem er auf einmal mehr Zugeständnisse von der Bundesrepublik verlangte und alte Forderungen wiederholte. Das sowjetisch-ostdeutsche Treffen war wohl nicht ohne Auswirkungen geblieben. Egon Bahr verbarg seine Enttäuschung nicht und sah sich nach der ergebnislosen Sitzung zu einem Schreiben an Gromyko veranlaßt. Darin ließ er den sowjetischen Außenminister unmißverständlich wissen, daß er keinen Sinn in der Fortführung der Gespräche sehe, wenn Gromyko den Verhandlungsrahmen einengen wolle. Er, Bahr, habe Interesse an konstruktiven Sitzungen, und deshalb sei der Dialog nur auf der Grundlage der gemeinsam formulierten Ergebnispapiere sinnvoll.

Bahrs Brief wurde von den Sowjets verstanden; Gromyko unterließ es bei den weiteren Sitzungen, das Verhandlungsklima durch neue — beziehungsweise alte — Forderungen zu belasten. Die sowjetische Seite stimmte dann auch bei der vierzehnten und letzten Zusammenkunft mit den Deutschen am 22. Mai grundsätzlich dem mühsam ausgearbeiteten Ergebnispapier zu. Damit war das Ziel von Egon Bahrs Sondierungsbemühungen erreicht. Denn ausgehend von diesem Papier, das in Thesen bereits Formulierungen für Absichtserklärungen und Vertragsartikel enthielt, sollten die eigentlichen Verhandlungen über einen Gewaltverzichtsvertrag beginnen. Zum Abschluß dieser Gesprächsrunde wurde ein weiteres Kommuniqué veröffentlicht, in dem es unter anderem heißt: „Der Meinungsaustausch der Regierung der UdSSR und der Regierung der Bundesrepublik Deutschland wird weitergeführt."

Am 23. Mai kehrte Egon Bahr nach Bonn zurück und meldete sich am folgenden Tag beim Bundeskanzler zur Berichterstattung. In den anschließenden, sich über mehrere Wochen erstreckenden koalitionsinternen Diskussionen und Erörterungen über das Ergebnis der Bahr-Sondierungen kamen SPD und FDP rasch überein, auf der Grundlage des „Bahr-Papiers" mit Moskau offizielle Verhandlungen aufzunehmen. Außenminister Scheel beabsichtigte, bereits am 12. Juni nach Moskau zu fliegen.

Obwohl auch die Opposition umfassend über Bahrs Zwischenergebnis informiert wurde, beschwerten sich zahlreiche Unionsabgeordnete öffentlich über eine angeblich unzureichende Informationspolitik der Bundesregierung. Im Parlament kamen diese Vorwürfe dann in einer erregten Debatte am 27. Mai zur Sprache. Sowohl Scheel als auch der stellvertretende SPD-Fraktionsvorsitzende Hans Apel wiesen die Vorwürfe aus den Reihen der Unionsparteien energisch zurück. Der Außenminister hielt dem Oppositionsführer Barzel vor: „Sie wollen doch wohl nicht sagen, daß Sie nicht vorher informiert worden sind! Wir haben an keiner Stelle bisher einen Vertrag abgeschlossen, noch haben wir begonnen, irgendwo Verhandlungen einzuleiten ... Sie haben die Texte im einzelnen von mir mitgeteilt bekommen. Das ist ein völlig ungewöhnliches Verfahren, das vorher niemals angewandt worden ist. Ich habe mir angesehen, was Bundeskanzler Adenauer und seine Außenminister an vorheriger Information gegeben haben."[56]

Die Unionsparteien, die nachweisbar über sämtliche Details der Moskau-Sondierungen informiert worden waren, beklagten sich dennoch fortlaufend über einen mangelhaften Konsultationsmechanismus. Eine Absicht war, durch gezielte Fragen, die nur aufgrund vertraulicher Informationen zu erklären waren, die Regierung vor der Öffentlichkeit auf bestimmte Positionen festzunageln und damit auch die späteren Verhandlungen zu beeinflussen, wenn nicht zu Fall zu bringen. Mit Hilfe regierungskritischer Medien war die Opposition dabei nicht völlig erfolglos, wie sich bald zeigen sollte.

Vor den am 14. Juni stattfindenden drei Landtagswahlen nach Moskau zu reisen schien innerhalb der Regierungskoalition wegen der unsicheren Erfolgsaussichten als zu gewagt und hätte den Verdächtigungen, es werde im Hauruck-Verfahren ein Vertrag mit den Sowjets abgeschlossen, neuen Auftrieb gegeben. So beschloß das Bundeskabinett auf seiner Sitzung am 4. Juni, daß in den nächsten Wochen „Richtlinien zur Führung von Regierungsverhandlungen mit der Sowjetunion" verabschiedet würden und erst danach Scheel in die sowjetische Hauptstadt reisen sollte.

Einen Tag später, am 5. Juni, nahm Egon Bahr in der Fernsehsendung „Bericht aus Bonn" ausführlich Stellung zu seinen in Moskau geführten Gesprächen und nahm im Interview mit Gerd Ruge bereits einige Formulierungen aus dem „Bahr-Papier" vorweg: „Der Auftrag ging dahin, Sondierungsgespräche zu führen, und dies ist geschehen. Bei dem ungeheuren Nachholbedarf, den wir mit der Sowjetunion über wirklich substantielle Fragen haben, Fragen von großer Tragweite – einige sprechen von Wende, einige sprechen von historischen Ausmaßen –, ist erstens natürlich die Zeitdauer erklärlich und zweitens auch der Wunsch beider Seiten verständlich, diese Sondierungen auch in ihren Ergebnissen zu formulieren. Das nimmt die Verhandlungen nicht vorweg, sondern beide Delegationsleiter waren der Meinung, es sei richtig, so etwas zu formulieren, und haben das natürlich nicht ohne Rückendeckung durch ihre Regierungen getan. Wir haben beide, ich jedenfalls und Herr Gromyko sicher auch, unseren Regierungen in diesen Monaten laufend berichtet, sie unterrichtet und beide natürlich neue Instruktionen bekommen, so daß nun eine Basis geschaffen ist, die die Regierungen noch nicht bindet. Die Regierungen sind völlig frei in ihrer Entscheidung, ob sie darauf basierende Verhandlungen eröffnen wollen ... Die Bundesregierung will nach wie vor einen Vertrag über Gewaltverzicht, und Gewaltverzicht heißt ja mit anderen Worten – hieß es immer –, daß man auf die Anwendung von Gewalt verzichtet zur Änderung dessen, was heute in Europa ist. Modus vivendi, ohne juristische

180

Endgültigkeit, ohne Fixierung auf alle Zeiten, ohne Vorwegnahme von Rechten, über die die Bundesrepublik Deutschland nicht verfügt. Modus vivendi . . . Wir machen keinen Vertrag über das Selbstbestimmungsrecht, wir machen keinen Vertrag über die Wiedervereinigung, sondern wir machen einen Vertrag über Gewaltverzicht. Aber es muß natürlich völlig klar sein, daß ein solcher Vertrag nicht in Widerspruch zum Selbstbestimmungsrecht steht, und es muß auch völlig klar sein, daß die Sowjetunion unseren unveränderten Wunsch nach Selbstbestimmung nicht als einen Bruch eines solchen Abkommens bezeichnen darf. Und dies ist klargestellt . . . Es muß politisch völlig klar sein, daß von Entspannung in Europa nicht die Rede sein kann, solange nicht auch die Situation in und um Berlin befriedigend geregelt ist. Dies ist ein Ganzes, und die Bundesregierung betrachtet dies auch als Ganzes, als eine Einheit . . . Es muß im Rahmen des Gewaltverzichts erreicht werden, daß die Beziehungen zwischen der Bundesrepublik und der Sowjetunion sich ausschließlich nach dem Artikel 2 der Charta der Vereinten Nationen richten . . . und das heißt: Die Anwendung von Gewalt, die Androhung von Gewalt muß ausscheiden."[57]

Diese von Egon Bahr umrissenen Grundsatzpositionen fanden denn auch ihren entsprechenden Niederschlag in den Richtlinien des Bundeskabinetts, die am 7. Juni beschlossen wurden. Die Vorbereitungsphase für Scheels Verhandlungen wurde dann nur wenige Tage später durch die Veröffentlichung des „Bahr-Papiers" erheblich belastet.

Die *Bild*-Zeitung druckte am 12. Juni den ersten Teil der Moskauer Gesprächsverhandlungen ab und stellte die zunächst publizierten Thesen Bahrs als „Vertragsartikel" vor — und lag trotz der irreführenden Bezeichnung gar nicht so falsch, denn die zunächst veröffentlichten vier Thesen des „Bahr-Papiers" wurden mit nur geringen

Änderungen später in den Moskauer Vertrag übernommen. Mit dieser gezielten Indiskretion der Springer-Presse wurde der Öffentlichkeit suggeriert, das „Bahr-Papier" sei nicht nur das schriftliche Ergebnis eines deutsch-sowjetischen Meinungsaustausches, sondern schon der eigentliche Vertragstext.

War durch dieses Störmanöver vorgeführt, daß die Bonner Regierung nicht in der Lage war, geheime Dokumente unter Verschluß zu halten, so ergaben sich für die Sowjetunion durch die Veröffentlichung aus ihrer Sicht Konsequenzen für die anstehenden Verhandlungen. Die Bonner Koalitionsregierung und ganz besonders Egon Bahr empfanden die mit einer Flut von Verdächtigungen einhergehende Veröffentlichung des „Bahr-Papiers" als einen „skandalösen Vorgang", der den Verhandlungsspielraum beider Regierungen massiv beeinträchtigte.

Während Bahr und Gromyko davon ausgegangen waren, das fertiggestellte Zwischenergebnis diene als Grundlage der späteren Verhandlungen – „Wir wußten auch, diese Sätze sind nicht die Bibel. Das kann verändert werden" –,[58] sah die Lage nach dem 12. Juni völlig anders aus. „Dann kam die Veröffentlichung. Und jetzt war erst einmal die Diskussion darüber, was sind denn das eigentlich für Papiere, und da hat man hier gesagt, das sind ja schon Verhandlungstexte und das sind ja schon Vertragstexte. Jetzt wurde die Sowjetunion plötzlich mit ihrem Prestige gebunden. Es war natürlich dann für Herrn Scheel und Herrn Frank und mich, die wir im August in der Sowjetunion verhandelt haben, schrecklich schwer, die notwendigen Veränderungen zu erreichen."[59] Die Verhandlungsposition der Bundesregierung war angeschlagen, auch wenn versichert wurde, das „Bahr-Papier" sei weder für die Bundesregierung noch für die sowjetische Seite bindend.

Als am 1. Juli die *Bild*-Zeitung und die Illustrierte *Quick* weitere Teile des „Bahr-Papiers" veröffentlichten

– die Punkte fünf bis zehn –, lehnten Bonn und Moskau vereinbarungsgemäß eine amtliche Stellungnahme zu diesen Indiskretionen ab.

Nach einer ostpolitischen Klausurtagung des Bundeskabinetts am 7. Juli, bei der Einzelheiten der Marschroute für die Verhandlungen ausführlich erörtert wurden, bedurfte es noch mehrerer Wochen intensiver Konsultationen der drei westlichen Verbündeten, bevor das Bundeskabinett am 23. Juli offiziell Scheel mit der Verhandlungsführung über einen Gewaltverzichtsvertrag beauftragte. Am gleichen Tag erschien in der Tageszeitung *Die Welt* ein sogenanntes Gromyko-Papier, das die CDU/CSU-Parlamentarier Freiherr zu Guttenberg und Werner Marx der Zeitung zugespielt hatten und das den Vorwurf belegen sollte, Egon Bahr habe sich den sowjetischen Positionen gebeugt und betreibe den systematischen Ausverkauf deutscher Interessen.

Mit sorgfältig geplanten Attacken rechter Unionskreise im Zusammenspiel mit Springer-Zeitungen wurden fast täglich neue „Enthüllungen" präsentiert. Am Tage des Abflugs der deutschen Delegation nach Moskau konnten die Zeitungsleser der Springer-Organe beispielsweise ein vertrauliches Vorbereitungspapier für die deutschen Unterhändler studieren oder in *Bild am Sonntag* einen Entwurf des Briefes lesen, den Scheel nach Abschluß der Moskauer Verhandlungen überreichen wollte. Nahezu alle wichtigen Dokumente, Arbeitspapiere und Entwürfe fanden ihren bis heute ungeklärten Weg in die Öffentlichkeit. Ihre Publikation diente weniger der sachlichen Berichterstattung als vielmehr dazu, die Vertragsverhandlungen zu torpedieren und die Entspannungsbemühungen insgesamt zu diskreditieren. Obendrein sollte Egon Bahr persönlich als angeblich „geheimer Diener Moskaus" diffamiert werden.

Einen solchen Verfall der politischen Kultur hatte die Bundesrepublik Deutschland seit den frühen fünfziger

Jahren nicht mehr erlebt. Die Hetzkampagne, besonders gegen Bahr und Brandt, fand dann im Zusammenhang mit der Ratifizierung der Ostverträge Mitte 1972 ihren Höhepunkt.

Die Verhandlungen zwischen Scheel und Gromyko

Mit einer dreißigköpfigen Verhandlungsdelegation traf Außenminister Walter Scheel am 26. Juli in Moskau ein und begann gleich am nächsten Tag die offiziellen deutsch-sowjetischen Verhandlungen über ein Gewaltverzichtsabkommen.[60] Zu den Verhandlungsunterlagen des Außenministers gehörten neben dem „Bahr-Papier", dem Entwurf des „Briefes zur deutschen Einheit", Entwürfen zur Vertragspräambel und den vom Kabinett beschlossenen sechs Verhandlungsrichtlinien zusätzlich vom Auswärtigen Amt erstellte „Zwölf Leitsätze zur Politik des Gewaltverzichts"; sie zusammen bildeten die „Scheel-Plattform", mit der der Außenminister in die Verhandlungen ging.

Nach einem ersten Treffen zwischen Scheel und Gromyko am Vormittag des 27. Juli, an dem die Staatssekretäre Bahr und Frank sowie Botschafter Allardt und auf sowjetischer Seite Falin und Tokowinin teilnahmen und bei dem vor allem prozedurale Fragen erörtert wurden, setzten sich am Nachmittag beide Delegationen zu einer zweistündigen Plenarsitzung zusammen. Bei diesem ersten Treffen wurden zwischen beiden Seiten in Form von Vorträgen die jeweiligen Grundsatzpositionen vorgestellt; eine Diskussion fand nicht statt.

Nach diesem Auftakt bekam Scheel am nächsten Tag die Gelegenheit, in einem Gespräch mit Gromyko unter

184

vier Augen einzelne Aspekte des Vertrages zu erläutern, so den beabsichtigten Brief über die „deutsche Option" und das sogenannte Berlin-Junktim. Gromyko machte den deutschen Außenminister zwar darauf aufmerksam, daß diese Themen nicht Gegenstand der Verhandlungen sein könnten, wollte sie aber in gemeinsamen Arbeitsgruppen behandeln lassen.

In der Nachmittagssitzung (28. Juli) brachte Staatssekretär Frank die deutschen Ergänzungs- und Änderungswünsche gegenüber dem „Bahr-Papier" vor und stieß auf heftigen Widerspruch bei den Sowjets. Falin ließ die deutsche Delegation wissen, daß sich die sowjetische Regierung, abgesehen von einigen redaktionellen Änderungen, außerstande sehe, auf weitere Bonner Wünsche einzugehen. Walter Scheel dachte schon daran, umgehend die Koffer zu packen und heimzureisen oder die Verhandlungen bis zum Herbst zu unterbrechen, wenn keine substantiellen Fortschritte mehr zu erzielen wären. Der weitere Ablauf der Verhandlungen Scheels verlief nicht ohne Dramatik, nicht zuletzt deshalb, weil die deutsche Delegation bemüht war, im Vertragstext den Charakter des Gewaltverzichts stärker zu betonen als die für die Sowjets so bedeutsamen Grenzaussagen und ferner die deutsche Position durch zusätzliche Absichtserklärungen zu stärken.

Wie schwierig die Verhandlungen inzwischen geworden waren, schilderte Egon Bahr in einem Telefoninterview des Hessischen Rundfunks am 3. August, dem achten Verhandlungstag: „Jedes Entgegenkommen auf Wünsche unsererseits, jede Änderung eines Kommas, eines Buchstabens, eines Wortes, eines Halbsatzes wird jetzt zu leicht mißinterpretiert als ein öffentliches Zurückweichen der sowjetischen Seite."[61]

Viel Verhandlungsspielraum war für Scheel nicht mehr in Sicht, dennoch versuchte er einige textliche Verbesserungen durchzusetzen. Bis zum 4. August, dem neunten Verhandlungstag, hatten zwischen den Delegationen dreizehn Treffen auf verschiedenen Ebenen stattgefunden und beide Seiten fast dreißig Stunden miteinander konferiert, bevor sich an diesem Tag die Außenminister grundsätzlich über den Aufbau und den inhaltlichen Kern des Vertrags einigen konnten. In einer redaktionellen Arbeitssitzung zwischen Frank und Falin wurde man sich auch über die Formulierung des „Briefes zur deutschen Einheit" einig.

Bevor allerdings am 4. August der Durchbruch gemeldet werden konnte, drohten die Verhandlungen in eine Sackgasse zu laufen, denn über vier wichtige Bonner Vertragselemente ließ sich tagelang kein Konsens erreichen: erstens die von den Deutschen geforderte Anbindung der Grenzaussage (Artikel 3) an den vorausgehenden Gewaltverzicht (Artikel 2), zweitens die Aufnahme des Adenauer-Bulganin-Briefwechsels und seines Datums in die Präambel des Vertrages, drittens die Erwähnung der unverändert geltenden alliierten Rechte und viertens eine von Scheel verlangte „europäische Option" im Vertragstext. Das waren für die Sowjets schwere Brocken, die aber das Politbüro mit einer Ausnahme (Punkt 4) schließlich akzeptierte.

In zwei gesonderten Besprechungen Bahrs mit Falin wurden die festgefahrenen Verhandlungen wieder „flottgemacht", und Gromyko, der sich vehement („unannehmbar") gegen eine Verknüpfung der Artikel 2 und 3 gewehrt hatte, mußte nun der sogenannten Brückenformulierung zustimmen; es war ein Zugeständnis der Sowjets. Auch die anderen deutschen Anliegen konnten durchgesetzt werden: Durch den „Brief zur deutschen Einheit", den die Sowjetunion nun bei der Unterzeichnung entgegenzunehmen bereit war, ließ sie die Wiedervereinigungspolitik der Bundesrepublik als vertragskonform gelten, was durch die Erwähnung des deutsch-sowjetischen Abkommens vom

13. September 1955 in der Präambel zusätzlich abgesichert wurde.

Am 6. August setzte sich noch einmal eine kleine gemeinsame Arbeitsgruppe zur abschließenden Endredaktion zusammen und verglich den Wortlaut des russischen und deutschen Vertragstextes. Nachdem Gromyko grünes Licht vom Politbüro erhalten hatte, kamen beide Außenminister am Abend des 6. August überein, am nächsten Tag den Vertrag zu paraphieren.

Nach den nur siebzehn Tage dauernden Gesprächen zwischen Scheel und Gromyko war der deutsch-sowjetische Gewaltverzichtsvertrag perfekt. Zwar konnten keine fundamentalen Korrekturen des „Bahr-Papiers" mehr erreicht werden, doch war die Sowjetunion den Deutschen in einigen Punkten entgegengekommen. Der nur aus vier vorangestellten Leitsätzen und fünf Artikeln bestehende Vertrag legte fest: In dem Bestreben, „die Normalisierung der Lage in Europa" zu fördern (Artikel 1), übernahmen die Vertragspartner die Verpflichtung, sich in ihren gegenseitigen Beziehungen „der Drohung mit Gewalt oder Anwendung von Gewalt zu enthalten" (Artikel 2). Der Passus, daß die Bundesrepublik und die UdSSR „ihre Streitfragen ausschließlich mit friedlichen Mitteln lösen" werden, gemäß Artikel 2 der Charta der Vereinten Nationen, schloß die Inanspruchnahme der Feindstaatenklausel der UN-Charta aus; ein Punkt, bei dem die Sowjets Bonn entgegengekommen waren.

Dafür mußte die Bundesrepublik in Artikel 3 ein Zugeständnis machen, indem sie mit der Sowjetunion darin übereinstimmte, „daß der Friede in Europa nur erhalten werden kann, wenn niemand die gegenwärtigen Grenzen antastet". Weiterhin bezeichnet Artikel 3 „heute und künftig die Grenzen aller Staaten in Europa als unverletzlich" und führt die Grenzen zweier Staaten auf, die gar nicht Vertragspartner sind, nämlich die „Oder-Neiße-Linie, die die Westgrenze der Volksrepublik Polen bildet", und die „Grenze zwischen der Bundesrepublik Deutschland und der Deutschen Demokratischen Republik". Diesen Grenz-Satz hatte Scheel noch aus dem Vertrag zu streichen versucht, aber zum einen war das nach der Veröffentlichung der „Bahr-Papiere" schon aus Prestigegründen für die Sowjetunion nicht mehr möglich, und andererseits legte die Sowjetführung großen Wert auf diesen Passus, der ihre Position als europäische Großmacht bestätigte.

Mit diesem Artikel erkannte die Bundesrepublik auch indirekt den Staatscharakter der DDR an, ohne eine völkerrechtliche Anerkennung auszusprechen. Die Sowjetunion hatte schließlich durch die Entgegennahme des „Briefes zur deutschen Einheit" akzeptiert, daß eine friedliche Wiedervereinigungspolitik der Bundesrepublik nicht als vertragswidrig ausgelegt werden kann. Sowohl Scheel als auch Bundeskanzler Willy Brandt betonten unmittelbar nach Vertragsschluß, daß der Moskauer Vertrag nur gewaltsame Grenzänderungen ausschließe und freiwillige Grenzkorrekturen oder die Vereinigung zweier souveräner Staaten nicht gegen den Vertrag verstoßen.

Unmittelbar nach der Paraphierung des Vertrages am 7. August flog Außenminister Scheel mit seiner Delegation nach Bonn zurück. In der Kabinettssitzung am nächsten Tag unterrichtete Scheel über den Verlauf und das Ergebnis der deutsch-sowjetischen Vertragsverhandlungen und erläuterte den Vertragstext anhand von Kopien, die nach der Sitzung wieder eingesammelt wurden. Egon Bahr informierte noch vor der Kabinettsrunde den Oppositionsvorsitzenden Rainer Barzel über den Vertragsabschluß. In den folgenden Tagen erfolgte durch Vertreter der Bundesregierung eine ausführliche Information der verschiedenen parlamentarischen Gremien, und parallel dazu wurden die drei westlichen Verbündeten über den Vertrag unterrichtet.

Während aus dem Ausland der Bundesregierung Anerkennung und Lob gezollt wurden, überreichte Oppositionsführer Barzel dem Bundeskanzler einen von der CDU/CSU-Fraktion einstimmig gebilligten Brief, der die spätere Begründung für die Ablehnung des Moskauer Vertrags bereits enthielt: „Die CDU/CSU-Bundestagsfraktion vermag ein ausgewogenes Verhältnis von Leistung der Bundesrepublik und Gegenleistung der Sowjetunion bisher nicht zu erkennen." Ihr abschließendes Urteil über diesen Vertrag wollten die Unionsparteien erst dann fällen, wenn alle ostpolitischen „Verabredungen und Verträge als einheitliches Ganzes" vorlägen.[62] Damit schürte die Opposition den Verdacht, es habe in Moskau zusätzliche Nebenabreden oder Geheimklauseln gegeben.

Auch wenn sich derlei bewußt genährte Spekulationen als völlig falsch erwiesen, blieb die Opposition bei ihrer ablehnenden Haltung. Am 11. August einigte sich das Kabinett, den Vertrag durch den Bundeskanzler und den Außenminister am nächsten Tag in Moskau unterzeichnen zu lassen. In Anwesenheit des sowjetischen Generalsekretärs Breschnew unterzeichneten Willy Brandt und Ministerpräsident Kossygin am 12. August 1970 den deutsch-sowjetischen Vertrag. Während der Zeremonie der Vertragsunterzeichnung stand neben Breschnew der eigentliche Architekt dieses Vertrages: Egon Bahr, an dem die strapaziösen Verhandlungsstunden nicht spurlos vorübergegangen waren, mit ernstem Gesicht, in angespannter Körperhaltung, sich der Bedeutung dieses historischen Augenblicks bewußt, innerlich bewegt und erleichtert zugleich.

„Für die Bundesrepublik wurde der Moskauer Vertrag zum Tor nach Osteuropa", würdigt der Publizist Peter Bender diesen Vertrag. „Er ermöglichte alles, was ihr später östlich der Elbe gelang; sie fand sogar, wenn ihre Ostpolitik stockte, im Kreml einen stillen Verbündeten, denn nachdem sich beide auf das Experiment Entspannung eingelassen hatten, mußten beide dafür sorgen, daß es gelang. Entscheidend war: Zwar blieben die Toten im Gedächtnis, auch Zweifel und Mißtrauen minderten sich nur langsam – aber die Westdeutschen erschienen jetzt nicht mehr als Feind, sondern als Partner."[63]

Der Moskauer Vertrag, der von den westlichen Verbündeten als wichtiger Schritt der gemeinsam verfolgten Entspannungspolitik begrüßt wurde, war nur der Auftakt für weitere Abkommen mit osteuropäischen Ländern. Und ohne engagierte Unterstützung der Verbündeten wäre das Bonner Gesamtkonzept von mehreren bilateralen Verträgen nicht zu verwirklichen gewesen. Es lag aber auch im Interesse der Westmächte, daß die Bonner Ostpolitik kein Torso blieb. Befürchtungen, die Bundesrepublik könnte sich vom Westen isolieren oder sich gar auf Kosten Westeuropas mit Moskau im Alleingang verständigen, wurde frühzeitig der Boden entzogen.

In diesem Zusammenhang wurde in Bonn mit großer Erleichterung registriert, was zum Beispiel der französische Außenminister Schuman am 1. Oktober 1970 vor dem Außenpolitischen Ausschuß des französischen Senats über den deutsch-sowjetischen Vertrag ausführte. Der Moskauer Vertrag, betonte Schuman, sei das Gegenteil des Rapallo-Vertrages von 1922: „Für Deutschland ist dies ein Sieg über sich selbst, ein Sieg, welcher der Einigung Westeuropas eine neue Anregung geben kann. Die sowjetische Haltung läßt außerdem eine Hoffnung auf Entspannung zu, was die Verbesserung der Lage Berlins betrifft."[64] Damit hatte der französische Außenminister zugleich ein Problem angesprochen, das in den Verantwortungsbereich der Verbündeten fiel: Berlin.

Nach Abschluß des Moskauer Vertrages erhielt der achtundvierzigjährige Staatssekretär Egon Bahr, der seit Oktober 1969 auch noch mit dem Amt des Bundesbevollmächtigten für Berlin betraut war, keine allzu lange Verschnaufpause. Er bereitete sich schon auf die nächsten Verhandlungen vor, die nun mit der DDR zu führen waren. Zunächst aber wartete die Bonner Regierung, die zwischen Februar und Dezember 1970 erfolgreich mit Polen den Warschauer Vertrag aushandelte, die seit März 1970 laufenden Berlin-Gespräche der vier alliierten Mächte ab.

Vom Berliner Viermächteabkommen zum Grundlagenvertrag

Nach Abschluß des Moskauer Vertrags hatte die Bonner Regierung immer wieder betont, daß es zu einer Ratifizierung dieses Abkommens erst dann kommen werde, wenn eine befriedigende Berlin-Regelung durch die vier Mächte vereinbart worden sei. Mit diesem Junktim zwischen der Ratifizierung der Ostverträge und dem Abschluß der Viermächteverhandlungen über Berlin hatte Bonn aber zugleich die Entscheidung über den Erfolg der Ostpolitik in die Hände der ehemaligen Siegermächte gelegt. Somit ging die Koalitionsregierung ein gewisses Risiko ein, da die Bundesrepublik auf den Verlauf und Ausgang der Berlin-Verhandlungen keinen Einfluß ausüben durfte und andererseits die Sowjets sich hätten weigern können, auf dieses Junktim einzugehen.

Da aber eine Berlin-Regelung längst als Testfall für die Entspannungspolitik galt, konnte sich die Sowjetunion ein Scheitern nicht ohne den Verlust ihrer internationalen Glaubwürdigkeit leisten. Die Bundesregierung hielt – trotz einiger Versuche, das Junktim etwas abzuschwächen – an dem aufgestellten Zusammenhang fest, den Egon Bahr plastisch mit einem „Ritt über den Bodensee" beschrieb.

Als am 26. März 1970 die drei Westmächte und die Sowjetunion auf Botschafterebene offiziell die Berlin-Verhandlungen begannen, überwog auf beiden Seiten eine skeptische Einstellung über die Erfolgsaussichten. Die Gespräche kamen zunächst nicht so recht voran, von Verhandlungen war lange Zeit nicht die Rede. Als die Viermächteverhandlungen sich ergebnislos hinzogen, stagnierten und sogar ein Scheitern nicht mehr ausgeschlossen wurde, sah sich die Bundesregierung veranlaßt, sich diskret an die Verhandlungspartner zu wenden und damit die nach außen demonstrierte Passivität abzulegen. Auf den ihr zur Verfügung stehenden diplomatischen Kanälen sprach Bonn in den westlichen Hauptstädten vor und mahnte einen konstruktiven Fortgang der Berlin-Gespräche an.

Für die delikate Mission, die Viermächtegespräche wieder flottzumachen, bot sich in Bonn vor allem Staatssekretär Bahr an. In zahlreichen sogenannten informellen und als „privat" charakterisierten Treffen in Bonn zwischen dem amerikanischen Botschafter Kenneth Rush, dem sowjetischen Botschafter Valentin Falin und Egon Bahr gelang es, substantielle Fortschritte zu erzielen und die Gespräche in konkrete Verhandlungen überzuführen.

Mit Moskau knüpfte Egon Bahr über einen Beauftragten Breschnews, der sich schon im Dezember 1969 im Kanzleramt vorgestellt und in den deutsch-sowjetischen Dialog eingeschaltet hatte, einen ebenso wichtigen wie hilfreichen Kontakt an. Überhaupt liefen die Berlin-Gespräche über einen längeren Zeitraum weniger im Berliner Kontrollratsgebäude der Alliierten als vielmehr über geheime Informationskanäle, so zwischen Henry Kissinger, dem Sicherheitsberater Präsident Nixons, und dem sowjetischen Botschafter in den USA, Anatolij Dobrynin, ferner zwischen Kissinger, Botschafter Rush und Egon Bahr. Über Einzelheiten seiner damaligen Mission möch-

Egon Bahr 1932 als Sextaner
Privatarchiv Bahr

links: *1944 in Wehr-
machtsuniform*
Privatarchiv Bahr

unten: *als RIAS-Kom-
mentator in Bonn, 1953*
Privatarchiv Bahr

Egon Bahr vor dem Politischen Club der Evangelischen Akademie
Tutzing, 1963
Privatarchiv Bahr

Während der USA-Reise mit Willy Brandt im Mai 1964.
Stehend von links: deutscher Botschafter Knappstein, US-Außenminister
Rusk, McBundy; sitzend: Bahr, Berliner Senator Schütz, Berliner
Regierender Bürgermeister Brandt, US-Präsident Johnson
Landesbildstelle Berlin

*Bei den Sondierungsgesprächen für ein Gewaltverzichtsabkommen
zwischen der Sowjetunion und der Bundesrepublik Deutschland
(Moskauer Vertrag), Moskau, Februar 1970. Von links: Falin und Semjonow,
die Vertreter der UdSSR, Bahr und der deutsche Botschafter Allardt*

stern – Seeliger

*Notenaustausch zum Grundlagenvertrag zwischen der Bundesrepublik
Deutschland und der Deutschen Demokratischen Republik durch
Michael Kohl und Egon Bahr, 20. August 1973*
Presse- und Informationsamt der Bundesregierung – Bundesbildstelle

*Bundesentwicklungshilfeminister Egon Bahr auf der Abgeordnetenbank
im Deutschen Bundestag, November 1975*
Presse- und Informationsamt der Bundesregierung – Bundesbildstelle

Mit dem SPD-Vorsitzenden Willy Brandt beim Bundestagswahlkampf, Flensburg, September 1976

Scheich

Im Gespräch mit Bundespräsident Walter Scheel, April 1976
Presse- und Informationsamt der Bundesregierung – Bundesbildstelle

*Mit dem sowjetischen Außenminister Gromyko, Partei- und Staatschef
Breschnew und dem SPD-Vorsitzenden Brandt in Moskau, Juni 1981*
Privatarchiv Bahr

Egon Bahr 1986
Leonhardt

te sich Egon Bahr auch heute nicht äußern; es bestehe kein Grund, die einst vereinbarte Vertraulichkeit nun zu lüften. Allerdings läßt Egon Bahr durchblicken, daß er mehr als einmal amerikanische Vorschläge zuerst von den Sowjets erfuhr.

Als „aktives Kommunikationszentrum" wurde Egon Bahrs Rolle in dieser Phase der Viermächteverhandlungen beschrieben, mit der Folge: „Die offiziellen vierseitigen Berlinverhandlungen wurden also mehrfach überlagert: von den jeweiligen zweiseitigen Kontakten und von den Geheimverhandlungen der Bonner Dreiergruppe Rush-Falin-Bahr. Diese wiederum waren an das dominante Kommunikationsnetz angeschlossen, das von den Sicherheitsberatern der drei Regierungen (Kissinger, Bahr, Alexandrow) gebildet wurde."[65] Nachdem sich ab Mitte Mai 1971 diese Gesprächsschiene eingespielt hatte, kamen die Verhandlungen in der Sache voran.

Auch wenn Egon Bahr heute seine damaligen Bemühungen nicht besonders herausgestellt sehen möchte und er auf die Hauptverantwortlichen, die USA und die Sowjetunion, hinweist, so kamen doch von ihm die entscheidenden Anstöße für den schließlich erfolgreichen Verhandlungsablauf. „Er überzeugte sowohl die sowjetische als auch die amerikanische Führung, daß das bereits in den deutsch-sowjetischen Vertragsverhandlungen praktizierte Verfahren einen Ausweg aus der Sackgasse bot, die sich aus der Unvereinbarkeit der westlichen und östlichen Rechtspositionen und politischen Zielsetzungen ergab. Der nach Kissingers Bewertung ‚geniale' Verfahrensvorschlag lautete: ‚Beide Seiten sollten davon Abstand nehmen, ihre Position juristisch zu rechtfertigen, und statt dessen versuchen, ihre praktischen Verantwortungen und Verpflichtungen darzustellen.' Da eine Konfliktlösung unmöglich war, sollte eine Konfliktregelung versucht werden."[66] Auf diesem Konzept konnten die Viermächteverhandlungen fortgesetzt und bis September 1971 nach insgesamt dreiunddreißig offiziellen Sitzungen mit über 150 Verhandlungsstunden abgeschlossen werden.

Das Ergebnis konnte sich sehen lassen. Herausgekommen war nunmehr „ein Vertragswerk, eine Hierarchie von Haupt-, Unter- und Ergänzungsvereinbarungen, ein Seminarstück für Juristen und Diplomaten", beschreibt Peter Bender treffend das Berliner Viermächteabkommen.[67]

Die Sowjetunion hatte auch bei diesem Vertrag etliche Konzessionen machen müssen. Das Abkommen legt fest, daß die vier Mächte ihre Rechte und Verantwortlichkeiten in dem Gebiet „gegenseitig achten" und „ungeachtet der Unterschiede in den Rechtsauffassungen die Lage, die sich in diesem Gebiet entwickelt hat", nicht einseitig verändern werden. In diesem allgemeinen Teil des Abkommens wird zwar die grundsätzliche Frage um den Status Berlins ausgeklammert sowie die definitive Feststellung umgangen, ob es sich auf Gesamt-Berlin oder nur den westlichen Teil bezieht, aber dafür bestätigte die Sowjetunion die Rechte und Verantwortlichkeiten der drei Westmächte in Berlin und stellte sie nicht mehr, wie zuletzt 1958, massiv in Frage.

Teil II enthält dann Bestimmungen, welche die Westsektoren Berlins betreffen und an den seit 1949 geltenden Grundsatz erinnern, daß West-Berlin kein Bestandteil (konstitutiver Teil) der Bundesrepublik ist. Allerdings sollen „die Bindungen zwischen den Westsektoren Berlins und der Bundesrepublik Deutschland aufrechterhalten und entwickelt" werden können. Für dieses sowjetische Zugeständnis mußten sich die drei Westmächte dazu verpflichten, diese Bindungen ebenso zu begrenzen wie bisher, und sie haben sich auch erstmals auf eine Einschränkung der demonstrativen Bundespräsenz in Berlin verpflichten lassen:

Bundestag und Bundesrat dürfen dort weder Vollver-
sammlungen abhalten noch die Wahl des Bundespräsi-
denten durchführen.

Andererseits hat sich die Sowjetunion darauf verbindlich festlegen lassen, daß die Vertretung der Interessen
West-Berlins im Ausland durch die Bundesrepublik
wahrgenommen werden darf, soweit nicht Fragen der
Sicherheit und des Status berührt werden. „Obwohl über
die Auslegung später viel Streit entstand und manches
nicht funktionierte – im Rückblick auf die Krise vor zehn
Jahren war ein zweiter großer Schritt gelungen: Nach der
,entmilitarisierten freien Stadt' verzichtete Moskau nun
auf die ,selbständige politische Einheit'. Nur ein westliches Zugeständnis blieb: Die Sowjetunion durfte in
West-Berlin ein Generalkonsulat errichten; damit demonstrierte sie ihre Auffassung von dessen ,besonderem
Status'."[68]

Der eigentliche Verlierer des Berlinabkommens war
die DDR, weil die Sowjetunion deren Souveränitätsan-
sprüche bei den Verhandlungen nur bedingt hatte gelten
lassen. Besonders deutlich galt dies für alle Fragen des
Transitverkehrs. Denn die Sowjetunion bezeichnete sich,
kraft alliierten Rechts, nun wieder als alleinverantwort-
lich für das Funktionieren des zivilen Durchgangsver-
kehrs von und nach West-Berlin, der laut Abkommen
„ohne Behinderungen" sein wird. Den „deutschen Behörden" wird lediglich die Aufgabe übertragen, „Regelungen zur Durchführung und Ergänzung" des Viermächteabkommens zu vereinbaren.

Das Berlinabkommen hatte dadurch auch für die
innerdeutschen Beziehungen Auswirkungen, weil nun
beiden deutschen Staaten ein Teil der Regelungen überlassen wurde und dies beide Seiten unter einen gewissen
Erfolgszwang setzte. Und damit kam der nach deutsch-
deutschen Treffen in Erfurt und Kassel unterbrochene
innerdeutsche Dialog wieder in Gang.

Zwar war es schon am 27. November 1970 zwischen den Staatssekretären Egon Bahr und Michael Kohl zur Aufnahme eines vertraulichen Meinungsaustausches über Fragen, deren „Regelung der Entspannung im Zentrum Europas dienen würde und die für beide Staaten von Interesse sind", gekommen, doch führten die in unregelmäßigen Abständen erfolgten Gespräche nicht zu Ergebnissen.[69]

Die DDR-Führung verfolgte wohl die Absicht, mit Bonn zu ersten Vereinbarungen zu kommen, doch Egon Bahr, der die volle Rückendeckung von Brandt und Scheel genoß, beließ es bei dem Hinweis auf die laufenden Viermächteverhandlungen über Berlin bei Sondierungsgesprächen; weder wurden schriftliche Aufzeichnungen angefertigt noch Positionspapiere ausgetauscht, denn nach den Pannen während der deutsch-sowjetischen Verhandlungen war Egon Bahr noch vorsichtiger geworden. Und in Bonn machte sogar der Kalauer die Runde, Egon Bahr würde aus Gründen der Geheimhaltung nicht einmal mehr Willy Brandt etwas Schriftliches in die Hand geben. Erst als das Berlinabkommen am 3. September 1971 unterzeichnet wurde, konnten Bahr und Kohl die Sondierungsgespräche nun als offizielle Verhandlungen fortsetzen.

Dabei nahmen sich die beiden Unterhändler gleich zwei Verhandlungsgegenstände vor: Zum einen mußten sie entsprechend dem Berlinabkommen eine Ergänzungsvereinbarung, das Transitabkommen, aushandeln, und zum anderen wollten sie in eigener Regie in den Verhandlungen auch einen innerdeutschen Verkehrsvertrag abschließen. Die DDR präsentierte zwei schriftliche Entwürfe, die auf den Diskussionen des vorhergehenden Meinungsaustausches beruhten.

Trotz einer Verhandlungsgrundlage erwiesen sich die Verhandlungen zwischen Bahr und Kohl als recht kompliziert: Da das Berlinabkommen nur in den Sprachen der

Siegermächte abgefaßt und eine verbindliche deutsche Fassung nicht zugelassen wurde, ergaben sich etliche Probleme bei der Übersetzung und der Auslegung verschiedener Begriffe.

Trotz zäher Verhandlungen war es bis Mitte November immer noch nicht gelungen, sich über einzelne Bestimmungen wie die Plombierung der Transportmittel, Kontrollen, Verkehrsunterbrechungen auf Transitwegen oder Mißbrauchsregelungen zu verständigen. Egon Bahr, der sich im Zwei-Tage-Rhythmus mit dem DDR-Unterhändler abwechselnd in Ost-Berlin und Bonn traf, beschrieb am 14. November den erreichten Verhandlungsstand mit einem Bild einer Bergwanderung: „Viele Kuppen haben wir schon hinter uns gelassen, aber den Gipfel haben wir noch nicht erreicht."[70]

Das Verhandlungsklima zwischen beiden Delegationen, das anfangs sehr steif, förmlich und recht unterkühlt war, hatte sich inzwischen gelockert. „Man kommt sich auch persönlich langsam ein bißchen näher. In der vergangenen Woche haben wir zum ersten Mal miteinander gelacht. Die Verkrampfungen lösen sich allmählich." Aber es hatte im Vergleich mit Gromyko noch viel länger gedauert, berichtet Egon Bahr, bevor sich Michael Kohl auf einen Scherz einließ.

Die eigentlich nur in Spurenelementen sichtbar gewordene atmosphärische Verbesserung des Verhandlungsklimas stand in umgekehrtem Verhältnis zum substantiellen Verhandlungsertrag; die DDR legte sich in der Sache quer und lehnte zum Beispiel den Bonner Vorschlag ab, Verkehrsbestimmungen aus internationalen Abkommen zu übernehmen.

In dieser Situation hat dann die Sowjetunion, die an dem Abschluß des gesamten Vertragspakets interessiert war, die Ost-Berliner Führung diskret zu konstruktivem Verhalten ermahnen müssen. Nicht ohne Erfolg, denn plötzlich klappte die Einigung über strittige Probleme,

und am 17. Dezember 1971 konnten die deutschen Er-
gänzungsabkommen in Ost-Berlin von Bahr und Kohl
unterzeichnet werden. Die Sicherung der Zufahrtswege
von und nach Berlin war endlich auf eine rechtsverbindliche Grundlage gestellt. „Die Insel Berlin war ihrem
Festland ein großes Stück nähergerückt."[71] Die Vereinbarungen über den Transit- und Besucherverkehr – der
Berliner Senat und die DDR hatten sich in parallelen
Verhandlungen über den innerstädtischen Reise- und
Besuchsverkehr geeinigt – erleichterten die Verbindungen zwischen der Bundesrepublik und West-Berlin und
zwischen dem West- und Ostteil der Stadt erheblich.
Westdeutsche konnten ohne langwierige und lästige
Kontrollen nach West-Berlin reisen, Westberliner endlich wieder den Ostteil der Stadt und die DDR besuchen.
In der Praxis haben diese Regelungen des Berlinabkommens die geringsten Schwierigkeiten verursacht, wenn
auch die DDR-Behörden gelegentlich Transitreisende
mit politischen Begründungen abgewiesen haben. Konflikte und Spannungen entstanden eher aus den vagen
Bestimmungen über den Status von Berlin und der Formel über die „Entwicklung der Bindungen" zwischen
West-Berlin und der Bundesrepublik.

Die Bonner Koalition und die vier Mächte waren erleichtert, daß in relativ kurzem Zeitraum der Abschluß
des Transitabkommens mit der DDR geglückt war. Und
Egon Bahr durfte das ausgehandelte Ergebnis auch als ein
Stück persönlichen Erfolgs empfinden. „Wenn ich die
Ausgangspositionen noch einmal bedenke, dann habe ich
das Gefühl, ich kann zufrieden sein." Das Transitabkommen war zudem ein Testfall für die noch laufenden und
später folgenden Vereinbarungen mit der DDR; ein Klima des gegenseitigen Vertrauens zu schaffen, war denn
auch ein wichtiges Ziel dieser deutsch-deutschen Verhandlungen gewesen. „Der schwierigste Punkt war überhaupt kein materieller", meinte Egon Bahr nach dem

Ende dieser Verhandlungen. „Der schwierigste Punkt war das Mißtrauen, das es zwischen beiden Staaten gibt. Es ist zwischen den beiden Verhandlungspartnern ein bißchen reduziert worden, aber es wird erst wirksam abgebaut werden können durch die Erfahrungen, die die Menschen machen, wenn sie sehen, daß das Abkommen funktioniert. Dann kann man Vertrauen aufbauen."[72]

Daß es bei den Verhandlungen mit der DDR auch darum gehen mußte, das künftige Verhältnis beider Staaten zueinander von jahrzehntelang gepflegten Feindbildern und Mißtrauen zu befreien und nicht den anderen Verhandlungspartner mit Falschspielertricks über den Tisch zu ziehen, war für Egon Bahr verbindliche Verhandlungsrichtlinie: „Dies waren die ersten Verhandlungen zwischen beiden Regierungen; ich glaube, jeder der Verhandlungspartner hätte den anderen unfair behandeln können, das ist immer möglich, aber nur ein einziges Mal. Beide Seiten waren sich bewußt, daß dies der Anfang ist, und wenn man sich am Anfang übers Ohr haut, dann setzt man besser nicht fort, oder fängt besser gar nicht erst an. Das heißt, wir haben von beiden Seiten unter dem Gesichtspunkt verhandelt, daß weiteres folgen muß, wenn die ganze Sache einen Sinn haben soll."[73]

Daß die DDR durch diese erste deutsch-deutsche Vereinbarung auf dem internationalen Parkett an Gewicht gewann, war der Koalition, die bereits in ihrer Regierungserklärung vom Oktober 1969 den Staatscharakter der DDR anerkannte, schon kein Dorn mehr im Auge. „Was die DDR angeht, so ist es völlig klar, daß sie ein Stück mehr als bisher ein internationaler Faktor geworden ist. Wenn man dies nicht will, darf man keine Verträge schließen", erklärte Egon Bahr.[74]

Nachdem das Berliner Viermächteabkommen mit deutschem Inhalt ergänzt worden war, lobte die *Frankfurter Rundschau* den besonderen Einsatz Egon Bahrs: „Man darf ihm also Dank für eine einmalige Leistung aussprechen, ohne ihn gleich zum Denkmal machen zu müssen. Zwei Jahre lang hat er, mit nur geringen Unterbrechungen, die Ostverträge und das Berlinabkommen, eins ohne das andere undenkbar, entweder selbst vorbereitet, ausgehandelt oder im Hintergrund mitgesteuert. Das allein ist schon ein unglaublicher physischer Kraftakt. Er ist dabei bis an die Grenze seiner Reserven gegangen. Die geistige Leistung war noch größer. Er hatte es mit den schwierigsten Verhandlungspartnern zu tun, die in der internationalen Politik zu finden sind. Er mußte sich dabei durch ein völkerrechtliches Wirrwarr und ein Dickicht von Mißtrauen hindurcharbeiten."[75]

Eine wichtige Etappe war zwar nun erreicht, aber der Verhandlungsmarathon ging in die nächste, kompliziertere Runde.

Der innerdeutsche Dialog wurde nach dieser von den Alliierten aufgegebenen Vertragsarbeit fortgesetzt; schon während ihrer Gespräche über das Transitabkommen hatten sich Kohl und Bahr darüber verständigt, zwischen beiden Staaten einen allgemeinen Verkehrsvertrag auszuhandeln. So gingen am 20. Januar 1972, schon vier Wochen nach Unterzeichnung des Transitabkommens, die Verhandlungen zwischen den beiden aus Thüringen stammenden Staatssekretären im vierzehntägigen Rhythmus weiter. Da die Verhandlungsmaterie bereits in den Grundzügen erörtert worden war, dauerte es nur knapp vier Monate, bis am 12. Mai 1972 der „Vertrag zwischen der Bundesrepublik Deutschland und der Deutschen Demokratischen Republik über Fragen des Verkehrs" in Bonn von Kohl und Bahr paraphiert werden konnte.

Der Verkehrsvertrag, der erste Staatsvertrag mit der DDR, bildete nun eine rechtsverbindliche Grundlage für den Verkehr auf Schienen, Straßen und Wasserwegen. Dieser Vertrag mit der DDR war, so Egon Bahr, „ein Unikum ganz einmaliger Art". Denn der Verkehrsvertrag war „der einzige Ostvertrag, dem die Opposition zugestimmt hat. Dies ist fast aus dem Bewußtsein unserer Öffentlichkeit entschwunden ... Und das ist der Verkehrsvertrag, in dem schon von einem Hoheitsgebiet der DDR die Rede ist, natürlich mit allen sich daraus ergebenden Konsequenzen. Der einzige Schönheitsfehler, den diese Zustimmung hat, war, daß sie kurz vor den Wahlen 1972 erfolgte, wo die Opposition vielleicht glaubte, nicht widersprechen zu dürfen oder sich nicht mehr absentieren zu können wie bei den Ostverträgen zu Moskau und Warschau wenige Monate vorher, weil das Verbesserungen bringen würde. Er hat Verbesserungen gebracht. Der Verkehr zwischen der Bundesrepublik und der DDR ist in beiden Richtungen leichter geworden."[76]

Da auch der Verkehrsvertrag zum ganzen ostpolitischen Vertragspaket zählte und somit in die innenpolitische Debatte um die Ratifizierung der Ostverträge geriet, mußte die DDR sich zu Zugeständnissen in Fragen der Reiseerleichterungen und der Einbeziehung West-Berlins durchringen. Auch wenn diese Punkte nicht Inhalt des Verkehrsvertrags wurden, so kündigte die DDR für den Zeitpunkt des Inkrafttretens des Vertrags konkrete Reiseerleichterungen an. Zugleich signalisierte die DDR ihren guten Willen dadurch, daß sie die Reiseerleichterungen schon vorzeitig, wenn auch zunächst befristet auf Ostern und Pfingsten, wirksam werden ließ. Der Verkehrsvertrag, dessen positive Auswirkungen für viele Bundesbürger und Westberliner inzwischen spürbar geworden waren, passierte denn auch alle parlamentarischen Hürden: Nach der Unterzeichnung am 26. Mai fand er die mehrheitliche Zustimmung am 22. September im Bundestag und am 6. Oktober im Bundesrat und konnte am 17. Oktober 1972 in Kraft treten.

Für die sozialliberale Koalition war mit dem Verkehrsvertrag ein erster Schritt zu einem besseren Verhältnis zur DDR, nämlich zu „normalen gutnachbarlichen Beziehungen" (Bahr), erreicht. Daß aber mit dem Verkehrsvertrag die Gespräche und Verhandlungen mit der DDR nicht zu Ende waren, machte Egon Bahr unmittelbar nach deren Abschluß deutlich: „Es ist vorgesehen, daß nach der Unterzeichnung des Verkehrsvertrages ein Meinungsaustausch über die Fragen beginnt, die für das Nebeneinander und hoffentlich dann auch einmal Miteinander beider Staaten und der in ihnen lebenden Menschen von grundsätzlicher und praktischer Bedeutung sind."[77]

Dieser von Bahr angekündigte Meinungsaustausch über die „Grundfragen des Verhältnisses zwischen beiden Staaten" sollte denn auch bald geführt werden. Zu Beginn des deutsch-deutschen Dialogs war für beide Seiten noch völlig offen, wie und in welcher Form das Verhältnis beider Staaten zueinander geregelt werden könnte. Die Bundesregierung – und auch Egon Bahr – sprachen zunächst von einer Klärung der „Grundbeziehungen" oder des „Grundverhältnisses" und zielten zwar auf eine völkerrechtlich gültige Vereinbarung mit der DDR, nicht aber auf deren völkerrechtliche Anerkennung durch die Bundesrepublik. Staatssekretär Bahr, der auf einer Pressekonferenz am 12. Mai 1972 erklärte, „daß das Ding in der Überschrift weder ‚Grundvertrag' noch ‚Generalvertrag' heißen" werde, umschrieb das Verhandlungsziel zunächst mit „Hauptvertrag".

Einen Monat später, am 15. Juni, saßen sich die beiden Staatssekretäre wieder gegenüber und eröffneten zunächst einen über zwei Monate dauernden Meinungsaustausch. Erneut mußte sich Egon Bahr gemeinsam mit Michael Kohl durch alle Verästelungen des deutschen Problems durchackern, in den ungeheuren Wust von juristischen Positionen und ideologischen Spitzfindigkeiten eine Schneise schlagen. Bei dem Meinungsaustausch wandte Egon Bahr zudem besonderes psychologisches Geschick an, galt es doch, auf das überempfindliche

Selbstgefühl des anderen Staates entsprechend Rücksicht zu nehmen.

Dazu gehörte auch, nach den Gesprächen mit keiner Indiskretion den Fortgang des deutsch-deutschen Dialogs zu belasten. Äußerst korrekt, aber unnahbar zeigte sich DDR-Unterhändler Kohl oft nach den Treffen und ließ die wartenden Journalisten mit fast nichtssagenden Allgemeinplätzen im ungewissen. Aber auch Egon Bahr rückte nicht einmal Bruchstücke der Gesprächsergebnisse zwischen ihm und Kohl heraus.

Der Meinungsaustausch zog sich in die Länge; erst am 9. August hatte das Bundeskabinett grünes Licht für den Beginn offizieller Verhandlungen mit der DDR gegeben und Egon Bahr mit der Leitung der Verhandlungen beauftragt. Als die beiden Verhandlungspartner am 16. August in das Verhandlungsstadium eintraten, konnten sie bereits ein kleines „Jubiläum" feiern: Es war ihre fünfzigste Zusammenkunft seit Beginn ihrer Gespräche über den Grundlagenvertrag. Doch ein Durchbruch war zu diesem Zeitpunkt noch nicht in Sicht. Im September gerieten die Verhandlungen sogar ins Stocken. DDR-Staatssekretär Kohl rückte vor den Fernsehkameras mit der Forderung heraus, zwischen Bonn und Ost-Berlin müsse am Ende schließlich ein Austausch von Botschaftern erfolgen. Und: „Für Sonderbeziehungen irgendwelcher Art ist kein Raum, und da sollte man sich keinen Illusionen hingeben."[78]

Bonn sah durch die hartnäckige Haltung der DDR ihren deutschlandpolitischen Fahrplan so kurz vor den Bundestagswahlen gefährdet. Egon Bahr wußte einen Ausweg: Er versuchte in direkten Gesprächen mit SED-Chef Erich Honecker am 7. und 27. September die Ost-Berliner Führung zum Einlenken in einigen umstrittenen Fragen zu bewegen, indem er die Bonner Rechtspositionen detailliert erläuterte. Bonn wünschte im Vertrag einen Hinweis auf die fortbestehende Einheit der deutschen Nation sowie die Feststellung, daß der künftige Bevollmächtigte der Bundesrepublik in der DDR auch die Interessen der Westberliner vertreten kann. Das schien für die DDR unannehmbar, und an diesen Problemen hatten sich die Verhandlungen festgefahren.

Auch wenn beide deutsche Unterhändler über einen Vertrag, der das beiderseitige Verhältnis auf eine verbindliche Grundlage stellen sollte, zäh verhandelten, so mußten sie doch stets die Rechte der vier Mächte im Auge behalten. Denn da bei den deutsch-deutschen Verhandlungen wieder die unverändert geltenden deutschlandpolitischen Rechte der vier Mächte ins Spiel kamen, traten erhebliche Schwierigkeiten für beide deutsche Staaten auf. Daher mußte fast jede Formulierung mit den Alliierten abgestimmt werden, was die Verhandlungen zusätzlich erschwerte. Und ein weiteres Mal erwiesen sich die seit den Berliner Viermächteverhandlungen genutzten Drähte zu Washington und Moskau für Bonns routinierten Unterhändler als nützlich.

In dieser Verhandlungsphase, als die DDR zu keinen Konzessionen bereit war, flog Egon Bahr am 10. Oktober für zwei Tage nach Moskau. Zwar betonte der Bonner Emissär, daß die schwierige Phase in den Grundvertragsverhandlungen nur durch Bonn und Ost-Berlin selbst überwunden werden könne, doch hoffte er, daß die sowjetische Führung in seinem Sinne das bisher erreichte Vertragsergebnis zwischen Bonn und Ost-Berlin billigen werde. Ferner informierte Bahr in einem vierstündigen Gespräch Breschnew über den Bonner Wunsch, die vier Siegermächte sollten aus Anlaß der Aufnahme beider deutscher Staaten in die UNO eine Erklärung über ihre ganz Deutschland betreffenden Rechte abgeben. Über diese Frage hatte Bahr zuvor auch mit dem sowjetischen Außenminister gesprochen.

Zwar bestritt Egon Bahr energisch, gegenüber den Sowjets über seine Probleme mit dem DDR-Staatssekretär geredet zu haben. Das mag schon stimmen, meinte Theo Sommer in der *Zeit*, „auch ist er gewiß zu diplomatisch, als daß er sich unterstanden hätte, in Moskau Forderungen anzumelden, die er korrekterweise an die Adresse Ost-Berlins richten muß. Aber daß ein ausführlicher Vortrag des Bonner Standpunktes durch einen Mann, der im Kreml Ansehen genießt und Vertrauen findet, letztlich nicht ohne Wirkung auf Ost-Berlin bleiben werde, ist eine Spekulation, die sich aus den Erfahrungen der letzten Jahre rechtfertigt."[79] Und wie sich wenig später zeigen sollte, erwies sich diese Vermutung als zutreffend, auch wenn der DDR-Verhandlungspartner Michael Kohl, nach Bahrs Moskau-Reise auf mögliche Auswirkungen angesprochen, spöttisch reagierte: „Reisen bildet, und ich glaube, daß auch Herr Bahr klüger aus Moskau zurückgekommen ist."[80]

Beide Delegationen versuchten nun, die schwierigen Themen in einem weiteren Anlauf zu lösen. Besonders ein Problem machte der DDR schwer zu schaffen, berichtet Egon Bahr: „Wenn es beim Moskauer Vertrag die Grenzfrage war, so war es im Grundlagenvertrag die nationale Frage. Die Frage nämlich: Wie haltet ihr es eigentlich, die beiden deutschen Staaten, mit der Nation; akzeptiert ihr überhaupt, daß es die Nation gibt? Und das wollte die DDR überhaupt nicht haben, das war der Punkt, der bis zum Schluß umstritten und offen geblieben ist. Er ist dann gelöst worden in der Form, in der es in der Präambel des Grundlagenvertrags steht. Das bedeutet, daß die DDR anerkennt, daß es die Frage der Nation gibt, und wir es nicht so schwer hatten zu akzeptieren, daß man darüber unterschiedlicher Meinung ist und sich nicht verständigen kann. Aber daß es sozusagen die Nation gibt, ist in einem völkerrechtlich verbindlichen Vertrag festgelegt und steht insofern über allen Gesetzen, die die DDR jetzt beschließen mag; selbst wenn sie heute beschlösse, es gibt die Nation nicht, wäre das nach ihrer eigenen völkerrechtlichen Auffassung nicht gültig. Denn der völkerrechtliche Vertrag steht über nationalem Recht. Das war wirklich die schwierigste Frage."

Nachdem sich auch die vier Mächte auf Botschafterebene vom 23. Oktober bis zum 5. November auf ihre gemeinsame Haltung zum Grundlagenvertrag und über eine Viermächte-Erklärung verständigt hatten, konnten Bahr und Kohl nach über sechzig Sitzungen und mehr als eintausend Verhandlungsstunden am 6. November den erfolgreichen Abschluß des Vertragswerks verkünden. Daß es am Ende relativ rasch zu einer Einigung mit der DDR kam, hatte aber auch innenpolitische Gründe, die Egon Bahr durchaus ins Kalkül gezogen hatte: „Meine Vorstellung war ursprünglich gewesen, wir haben mit dem Grundlagenvertrag mehr als ein Jahr Zeit. Ich wollte ihn vor den Wahlen 1973 haben. Dann haben wir bekanntlich 1972 vorfristig gewählt, und zwar unter schwierigsten innenpolitischen Verhältnissen, wir hatten nämlich keine parlamentarische Mehrheit mehr, und die Frage war zu stellen, ob man unter diesen Gesichtspunkten nicht eine so umstrittene Verhandlung überhaupt abbrechen sollte. Aber wir haben gesagt, und das war eben auch der Mut des Kanzlers, wir machen, was wir für richtig halten, was wir für nötig erachten, und wenn wir damit untergehen, dann gehen wir mit wehenden Fahnen unter. So kam es, ohne daß es genial geplant worden wäre, daß die Verhandlung des Grundlagenvertrags in der Schlußphase in den Wahlkampf hineinkam. Es war damit auch klar, wenn wir ihn fertigkriegen, das habe ich auch als Druck gegenüber der DDR benutzt, dann werden wir ihn paraphieren und werden dann die Wahl auch zu einer Abstimmung über diesen Vertrag machen, indem wir sagen, wenn wir weiterregieren, wird dieser Vertrag unterzeichnet werden und in Kraft treten, wenn wir verlieren, wird es die Opposition nicht binden. Das war fair, das war aber auch politisch wirksam, und es war auch fair gegenüber dem Verhandlungspartner, weil die DDR wußte, die sind nicht sicher, ob sie es schaffen können, es ist aber sicher, daß dieser Vertrag, so wie er ausgehandelt ist, in Kraft gesetzt wird; wenn es geht, müssen wir, die DDR, dieses Risiko eingehen."

Die wichtigen Bundestagswahlen am 19. November vor Augen, entschloß sich die DDR in der Schlußrunde zu einigen Zugeständnissen. Das Bundeskabinett billigte am 7. November den „Vertrag über die Grundlagen der Beziehungen zwischen der Bundesrepublik Deutschland und der Deutschen Demokratischen Republik" und ließ ihn am 8. November paraphieren. Knapp vierzehn Tage vor den Wahlen wurde der Grundlagenvertrag dann doch noch zu einem „Faktor, der den Ausgang der Wahlen beeinflußt" hat, meint Egon Bahr, der mit diesem Vertrag den letzten Mosaikstein zu dem ost- und deutschlandpolitischen Vertragskonzept ablieferte. Mit großer Erleichterung wurde der überraschend deutlich ausgefallene Wahlerfolg der sozialliberalen Koalition auch als Zustimmung der Bevölkerung zu dem vertraglich geregelten Ausgleich mit dem Osten interpretiert. Das von Egon Bahr Ende der sechziger Jahre formulierte Konzept der Normalisierung mit der Sowjetunion, mit osteuropäischen Staaten und der DDR sowie der Sicherung Berlins durch das Viermächteabkommen war nun zu einem erfolgreichen Abschluß gekommen.

Daß die Maßarbeit, gleichsam am grünen Tisch zu Papier gebracht, auch in allen Einzelheiten in die Praxis umgesetzt werden konnte, überraschte nicht nur Egon Bahr. „Am frappiertesten waren die drei Westmächte. Doch, ich muß sagen, als alles fertig war, waren wir wirklich erstaunt, daß es gestimmt hatte. Das muß ich auch sagen. Es war eine faszinierende Sache. Und ich bin auch sozusagen tief dankbar, daß ich das erleben konnte."[81]

Der fünfzigjährige Staatssekretär, der nach der Bundestagswahl über Platz zwei der Landesliste Schleswig-Holstein nun als Abgeordneter in den Bundestag einzog, blieb weiter in der Nähe des Bundeskanzlers: Als „Bundesminister für besondere Aufgaben", so der offizielle Amtstitel, sollte er für weitere ost- und deutschlandpolitische Missionen eingesetzt werden.

Der Grundlagenvertrag wurde am 21. Dezember 1972 in Ost-Berlin in einer nüchternen Zeremonie von Bahr und Kohl unterzeichnet. Mit diesem Vertrag zwischen beiden deutschen Staaten fielen die Hindernisse, die bis dahin der internationalen Anerkennung der DDR im Wege standen. Mit der Feststellung, daß keiner der beiden Staaten den anderen „international vertreten oder in seinem Namen handeln kann" (Artikel 4) und „daß die Hoheitsgewalt jedes der beiden Staaten sich auf sein Staatsgebiet beschränkt" (Artikel 6), wurde endgültig von der Hallstein-Doktrin Abschied genommen. Die Beziehungen zwischen den beiden Staaten basieren fortan auf Gleichberechtigung und Nichtdiskriminierung (Artikel 1). Zwar werden die Beziehungen auf der Basis und nach den Grundsätzen des Völkerrechts geregelt, aber eine völkerrechtliche Anerkennung der DDR durch die Bundesrepublik wird nicht ausgesprochen. Denn nach dem Willen der Bundesregierung sind beide deutsche Staaten füreinander nicht Ausland, und deshalb mußte der Charakter von besonderen Beziehungen dadurch zum Ausdruck kommen, daß „ständige Vertretungen" eingerichtet wurden.

Ferner besagt die Präambel, daß der Vertrag „unbeschadet der unterschiedlichen Auffassungen der Bundesrepublik Deutschland und der Deutschen Demokratischen Republik zu grundsätzlichen Fragen, darunter zur nationalen Frage" geschlossen wird. Dadurch sowie durch die Überreichung und den bestätigten Empfang des wie in Moskau formulierten „Briefes zur deutschen Einheit" hatte Bonn sichergestellt, daß die Bundesrepublik auch weiterhin das Ziel einer Wiedervereinigung vertreten konnte. Auch mußte sich die DDR ausdrücklich zum Fortbestand alliierter Rechte bekennen; in einem Briefwechsel erklärten beide Seiten, „daß die Rechte und Verantwortlichkeiten der vier Mächte und die entsprechenden diesbezüglichen vierseitigen Vereinbarungen, Beschlüsse und Praktiken durch diesen Vertrag nicht berührt werden".

Mit dem Grundlagenvertrag wurde nun aber auch der Zugang der DDR zu den internationalen Organisationen freigegeben; in einem weiteren Briefwechsel erklärten beide Staaten, daß sie die notwendigen Schritte zur Erlangung der Mitgliedschaft in der UNO einleiten werden.

Mit der Unterzeichnung des Grundlagenvertrags im Dezember 1972 war für Egon Bahr eine anstrengende, fast zwei Jahre dauernde Phase von Sondierungen und Verhandlungen zu Ende gegangen. Da war es kaum verwunderlich, daß er nun nach den physischen und psychischen Belastungen sichtlich erschöpft wirkte. Nach der kurzen Zeremonie in Ost-Berlin drückte Bahr seinen persönlichen Zustand mit den Worten aus: „Ich könnte mir vorstellen, daß ein Schriftsteller ähnliche Gefühle hat, wenn er ein Buch beendet hat, von dem er hofft, daß es gut ist. Das heißt, man ist froh, den Schlußpunkt gesetzt zu haben, und fühlt sich ein bißchen leer."[82]

Gemeinsam mit seinem Verhandlungspartner Michael Kohl hat Egon Bahr einen persönlichen Erfahrungsprozeß durchlaufen, der schwierig genug war: „Ich habe gelernt oder war Zeuge eines erstaunlichen Normalisierungsprozesses bei Herrn Kohl während der zwei Jahre. Und ich habe gelernt, wie man mit Partnern umzugehen hat, die Deutsche sind, die in einem ganz anderen System leben und mit denen wir trotz großer Meinungsverschiedenheiten, die bleiben, versuchen müssen, zu einem normalen Nebeneinander und Miteinander zu kommen. Dieser Lernprozeß war auch für mich nicht einfach."[83]

209

Für die Fortsetzung dieses Lernprozesses war gesorgt; bis Mitte November 1973 wurden die Treffen zwischen Bahr und Kohl fortgeführt, um verschiedene Folgeabkommen zu vereinbaren. Die Verhandlungen mit Staatssekretär Kohl übernahm, genau nach dem fünfundsiebzigsten Treffen, der designierte ständige Vertreter Bonns in der DDR, Günter Gaus. Diese letzte offizielle Zusammenkunft mit Kohl verlief, wie so etliche vorher, wenig harmonisch: „Die letzte Verhandlung mit Herrn Kohl war sehr hart. Es war keine erfreuliche Begegnung. Aber wir hatten dann doch das Gefühl: Fünfundsiebzigmal ist ein ziemlicher Abschnitt. Und es ist ganz sicher, daß keiner von uns beiden diesen Abschnitt aus seinem Leben vergessen kann. Er ist auch unwiederholbar. Und wir haben beide die Hoffnung, daß trotz aller augenblicklicher Schwierigkeiten für beide Staaten und ihre Menschen ein gangbarer Weg beschritten wurde."[84]

In der Öffentlichkeit wurde der Grundlagenvertrag mehrheitlich positiv beurteilt; die Opposition dagegen bezeichnete ihn als „Teilungsvertrag" und warf der Regierung vor, übereilt und in Hast verhandelt zu haben. Überzeugen konnten solche Vorwürfe nicht; daß der Grundlagenvertrag kein „Teilungsvertrag" war, sondern mit der Grundgesetzverpflichtung, die Wiedervereinigung der staatlichen Einheit anzustreben, sich durchaus vereinbaren ließ, hat das Bundesverfassungsgericht später in seinem Urteil vom 31. Juli 1973 unmißverständlich bestätigt. Die Bundesregierung und allen voran Egon Bahr konnten sich zu Recht zu ihrem Erfolg gratulieren. Dem Urteil des Publizisten Peter Bender ist zuzustimmen: „Der Vertrag mit der DDR enthielt weit mehr, als die Bundesregierung erhofft hatte. Unter einmalig günstigen Umständen war das Maximum des Möglichen herausgekommen, dennoch bestanden am Jahresende 1972 nicht mehr als die ‚Grundlagen' für künftige Vernunft zwischen den deutschen Staaten. Vor allem die Kenner der Verhältnisse zitieren immer wieder Egon Bahrs Satz: ‚Früher hatten wir gar keine Beziehungen zur DDR, jetzt haben wir wenigstens schlechte.' "[85]

Ungeachtet aller Kritik und persönlicher Verunglimpfungen, die Egon Bahr seit Beginn seiner ost- und deutschlandpolitischen Verhandlungen über sich hatte ergehen lassen müssen, betrachtet er diese Jahre, in denen die Ostverträge zustande kamen, als die politisch glücklichste Zeit seines Lebens. „Denn das war doch ein Stück des eigenen Lebens, das da mit eingebracht wurde, und wenn es funktioniert, was kann man sich eigentlich Schöneres wünschen? Ich bin nicht jemand, der darauf besteht, seiner Eitelkeit zu frönen und sich in der ersten Reihe des Rampenlichts aufzuhalten, sondern einer, der es für denkbar hält, auch in der zweiten Reihe etwas zu bewirken."[86]

Und das war, trotz aller aufrichtigen Bescheidenheit, nicht wenig, was Egon Bahr bewirkt hat: von der öffentlichen Aufforderung im Juli 1963, über den „Wandel durch Annäherung" die Folgen der deutschen Teilung zu lindern, bis zur Unterzeichnung des Grundlagenvertrags, der die Perspektive einer dynamischen Entwicklung der Beziehungen zwischen den beiden deutschen Staaten zu mehr Gemeinsamkeit enthält.

Viertes Kapitel

Der Entwicklungshilfeminister

Von Brandt zu Schmidt

Nach Jahren anstrengender und aufreibender Arbeit, die eine Serie ost- und deutschlandpolitischer Verträge hervorgebracht und heftige parlamentarische Auseinandersetzungen provoziert hatte, hoffte der von der Opposition als „Buhmann der Nation" attackierte Bundesminister für besondere Aufgaben und Abgeordnete Egon Bahr zunächst einmal auf ruhigere Zeiten. Doch gleich sein erster Auftritt als Parlamentarier sorgte für Streit.

Es war während der Debatte über Brandts Regierungserklärung am 24. Januar 1973. Nachdem sein Vorredner, der CDU-Abgeordnete Heinrich Windelen, die Deutschlandpolitik der Bundesregierung scharf angegriffen und polemisch unterstellt hatte, die Regierung habe nationale Interessen nicht nachdrücklich genug vertreten, trat Egon Bahr ans Rednerpult. Der ansonsten kühle Analytiker verlor für einen Moment die Selbstbeherrschung; zornig schleuderte er dem Unionsabgeordneten entgegen: „Nach den Wahlen [September 1969] war eine politische Entscheidung gefallen, die es ermöglichte, dem allgemeinen Grundsatz Rechnung zu tragen, daß, wenn möglich, in der Demokratie und in der Politik die Wahrheit gesagt werden soll." Und mehrfach durch erregte Zwischenrufe unterbrochen, fuhr Bahr heftig fort: „Denn diese Mehrheiten waren nicht so, daß sie es zugelassen hätten, die Wahrheit zu sagen, die Sie selbst auch gesehen haben. Sie haben gewußt, daß die DDR ein Staat ist. Sie haben es nicht gewagt, es zuzugeben. Sie hatten nicht den Mut, es zuzugeben."

Diesen Vorwurf hatten die Unionsabgeordneten lediglich mit Mißfallensäußerungen quittiert, aber dann fachte der Sonderminister die gereizte Stimmung erst richtig an, als er feststellte: „Mit der DDR zu reden ist eine Pflicht des Grundgesetzes. Es ist aber keine Pflicht des Grundgesetzes, mit jedem Abgeordneten zu reden."[1] Auf den Unionsbänken brach ein Sturm der Entrüstung los; das amtliche Wortprotokoll notierte in dem minutenlangen Tumult die Zwischenrufe „Eine Unverschämtheit" und „Das ist eine unglaubliche Provokation". Der amtierende Bundestagsvizepräsident Schmitt-Vockenhausen (SPD) versuchte sich sofort vermittelnd einzuschalten, doch Bahr blieb zunächst hartnäckig dabei, daß er es nicht für seine „unausweichliche Pflicht halte, mit jedem Abgeordneten zu reden"; gegenüber Windelen lehne er dies sogar ab. Erst nach einer weiteren Ermahnung des Bundestagsvizepräsidenten lenkte Bahr ein und erklärte, in seiner amtlichen Eigenschaft werde er „selbstverständlich" mit allen Abgeordneten reden.

Am nächsten Tag wurde die Auseinandersetzung über Bahrs Äußerung fortgesetzt; Oppositionsführer Barzel wertete die Ausführungen Bahrs als „bemerkenswerten Beitrag zur politischen Soziologie der Lüge", während Bundeskanzler Brandt die Angelegenheit als „Ausrutscher" einstufte. Außenminister Scheel sprach von einer „ganz kleinen Reaktionsschwäche", und Minister Horst Ehmke meinte, es sei „vielleicht nicht ein ganz glücklicher Gebrauch des Wortes Wahrheit" gewesen.[2]

Die Union entrüstete sich noch tagelang über Bahrs Äußerung. Die CDU-Abgeordnete Liselotte Berger äußerte sich im Pressedienst ihrer Partei: „Hier hatte ein Minister für einen kurzen Augenblick die Fassung verlo-

213

ren und uns Gelegenheit gegeben, ihm in die Karten zu schauen. Für einen Moment hat er seine politische Trickkiste geöffnet. Der Blick dorthinein ließ einen frieren. Bahr hat die Kiste mit einer Entschuldigung schnell wieder zugemacht. Nur, niemand wird vergessen, was er gesehen hat: Verachtung für das Parlament, Hochmut gegenüber der Öffentlichkeit, leichtfertigen Umgang mit der Wahrheit. Herr Bahr ist noch für viele Überraschungen gut. Man sollte sich darauf einstellen".[3] Aber auch die dem Politiker Bahr ansonsten eher wohlgesonnene Wochenzeitung *Die Zeit* sah sich zu einem kritischen Hinweis an den Minister veranlaßt: „Egon Bahr wird sich daran gewöhnen müssen, daß er nicht wirklicher Geheimer Rat in Bismarcks Auswärtigem Amt, sondern Minister in einer parlamentarischen Demokratie ist."[4]

Ende Februar versuchte Egon Bahr in einem Interview des Deutschlandfunks zu erklären, weshalb er sich bei seiner Jungfernrede im Bundestag zu einem ungewollten Gefühlsausbruch hinreißen ließ: „Ich kann Ihnen in aller Offenheit sagen, daß ich es vorher noch nie in meinem Leben erlebt habe, vor mir in den Bänken der Opposition Gesichter mit einem solchen gesammelten Ausdruck von Haß zu sehen. Und dazu habe ich Zwischenrufe gehört, die das Protokoll nicht verzeichnet hat und die der Zuschauer am Fernsehen oder der Zuhörer am Rundfunk nicht hört, sondern nur der Redner. Ich habe solche Zwischenrufe nicht für möglich gehalten. Das ist die Erklärung für meine Reaktion."[5]

Auch fünfzehn Jahre später bedauert Egon Bahr noch seinen damaligen Ausrutscher: Das war „unparlamentarisch, es war ungeschickt, und die Formulierung war auch nicht haltbar, es war auch – vorher oder hinterher hätte es mir nicht passieren können – das Ergebnis einer ganz ungewöhnlichen Überarbeitung, und ich hatte kurze Zeit darauf einen Kreislaufkollaps".

Die physischen und psychischen Belastungen, verbunden mit all den Anfeindungen, die Egon Bahr durchzustehen hatte, führten zu schweren Kreislaufstörungen. Einer ersten Behandlung im Krankenhaus folgte im Frühjahr 1973 ein mehrwöchiger Kuraufenthalt in einer Klinik am Tegernsee. Der Minister, der bis dahin täglich rund dreißig Gauloise geraucht hatte, mußte dem Nikotin entsagen. Das ging allerdings nur zehn Monate gut. „Ich stellte dann aber fest, daß es ungewöhnlich gut schmeckt." Gesundheitlich wiederhergestellt, stürzte sich der Sonderminister bald wieder in die Arbeit in Bonn.

Doch kaum ein Jahr später, Ende April 1974, führte die Aufdeckung der Spionageaffäre Günter Guillaume zum vorzeitigen Ende des zweiten Kabinetts Brandt/Scheel. Am 6. Mai, vier Tage nach Eröffnung der Ständigen Vertretung der DDR in Bonn, trat Bundeskanzler Willy Brandt zurück. Bahr nahm Brandts vor der SPD-Bundestagsfraktion bekanntgegebene Entscheidung mit tiefer Erschütterung auf; er weinte. „Wenn ich gewußt hätte, daß Fernsehkameras auf mich gerichtet sind, hätte ich es unterdrückt", sagte Egon Bahr später zu diesem deutlichen Ausdruck seiner Betroffenheit.[6] Die Demission Brandts hielt er in der Sache für notwendig. „Ich habe sie respektiert, und ich habe sie zu diesem Zeitpunkt für richtig gehalten, mit großem Respekt für diesen Mann, und rückwirkend, von heute her gesehen, würde ich sagen, ich bin der gleichen Auffassung."[7]

Mit dem Rücktritt Brandts und der Wahl Helmut Schmidts am 16. Mai 1974 zum Bundeskanzler war auch Egon Bahr von seinem Amt als Bundesminister für besondere Aufgaben zurückgetreten. Er richtete sich nun auf seine Tätigkeit als einfacher Abgeordneter ein; der Rückzug von der großen politischen Bühne fiel ihm nicht leicht. Tagelang fühlte er sich niedergeschlagen, verbarg vor seinen Parlamentskollegen nur mühsam resignative Stimmungen, wirkte phasenweise sogar depressiv. Vor

Journalisten allerdings fand der zweiundfünfzigjährige Politiker eher zu humorvollen Formulierungen, als er nach seinen Zukunftsplänen befragt wurde: „Vielleicht werde ich in meinem schleswig-holsteinischen Wahlkreis jetzt Deiche bauen." Oder: „Es ist gut, wenn ich nur Abgeordneter bin, aber was mache ich dann nachmittags?"[8] Mit diesem Satz brachte Egon Bahr etliche SPD-Mandatsträger gegen sich auf, zahlreiche Beschwerdebriefe landeten auf seinem Schreibtisch. „Es gab viel Ärger", erinnert er sich, „und ich kann das verstehen, erstens von den Abgeordneten, die wirklich voll- und überbeschäftigt sind, zu Recht, und zweitens von denen, die es eigentlich am Vormittag erledigen können, erst recht. Es war jedenfalls eine unglückliche Formulierung. Ich hoffe, daß ich mich künftig freihalte von guten Formulierungen, die sehr anfechtbar sind."

Nach dem Verlust seiner politischen Sonderstellung in unmittelbarer Nähe des Kanzlers würdigte die Bundestagsfraktion Egon Bahrs politische Arbeit: Am 24. Mai wird er in den Fraktionsvorstand gewählt. Sosehr er sich auch über diese Wahl gefreut hat, so gering war doch die Zahl der von ihm besuchten Sitzungen des Fraktionsvorstands. Denn knapp sechs Wochen später nahm Egon Bahr schon wieder auf der Regierungsbank Platz.

Minister mit eigenem Ministerium

Vordergründig hatte der Streit zwischen Erhard Eppler, dem Entwicklungshilfeminister, und Bundeskanzler Helmut Schmidt über Etat-Kürzungen beim Ministerium für wirtschaftliche Zusammenarbeit den Anlaß zum Rücktritt des Ministers geliefert. Der Grund lag tiefer, berichtet Egon Bahr, „der Grund lag in seinen politischen

Meinungsunterschieden zum Kanzler, und, wie man so zu sagen pflegt, die Chemie zwischen beiden war nicht herstellbar". Bahr hatte Eppler geraten, dennoch im Amt zu bleiben, aber der ließ sich nicht umstimmen.

Bundeskanzler Schmidt, mit seiner Fähigkeit zu resolutem Handeln, konnte umgehend Egon Bahr als Nachfolger präsentieren. Zwar hatte Egon Bahr dem Kanzler zweimal telefonisch eine Absage erteilt, doch beim dritten Anruf willigte Bahr ein, nachdem er zuvor mit Willy Brandt über diesen Vorschlag gesprochen hatte. „Brandt war wohl der Auffassung, daß ich mir den Luxus des Ausruhens nicht leisten könne und solle und daß es im Prinzip richtig wäre, wenn mit meiner Kabinettszugehörigkeit ein Stückchen Kontinuität sichtbar wird." Zu dem Hanseaten Schmidt hatte Bahr, der engste Vertraute Brandts, bis dahin einen eher von Sachlichkeit geprägten Kontakt; bei verschiedenen Gelegenheiten hatten beide schon mal eine Partie Schach gespielt. Auch später blieb es bei einem Arbeitsverhältnis, das von gegenseitig bekundetem freundschaftlichem Respekt geprägt war. Am 8. Juli 1974 überreichte Bundespräsident Walter Scheel – seit einer Woche in diesem Amt – Egon Bahr die Ernennungsurkunde.

Partei und Öffentlichkeit waren durch die Berufung Bahrs zum neuen Entwicklungshilfeminister ebenso überrascht wie die Opposition. Während Regierungssprecher Bölling erklärte, der Bundeskanzler habe mit Bahr einen Politiker in dieses Amt berufen, der zu seinem künftigen Ressort „eine innere Beziehung hat und zugleich eine nüchterne pragmatische Linie verfolgt", wobei ihm seine großen außenpolitischen Erfahrungen nützen würden, argwöhnte der Chef der CSU-Landesgruppe im Bundestag, Richard Stücklen, die Entwicklungshilfe solle offenbar „zu einem zweiten Weg der Ostpolitik umfunktioniert werden". Und der entwicklungspolitische Sprecher der CDU/CSU, Jürgen Todenhöfer, wünschte Bahr „mehr Glück als in der Ostpolitik".[9]

Die Übernahme dieses Ressorts ist Egon Bahr nicht leichtgefallen, denn „ich bin mit Bedenken in dieses Amt gegangen, zumal ich mich auch schon eingestellt hatte auf ein etwas freieres Leben, in dem man ein bißchen Luft haben und ein bißchen weiter vorausdenken konnte".[10] Allen Skeptikern versicherte der neue Entwicklungshilfeminister bei der Übernahme des Amtes: „Jedenfalls werde ich nicht versuchen, auf dem Umweg über Entwicklungspolitik Ostpolitik weiterzumachen." Auch eine andere Akzentuierung der Außenpolitik strebte Bahr nicht an. Außenpolitik sei „etwas Einheitliches", dazu gehören wirtschaftliche und entwicklungspolitische Aspekte, betonte Bahr, „da könne niemand aus der Reihe tanzen".[11]

Den Start in einen neuen politischen Bereich, wenn auch mit anfänglichen Bedenken, empfand Egon Bahr auch als eine „Rückkehr zu einer stillen Liebe". Denn der Unterstellung vieler Kommentatoren entgegentretend, dem Ostexperten Bahr sei die anvertraute Materie völlig fremd, erinnerte er daran, daß er sich schon seit Ende der fünfziger Jahre mit Problemen der Entwicklungsländer auseinandergesetzt hatte.

Abgesehen von mehreren Reisen in afrikanische Länder und einem halbjährigen Aufenthalt als Presseattaché in Accra (Ghana), hat sich Egon Bahr schon 1960 mit einem grundlegenden Beitrag über Entwicklungshilfe zu Wort gemeldet. Dies übrigens an dem Ort, an dem er drei Jahre später seine These vom „Wandel durch Annäherung" vortrug: vor dem Politischen Club der Evangelischen Akademie Tutzing.

Viele Probleme der Entwicklungsländer waren Egon Bahr, der seit seiner Rückkehr aus Ghana auch Mitglied der Deutschen Afrika-Gesellschaft war, nicht neu. Nachdem er in der zweiten Etage des Ministeriums sein Büro bezogen und sich in das Aktenstudium vertieft hatte, kam er bald zu dem Schluß: „Ich mußte nichts lernen, das einzige, was ich lernen mußte, waren die Abkürzungen von drei Dutzend internationalen Organisationen. Das war der einzige Unterschied zu dem, was ich in den Jahren vorher schon gelernt hatte." Während seines Sommerurlaubs in Krusendorf an der Eckernförder Bucht lernte der neue Entwicklungshilfeminister nicht nur zahlreiche Abkürzungen internationaler Organisationen, er entwarf auch neue Konturen der bundesdeutschen Entwicklungshilfe. Welche Gesichtspunkte Bahr künftig durch sein Ministerium hervorgehoben sehen wollte, stellte er in einem Interview so dar: „Entwicklungspolitik hat den Sinn, Entwicklungshilfe überflüssig zu machen. Das heißt: Die Länder, die ohne eigene Schuld in einer schlechteren, in einer benachteiligten Situation sind, müssen in die Lage versetzt werden, gleiche Chancen für ihre Entwicklung zu erhalten. Mit anderen Worten: Entwicklungspolitik ist eine Friedenspolitik im übertragenen Sinne. Sie soll dafür sorgen, daß aus dem Nord-Süd-Konflikt keine Explosion entsteht. Insofern entspricht eine derartige Politik dem Interesse, dem Interesse der entwickelten Staaten, Explosionen zu verhindern, dem Interesse auch, der eigenen Auffassung von der Würde des Menschen Taten folgen zu lassen. Das schließt das Interesse an Rohstoffen nicht aus, dies zu leugnen wäre unehrlich."[12]

Zwei wichtige Anliegen seines Verständnisses hatte Bahr damit definiert: Entwicklungspolitik als Friedenspolitik zu betreiben, also Entspannungspolitik auf der Nord-Süd-Schiene, und Entwicklungspolitik als legitimes Instrument heimischer Rohstoffsicherung. Mit den Worten vom „System des beiderseitigen Nutzens" umschrieb Egon Bahr dieses Konzept Anfang Oktober in seiner ersten Grundsatzrede zur Eröffnung der Veranstaltung „Brot für die Welt" in Herne. Zwar dürfe Entwicklungspolitik nicht „zur Rohstoffsicherung verkümmern", aber die Hilfe der Bundesrepublik an ärmere

Länder verfolge auch den Interessenausgleich der Beteiligten. „Solidarität schließt Eigeninteresse durchaus ein."[13] Entwicklungshilfe interpretierte Bahr als eine „Mischung von Eigeninteresse, Hilfe, Wirtschaftspolitik und Außenpolitik"; sie sei „weder chemisch rein noch blauäugig zu betreiben", denn: „Wo Geld im Spiel ist, geht's nicht wie in einem Stift zu", meinte der Ressortchef, der bei verschiedenen Anlässen an seine Ausbildung zum Industriekaufmann erinnerte.[14]

Anders als sein Vorgänger Eppler, der sich eher als Lobbyist der Entwicklungsländer in Bonn sah, betonte Egon Bahr bei vielen Gelegenheiten weniger den karitativen Sinn der Entwicklungshilfe als vielmehr den wirtschaftlichen Nutzen, den beide Seiten daraus ziehen sollten. „Ich fand, daß Entwicklungshilfe populär oder akzeptabler gemacht werden mußte. Und das bedeutet, daß die Menschen auch einsehen müssen, daß es in unserem eigenen Interesse liegt, wenn wir anderen bei ihrer Entwicklung helfen; das war die eine Seite der Sache. Die zweite Seite war, es ist wirklich meine Auffassung, daß wir nicht in einem karitativen Sinne helfen sollen, sondern daß es im Interesse der entwickelten Länder liegt, wenn die Unterschiede zwischen arm und reich nicht weiterwachsen bis zu einer Gefahr der Explosion. Und es gibt einen dritten Punkt, nämlich, ich kann nicht noch jene letzte Arroganz der europäischen Überheblichkeit demonstrieren, indem ich denen sage, was für sie richtig wäre. Das müssen die selbst entscheiden, und meine Achtung für den Weg dieser Menschen, die ihren Weg auch selbst finden müssen, heißt eben, ich gestehe ihnen das Recht sogar zu Fehlern zu, zumal wir, weiß Gott, auch Fehler gemacht haben." In diesem pragmatischen Verständnis von Entwicklungspolitik lag Egon Bahr sehr daran, dieses Thema auch zu entideologisieren, zu neutralisieren. Entwicklungspolitik sollte fortan für die Opposition und die Öffentlichkeit kein Reizthema mehr sein. Es ist Egon Bahr denn auch gelungen, das Thema Entwicklungspolitik aus den Schlagzeilen und den innenpolitischen Kontroversen geschickt herauszuhalten.

Nach Beginn der Energiekrise und Rohstoffverteuerung bildeten Transparenz, Effizienz und Sparsamkeit die Orientierungspunkte der von Egon Bahr modifiziert betriebenen Entwicklungspolitik.

Mit dem für das Haushaltsjahr 1975 um 95 Millionen Mark reduzierten 3,5-Milliarden-Etat konnte der neue Ressortchef durchaus leben. Als besonders dramatisch empfand Bahr die Kürzung nicht. „Ich habe diese Kürzung verschmerzen können, weil mir klar war, daß das Entwicklungsministerium im Grunde seinen Etat-Ansatz selbst bestimmt. Was immer im Bundeshaushalt steht, ist nur bedingt richtig, wirklich wichtig sind die Verpflichtungsermächtigungen. Und die Verpflichtungsermächtigungen habe ich sogar beträchtlich gesteigert, mit dem Ergebnis, daß wir nach einer gewissen Zeit mehr ausgegeben haben, als im Haushalt stand, weil Verpflichtungsermächtigungen eben etwas sind, wo man Verpflichtungen für spätere Ausgaben eingeht, die müssen dann aber auch erfüllt werden. Ich habe damals das Ausscheiden von Eppler um so mehr bedauert, als das Ministerium nur mit einer großen Gewaltanstrengung, zu der ich es getrieben habe, in der Lage war, den verringerten Haushaltsansatz auch nur annähernd auszugeben. Ich habe denen gesagt, ihr dürft eurem früheren Minister nicht noch nachträglich einen Tritt in den Hintern geben, indem wir noch weit unterhalb dessen bleiben, was nach der Kürzung im Haushalt steht."

Egon Bahr pflegte in seinem Ministerium auch einen anderen Umgangsstil als sein Vorgänger. Während Eppler die Vorlagen von vielen Mitarbeitern vorbereiten ließ und dann seine Entschlüsse traf, versammelte Egon Bahr die sieben wichtigsten Mitarbeiter (Staatssekretäre, Abteilungsleiter, Pressereferent) dreimal wöchentlich um sich und diskutierte mit ihnen die anstehenden Themen in partnerschaftlicher Offenheit. Bahr „delegiert Verantwortung mehr auf das Management des Ministeriums", beschrieb der *Zeit*-Redakteur Wolfgang Hoffmann den Arbeitsstil. „Er hält sich nicht zu lange mit dem Konzeptionellen auf, er will die Konzeption schnell umsetzen. Der Humanist Eppler war oft launisch, vor allem ungeduldig. Bahr hingegen hört jedem Hilfsreferenten geduldig zu, was zweifellos einer der Hauptgründe dafür ist, daß er die Mitarbeiter des Hauses schnell auf seine Seite brachte."[15] Ein erstes Ergebnis der zahllosen Beratungen war, daß das Instrumentarium der Kapitalhilfe künftig differenzierter und flexibler eingesetzt werden sollte.

Unter Berücksichtigung der Ölkrise beabsichtigte der Minister, nur noch den ärmeren Ländern, die über keine Öleinnahmen und Devisen verfügten, den Zugang zu bundesdeutschen Krediten zu erleichtern; den reichen Ölländern dagegen bot Bonn nur technische Hilfe gegen Entgelt an. Ferner strebte Bahr eine Zunahme der bilateralen entwicklungspolitischen Zusammenarbeit an: „Ich war damals der Auffassung, daß die bilaterale Hilfe verstärkt werden müßte. Ich habe auf die multilaterale Hilfe keinen großen Wert gelegt oder sie jedenfalls nicht so gefördert; da muß ich heute sagen, das war eine falsche Einschätzung. Die multilaterale Seite der Entwicklungspolitik ist sehr viel stärker geworden, und ich kann das auch verstehen aus dem Interesse der Entwicklungsländer, daß sie sich eben vor bilateralen Interessen anderer, nämlich der Geberländer, schützen wollen."

Zugleich entwickelte Bahr mit seinen Mitarbeitern das Konzept der sogenannten Dreiecksgeschäfte: Die Bundesrepublik stellt für ein Projekt das technische Knowhow und ein Ölland die notwendigen Devisen zur Verfügung. „Das war ein sehr mühsames Geschäft", erinnert sich Egon Bahr. „Ich habe angefangen im Sudan und wollte die Saudis dafür interessieren, auch unter dem

Gesichtspunkt, daß im mittleren Sudan brachliegende Flächen vorhanden sind, die über sehr viel mehr dauernde Niederschläge verfügen als etwa die Negev-Wüste in Israel, und ein solches Projekt wäre in der Lage gewesen, die Nahrungsmittelversorgung des gesamten Nahen Ostens und der arabischen Länder zu gewährleisten. Und sich selbst ernähren zu können, ist die Grundlage jeder Unabhängigkeit." Aber mit den Saudis hat es trotz anfänglicher Zusagen dann doch nicht geklappt.

Auch wenn das Echo auf diese Konzeption groß war, fielen die Ergebnisse recht mager aus. Bedenken kamen aber auch aus den eigenen Reihen des Ministeriums, denn „es wurde die Sorge geäußert, daß, wenn so etwas nicht funktioniert, eine Riesenruine übrigbleibt, die nun weltweit nicht zu übersehen wäre. Es wäre risikoloser, da und dort kleine Ruinen zu hinterlassen. Aber auch dieses Konzept brauchte viel Zeit. Und lange nach meinem Ausscheiden rief mich der Direktor der GTZ an und hat seinem ehemaligen Minister voller Stolz mitgeteilt, wir haben nun die erste Milliarde Mark für Dreiecksgeschäfte überschritten." Während seiner Amtszeit indes war dem Konzept der „Dreieckskooperation" kein glänzender Erfolg beschieden.

Bei einer Bestandsaufnahme nach den ersten sechs Monaten Bahrs im Entwicklungshilfeministerium qualifizierte die Opposition dieses Modell als „schillerndste Seifenblase" und registrierte insgesamt eine „Richtungslosigkeit". „Die Union hat Bahr bewußt eine ungewöhnlich lange Einarbeitungszeit gegeben, weil sie hoffte, daß hinter all dem vordergründigen Spektakel an den Grundrissen einer neuen Konzeption gearbeitet würde, die der veränderten Weltlage gerecht würde. Dies war offenbar ein Irrtum", schrieb der entwicklungspolitische Sprecher der CDU/CSU-Bundestagsfraktion, Jürgen Todenhöfer, im *Unions-Pressedienst* und kündigte zugleich an: „Minister Bahr wird sich in den nächsten Monaten von der

Opposition harte Fragen gefallen lassen müssen, wie er sich die Zukunft der deutschen Entwicklungspolitik vorstellt."[16]

Doch bevor die Opposition den Entwicklungsminister öffentlich so richtig in die Zange nehmen konnte, hatte das Bundeskabinett den Entwicklungshilfeminister gebeten, ein Gesamtkonzept für sein Ressort zu entwerfen. Dieses wurde während einer eintägigen Klausurtagung des Kabinetts auf Schloß Gymnich bei Bonn Anfang Juni 1975 gründlich beraten.

Als Ergebnis einer gründlichen Reflexion über den Kurs deutscher Entwicklungspolitik wurden dort fünfundzwanzig „Thesen zur Politik der Zusammenarbeit mit den Entwicklungsländern" verabschiedet. Tenor der neuen entwicklungspolitischen Leitlinien: Entwicklungspolitik als Teil der Gesamtpolitik wird sich bemühen, einen Ausgleich zwischen entwicklungspolitischen Erfordernissen und eigenen Interessen herzustellen. Die Gymnicher Thesen argumentieren vornehmlich aus dem Gesichtspunkt der beiderseitigen „Interessen", denn zwischen den Interessen der Entwicklungsländer und der Bundesrepublik sei ein „Ausgleich" oder „Einklang" anzustreben. Beispielsweise verpflichtete die These 19 die Regierung, auf „internationaler Ebene mit Nachdruck auf die Bedeutung der privatwirtschaftlichen Zusammenarbeit" hinzuweisen. Das war ganz nach dem Geschmack des liberalen Koalitionspartners, fand aber auch beim Bundeskanzler Zustimmung. Für Egon Bahr waren die vom Kabinett beschlossenen Grundsätze auch eine Bestätigung seiner These, daß Entwicklungspolitik auch Friedenspolitik sei. Gebilligt wurde ferner sein Anliegen, die deutsche Hilfe auf die ärmsten Länder zu konzentrieren und die Landwirtschaft und die ländliche Entwicklung zu fördern.[17]

Gegen diese entwicklungspolitischen Leitlinien, die das wirtschaftliche Eigeninteresse der Bundesrepublik bei der entwicklungspolitischen Zusammenarbeit mit Ländern der dritten Welt deutlicher als je zuvor herausstellten, konnte die Opposition keine ernsthaften Einwände erheben; je mehr sich Egon Bahr als Fürsprecher einer Entwicklungspolitik verstand, die durch Exporte in Entwicklungsländer heimische Arbeitsplätze sichert und durch Importe von wichtigen Rohstoffen der deutschen Wirtschaft dient, desto weniger Angriffsflächen konnten die Unionsparteien ausmachen. Der Opposition, „vor allem ihrem forschen und den unfairen Clinch nicht scheuenden entwicklungspolitischen Sprecher Jürgen Todenhöfer",[18] wurde Geduld abverlangt, um Egon Bahr attackieren zu können.

Die Gelegenheit dazu bekam Todenhöfer während eines Indien-Besuches des Entwicklungsministers Mitte Januar 1976. Der Abgeordnete, der wenige Tage vor Bahr in Indien eingetroffen war und die Lage nach Verhängung des Ausnahmezustands (1975) durch die Regierungschefin Indira Gandhi erkunden wollte, hatte nach seiner Ankunft in Delhi vollmundig gemahnt: „Der erhobene Zeigefinger darf nicht zum Symbol der deutschen Außenpolitik werden."[19] Dieser Satz war an Egon Bahr adressiert und zielte auf die von Todenhöfer in die Diskussion gebrachte „Bahr-Doktrin", die der Unionsabgeordnete nun in Indien zu Fall zu bringen hoffte. Egon Bahr, der die nach ihm benannte „Doktrin" als „völligen Quatsch" bezeichnet, hatte erklärt, daß Bonn keine Hilfe mehr an jene Länder leisten wolle, in denen „Menschenrechte mißachtet werden, die vorher geachtet wurden".[20] Diese Formel galt vor allem für die Einstellung der Entwicklungshilfe an die chilenische Militärdiktatur. Nach Ansicht der Union hätte dieser Grundsatz nun auch auf Indien angewendet werden müssen, weil in dem indischen Bundesstaat die elementaren Grundrechte tatsächlich suspendiert worden waren. Egon Bahr war nach Neu Delhi gereist, um der indischen Ministerpräsidentin mitzuteilen, daß Bonn vorläufig nicht an eine Ausweitung der deutschen Entwicklungshilfe denke, dafür aber die Fortsetzung der bisherigen Hilfe unter günstigeren Kreditbedingungen beabsichtige. Indira Gandhi nahm Bahrs Botschaft kühl, fast teilnahmslos zur Kenntnis und nutzte die Unterredung vor allem zur Darstellung und Begründung ihrer weltweit umstrittenen Politik. Zwar hat Egon Bahr klargestellt, daß die Bundesregierung die „volle Wiederherstellung der Demokratie in Indien" erhoffe, aber einen Tag später verkündeten die indischen Zeitungen in großer Aufmachung die Äußerung des Bonner Ministers: „Ich kann nur sagen, daß ich vollen Respekt vor der verantwortungsbewußten Art habe, mit der die Premierministerin eine politische Linie verfolgt."[21] Der so zitierte Bahr dementierte umgehend, er sei falsch verstanden worden, und zeigte sich „sehr erschrocken". Die Beteuerung, mißverstanden worden zu sein, half ihm in Bonn wenig; die Opposition stellte ihn genüßlich ins Zwielicht und warf ihm vor, die Mißachtung der Menschenrechte mit zweierlei Maß zu messen.

Dieses Thema erhielt einen Monat später eine weitere, ideologische Komponente, als die Unionsparteien dem Entwicklungshilfeminister vorwarfen, die Regierung plane, die „kommunistisch regierten Staaten Kuba und Angola" mit Entwicklungsgeldern zu unterstützen. Für Todenhöfer war es „völlig mißverständlich", daß Bahr finanzielle Mittel an Angola geben wolle, und er sah darin einen weiteren Beweis, daß der Minister die Entwicklungspolitik immer stärker in den „Sog der Ostpolitik" geraten lasse.[22] Bahr mußte den CDU-Abgeordneten dann darauf hinweisen, daß er nach wie vor an den international gültigen Vergabekriterien, die von der OECD beschlossen worden waren, festhalte: Nach diesen Richtlinien gebe es das Kriterium „kommunistisch regierte Länder" gar nicht. Zwar war in der Rahmenplanung des Ministeriums ein Betrag von 300 000 Mark für Kuba aufgeführt, die Auszahlung war aber nicht automatisch vorgesehen. Keine Mark floß nach Kuba, obwohl, wie Bahr auf einer Pressekonferenz erwähnte, es der Abgeordnete Todenhöfer war, der nach einer Reise durch Kuba auf „interessante Projekte" für eine Entwicklungshilfe aufmerksam gemacht hatte.[23]

Zum Vorwurf, das „kommunistisch regierte Angola" zu unterstützen, erklärte Bahr in einem Interview: „Aber was Angola angeht, bin ich der Auffassung, daß wir selbstverständlich bereit sein müssen, auch mit Angola zusammenzuarbeiten, aus mehreren Gründen: Erstens, ich bin nicht bereit, zu sagen, daß das ein kommunistisches Land ist. Ich bin nicht bereit, die praktisch zu zwingen, nur mit der Sowjetunion und anderen Ländern des Warschauer Paktes zusammenzuarbeiten. Das wäre eine besondere Art von westlichem Defätismus. Ich darf daran erinnern, daß die MPLA sich auch umgeguckt hat, ob sie Unterstützung bekommen kann von Amerika, von der Bundesrepublik, von Schweden und von anderen westlichen Ländern. Und erst als sie da nichts bekommen haben, sind sie nach Moskau gegangen, und da haben sie etwas bekommen. Dies ist kein Verhalten, was unbedingt darauf schließen läßt, daß das schreckliche Kommunisten sind. Vielleicht sind sie jetzt in ziemliche Abhängigkeit geraten, vielleicht gucken sie, ob sie aus diesen Abhängigkeiten wieder ein bißchen herauskommen können. Das heißt, es gibt gute Gründe, daß alle westlichen Länder gesagt haben, wir gucken uns an, ob Menschen bedürftig sind, und nicht, ob sie Kommunisten sind, wenn wir entwicklungspolitisch zusammenarbeiten."[24]

Nachdem die Opposition schon dem Ostpolitiker Bahr in perfider Weise eine „Moskau-Hörigkeit" angedichtet hatte, versuchte sie, den Entwicklungshilfeminister als „roten Ideologen" anzuschwärzen, der kommunistische Länder in der dritten Welt vorrangig unterstütze. Es blieb deshalb auch nicht aus, daß für den CDU-Abgeordneten nach der in Aussicht gestellten Entwicklungshilfe für Angola „das Faß zum Überlaufen" voll war; er forderte Bahrs Rücktritt. Der Entwicklungshilfeminister hatte diese Forderung längst erwartet: „Jeder Bundesminister, der von der Opposition noch nicht zum Rücktritt aufgefordert worden ist, muß unruhig werden, ob er nicht etwas falsch gemacht hat."[25]

Zu den Gymnicher Thesen zur Entwicklungspolitik fiel der Opposition die inhaltliche Kritik schwer, so daß Todenhöfer in seiner argumentativen Verlegenheit lediglich registrieren konnte, Bahr habe sich in Detailfragen „schwarze Federn" an seinen „roten Hut" gesteckt.[26]

Der so von der Opposition dekorierte Entwicklungshilfeminister überprüfte den von der Bundesregierung beschlossenen Akzentwandel deutscher Entwicklungspolitik durch Reisen vor Ort. Schwerpunkt seiner Besichtigungstouren wurde Afrika, und dort wollte er sich authentische Eindrücke vom Stand der ländlichen Entwicklung verschaffen, deren Förderung Priorität hatte. Denn: „Ich war 1959 schon zu dem Ergebnis gekommen, daß es für die Entwicklung dieser Länder besser wäre, sich zunächst einmal auf die Landwirtschaft zu konzentrieren. Erstens, weil ihnen das eine Ernährungsbasis gibt und damit ein großes Stück Unabhängigkeit; und zweitens, weil auf dem Umweg über die Landwirtschaft die Bevölkerung herangeführt werden kann an eine einfache Technologie, das heißt, an ein Verständnis, das notwendig ist, um höhere Stufen der Technologie erreichen zu können."[27]

Nach mehreren Besuchen in Entwicklungsländern, so im Sudan, in Gabun und Tansania, war ihm aber nicht nur die Bedeutung der ländlichen Entwicklung besonders bewußt geworden, er hat auch so manche weitere überraschende Einsicht mit nach Hause gebracht.

Aus der Vielzahl erkenntnisfördernder Reiseerlebnisse stellt Egon Bahr heute zwei besonders heraus. „Im Sudan hat man mich um finanzielle Hilfe gebeten, um eine kleine Fernsehstation technisch sicherer zu machen. Und ich war der Auffassung, Fernsehen dort – das ist verrückt. Ich habe gefragt, wieviel Empfänger habt ihr denn. Antwort: Fünfhundert. Dann bin ich in das kleine Sendezentrum gegangen, habe mir das Programm angesehen und war ganz erschüttert darüber, daß Jim Cartwright von der ,Ponderosa-Ranch' dort über die sudanesischen Steppen donnerte. Aber dann habe ich gelernt, nämlich, sie haben gesagt, unsere Leute können nicht lesen und nicht schreiben, aber gucken können sie alle, und wenn wir über fünfhundert TV-Sets die ganzen Dörfer zusammenkriegen, dann können wir ihnen zeigen, was sie machen und was sie nicht machen sollen. Wir können die Leute zusammenrufen zu einer Besprechung am nächsten oder übernächsten Tage, das heißt, der Erfolg dieses Projekts hängt praktisch davon ab, ob diese Fernsehstation funktioniert. Sie haben dann ihr Geld bekommen, noch aus einem anderen Grund. Sie haben nämlich gesagt, seit es hier das Fernsehen gibt, ist die Geburtenrate um dreißig Prozent gesunken. Und da ich schon damals davon überzeugt war, daß die Verringerung der Bevölkerungsexplosion ein Schlüssel für die wirtschaftliche Entwicklung dieser Länder ist, ist mir die Zustimmung zu diesem Projekt noch leichter gefallen."

Ein anderes prägendes Erlebnis hatte Egon Bahr in Tansania: „Hier hat mich besonders ein Gespräch mit Präsident Nyerere beeindruckt, dem ich nun auch meine Auffassung von der Landwirtschaft nahegebracht habe. Ausgerechnet Nyerere hat gesagt: ,Wie wir Hühnerzucht machen, wissen wir; was die Preisentwicklung angeht, ist die Landwirtschaft für mich kein Schlüssel, denn die Landwirtschaftspreise sinken, die Industriepreise werden immer höher, ich muß also immer mehr anbauen, um auch nur dieselbe Zuckerfabrik noch mal kaufen zu können. Wenn Sie uns wirklich helfen wollen, dann zeigen Sie uns, wie wir die Kohlevorräte erschließen und wie wir uns eine Energiebasis schaffen können, um unabhängiger zu werden vom Öl.' Wir müssen, hat Nyerere betont, uns zunehmend industrialisieren, es führt kein Weg daran vorbei. Das hat auf mich einen ganz tiefen Eindruck gemacht, und ich habe angefangen umzudenken; es geht nicht nur über Landwirtschaft. Ich war auch der Auffassung und habe das auch Nyerere gesagt, daß es zum Teil eben falsch ist, wenn die Entwicklungsländer nach Europa oder Amerika geschaut haben und im Prinzip gesagt haben, wir wollen so werden wie die. Sie hätten ihren Markt untereinander viel stärker entwickeln müssen und sich stärker aufeinander einstellen müssen." Mit neuen Eindrücken und guten Vorsätzen für entwicklungspolitische Projekte heimgekehrt, war es aber dennoch nicht immer einfach, die Anregungen zur Zufriedenheit der Antragsteller in die Praxis umzusetzen.

Spektakuläre Pannen waren während Egon Bahrs Amtszeit zwar nicht zu registrieren, aber kleinere „Bauchlandungen" hat der für neue Entwicklungen aufgeschlossene Ressortchef dennoch erlebt, wie er, nachträglich amüsiert, einräumt. Er berichtet von einer „richtigen Bauchlandung": „Ich hatte eigentlich mitgelernt und das Konzept der ‚angepaßten Technologie' übernommen, und ich habe gedacht, das ist fabelhaft. Also entschloß ich mich, einem großen Werk in der Nähe Kölns einen Auftrag zu geben, einen Traktor speziell für Entwicklungsländer zu entwickeln, einfach, robust und simpel. Da habe ich Leute getroffen, die haben gesagt, das können wir gar nicht. Denn die Leute, die wir jetzt von den Hochschulen kriegen, können nur das Neueste, Modernste, Beste. Das Alte, das Einfache können die gar nicht mehr, aber wir werden mal pensionierte Leute holen, die nach dem Kriege beispielsweise aus Ofenrohren Sinnvolles zusammengebastelt haben. Na, habe ich gesagt, versucht das mal. Die haben dann angefangen zu zeichnen und zu tüfteln. Dann kam eines Tages aus einem afrikanischen Land ein Ministerkollege, und ich habe ihm voller Stolz die Pläne gezeigt – der wollte nichts davon wissen. Der wollte modernste Technologie. Ich habe ihm gesagt: ‚Ihr braucht doch keinen Chrom, keine Blinker, es gibt doch kaum Verkehr dort.‘ Seine Antwort: ‚Das wollen wir entscheiden, wir wollen nicht etwas Minderwertiges, wir wollen das Beste, was es derzeit auf dem Markt gibt.‘ Der Ansatz ‚angepaßte Technologie‘ ist nach meiner Erfahrung ein Schlag ins Wasser gewesen, ich habe das aufgrund dieser Unterhaltung dann eingestellt. "

Auch wenn verschiedene Instrumentarien des Entwicklungshilfeministeriums „kein Hit" geworden sind, so gelang es dem Amtsinhaber doch, das Renommee dieses Ministeriums beträchtlich zu steigern. Zwar gab es bei dem Versuch, den Spielraum des Entwicklungshilfeministeriums zu erhalten oder sogar noch auszubauen, mit dem von Hans-Dietrich Genscher (FDP) geführten Außenministerium und dem von Hans Friderichs (FDP) geleiteten Wirtschaftsministerium „natürlich kleinere Reibereien", aber, so Egon Bahr, „das war im Rahmen des Unausweichlichen und konnte zuweilen auch fruchtbar sein". Gelegentliche Querelen über Kompetenzen, Konzepte und Konzessionen traten dann bei internationalen Konferenzen ans Tageslicht.

So bei der IV. UN-Konferenz für Handel und Entwicklung (UNCTAD) in Nairobi im Mai 1976. Dort lief nicht alles so, wie Bahr es sich vorgestellt hatte. Schon die Organisation dieser Konferenz verschlug dem Bonner Minister die Sprache, und den nach außen vermittelten Eindruck einer chaotischen Veranstaltung empfand er als „eine ungewöhnlich freundliche Untertreibung", berichtete Bahr nach Konferenzende. „Ich habe in meinem ganzen Leben noch nie so etwas gesehen. Und in einem Punkt befand ich mich in völliger Übereinstimmung, denn keiner meiner internationalen Kollegen hat ein derartiges Erlebnis gehabt und irgendeinen Vergleich finden können. Für mich ist klar, daß eine Konferenz mit fünftausend Teilnehmern im Grunde nicht arbeitsfähig ist. Und die Konferenz hat sich aus vielen Gründen hingeschleppt."[28]

Thema heftiger Auseinandersetzungen waren die von den Entwicklungsländern geforderten Schritte zur Schaffung einer neuen Weltwirtschaftsordnung. Die westlichen Industrieländer, allen voran die USA und die Bundesrepublik, verfochten dagegen die Prinzipien des liberalen Welthandels. Erbitterter Widerstand galt dem Bestreben der Dritte-Welt-Länder, sogenannte Rohstofffonds einzurichten; die bundesdeutsche Delegation stand schließlich zusammen mit den Amerikanern auf verlorenem Posten. Um diese Konferenz nicht am Bonner Veto scheitern zu lassen, drängte Egon Bahr auf Billigung eines Kompromißpapiers. „Der eigentliche Durchbruch kam erst in den letzten Tagen. Als die Amerikaner anfingen, sich zu bewegen, und als wir eine kleine Arbeitsgruppe zusammengesetzt hatten, die eigentlich ohne Autorität war, die aber die politischen Gewichte repräsentierte. Nämlich die Sprecher der 77, ein Vertreter aus Algier, zwei Vertreter aus Südamerika, ein Vertreter aus Indonesien auf der einen Seite und Amerika, die Bundesrepublik, Frankreich, England und Schweden auf der anderen Seite. Da haben wir stunden-, tage- und nächtelang in fast ununterbrochenen Verhandlungen versucht, ob man sich politisch annähern kann. Das haben wir geschafft."[29]

Nachdem auch Bundeskanzler Schmidt per Telefon seine Zustimmung übermittelte, konnte die Konferenz eine Resolution verabschieden, die in unverbindlicher Form die Unterstützung der Industrieländer enthielt, in Aussicht gestellte Verhandlungen über Rohstoffabkommen zu unterstützen. Durch die von Bahr und Wirt-

232

schaftsminister Friderichs gebildete Arbeitsgruppe konnte die UNCTAD-Konferenz vor einem ergebnislosen Auseinanderfallen bewahrt werden.

Über die Teilnahme des liberalen Wirtschaftsministers, der erst während der ins Stocken geratenen Verhandlungen nach Nairobi kam, war Egon Bahr „sehr glücklich. Denn nicht nur das persönliche Verhältnis zum Kollegen Friderichs, fast möchte ich sagen das menschliche Verhältnis, ist durch diese schrecklichen Tage und Nächte, die wir gemeinsam durchgestanden haben, sehr viel enger geworden, in der Sache hatten wir ohnehin keine Meinungsverschiedenheiten. Es ist auch demonstriert worden: Wir haben dies gemeinsam gemacht, und wir vertreten es auch gemeinsam."[30] Das war nicht zuletzt auch die Absicht des routinierten Unterhändlers Bahr: daß nämlich der entwicklungspolitische Kurs auch vom liberalen Koalitionspartner mitgetragen wurde. Die Einigung in Nairobi, die gemeinsam mit dem FDP-Minister erzielt werden konnte, so erzählt Egon Bahr heute verschmitzt, wurde auch dadurch möglich: „Friderichs' mangelnde Englischkenntnisse haben mir geholfen."

Wenige Monate nach seiner Rückkehr aus Nairobi mußte der Entwicklungshilfeminister sein Amt, das er „mit zunehmender Begeisterung für die Sache" führte, aufgeben: Die Partei berief ihn zum Bundesgeschäftsführer. Der Abschied fiel ihm schwer, zumal „ich mehr bewirken wollte, als mir in der kurzen Zeit möglich war. Zumindest noch eine Legislaturperiode hätte ich in diesem Amt bleiben wollen."

Dennoch konnte Bahr am Ende seiner kurzen Amtszeit zufrieden feststellen, daß das Nord-Süd-Thema zunehmend versachlicht und stärker in das öffentliche Bewußtsein gerückt war. Zugleich war es ihm gelungen, auch unter dem Eindruck einer sich verändernden Weltwirtschaft den nationalen Nutzeffekt der Entwicklungshilfe herauszustellen, ohne allerdings die solidarisch-karitativen Hilfen für die ärmsten Länder unter den Tisch fallen zu lassen.

Doch die Zeiten freiwilliger Spenden an die Entwicklungsländer waren zu Ende. „Die Industrieländer werden nur unter Druck [so] reagieren, wie es ihnen eigentlich die Moral, die sie selbst erheben, vorschreibt. Das habe ich damals in Nairobi erlebt, das ist bis heute meine Auffassung geblieben. Die Weisheit der politischen Führer in der dritten Welt wird darüber entscheiden, wie weit der Druck gehen muß. Aber ohne Druck wird es nicht gehen."[31]

Immer wieder verweist Egon Bahr in diesem Zusammenhang auf die Geschichte seit Beginn der industriellen Revolution und erinnert anschaulich daran, wie sich das unterprivilegierte Proletariat in Deutschland immer mehr Rechte erobert hat, die ihm freiwillig nicht eingeräumt wurden. „Die Erfüllung der berechtigten Forderungen der Mehrheit führt letzten Endes zu besseren Bedingungen für alle."[32]

FÜNFTES KAPITEL

Der Bundesgeschäftsführer

Die Bundestagswahl am 3. Oktober 1976 bedeutete für die regierende sozialliberale Koalition eine herbe Enttäuschung: Die SPD verlor über eine Million Stimmen und sackte von 45,8 Prozent (1972) auf 42,6 Prozent ab. Die Unionsparteien hingegen erzielten mit 48,6 Prozent ihr bestes Wahlergebnis seit 1957. Die FDP erhielt 7,9 Prozent; im Vergleich mit den 8,4 Prozent von 1972 mußte sie also nur geringe Stimmenverluste hinnehmen. Das Regierungsbündnis aus SPD und FDP konnte zwar fortgesetzt werden, die Koalition war aber angeschlagen.

Dieser Eindruck wurde noch am Wahlabend durch ein landespolitisches Ereignis verschärft: Der hessische Ministerpräsident Albrecht Osswald, dessen Ruf durch die Geschäftspolitik der Hessischen Landesbank und durch Spendenaffären gelitten hatte, erklärte seinen Rücktritt.

Die Unionsparteien konnten sich freilich nur kurze Zeit über ihren Wahlerfolg freuen: Wenige Wochen später, am 19. November, beschlossen die Bundestagsabgeordneten der CSU unter Führung von Franz Josef Strauß in Wildbad Kreuth, die seit 1949 bestehende Fraktionsgemeinschaft mit der CDU aufzukündigen. Die sich über Wochen hinziehenden heftigen Auseinandersetzungen zwischen den beiden Parteien beschäftigten Medien und Politiker aller Parteien und drängten die Koalitionsverhandlungen der Regierung Schmidt/Genscher in den Hintergrund. Bevor am 12. Dezember die CSU-Bundestagsabgeordneten wieder in die gemeinsame Fraktionsgemeinschaft zurückkehrten, war nicht nur die Regierungsbildung abgeschlossen, auch eine andere wichtige Personalentscheidung innerhalb der SPD konnte rasch gelöst werden.

Nach dem Rücktritt Osswalds wurde der Bundesgeschäftsführer Holger Börner zu dessen Nachfolger nominiert. Ende Oktober begannen innerhalb der SPD-Führungsgremien die Sondierungen für einen neuen Bundesgeschäftsführer; verschiedene Kandidaten wurden bereits genannt, so der fränkische Bezirksvorsitzende Bruno Friedrich, der ehemalige Kanzleramtschef Horst Ehmke und auch der Staatsminister im Auswärtigen Amt, Hans Jürgen Wischnewski, der schon einmal diese Funktion (1965–1971) ausgeübt hatte. Aber auch Egon Bahr, der nach der Wahl zu einem Kurzurlaub auf einem Krabbenkutter in der Nordsee unterwegs war, wurde in die personellen Überlegungen einbezogen.

Anfang November versicherte Egon Bahr noch: „Ich liebe mein Ressort, in dem ich mich nach den Strapazen der Ostpolitik gut eingerichtet habe."[1] Doch am 22. November war sein Auszug aus dem Ministerium beschlossene Sache: Der SPD-Vorstand wählte auf Vorschlag von Willy Brandt mit neunundzwanzig gegen zwei Stimmen Egon Bahr zum neuen Bundesgeschäftsführer.

Holger Börner hatte Bahr bereits Ende Oktober dem Parteivorsitzenden Brandt als Nachfolger vorgeschlagen, aber eine einsame Entscheidung des mit ihm eng befreundeten Willy Brandt wollte Bahr nicht akzeptieren: „Ein Bundesgeschäftsführer mußte, in dieser Konstellation, sowohl vom Parteivorsitzenden wie vom Kanzler angenommen werden. Das war bei Brandt keine Frage und bei Schmidt kein Problem, weil, trotz unterschiedlicher Auffassungen, die ich manchmal mit Helmut Schmidt hatte, völlig klar war, daß er sich meiner Loyalität sicher sein konnte, und er hat den Vorschlag ohne Einschränkungen unterstützt. Auch Wehner hat zugestimmt. Und alle drei waren sich nicht nur einig, mich für dieses Amt vorzuschlagen, sondern mich auch zu drängen. Ich habe schließlich mit der Einschränkung zugestimmt, das Amt nur für eine Legislaturperiode zu übernehmen." Der Wechsel aus dem Kabinett in die Parteizentrale geschah mit einem „weinenden Auge"; von einem Reiz des neuen Amtes konnte keine Rede sein, denn „reizen kann einen daran nicht sehr viel. Aber es gibt Situationen, wenn Parteivorsitzender und Bundeskanzler der Auffassung sind, daß es richtig wäre, dies zu tun, dann muß man es halt tun. Und dann tut man es ganz"[2], bekannte Egon Bahr, der sich von der Parteiführung durch leise Appelle an preußische Tugenden in die Pflicht genommen fühlte.

Daß die Wahl auf Egon Bahr fiel, hing nicht zuletzt mit seiner besonderen Vertrauensstellung bei Willy Brandt und Helmut Schmidt zusammen. Während seiner Amtszeit als Entwicklungshilfeminister hatte Egon Bahr ständig Kontakt zum Parteivorsitzenden gehalten, ihn regelmäßig nach den Kabinettssitzungen aufgesucht und informiert. Egon Bahr, der nun an anderer Stelle eine Scharnierfunktion zwischen Brandt und Schmidt wahrnehmen mußte, definierte seine Arbeit denn auch als „Integrationsfunktion" zwischen Partei und Regierung.

Die Wahl des neuen Parteimanagers weckte allerdings bei etlichen Genossen Zweifel. Denn der feinsinnige Intellektuelle Bahr, der nicht eine übliche Parteikarriere durchlaufen und sich nach seinem Parteieintritt nur wenig in das innerparteiliche Leben der SPD eingeschaltet hatte, verdankte seinen politischen Aufstieg allein dem Parteivorsitzenden Brandt, in dessen Windschatten der Berliner nur auf die Außenpolitik der Partei Einfluß nehmen wollte; eine Parteikarriere lag ihm stets fern. Deshalb trauten ihm nur wenige die Organisation des Parteiapparats zu. SPD-Vorstandsmitglied Wolfgang Roth drückte, repräsentativ für viele Parteimitglieder, seine

Skepsis über die Wahl des Parteivorstandes so aus: „Das ist wenigstens eine intelligente Fehlentscheidung."[3] Und das Nachrichtenmagazin *Der Spiegel* brachte die Befürchtungen etlicher Genossen auf den Punkt: „Nicht so recht vorstellen können es sich jedoch manche Parteifreunde Bahrs, wie der neue Mann, der meist in konservative blaue Anzüge mit Weste gekleidet und im Habitus eher der Bonner Diplomatenkaste zuzurechnen ist, sich auf biederen Bezirksparteitagen oder auf öden Konferenzen von Ortsvereinsvorsitzenden bewegen wird."[4] Daß ihm der typische „Stallgeruch" der traditionsbewußten Arbeiterpartei fehlte, wertete Bahr nicht unbedingt als Nachteil für die Führung des neuen Amtes. Die Tradition der Partei, so versicherte er, solle durch moderne Organisation nicht angetastet werden, wo aber der Stallgeruch „zum Mief degeneriert ist", versprach der Bundesgeschäftsführer kräftige Lüftung.

Zum Dienstantritt am 15. Dezember 1976 im Erich-Ollenhauer-Haus, nur wenige Schritte von seinem damaligen Ministerbüro entfernt, überreichten ihm seine früheren Mitarbeiter einen prall gefüllten „Bundesgeschäftsführer-Utensilien-Koffer". Aus dem Inhalt: Filzpantoffeln als „systempermanentes Parteiarbeitsgerät", Trillerpfeife und Teppichklopfer für die Parteiräson, für die Erste Hilfe Trostpflaster, für die letzte Hilfe Strohhalme, eine Augenbinde (Perspektiven 1980), Taschenlampe und Bierflaschenöffner als Einstieg für Gespräche mit den mächtigen „Kanalarbeitern" in der Partei, dazu zur eigenen Sicherheit einen Sturzhelm. Auch für die Dekoration seines Dienstzimmers war gesorgt: ein Mainzelmännchen („Modell Deutschland") und ein leerer Bilderrahmen („Orientierungsrahmen 2000").[5] Die originelle Ausrüstung sollte das Spektrum der Aufgaben und Probleme, die Egon Bahr als Bundesgeschäftsführer anpacken mußte, illustrieren.

War er dem Kommando in die Parteizentrale nur widerstrebend gefolgt, so vergrub sich Bahr zwischen Weihnachten und Neujahr in das Aktenstudium, und zwar mit wachsender Begeisterung. Mitte Januar, nach der Einarbeitungsphase, resümierte Egon Bahr in der ihm eigenen Weise die ersten Wochen in der „Baracke": „Es war schrecklich viel Arbeit. So viel, daß es schon anfängt, Spaß zu machen."[6]

Für den neuen Bundesgeschäftsführer fiel die Diagnose für die Partei nach den Bundestagswahlen wenig erfreulich aus: „Die Partei ist in einem schlechten Zustand, weil wir die Wahlen nicht so gewonnen haben, wie wir uns das gewünscht hätten."[7] Dies lag zum einen an der Darstellungsform der Regierungspolitik, aber auch an einer schwerfälligen Organisation des Wahlkampfs. Bahr kündigte Konsequenzen an: „Erste Priorität hat die Reorganisation der Zentrale, zweite Priorität die Reorganisation der Partei." Erst an dritter Stelle rangierte die Auseinandersetzung mit den Inhalten. Die angekündigte Reform der Partei-Organisation solle zügig erfolgen, „auch wenn es knirscht und weh tut".[8]

Zu den Reformwünschen Bahrs zählten eine zentrale Personalplanung, Einrichtung eines Finanzausgleichs für die Bezirke, Abgrenzung der Aufgaben der Arbeitsgemeinschaften. Der Bundesgeschäftsführer plädierte für die bessere Nutzung bislang bestehender Parteistrukturen und Instrumente, die Einführung eines „computerhaften Managements" dagegen favorisierte er zunächst nicht. Viel wichtiger schien ihm der Hinweis, daß die Grundwerte „Freiheit, Gerechtigkeit, Solidarität" auch weiterhin Maßstab politischen Handelns bleiben müssen. Daß es über Ziele und Wege einer wertbetonten Politik in der Partei Debatten geben werde, hielt Bahr für unausweichlich, zumal die SPD keine Kaderpartei ist. „Es gibt keine konfliktfreie Gesellschaft, denn es gibt keine konfliktfreie Welt, also kann es auch keine konfliktfreie Partei geben. Das ist unbequem, aber die Lage ist unbe-

239

quem."[9] Und als ein bequemer Bundesgeschäftsführer wollte Bahr sein Amt nicht verstehen: „Ich brauche wenig Rücksicht zu nehmen, weder auf persönliche noch auf andere Dinge, und ich tue halt das, was ich wirklich nach bestehendem Wissen und Gewissen für notwendig halte ... Wenn ich mir hätte vornehmen wollen, auf keinen Fall jemandem auf die Füße zu treten, dann sollte ich das lieber gar nicht machen."[10]

Diesem Grundsatz folgte der Bundesgeschäftsführer auch schon bald: Bereits Ende Februar trat er seinen Berliner Parteifreunden geräuschvoll auf die Füße. In einem Interview hatte Bahr den Zustand der Berliner SPD ganz offen kritisiert: „Nehmen wir Berlin, da sehe ich in der Tat ein Problem. Neben dem, was die CSU hat, gibt es fast kein besseres Beispiel für ‚Filzokratie' als das, was wir in Berlin haben. Das muß geklärt werden, sonst werden wir da keine Wahlen mehr gewinnen können."[11] Postwendend empörte sich der Berliner SPD-Landesgeschäftsführer Peter Weiß über Bahrs „pauschale Beschuldigungen" und dessen „unerträgliche und unqualifizierte Äußerungen". Auch wenn er Bahr unterstellte, die „wirkliche Lage" nicht richtig beurteilt zu haben, so räumte Weiß ein, daß es in Berlin „Probleme" gebe.[12]

Zu diesen Problemen zählte die Nachfolge-Regelung für den zurückgetretenen Berliner Bürgermeisters Klaus Schütz; der im Mai 1977 gewählte Dietrich Stobbe war nicht der Wunschkandidat der Bonner SPD-Führung gewesen; er erschien zu jung. Egon Bahr setzte sich bei den Berliner Genossen vergeblich für den Bonner Kanzleramtsminister Hans Jürgen Wischnewski ein. Nach seiner Attacke auf den Berliner SPD-Landesverband revanchierte sich deren Geschäftsführer mit einem besonderen Geschenk zu Egon Bahrs fünfundfünfzigstem Geburtstag: Er schickte ihm einen Filzhut im Bayern-Look mit dem Hinweis: „Das ist der letzte Filz, den wir in Berlin

240

auftreiben konnten, und damit ist die Verfilzung hier beendet."[13]

Kaum drei Monate im Amt, es war Mitte März, erwartete den Bundesgeschäftsführer die erste große Bewährungsprobe. In einer Kampfabstimmung war auf dem Bundeskongreß der Jungsozialisten in Hamburg (18. bis 20. März) Klaus-Uwe Benneter, der Exponent des Stamokap-Flügels (Stamokap = Staatskapitalistischer Monopolkapitalismus), zum Vorsitzenden gewählt worden. Die Parteiführung war durch die Wahl Benneters aufgeschreckt, weil sich mit ihm ein Vertreter einer Juso-Minderheitsrichtung durchsetzen konnte, die an Tabus des politischen Selbstverständnisses der „Partei von Godesberg" rührte und vor allem eine Zusammenarbeit von Sozialdemokraten und Kommunisten im Gegensatz zur Mutterpartei nicht prinzipiell ablehnte.

Egon Bahr reagierte umgehend: In einem Ultimatum forderte er den Juso-Bundesvorstand auf, bis zum kommenden Montag, den 28. März, neun Uhr, verbindlich zu erklären, ob er auf der partiellen Zusammenarbeit mit Kommunisten beharre und, wie auf dem Parteitag beschlossen, mit dem als kommunistisch geltenden „Komitee für Frieden, Abrüstung und Zusammenarbeit" am 21. Mai demonstrieren wolle oder nicht. Die Jusos gaben zunächst nach und erklärten angesichts drohender Parteiordnungsverfahren, daß ihr Beschluß nicht durchführbar sei, „da bei der aufgezwungenen falschen Alternative Minderheit im Komitee . . . oder weitere sinnvolle Mitarbeit in der SPD die Mitgliedschaft in der SPD Vorrang hat."[14] Bahrs Drohung mit der administrativen Keule zeigte nur begrenzte Wirkung. Denn knapp einen Monat später führten Äußerungen des Juso-Vorsitzenden Benneter zu einer Zuspitzung des Konflikts.

In einem Interview mit dem linken Hamburger Polit-Magazin *Konkret* hatte Benneter am 25. April erklärt: „Für uns Jusos ist die Mitgliedschaft in der Partei kein

Dogma, an dem wir nun in jedem Fall festhalten wollen." Benneter teilte ferner mit, die Entscheidung, auf eine Mitarbeit im Abrüstungskomitee zu verzichten, bedeute kein Abrücken von der Entscheidung, mit Kommunisten zusammenzuarbeiten, „wenn es uns politisch sinnvoll erscheint und wenn es unsren eigenen Verband stärkt".[15] Für den Bundesgeschäftsführer war die Grenze der Tolerierbarkeit erreicht; Bahr beschloß, umgehend zu handeln: Er ließ sich per Telex den Text des Interviews übermitteln. Noch bevor das Magazin an den Kiosken auslag, forderte er Benneter auf, entweder sofort das Interview zurückzuziehen oder anderenfalls zurückzutreten. Doch der Juso-Vorsitzende ignorierte Bahrs Aufforderung und setzte seine Provokation der Parteispitze fort: Dem Westdeutschen Rundfunk und dem Südwestfunk gab er aus einer Telefonzelle auf dem West-Berliner Flughafen Tegel Interviews, in denen er seine *Konkret*-Sprüche erläuterte.

Mit einer ungewöhnlichen Aktion holte Bahr zum Schlag gegen den Juso-Vorsitzenden aus. Am Abend des 27. April ließ er sich in einem telefonischen Rundrufverfahren von dreißig der sechsunddreißig SPD-Vorstandsmitglieder den Antrag auf Einleitung eines Parteiordnungsverfahrens gegen Benneter absegnen. Doch der auf diese Weise erfolgte Antrag konnte beim Berliner Landesverband, dem Benneter angehörte, zunächst nicht behandelt werden, denn der Juso-Chef hatte beim Berliner Landgericht eine einstweilige Verfügung gegen den nicht rechtmäßig zustande gekommenen Vorstandsbeschluß erwirken können. Aber der Aufschub nutzte ihm wenig. Nachdem der Parteivorstand in seiner Sitzung am 26. Mai nun formalrechtlich die Entscheidung gegen Benneter erneuerte, konnte die Berliner Schiedskommission am 2. Juni den Parteiausschluß beschließen.

In der Parteizentrale befürchtete Solidarisierungen oder eine Austrittswelle von Jusos blieben aus. „Mir war klar, daß dies kein Flächenbrand würde", meint Egon Bahr rückblickend, „und es hat ja auch kaum Solidarisierungen gegeben. Mir hat es ein bißchen leid getan um den Benneter, von dem ich auch schon damals glaubte, er sei eigentlich mehr manipuliert worden, als daß er ein überzeugter Volksheld für eine neue Richtung gewesen wäre. Das war auch nicht das Ende, er ist ja dann später, nach vielen Jahren, in den Schoß der Mutterpartei zurückgekehrt. Ich kann rückblickend nur sagen, es war notwendig, es war unumgänglich, und es hat gar keinen Spaß gemacht."

Für die SPD hatte der Bundesgeschäftsführer nun in seiner ersten Rolle als Krisenbewältiger einen Erfolg verbuchen können, denn wenn jemand, wie der gefeuerte Juso-Chef, es auf eine Kraftprobe ankommen lassen wollte, „dann darf man nicht in die Knie gehen". Seine Standfestigkeit konnte Egon Bahr, der nun zeitweilig „Ultimaten-Egon" genannt wurde, noch in weiteren Fällen beweisen.

Nach einem guten halben Jahr wurde für viele Sozialdemokraten sichtbar, wie sich der Bundesgeschäftsführer, der anfangs als „Verlegenheitslösung" akzeptiert wurde, die Erneuerung der Partei vorstellte. Bahrs Rezept nannte die *Süddeutsche Zeitung* treffend „Stabilisierung durch personellen Wandel".[16] Durch rigorose Umbesetzungen und Auswechslungen versuchte Bahr, wie im Falle Berlins oder Hessens, in Partei und Öffentlichkeit eine Aufbruchstimmung zu vermitteln.

Aber ihm war klar, daß es mit der Präsentation neuer Personen an der Spitze einiger Landesverbände allein nicht getan war. Bahr kümmerte sich mit gleichem Einsatz um die Situation an der Basis, bereiste bis zum Sommer fast alle Bezirke, „um die Sorgen an Ort und Stelle und die Unterschiedlichkeiten kennenzulernen. Und zum Teil habe ich Besuche gemacht, wo vorher noch nie ein Bundesgeschäftsführer hingekommen war." Bei seinen Bezirksreisen gelang es ihm, mit seinen Vorstellungen von einer an neuen Qualitätsmerkmalen orientierten Personalpolitik auch bei manchen lokalen Funktionären Nachdenklichkeit auszulösen. Zwar sind die Möglichkeiten der Bonner Parteizentrale, Einfluß auf die Auswahl der hauptamtlichen Mitarbeiter auszuüben, beschränkt, doch lag Egon Bahr sehr daran, eine Verständigung über das Berufsbild der hauptamtlichen Parteifunktionäre zu erreichen. Die skeptischen „Bezirksfürsten" beruhigte Bahr: „Wenn ein Unterbezirk einen hauptamtlichen Mitarbeiter einstellt, kann ich das doch nicht entscheiden, ich kenne doch die nicht."[17]

Der Bundesgeschäftsführer legte vielmehr Wert darauf, den Beruf des hauptamtlichen Funktionärs attraktiver zu machen und seine Qualifikationen so zu gestalten, daß diese Tätigkeit künftig nicht mehr die Endstation einer beruflichen Karriere, sondern eine Zwischenstation bedeutet. Bei seinen Gesprächen an der Basis mit dem Ziel, sie von der Notwendigkeit einer schlagkräftigeren Organisation zu überzeugen, fehlte sein Hinweis auf die CDU nicht, der es in dem zurückliegenden Wahlkampf gelungen war, „eine schlechte Sache gut zu verkaufen", während die SPD eine gute Sache schlecht verkaufte".

Um das Erscheinungsbild der Partei zu verbessern, empfahl Bahr ferner, sozialdemokratische Mandatsträger in den Ländern und Gemeinden sollten künftig nicht mehr als *ein* besoldetes, durch die Mitgliedschaft in der Partei erworbenes Amt ausüben. Die Aufarbeitung des Vertrauenseinbruchs in der Bevölkerung solle in den Städten und Gemeinden durch mehr Bürgernähe und verstärkte Zusammenarbeit in praktischen und konkreten Fragen erreicht werden. Denn gerade lokale Bürgerinitiativen seien ein Beweis dafür, daß Entscheidungsprozesse „oft nicht überzeugend gemacht worden sind".[18]

Mit diesen Ratschlägen – und weniger mit ans Gemüt gerichteten Appellen („Seid bitte stolz auf eure Partei") –

reiste Bahr durch die Parteibezirke und registrierte interessiertes Wohlwollen, mußte sich aber auch Widerspruch gefallen lassen. Der damalige Redakteur der *Frankfurter Rundschau*, Hans-Joachim Noack, faßte seine Eindrücke über Bahrs Mission so zusammen: „Vor Jahren saß Egon Bahr noch mit Breschnew am Tisch, jetzt feilscht er um Begriffe mit Unterbezirksfunktionären. Der Mann, von dem man verbreitet, er beginne seine Macht erst zu spüren, wird da keineswegs nur als Star, viel eher wütend empfangen. Etwa: ‚So kannste nich mit uns reden, Egon‘, oder: ‚Jetzt mach mal 'n Punkt.‘ "[19]

Gelegentlich auftretende Renitenz bei einigen Genossen will Egon Bahr nicht überbewerten, in seiner Erinnerung ist eine andere gewonnene Erfahrung wichtiger: „Die Provinzfürsten haben keine Schwierigkeiten gemacht, die haben mich zwar erst mal abschätzend beäugt, das war völlig klar. Aber ich habe mich auch nicht gemein gemacht mit den Bezirksfürsten, denn die Bezirksgeschäftsführer sind das Rückgrat der Partei. Und wenn der Bundesgeschäftsführer mit seinen Kollegen in den Bezirken gut arbeitet, dann stimmt im Prinzip alles. Da gibt es Leute, die sind nur Geschäftsführer, aber in Wirklichkeit die Seele vom Ganzen. Es gibt nicht so schrecklich viele, aber ich werde ein paar Leute im Land nicht vergessen und habe große Hochachtung vor der Bescheidenheit und der Wirksamkeit, mit der diese Leute im Interesse der Partei arbeiten." Trotz dieser nachträglichen Anerkennung des Einsatzes der Parteifunktionäre an der Basis waren seine Eindrücke nach der Reise „sehr gemischt". Es gab Beispiele, die ihn hoffnungsvoll stimmten, und wiederum andere, die „resignative Gefühle" hochkommen ließen. Am meisten irritierte den Bundesgeschäftsführer eine mangelhafte innerparteiliche Kommunikation.

An dem damaligen Befund über den organisatorischen Zustand der Partei hat sich bis in die Gegenwart nur wenig geändert, bedauert Egon Bahr: „Im Grund hat die Partei ein organisatorisches Defizit, von dem ich nicht sehe, wie es überwindbar ist. Wir haben den Ruf, eine zentralistisch gelenkte Partei zu sein, wir sind aber die föderalistischste Partei überhaupt. Der Zentralismus in der CDU ist ungleich größer, die CDU ist vom Adenauer-Haus von oben nach unten durchorganisiert. Bei der SPD ist der Einfluß der Zentrale gering, jedenfalls organisatorisch, und nun kann man das relativ ausgleichen, wenn man Geld hat. Aber das, was an den Mitgliedsbeiträgen von einer Mark im Ollenhauer-Haus landet, geht über fünfzehn Pfennig nicht hinaus, alles andere bleibt an den Ortsvereinen und Bezirken hängen. Das heißt, auch dieser Hebel ist schwach, und deshalb ist diese Grundschwäche in der Struktur nur zu überwinden, wenn das Angebot, das aus dem Ollenhauer-Haus kommt, so gut ist, daß sich die Bezirke darum reißen und es auch bezahlen. Ferner wenn man die technische Ausstattung so gestaltet, über Computer, daß die Bezirke praktisch dranhängen müssen. Dies habe ich eingeleitet, wenigstens eingeleitet. Einer der Punkte war der Einstieg in die EDV und in die regelmäßige Versorgung der Bezirke mit Material. Wir haben noch 1976 damit zu kämpfen gehabt, aber 1980 hat es dann richtig funktioniert."

Der Bundesgeschäftsführer hatte nach seiner Rundreise durch die SPD-Bezirke auf dem Bundesparteitag der SPD in Hamburg (15. bis 19. November 1977) die erste Gelegenheit, seine „Organisationsfolgerungen" vorzutragen. Die Schwerpunkte seines Reformkonzeptes konzentrierte Bahr auf drei Bereiche: 1. Verbesserung der Information zwischen der Zentrale und den Bezirken; 2. Vereinheitlichung in der personellen und materiellen Ausstattung; 3. Hilfe für die Parteiarbeit vor Ort. Die dafür einzusetzenden Mittel reichten vom Aufbau eines neuen technischen Informationsnetzes über Anregungen für die Vereinfachung des Schriftverkehrs und verbesserte Schulungsmaßnahmen bis hin zur Beschreibung der Arbeitsaufgaben und Besoldung für Geschäftsführer. Allerdings warnte der Bundesgeschäftsführer die Genossen vor allzu großen Erwartungen hinsichtlich des Einsatzes neuer technischer Mittel durch die Parteizentrale: „Der Erfolg der Vertrauensarbeit ist nicht durch technische Tricks oder tägliche Geistesblitze zu erreichen. Unser Erfolg läßt sich nicht im Reagenzglas aus Geld, Papier und Technik verschmelzen oder hervorzaubern. Der Computer ersetzt die Arbeit unserer Mitglieder nicht. Die gute Verpackung ersetzt keine Inhalte und die stolze Auflagenhöhe von Druckerzeugnissen nicht die persönliche Antwort auf Fragen von Nachbarn und Arbeitskollegen. Die Partei hat lange gebraucht, ehe sie sich die Mittel der modernen Technik zunutze gemacht hat, aber keine Technik kann das ersetzen, was die Stärke der Partei immer war: die Bereitschaft der einzelnen Mitglieder, sich zu bekennen, z. B. indem man ein SPD-Zeichen trägt und sich mitverantwortlich weiß an Erfolg und Mißerfolg der Gesamtpartei. Das Erich-Ollenhauer-Haus muß seine Angebote sicher verbessern, aber wir sind kein Versandhaus für politisches Verpackungsmaterial und politische Potenzmittel. Wir können zu den wichtigsten Themen politisches Material und argumentatives Werkzeug anbieten. Damit arbeiten muß dann das einzelne Mitglied selbst. Dabei gilt dann ein umgewandeltes olympisches Prinzip: Dabeisein ist viel, mitmachen ist alles!"[20]

Mit einer Fülle guter Ratschläge und Vorsätze, die Bindung zwischen der Zentrale in Bonn und den Organisationen im Lande zu verbessern, hoffte der Bundesgeschäftsführer, auch den Anteil der nur knapp zehn Prozent aktiven SPD-Mitglieder zu steigern. Zugleich ermahnte er die Genossen, aus den Versäumnissen des vergangenen Wahlkampfes rasch Konsequenzen zu ziehen: „Was wir in diesem Jahr nicht schaffen, werden wir in den dann folgenden Jahren nicht nachholen können."[21]

Während Egon Bahr, der „sozialdemokratische Red Adair" (so *Die Zeit*), in seiner Tätigkeit als Bundesgeschäftsführer fast rund um die Uhr damit beschäftigt war, die schwerfällig operierende Partei durch organisatorische und administrative Entscheidungen und Anregungen auf Trab zu bringen, schaltete sich bei verschiedenen Anlässen auch der engagierte Politiker Bahr mit unkonventionellen Kommentierungen zur aktuellen Politik ein.

Die Verwaltung des Parteiapparats, ein zähes Tagesgeschäft, nahm Egon Bahr weder Energie noch Motivation, sich immer wieder grundlegend zu aktuellen politischen Problemen zu äußern. Zuweilen geschah dies sehr zur großen Überraschung der eigenen Parteifreunde, manchmal auch zum Ärger des Bundeskanzlers. Ein besonders markantes Beispiel ist der Verlauf der Debatte um die von amerikanischen Rüstungswissenschaftlern entwickelte Neutronenbombe, die Lebewesen tötet, aber Gebäude weitgehend unzerstört läßt. Diese Debatte wurde von Egon Bahr inspiriert und maßgeblich bestimmt; abermals schieden sich an ihm die Geister.

Es begann im Juli 1977 mit einer im *Vorwärts* unter der Überschrift „Ist die Menschheit dabei, verrückt zu werden?" erschienenen Kolumne, in der Egon Bahr die Neutronenbombe als „ein Symbol der Perversion des Denkens" charakterisierte.[22] Weiter hieß es im Text: „Hier wird die Skala aller Werte auf den Kopf gestellt. Zum Ziel ist die Erhaltung des Materiellen geworden; der Mensch ist zweitrangig. Daß man Produktionsanlagen, Straßen und Kommunikationssysteme ‚danach' wieder benutzen kann – das ist der Sinn. Der Fortschritt besteht auch darin, daß es leichter ist, die Leichen von Menschen zu beseitigen als die Trümmer von Städten und Fabriken. Mit seinem Gehirn macht sich der Mensch zu weniger als

248

einem Sklaven der Maschinen: Im Ernstfall ist nicht der Mann, sondern die Maschine erhaltenswert."

Die Reaktionen in der SPD, bei den Oppositionsparteien und in der Öffentlichkeit überraschten Egon Bahr, der mit seinem Urteil über dieses Produkt der amerikanischen Waffentechnik zu einem frühen Zeitpunkt lautstark Alarm geschlagen hatte. Er erinnert sich noch heute sehr genau, wie es zu seiner von moralischer Entrüstung gekennzeichneten Formulierung gekommen war: „Ich hatte Programmpapiere auf dem Schreibtisch, und eins dieser Papiere hatte ich durchgearbeitet und hatte dann, weil mir der Schluß nicht gefiel, von mir aus gesagt, im Grunde kann ich alle Programme der Sozialdemokratie auf einen einzigen Punkt verengen, nämlich, wir wollen, daß der einzelne seine Fähigkeiten in Würde entfalten kann. Damit war ich sehr zufrieden, habe das beiseite gelegt. Ich greife zum nächsten Papier, das ist eine Tikker-Meldung, nach der der Oberbefehlshaber der NATO erklärt hat, es sei beschlossen worden, die Neutronenbombe einzuführen, und der wirkliche Fortschritt bestünde darin, daß nur die Menschen kaputtgingen, aber die Sachwerte erhalten blieben. Und das war ein solcher Gegensatz zu dem, was ich gerade aus der Hand gelegt hatte, daß sich mir alle Haare gesträubt haben. Ich habe gedacht, erstens kann das nicht stimmen, ich müßte das wissen, weil ich als Bundesgeschäftsführer an den Koalitionsverhandlungen teilnahm, mir also nichts davon zu Ohren gekommen war, und zweitens dachte ich, das ist doch unerhört. Das kann doch nicht der Fortschritt sein. wo kommen wir im Westen denn eigentlich mit unseren Wertvorstellungen hin? Ich war ziemlich wütend. Dann habe ich mir das noch mal durch den Kopf gehen lassen, eine Nacht darüber geschlafen, am nächsten Morgen habe ich mir das noch einmal angeschaut; meine Entrüstung war genauso groß. Ich habe dann meinen Artikel, diesen Aufschrei, runterdiktiert, und das war's dann auch. Der Helmut Schmidt hat das zuerst nicht so ernst genommen. Als er anfing, es ernst zu nehmen, hat er gesagt, er kann diese Auffassung nicht teilen, und ich habe ihm geantwortet, daß ich bei meiner Meinung bleibe, ich könnte das auch nicht revidieren. Im Gegenteil, ich habe dann angefangen, die ganze Sache unter militärisch-strategischen Gesichtspunkten zu analysieren, das ist ja nie wirklich diskutiert worden."

Die Diskussionen entzündeten sich denn auch vielmehr an Bahrs moralischem Einspruch gegen die Neutronenwaffe. Beschwichtigung seitens der Regierung und persönliche Attacken von Oppositionspolitikern kennzeichneten die Debatte. Während der sozialdemokratische Verteidigungsminister Georg Leber die neue Bombe als Zeichen von „Präzision und Qualität" der Abschreckung einstufte, war sie für den Bundeskanzler nur noch „eine neue Art taktischer Nuklearwaffe mit verminderter Druck- und Hitzewirkung". Für den Parlamentarischen Geschäftsführer der CDU/CSU-Bundestagsfraktion, Philipp Jenninger, war Bahrs Bombenalarm eine „unwürdige und unverantwortliche Stimmungsmache" und eine „unüberlegte und schädliche Scheinentrüstung". Dem CDU-Politiker war auch klar, wohin Bahrs Kritik führen sollte: „Anstatt verantwortungsbewußt zur Versachlichung beizutragen, erschließt Herr Bahr jenen neue Betätigungsfelder, die – nicht zuletzt auch in seiner eigenen Partei – die Verunsicherung der Bürger als Mittel zur Überwindung unserer demokratischen Grundordnung suchen."[23]

Dem rechten Kolumnisten in der *Welt*, Hans Habe, diente die „Bombenkampagne des SPD-Bundesgeschäftsführers" als Beweis für dessen „demagogisches Genie", er rede „allein den Interessen des Ostens" das Wort, „daher der Beifall der ‚Prawda' ".[24] Den Lesern lieferte Habe in seinem als pathologisch zu bezeichnenden Haß auf Bahr folgende Begründung: „Den Demagogen entlarvt schon die Hast, Heftigkeit und Voreiligkeit, mit der er sich – natürlich nicht zuletzt, um sich dem rebellischen linken Flügel seiner Partei anzuschmeicheln und von den wahren Problemen abzulenken – einer Frage angenommen hat, die ihn weder als Person noch als Funktionär angeht. Die Demagogie entspringt einzig und allein der Treue zur Ostpolitik, vor allem der Sorge, jeden möglichen Harm vom Osten abzuwenden."[25]

Der SPD-Bundesgeschäftsführer unternahm seinen publizistischen Vorstoß gegen die Neutronenwaffen wohl auch in der Absicht, um zu verhindern, daß „nicht der Tornado moralischer Entrüstung über seiner unvorbereiteten Partei zusammenschlägt und ... sich die Menschen auf der Straße des brisanten Themas annehmen".[26]

In einem Radio-Kommentar, der sich nicht nur der ethischen Dimension des neuen Waffentyps annahm, sondern auch militärische und sicherheitspolitische Bedenken begründete, vermutete der Bundesgeschäftsführer: „Leidenschaftslose, kühle Diskussionen über Werte, an denen wir unser Denken und Handeln ausrichten, und über Interessen, die sich aus unserer Verpflichtung für unser Volk ergeben, die niemand uns abnehmen kann, werden wohl die Diskussionen über die Neutronenwaffe noch nicht so schnell beenden lassen."[27] So geschah es denn auch.

Während Egon Bahr aus dem Verhalten der Opposition „eine politische Gier nach Atomwaffen" folgerte, die geeignet sei, die Entspannung zu stören und „sogar unsere Verbündeten vorsichtig zu machen", entdeckte die Opposition in Bahrs „Dauerangriffen auf die Neutronenwaffe" in der ihr eigenen Sensibilität vor allem einen „bemerkenswerten Akkord mit dem sowjetischen Parteichef Breschnew". Der Vorsitzende der Arbeitsgruppe Verteidigung der CDU/CSU-Bundestagsfraktion, Willi Weiskirch, meldete sich mit der Erkenntnis zu Wort: „Egon Bahr läuft Amok. Der Bundesgeschäftsführer der

251

SPD hält es nach seinen voreiligen, von Sachkenntnissen weithin ungetrübten Attacken gegen die sogenannte Neutronenwaffe offenbar für seine Pflicht, im Irrtum zu verharren und – koste es, was es wolle – der NATO ein besonders schlagkräftiges Abschreckungsmittel noch vor seiner Einführung aus der Hand zu schlagen . . . Es kann nicht die Aufgabe eines sozialdemokratischen Parteifunktionärs sein, das geltende NATO-Konzept in Frage zu stellen oder gar zu unterlaufen."[28]

Neben solchen persönlichen Angriffen stand der Versuch der Opposition, die Koalitionsregierung als in dieser Frage gespalten und zerstritten darzustellen, weil die FDP sich unter bestimmten Bedingungen für eine Stationierung der Neutronenwaffen ausgesprochen hatte.

Egon Bahr wußte aber in der von ihm inszenierten Abwehr gegen die Neutronenwaffe nicht nur die Mehrheit seiner Partei hinter sich – sie hatte ihn auf dem Bundesparteitag in Hamburg mit 409 von 431 gültigen Stimmen (Schmidt: 395) in den Vorstand gewählt und ihm deutlich den Rücken gestärkt –, selbst der Bundespräsident teilte in dieser Angelegenheit seine Meinung: „Ich saß eines Abends zu Hause, das Telefon klingelte, und Walter Scheel war am Apparat. Er sagte: ,Kollege Bahr, bleiben Sie bei Ihrer Auffassung, sie ist völlig richtig.' "

Im Frühjahr 1978, nach der Entscheidung des amerikanischen Präsidenten Carter, die Produktion dieser Nuklearwaffe auf unbestimmte Zeit zu vertagen, verschwand das Thema Neutronenbombe von der Tagesordnung der innenpolitischen Kontroversen. Für Egon Bahr bewies Carters Entscheidung, daß die USA sowohl auf deutsche Interessen als auch auf die skeptische Haltung anderer NATO-Mitglieder Rücksicht genommen hatten. Auch wenn Bonn auf Regierungsebene keine führende Rolle bei der Zurückweisung der Neutronenwaffen-Pläne gespielt hatte, so waren Egon Bahrs Argumente und die sich daraus entwickelnde Diskussion in der Öffentlichkeit doch nicht ohne Eindruck auf die USA geblieben. In einem Interview machte Bahr deutlich, daß die westliche Allianz nicht auf die Interessen der Vereinigten Staaten verkürzt werden darf: „Die Sicherheit unseres Landes hängt von der Verläßlichkeit der Vereinigten Staaten und von unserem Bündnis ab. Insoweit sind wir auf die Funktionsfähigkeit und Geschlossenheit dieses Bündnisses angewiesen. Aber wir haben ein Bündnis, in dem die Interessen der Bundesrepublik Deutschland voll zum Tragen gebracht werden können. Wenn über Waffenarten, Strategie, Einsatzziele, Einsatzmechanismen diskutiert wird, so sind das Fragen, die nicht gegen uns entschieden werden können, wenn nicht der innerste Kern dessen, was für uns Bündnis ist, beschädigt werden soll."[29]

Die Erleichterung über Carters Entscheidung wurde in der Bundesrepublik nicht von allen geteilt, besonders enttäuscht zeigte sich der CSU-Vositzende Franz Josef Strauß: „In meiner Kenntnis der amerikanischen Geschichte nach dem Zweiten Weltkrieg ist dies der erste Fall, wo ein amerikanischer Präsident offen und erkennbar vor einem russischen Zaren gekuscht hat."[30]

Ein halbes Jahr nach dem Egon Bahr zufriedenstellenden Ausgang der Neutronenwaffen-Debatte, im Herbst 1978, stand der Bundesgeschäftsführer erneut in den Schlagzeilen. War Egon Bahr seit der Zeit der Ostverträge schon einiges an niederträchtigen Verdächtigungen gewohnt, so starteten jetzt, in einer beispiellosen Kumpanei, rechte Unionsabgeordnete und konservative Publizisten eine neue Kampagne gegen die sozialliberale Ostpolitik unter der bekannten Melodie „Spiel mir das Lied vom Ausverkauf".[31]

Der abwechselnd in deutschen und amerikanischen Zeitungen erhobene Verdacht, Egon Bahr habe während seiner Moskauer Verhandlungen den Sowjets die Neutralisierung Deutschlands für den Fall einer Wieder-

vereinigung angeboten, erhielt Ende Juli – die Landtagswahlen in Hessen und Bayern warfen ihre Schatten
voraus – neue Nahrung.

Damals war der rumänische Geheimdienstoffizier Ion
Pacepa zu den Amerikanern übergelaufen; er berichtete
von angeblichen „Geheimplänen" Bahrs. Sofort nahmen
sich die Springer-Zeitungen und der rechte Kommentator Gerhard Löwenthal („ZDF-Magazin") dieses Falls an
und veröffentlichten angeblich brisantes Material, das
der Rumäne bei seinen Verhören durch die CIA präsentiert habe. So soll der Überläufer, wie rechte Medien in
die Welt setzten, behauptet haben, Belege dafür zu
haben, der SPD-Politiker betreibe den Austritt aus der
NATO und er habe der Sowjetunion in Geheimverhandlungen einen Nichtangriffspakt vorgeschlagen. In diesen
Sumpf von Verdächtigungen, Mutmaßungen und Halbwahrheiten wurden von dem Überläufer auch noch der
SPD-Bundestagsabgeordnete Uwe Holtz (heute Vorsitzender des Bundestags-Ausschusses für wirtschaftliche
Zusammenarbeit) und der Bahr-Referent Joachim
Broudré-Gröger (heute Bonner Botschafter in Hanoi)
hineingezogen. Sie wurden von Pacepa bezichtigt, seine
Informanten gewesen zu sein. Dieser Spionagevorwurf
erwies sich als völlig unbegründet und haltlos. Von den
angeblichen „Bahr-Plänen" blieb nicht mehr übrig als der
Hinweis auf die von ihm im Auswärtigen Amt Ende der
sechziger Jahre angestellten deutschlandpolitischen
Denkmodelle. Aber, so der attackierte Egon Bahr, „es
gibt halt einige Leute, denen Aufgewärmtes am besten
schmeckt".[32]

Bundeskanzler Schmidt bezeichnete die Vorwürfe als
„eine dreckige Erfindung".[33] Egon Bahr äußerte die begründete Vermutung, daß die Opposition sich ihr „aus-
ländisches Mißtrauen bestellt" habe. Schließlich ließ sich
zumindest ein amerikanischer Journalist in der CDU-
Zentrale mit „Informationen" versorgen.[34]

Egon Bahr, der sich über die amerikanische Botschaft in Bonn an die US-Regierung gewandt und um Auskunft über die von Pacepa vorgelegten „Beweise" gebeten hatte, erhielt umgehend aus Washington den Bescheid, daß der amerikanischen Regierung „weder dokumentarisches noch sonstiges Beweismaterial aus irgendwelchen Quellen" vorliege.[35] Die liberale Wochenzeitung *Die Zeit* fand diesen Vorgang bezeichnend: „Aber die Botschaft als Aussteller eines Persilscheines für einen führenden deutschen Politiker – daß dies jemals notwendig erscheinen könnte, ist ein schlimmes Zeugnis für den Verfall der politischen Umgangssitten."[36]

Wie sehr der politische Umgangston geprägt wurde durch widerwärtige Niveaulosigkeit, mag noch ein Beispiel illustrieren, das zudem belegt, welche verunglimpfenden Schläge unter die Gürtellinie Bahr hinzunehmen hatte. Für die CSU war das amerikanische Dementi nämlich kein Anlaß, von ihrer Rufmordkampagne gegen Bahr abzulassen. Die „Unbedenklichkeitsbescheinigung" aus Washington, so Gerold Tandler, sei nämlich „nicht das Papier wert... auf dem sie steht".[37] Nach Ansicht des CSU-Politikers, der für seine Behauptung jeden Beweis schuldig blieb, war Egon Bahr, „der Stratege einer einseitigen Ausrichtung der deutschen Politik nach Moskau", eine „Gefahr": „Jedesmal, wenn sich Egon Bahr, der Vielseitige, aus dem politischen Zwielicht, das längst bei ihm zur gewohnten Dauerbeleuchtung geworden ist, in den Vordergrund des politischen Geschehens schiebt, ist für Deutschland Gefahr im Verzug."[38] Folglich registrierte das CSU-Organ *Bayern-Kurier* für die deutsche Politik „Alarmstufe eins": „Noch immer, wenn Egon Bahr aus dem Halbdunkel seiner Pläne und Papiere – deren Existenz jedesmal zunächst rundweg abgestritten wurde – auftauchte, stand am Ende ein politisches Ergebnis zu deutschen Lasten."[39]

Der einzige Unionspolitiker, der die bewußt geschürte

Verschwörungstheorie und Debatte über Egon Bahrs „Neutralisierungspläne" öffentlich kritisierte, war der CDU-Bundesschatzmeister Walther Leisler Kiep. Er zeigte sich nicht nur enttäuscht über den Stil der außenpolitischen Auseinandersetzung, er bedauerte auch die entstandene Polarisierung. Eine Debatte über Bahrs Überlegungen könnte sinnvoll sein, wenn sie über die unverzichtbaren Grundlagen der deutschen Außenpolitik geführt werde; sie sei aber „wenig sinnvoll, wenn sie mit dem Verdacht der Verschwörung, der konspirativen Tätigkeit oder gar der Spionage geführt wird".[40]

Auch wenn das von bundesdeutschen und amerikanischen Presseorganen aufgewärmte Gespenst einer neuen Rapallo-Version mit Egon Bahr als „nationalistischem Drahtzieher einer deutschen Neutralisierungspolitik" bald wieder von der politischen Bühne verschwand, so kam der SPD-Parteivorsitzende Willy Brandt nicht umhin, das Vorgehen der Opposition gegen Bahr als eine „Kampagne vom Zuschnitt der Nazipropaganda" zu verurteilen.[41]

Egon Bahr zeigte sich nach der mehrwöchigen Verleumdungskampagne äußerlich ungerührt. Er sagt aber heute noch, daß ihm damals manches unter die Haut gegangen sei. „Ich habe früher unter ungerechtfertigten Angriffen oder Verdächtigungen sehr gelitten. Aber daran gewöhnt man sich bis zu einem gewissen Grade, ganz besonders, wenn man nach scharfer Selbsterforschung ein gutes Gewissen hat und das verfolgt, was man für richtig hält. Im übrigen gibt es sehr viele Menschen in unserem Volk, die zu schätzen wissen, daß man sich Gedanken macht und sie auch ausspricht. Das heißt, die andere Seite der Abneigung ist Unterstützung, die zum Teil auch bewegende Formen annimmt."[42]

Kaum war diese Kampagne verebbt, mußte sich Egon Bahr nun in seiner Tätigkeit als Bundesgeschäftsführer gegen parteiinterne Kritik zur Wehr setzen. Im Erich-

Ollenhauer-Haus landeten immer mehr Mängelrügen über die Organisation. Dem Bundesgeschäftsführer wurde die Vernachlässigung organisatorischer Aufgaben nachgesagt; der stellvertretende SPD-Fraktionsvorsitzende Horst Ehmke ließ die Bemerkung fallen: „Das, was er tun soll, tut er nicht." Egon Bahr wurde „Lustlosigkeit" vorgehalten, „sich mit organisatorischem Kleinkram zu befassen".[43]

Daß Egon Bahr seine Hausaufgaben nicht gemacht habe, grollte auch Herbert Wehner, der den Bundesgeschäftsführer an zwei unerledigte Parteitagsbeschlüsse erinnerte. Auf dem Hamburger Bundesparteitag waren zwei Kommissionen gebildet worden, die sich über die „innerparteiliche Situation" und über „Verbesserungen des Ablaufs von Parteitagen" Gedanken machen und schließlich die Ergebnisse nach „angemessener Frist" vorlegen sollten. Daraus wurde nichts. Die Kommission, die sich über Parteitage ein neues Konzept ausdenken sollte und die Egon Bahr federführend leitete, war in sechzehn Monaten nur zweimal zusammengetroffen.

Der Bundesgeschäftsführer mußte nun Kritik von allen Seiten zur Kenntnis nehmen: Etliche Landesverbände monierten eine unzureichende organisatorische Unterstützung, die Zusammenarbeit zwischen der Bundestagsfraktion und der Bundespartei klappe nicht recht, eine teure Anzeigenkampagne in der Vorweihnachtszeit zur Europa-Wahl stieß auf Kritik, ein Sanierungskonzept des sozialdemokratischen Mitgliedermagazins wurde vermißt. Von der Fülle guter Vorsätze und den Plänen, die Bindungen zwischen der Zentrale in Bonn und den Organisationen im Lande zu verbessern sowie die Zahl der nur knapp zehn Prozent aktiven SPD-Mitglieder zu erhöhen, war wenig zu sehen. Und unter den SPD-Mandatsträgern kursierte bald der Witz: „Und wo ist Egon? Ach, der pendelt gerade zwischen zwei Unterbezirkskonferenzen in Washington und Moskau."

257

Die Klagen über Egon Bahrs Amtsführung erreichten schließlich um die Jahreswende 1978/1979 einen Höhepunkt mit der Vermutung, der Bundesgeschäftsführer hege Rücktrittsabsichten. Zwar blieb Bahr bei seiner Ankündigung anläßlich der Amtsübernahme, die ganze Legislaturperiode als Bundesgeschäftsführer der Partei zur Verfügung zu stehen, ließ aber zugleich seine gesunkene Begeisterung durchblicken: „Aber so rasend attraktiv ist die Sache auch nicht, um zu sagen, bis zum Sterben."[44] Die lautgewordene Kritik an seiner Amtsführung steckte er mit dem Hinweis weg: „Die gehört zum Job, denn alle Erfolge gehen immer auf diejenigen, die in der ersten Reihe stehen, auf den Vorsitzenden, auf den Bundeskanzler, auf die Landesfürsten, die gewinnen, und für alles, was nicht klappt, ist immer der Bundesgeschäftsführer verantwortlich. Das gehört zum Job, dafür wird er bezahlt."[45] Über seine Zukunftspläne befragt, ließ Bahr zu diesem Zeitpunkt immerhin so viel verlauten: „Ich bleibe aktiv in der Politik und will auch 1980 wieder Abgeordneter werden und hoffe, noch viele Leute ärgern zu können."[46]

Ärger verursachte der Bundesgeschäftsführer noch reichlich bis zum angekündigten Ausscheiden aus dem Amt, und zwar nicht nur in der eigenen Partei. Einer, der sich über Egon Bahr aus grundsätzlicher Gegnerschaft besonders ärgerte, war der CSU-Vorsitzende Franz Josef Strauß.

Die Auseinandersetzungen zwischen Bahr und Strauß eskalierten im nordrhein-westfälischen Kommunalwahlkampf im Herbst 1979. Strauß, seit Juli Kanzlerkandidat der Unionsparteien, hatte nach Krawallen während seiner Wahlkundgebung in Essen am 14. September öffentlich behauptet, Egon Bahr sei der „Initiator" der „SPD-gesteuerten und SPD-aufgeladenen Störungen" gewesen. Der SPD-Bundesgeschäftsführer strengte sofort beim Bochumer Landgericht eine Klage gegen den CSU-

Vorsitzenden an. Zwar müsse der CSU-Chef im Grundsatz *politisch* bekämpft werden, meinte Bahr, wo aber geltendes Recht verletzt werde, müsse er wie jeder andere Bürger behandelt werden; man werde Strauß keine „Narrenfreiheit" zugestehen.[47]

Die Richter gaben nach einer zweistündigen Sitzung am 3. Oktober Bahr recht, die Strauß-Äußerung sei ehrkränkend und auch nicht durch die Meinungsfreiheit gedeckt. Das Gericht verbot daher dem Kanzlerkandidaten bei Androhung von Geld- oder Haftstrafen, seine Behauptung zu wiederholen oder zu verbreiten. Doch Strauß beabsichtige, Berufung gegen dieses Urteil einzulegen, weil das Gericht seiner Meinung nach die Zusammenhänge zwischen seiner Kritik an Bahr und den Krawallen nur „unzulänglich gewürdigt" habe. Für ihn bestehe kein Zweifel, daß Egon Bahr für die Wahlkampfausschreitungen politisch verantwortlich sei.[48]

Im März 1980 zog das Oberlandesgericht Hamm den Schlußstrich unter den Rechtsstreit, Strauß unterlag und mußte die gesamten Prozeßkosten tragen.

Der SPD-Bundesgeschäftsführer sorgte in der Zeit bis zu den Bundestagswahlen im Oktober 1980 noch für so manchen innenpolitischen Wirbel, irritierte gelegentlich die eigenen Parteifreunde und überraschte selbst den Bundeskanzler durch verschiedene Aktionen.

Nach Bahrs Vorstoß gegen die Neutronenbombe Mitte 1977 mit der sich anschließenden öffentlichen Debatte, die Schmidt als „unwillkommen" und „störend" empfand, unternahm Bahr zwei Reisen nach Moskau, wo er in Sachen Entwicklungspolitik vorsprach. Ein Vortrag vor der sowjetischen Akademie der Wissenschaften im Mai 1977 und einige Sondierungen im darauffolgenden Jahr galten der Absicht, die Sowjets zur Teilnahme an Willy Brandts Nord-Süd-Kommission zu bewegen. Die Opposition nutzte diese Aktivitäten abermals, Verdächtigungen auszusprechen. Schließlich erregte Egon Bahrs

Empfehlung im Juni 1979, die Bundesregierung solle sich für das volle Stimmrecht der West-Berliner Abgeordneten im Deutschen Bundestag einsetzen, nachdem die DDR die Einbeziehung der Ost-Berliner Abgeordneten in die Direktwahlen zu ihrem Parlament beschlossen hatte, auch Einspruch in der eigenen Partei. Herbert Wehner wies den Bahr-Vorschlag lautstark und in der ihm eigenen Art empört zurück.[49]

Der Vordenker Bahr konnte viel ertragen und einstecken, verlangte allerdings auch, daß besonders die eigenen Parteifreunde ihm manche Eigenwilligkeit gestatteten oder Ungeschicklichkeit verziehen – wenn auch mit geballten Fäusten in den Taschen. Eine solche Gelegenheit war im Mai 1980 gegeben.

Als nach dem Einmarsch sowjetischer Truppen in Afghanistan Ende Dezember 1979 der amerikanische Präsident am 20. Januar 1980 offiziell zum Boykott der Olympischen Sommerspiele in Moskau aufrief, war auch die Bundesregierung in den Sog der amerikanischen Pressionspolitik geraten. Bundeskanzler Helmut Schmidt hatte im März 1980 dem amerikanischen Präsidenten in aller Deutlichkeit zu verstehen gegeben, wie wenig er von diesem Boykott hielt. Doch obwohl Helmut Schmidt negative Auswirkungen auf die innerdeutschen Beziehungen befürchtete, gab er dem amerikanischen Druck nach und demonstrierte bündnispolitische Zuverlässigkeit. In diesem Sinne hatten sich im Mai 1980 die Bundesregierung und der Deutsche Bundestag zu einer Boykott-Empfehlung an das Nationale Olympische Komitee (NOK) durchgerungen. Doch zwei Tage bevor sich die deutschen Sportfunktionäre in Düsseldorf zu ihrer endgültigen Abstimmung über die Olympia-Teilnahme trafen, hatte sich in Bonn bereits der SPD-Bundesgeschäftsführer geäußert.

„Ich fand", begründet Egon Bahr heute seine Einmischung, „daß wir die Dummheit der Amerikaner mitmachen und unseren Athleten die Teilnahme an den Olympischen Spielen dadurch kaputtmachen, erstens falsch; zweitens, ich konnte verstehen, wenn die Bundesregierung gesagt hat, bei allem, was wir von den Amerikanern wollen, müssen wir ihnen doch irgendwo ein Stückchen Zucker geben, und das ist dann noch das geringste. Das heißt, ich war sicher, daß die Regierung froh gewesen wäre, wenn das NOK den Mumm gehabt hätte, den die Regierung nicht hatte oder haben konnte, zu entscheiden, wir fahren nach Moskau. Drittens, ich wollte den NOK-Funktionären das sagen, weil ich wußte, im Kern ist die Regierung froh, wenn das NOK nicht absagt. Viertens, dies konnte ich aber so nicht sagen, das heißt, ich mußte das Risiko auf mich nehmen, wenn die Sache platzt, und ich kann mich auf niemanden berufen, sondern stecke die Schläge ein. Und so ist es geschehen."

Die „Sache" hatte Egon Bahr in einem Brief an den Vorsitzenden des Deutschen Sportbundes, Willy Weyer, zu beeinflussen versucht. In einer deutlichen Formulierung widersprach Bahr der tags zuvor von Weyer im Fernsehen abgegebenen Erklärung, falls das deutsche NOK sich für die Teilnahme an den Moskauer Spielen ausspreche, werde das Bündnis gefährdet. „Das Bündnis mit den Amerikanern wird nicht gefährdet, wenn sich unser NOK wie das britische oder das französische oder das niederländische oder das dänische verhält", schrieb Bahr. Kaum hatte der Sportbund-Funktionär die Bahr-Botschaft gelesen, teilte er dem Kanzler den Inhalt des Briefes mit und erkundigte sich bei Schmidt, ob der Bahr-Brief die aktuelle Einschätzung der Bundesregierung wiedergebe. Der Bundeskanzler konnte nur mit Mühe seinen Zorn über Bahrs Alleingang zurückhalten, und auch der SPD-Parteivorsitzende Willy Brandt war wenig erfreut darüber, erst aus der Presse den Inhalt des Bahr-Briefes zu erfahren.

Der Opposition, die sich in ihrem Engagement für

einen Olympia-Boykott von niemandem übertreffen ließ, bot sich nun erneut eine Chance, den Bundesgeschäftsführer als politischen Störenfried vorzuführen. Die CSU wertete den Brief als den „Gipfel eines Verwirrspiels" und sprach von einem Doppelspiel in der Olympia-Frage, das jetzt sichtbar geworden sei. Bonn treibe eine doppelbödige Politik: eine für die deutsche Öffentlichkeit und eine andere für Moskau. Die CDU erklärte durch den Parlamentarischen Geschäftsführer Philipp Jenninger, Bahrs „jüngster Winkelzug" sei „ein Lehrstück", das den Verdacht zu bestätigen scheine, Politik werde im „SPD-Hauptquartier" entschieden. „Wir scheinen auf dem besten Wege zu einem sozialistischen Staatsverständnis, wo bekanntlich die Partei herrscht und die Regierung lediglich administrieren darf", polemisierte der CDU-Parlamentarier, für den sich damit die aufgeworfene Frage von selbst beantwortete, „ob Egon Bahr inzwischen die Geschäfte Moskaus besorgt".[50]

Egon Bahr, der seinen Brief als „privat" bezeichnete, entschuldigte sich bei Bundeskanzler Schmidt und dem Parteivorsitzenden Brandt für deren verspätete Unterrichtung mit dem Hinweis, daß die Briefkopien wegen des bevorstehenden Vatertags nicht mehr rechtzeitig in den Postverteiler gekommen seien.[51] Dennoch blieb bei etlichen führenden Sozialdemokraten der bittere Nachgeschmack, Egon Bahr habe mit seiner Briefaktion der eigenen Regierung einen Bärendienst erwiesen.

Der Bundesgeschäftsführer hielt sich im Wahljahr mit weiteren Alleingängen, die als spektakulär hätten gewertet werden können, merklich zurück. Die Vorbereitungen zur Bundestagswahl am 5. Oktober 1980 beanspruchten jetzt den ganzen Bundesgeschäftsführer, der sich sowohl um die technische Seite des Wahlkampfes als auch um die inhaltlichen Aussagen kümmerte. Nicht selten saß Egon Bahr noch hinter seinem großen Schreibtisch, wenn im Erich-Ollenhauer-Haus schon längst alle

Lichter ausgegangen waren. „Unter neunzig Stunden in der Woche kommt der Bundesgeschäftsführer kaum weg", bezifferte er seinen Arbeitseinsatz. Er besprach mit seinen Mitarbeitern nicht nur die großen Linien des Wahlkampfes, sondern auch noch so kleinste Details der technischen Umsetzung; kein Plakatentwurf, keine Zeitungsanzeigen, Rundfunk- oder Fernsehspots gingen an die Öffentlichkeit, ohne daß Egon Bahr sie vorher gesehen und gebilligt hatte. „Ich bin penibel und genau, ich will sogar einzelne Bilder sehen oder Motive mitbestimmen", betonte der verantwortliche Wahlkampfmanager.[52]

In der Überzeugung, daß die Sozialdemokraten zusammen mit den Liberalen die Bundestagswahlen gewinnen und einen CSU-Kanzler Strauß von der Macht fernhalten, verpflichtete Egon Bahr seine Partei auf einen betont argumentativen Wahlkampf. Unter dem von ihm kreierten SPD-Wahlmotto „Sicherheit für Deutschland" war der Wahlkampf auf die außenpolitischen Erfolge und die unbestrittene Kompetenz des Bundeskanzlers Helmut Schmidt zugeschnitten. „Wir haben, anders als vor vier Jahren, den Wahlkampf zu führen in einer Situation, in der man nicht sagen kann, daß sich die Welt so sicher wie in Abrahams Schoß befindet", erklärte Bahr vor der Wahl und erinnerte an die Krisen im Nahen und Mittleren Osten, die Gefahren für Abrüstung und Entspannung infolge der Afghanistan-Krise. Außenpolitische Themen sollten die Wahl bestimmen und entscheiden.

Während die SPD die Wahl zu einem Plebiszit gegen Strauß zu machen versuchte, verlegte die Union ihren Wahlkampf unter dem Motto „Gegen den SPD-Staat – Stoppt den Sozialismus" vorwiegend auf innenpolitische Themen. Die Polarisierung des Wahlkampfes konnte eine eingerichtete Schiedsstelle zur Überwachung eines Wahlkampfabkommens, das die vier Bundestagsparteien beschlossen hatten, nicht verhindern. Während die Sozialdemokraten die Friedenssicherung zu einem herausragenden Thema erklärten und dem CSU-Kanzlerkandidaten Strauß mit dem Vorwurf begegneten, er sei zwar „friedenswillig", aber nicht „friedensfähig", konterten die Unionsparteien mit dem Angriff auf Bundeskanzler Schmidt, er sei ein „Schuldenkanzler". In diesem Zusammenhang kam den Unionsparteien noch ein katholisches Hirtenwort zu Hilfe, das gegen die Staatsverschuldung polemisierte. Den Außenpolitiker Schmidt stellten die Oppositionsparteien aber auch als willfähriges Instrument sowjetischer Interessen dar und bezichtigten die SPD, eine „Moskauer Fraktion" sei zu Lasten deutscher Interessen am Werk.

Das Wahlziel, die Fortsetzung der sozialliberalen Koalition, wurde am 5. Oktober 1980 erreicht, auch wenn das Ergebnis für die SPD nur einen kaum wahrnehmbaren Zuwachs von 0,3 Prozent der Zweitstimmen brachte und nur die FDP sich über ihre Verbesserung von 7,9 (1976) auf nun 10,6 Prozent freuen durfte. Die Wähler bescherten der Opposition eine deutliche Wahlniederlage (über vier Prozent Stimmenrückgang), sie blieb aber mit 44,5 Prozent stärkste Fraktion. Der Wahlausgang hinterließ bei den Sozialdemokraten einen bitteren Nachgeschmack: Der erwartete Kanzler-Bonus fiel nicht der eigenen Partei, sondern den Liberalen zu; Schmidt und die Koalition waren zwar die Wahlsieger, nicht aber die sozialdemokratische Partei. Darüber zeigte sich besonders Egon Bahr, der verantwortliche Wahlkampfmanager, recht betroffen. Vier Tage nach der Bundestagswahl kündigte Bahr im Deutschlandfunk seinen vorzeitigen Rücktritt an; er wolle nicht bis zum SPD-Parteitag im Frühjahr 1982 auf dem Posten des Bundesgeschäftsführers bleiben, sondern bereits im Frühjahr 1981 sein Amt abgeben.[53]

Im Februar zog Egon Bahr als Bundesgeschäftsführer eine Bilanz des vergangenen Wahlkampfes und machte in einem vertraulichen Bericht für den Parteivorstand die Regierung mitverantwortlich für das unbefriedigende Wahlergebnis. „Ein tragendes innenpolitisches Zukunftsthema für die 80er Jahre hatten wir nicht, wie später auch das Regierungsprogramm zeigte", schrieb Bahr seinen Vorstandskollegen. Die Argumentation zur innenpolitischen Themenlage sei defensiv geblieben, deshalb sei die Opposition mit ihrer Vergangenheitsschelte recht erfolgreich gewesen. Ausdrücklich wies der Bundesgeschäftsführer auf „politische Defizite" hin, die nicht durch Inhalte und Handeln, Aktionen und Personen ersetzt werden könnten. Nachdem die SPD aus einer Favoritenrolle gestartet sei, habe sich das Thema „Frieden und Sicherheit" nicht bis in die Schlußphase als „Offensiv- und Aktivthema" durchhalten lassen. Damit habe die Opposition den Raum gewonnen, ihre „innenpolitischen, destruktiven Angriffsthemen zu fahren". Bei seiner kritischen Beurteilung vergaß Bahr aber nicht darauf hinzuweisen, daß die SPD ihr bislang zweitbestes und die CDU das zweitschlechteste Ergebnis bei Bundestagswahlen erreicht hatten.[54] Scharf kritisiert Bahr rückblickend das Verhalten von Helmut Schmidt, der, ohne sich mit der Partei abzusprechen, ein verabredetes Treffen mit Honnecker abgesagt hatte. „Wöchentlich", so erinnert sich Bahr, „konnte ich 0,3 % Verlust ablesen. Eine Woche später hätten wir nur dasselbe Ergebnis wie 1976 erhalten. Immerhin, wir hatten gewonnen – letztmalig für eine ganze Zeit."

Die *Süddeutsche Zeitung* wertete den Bericht des scheidenden Bundesgeschäftsführers als „kräftigen Nachtritt": „Jetzt sieht es nämlich so aus, als habe der Bundesgeschäftsführer nur darauf gewartet, vor seiner Amtsübergabe noch einmal kräftig nachzutreten und alle Schuld an dem – aus Sicht der SPD – eher unbefriedigenden Wahlergebnis dem Bundeskanzler aufzubürden. Daß das Papier auch kräftige Selbstkritik an der Partei und ihrer Unfähigkeit enthält, innenpolitische Themen zu besetzen (und sich im übrigen auf den Amtsbonus des Kanzlers zu verlassen), wird bei der Lektüre leicht übersehen. Unterm Strich bleibt der Konflikt. Und dies zu einem Zeitpunkt, wo in den Führungsgremien der SPD allmählich Unmut darüber aufkommt, daß sich die drei führenden Spitzengenossen – Brandt, Wehner und Schmidt – entgegen allen Beteuerungen und guten Vorsätzen immer noch in Interviews bekriegen."[55]

Der Bundesgeschäftsführer Egon Bahr schied aus dem Amt, wie er gekommen war – in einer Krise der Partei. Die in ihn gesetzten Erwartungen, als „Mann mit der Ölkanne" ausgleichend und beschwichtigend zwischen Regierung und Partei einzugreifen, hatten sich nur zu einem Teil erfüllt. Das lag nicht zuletzt an den Unterschieden zwischen den SPD-Führungspersönlichkeiten und ihrem schwierigen Verhältnis zueinander, das Egon Bahr wegen seiner grundsätzlich preußisch-loyalen Dienstauffassung respektierte und nicht spürbar entschärfen konnte.

Bei seinem Abschied Anfang März lobte Egon Bahr ganz besonders die Mitarbeiter des Erich-Ollenhauer-Hauses; er habe nämlich während seiner mehr als vierjährigen Amtszeit als eine Art „Ziethen aus dem Busch" festgestellt, daß die Mitarbeiter in der SPD-Zentrale „sehr viel mehr Idealismus" haben, als draußen im Lande vielfach angenommen wird. Und in launiger Stimmung, bei einem Glas Elsässer Edelzwicker, gab er auch noch ein Patentrezept zur Auswahl künftiger Bundesgeschäftsführer zum besten: „Wer Bundesgeschäftsführer werden will, darf es auf keinen Fall werden; entweder ist er zu dumm oder zu gefährlich. Zum Bundesgeschäftsführer wird man eingezogen."[56] Zu Bahrs Nachfolger wurde der Berliner Wissenschaftssenator Peter Glotz „eingezogen".

Der Parteivorsitzende Willy Brandt erinnerte in seinem Dank an den langjährigen politischen Weggefährten, daß die Wahl, Egon Bahr zum Bundesgeschäftsführer zu berufen, eine „überraschende Lösung" gewesen sei – dies „auch für mich und auch für ihn". Aber, so Brandt, er sei dann doch „zu einer für viele soliden und überzeugenden Lösung geworden".[57]

Egon Bahr seinerseits bemerkte daraufhin: „Es war eine schwierige Zeit, auch für Dich, Willy. Für uns war es eine Periode . . . von der wir rückblickend sagen können, sie hat uns trotzdem weitergeholfen."[58]

Daß ihm das Amt des Bundesgeschäftsführers trotz zahlreicher nervenaufreibender Belastungen und etlicher Querelen doch auch als eine besondere Auszeichnung und Anerkennung seiner Fähigkeit vorkam, beweist rückblickend der hohe Stellenwert, den Egon Bahr den Jahren in der SPD-Zentrale in seinem Leben einräumt. „Wenn man sich vorstellt, den Weg eines Mannes, der aus Überzeugung und Einsicht Mitglied der SPD geworden ist, aber nie daran gedacht hat, eine Parteikarriere zu machen, und der sich nach einer Reihe von Jahren plötzlich, wenn man so will, als die Mutter der Kompanie sieht – der Vorsitzende ist immer etwas Besonderes –, aber ansonsten eben Chef des Erich-Ollenhauer-Hauses ist und den Laden in der Hand hat, dann ist das schon was! Und man ist Teil der Geschichte der Partei und hat gegenüber der Partei ein ganz anderes Verhältnis, wenn man im Erich-Ollenhauer-Haus sitzt, als wenn man draußen ist. Das verläßt man nicht leicht, das war sozusagen ‚mein Haus'. Ich war beim Ausscheiden erleichtert von einer Last und Verantwortung, ganz sicher, aber auch heute noch, wenn ich das Haus betrete, weiß ich, ein Stück von mir ist hier noch zu Hause."

SECHSTES KAPITEL

Der Sicherheitsexperte

Nach dem Ausscheiden aus dem Amt des Bundesgeschäftsführers hatte Egon Bahr nun „endlich den Kopf
frei" für ein anderes politisches Aufgabengebiet, um das
er sich engagierter, als ihm dies bisher möglich war,
kümmern konnte. Die Entspannungspolitik, für deren
Durchsetzung er sich energisch und couragiert eingesetzt
hatte, sollte nun in einer zweiten Etappe durch die Abrüstungspolitik ergänzt werden.

Mit der 1969 eingeleiteten neuen Ostpolitik, beruhend
auf dem Konzept der Anerkennung der Nachkriegsrealitäten mit dem Ziel zu gewährleisten, „daß Probleme von
gestern nicht mehr zu gefährlichen Konflikten führen",
war in seinem Gesamtkonzept nur der erste Schritt auf
dem Wege zu einer europäischen Friedensordnung getan.[1] Ausgehend von den prägenden, fast traumatischen
Erfahrungen während der Berliner Krisenjahre, betrach-
tete Egon Bahr die Abrüstungspolitik, das Ende einer
politisch-militärischen Drohpolitik, immer als zweite
Seite der begonnenen Entspannungspolitik; nach den
Ostverträgen sollte eine Phase der Abrüstungs- und Rü-
stungskontrollverträge den Frieden in Europa sicherer
und die Beziehungen zwischen den beiden Supermächten
und ihren Bündnissystemen kontrollierbarer und damit
auch vertrauensvoller gestalten.

Die Verbindung von Entspannungs- und Sicherheitspolitik erreichte mit dem SALT-I-Abkommen (1972) und
der KSZE-Konferenz in Helsinki (1975) einen ersten Er-

folg. Das Konzept ließ sich also realisieren und erlaubte Hoffnungen auf eine ausbaufähige Rüstungskontroll- und Abrüstungspolitik.

Ausgehend von der allgemeingültigen Prämisse, „daß die erste Priorität für uns die Erhaltung des Friedens ist", der sich alle anderen politischen Ziele unterzuordnen haben, sah Egon Bahr „Entspannung als die fortdauernde Aufgabe der achtziger Jahre, zu der es eine sinnvolle Alternative nicht gibt".[2] Den Kern seines entspannungspolitischen Konzepts drückte Bahr so aus: „Angesichts der möglichen Zerstörung der Menschheit ist Abrüstung zum erstenmal in der Geschichte zur realen Notwendigkeit geworden. Diese Notwendigkeit in Politik umzusetzen, gelingt nur, wenn wir in unserem Denken einen entsprechend großen Sprung machen, den Sprung zum Denken der gemeinsamen Sicherheit. Es gibt nicht mehr Sicherheit gegen den möglichen Feind, sondern nur noch Sicherheit mit ihm zusammen."[3] Dieses neue Denken verlangt auch, daß man über die künftige Rolle der beiden Militärbündnisse neu nachdenkt.

In diesem Zusammenhang erinnert Egon Bahr gern an eine frühere Aussage, die Bundeskanzler Adenauer im April 1960 im Deutschen Bundestag gemacht hatte: „Wenn wir eines Tages zu einer Verständigung auch mit Sowjetrußland kommen – und ich hoffe, daß wir dies mit viel Geduld erreichen werden–, werden Warschauer Pakt und NATO der Vergangenheit angehören müssen. Das müssen Sie sich doch einmal klarmachen. Das sind doch keine Ewigkeitsinstitutionen."[4]

Diese Ansicht ist heute weitgehend vergessen, und wer Perspektiven zur Überwindung der Bündnisse entwikkelt, setzt sich umgehend dem Verdacht aus, die Neutralisierung Deutschlands anzustreben oder einem AntiAmerikanismus das Wort zu reden. Egon Bahr hat sich aufgrund seiner abrüstungspolitischen Anregungen und bündnispolitischen Überlegungen, die er seit 1980 öffentlich zur Diskussion stellte, noch ganz andere Vorwürfe anhören müssen.

Der Parlamentarier Egon Bahr, der nach der Konstituierung der Ausschüsse des 9. Deutschen Bundestages im Dezember 1980 zum Vorsitzenden des Unterausschusses für Abrüstung und Rüstungskontrolle gewählt wurde, trat einen schweren Gang an. Denn es stand zu diesem Zeitpunkt um die Entspannungspolitik infolge zunehmender Klimaverschlechterungen zwischen den Großmächten nicht zum besten. Die Opposition versprach nach Bahrs Wahl zum Ausschußvorsitzenden, „ihm fortan genau auf die Finger zu schauen; denn es sieht so aus, als nähme er gegenüber den zur Zeit diskutierten Problemen der westlichen Nachrüstung, der angestrebten Rüstungsbegrenzung und Rüstungskontrolle und den dazu erforderlichen West-Ost-Verhandlungen eine Position ein, die sich schwerlich mit den in der NATO vereinbarten Vorstellungen in Einklang bringen läßt".[5] Der in der Opposition chronisch gepflegte Argwohn gegen Bahrs Ostpolitik erhielt nun durch sein sicherheitspolitisches Engagement neue Nahrung.

Die Auseinandersetzung um den Nachrüstungs-Beschluß der NATO

Die Außen- und Verteidigungsminister der NATO-Staaten beschlossen auf ihrer Tagung in Brüssel im Winter 1979 die Modernisierung der nuklearen Streitkräfte und verabschiedeten am 12. Dezember den sogenannten NATO-Doppelbeschluß. Die Minister waren bei ihren militärpolitischen Analysen zu der Feststellung gelangt, daß der Warschauer Pakt im Laufe der vergangenen Jahre „ein großes und ständig weiterwachsendes Potential von

Nuklearsystemen entwickelt, das Westeuropa unmittelbar bedroht und eine strategische Bedeutung für das Bündnis in Europa hat".[6] Insbesondere die Aufstellung der SS-20-Rakete habe zu einer quantitativen und qualitativen Überlegenheit der Sowjetunion im Bereich der Mittelstreckenraketen geführt. Die NATO sah durch diese Entwicklung die Glaubwürdigkeit ihrer Abschreckungsstrategie gefährdet und wollte daher dem Schritt der Sowjetunion mit zwei Ansätzen begegnen, nämlich das eigene Abschreckungspotential zu modernisieren und andererseits neue Vorschläge zur Rüstungskontrolle vorzulegen.

Die westliche Allianz verständigte sich auf die Stationierung von 108 Abschußvorrichtungen für Pershing-II-Mittelstreckenraketen mit einer Reichweite von 1800 km (als Ersatz für die veraltete Pershing Ia mit einer Reichweite von knapp 800 km) und von 464 bodengestützten Marschflugkörpern (Cruise Missiles) auf dem Gebiet der Bundesrepublik, in Großbritannien, Italien, Belgien und in den Niederlanden. Im Gegenzug sollten rund eintausend amerikanische nukleare Gefechtsköpfe aus Europa abgezogen werden.

Im zweiten Teil ihres Brüsseler Beschlusses machten die NATO-Minister Vorschläge zur Reduzierung sowohl des sowjetischen als auch des amerikanischen Raketenpotentials in Europa auf der Grundlage des SALT-II-Abkommens. Das Ziel sollte eine Vereinbarung zur Begrenzung der beiderseitigen landgestützten Raketensysteme in Europa werden. In dem Brüsseler Beschluß hieß es ausdrücklich: „Die Minister messen der Rüstungskontrolle als Beitrag zu einem stabileren militärischen Kräftepotential zwischen Ost und West und zur Förderung des Entspannungsprozesses eine große Bedeutung bei. Dies spiegelt sich wider in einem breit angelegten Spektrum von Initiativen, die im Bündnis geprüft werden mit dem Ziel, die Weiterentwicklung von Rüstungskontrolle und Entspannung in den achtziger Jahren zu fördern."[7]

Die Stationierung der neuen Mittelstreckenraketen und Marschflugkörper sollte nach Ablauf von vier Jahren, also Ende 1983, erfolgen, falls bis dahin Verhandlungen über den Abbau von Mittelstreckenraketen in Europa ohne Erfolg bleiben würden. Fünfzehn Tage nach dem Brüsseler NATO-Doppelbeschluß, am 27. Dezember 1979, ließ die Sowjetunion ihre Truppen in Afghanistan einmarschieren; die Hoffnung auf eine Fortsetzung des Entspannungsprozesses zwischen Ost und West war erst einmal begraben. Als dann kurze Zeit später auch noch der amerikanische Kongreß die Ratifizierung der SALT-II-Verträge abzulehnen beabsichtigte, zog ihn Präsident Carter kurz entschlossen zurück. Insgesamt war eine Verschlechterung der Ost-West-Beziehungen seit 1980 die Folge.

In der Bundesrepublik wurde der NATO-Doppelbeschluß zu einem besonders umstrittenen innenpolitischen Thema. Die Bundesregierung versuchte trotz der sich verschlechternden Beziehungen zwischen den USA und der Sowjetunion an ihrer Politik der Entspannung in Europa festzuhalten. Zwar verwies der Bundeskanzler immer wieder auf den zweiten Teil des NATO-Doppelbeschlusses mit seinem Verhandlungsangebot an die Sowjetunion, doch nahm die Kritik innerhalb der SPD seit Mitte 1980 ständig zu; nicht zuletzt eine anwachsende Friedensbewegung signalisierte die tiefe Sorge und Angst in weiten Teilen der Bevölkerung vor der Stationierung weiterer Atomwaffen auf deutschem Boden. Dem Kanzler war es nur auf dem SPD-Bundesparteitag Anfang Dezember 1979 in Berlin noch gelungen, eine große Mehrheit zur Zustimmung des geplanten Doppelbeschlusses als Beitrag zur Entspannungspolitik hinter sich zu bekommen. „Große Teile der SPD schluckten nur widerwillig die ihnen vom Kanzler verordnete sicherheitspolitische Medizin. Um diese zu versüßen, bemühte sich Helmut Schmidt in zahlreichen Reden und Interviews, die Rüstungskontrollaspekte des Doppelbeschlusses hervorzuheben."[8]

Auch Egon Bahr hatte „Bauchgrimmen", stimmte aber zu, „weil ich darin die einzige Möglichkeit sah, die Amerikaner zu Verhandlungen zu bringen. Und ohne Verhandlungen funktioniert es nicht. Zweitens, sowohl der Bundeskanzler wie der Bundesverteidigungsminister waren so weit im Wort, daß die Verweigerung der Unterstützung sie zum Rücktritt gezwungen hätte."[9]

Dennoch meldeten sich in der SPD immer mehr Stimmen zu Wort, die den NATO-Doppelbeschluß insgesamt als eine Gefahr für den Entspannungsprozeß werteten, wie etwa Erhard Eppler, Karsten Voigt und Oskar Lafontaine.

Egon Bahr, der nach dem Berliner Parteitag erheblichen Widerstand in der SPD für den Fall vorausgesagt hat, daß es nicht zur Ratifizierung des SALT-II-Vertrages kommt, warb im Frühjahr 1981, obwohl die internationalen Voraussetzungen den SPD-Parteitagsforderungen nicht mehr entsprachen, für ein Festhalten am Doppelbeschluß. Er begründete dies mit vier Punkten: Erstens, Präsident Reagan (seit Januar 1981 im Amt) habe zwar durch seine harte Kritik an der Sowjetunion („Reich des Bösen") die Ausgangslage für Verhandlungen nicht erleichtert, das deutsche Interesse an Rüstungsbegrenzung und damit an einer Fortsetzung des SALT-Prozesses bleibe jedoch unverändert groß; zweitens dürfe die Verläßlichkeit einer von der Bundesrepublik eingegangenen Verpflichtung nicht in Frage gestellt werden; drittens, der Beschluß besteht aus zwei Teilen, und niemand kann einen Teil in Frage stellen, ohne den zweiten Teil damit auszuhebeln. Vereinzelte Stimmen in den USA, die den Eindruck erweckten, als gehe es nur um den Nachrüstungsteil, gefährdeten damit den gesamten

Komplex. Solchen Ansichten müsse mit dem Hinweis auf die zwei Beschlußteile begegnet werden. Und viertens, zwar könne niemand bestreiten, daß die Sowjetunion weiter Mittelstreckenraketen stationiere, aber eine Verpflichtung der Sowjetunion zur Rüstungsbegrenzung könne nur durch Verhandlungen erreicht werden. „Wer heute an dem Doppelbeschluß rührt, würde auch die Sowjetunion aus der politischen Verpflichtung entlassen, die wir anstreben müssen."[10]

Bevor Egon Bahr im Juni 1981 nach Moskau reiste, um dort als Mitglied (seit Dezember 1980) der vom früheren schwedischen Ministerpräsidenten Olof Palme geleiteten „Kommission für Abrüstung und Sicherheit in der Welt" an einer Tagung teilzunehmen, war in Bonn ein Artikel im *Vorwärts* erschienen, in dem er sich kritisch mit amerikanischen Äußerungen zum Doppelbeschluß auseinandersetzte: „Die USA wollen, auch wenn aus den Verhandlungen mit Moskau nichts werden sollte, den Raketenbeschluß auf jeden Fall durchführen. Das wird nicht funktionieren. Ohne Verhandlungen wird nicht stationiert; so hat die NATO vereinbart. Wenn wir uns daran halten sollen, werden es die USA auch müssen. Zumal es bisher an den Amerikanern liegt, daß die Verhandlungen noch nicht begonnen haben."[11]

Während Egon Bahr mit diesem Artikel seine Sorge zum Ausdruck bringen wollte, „daß nicht Umgangstöne einreißen, die es zwischen Verbündeten in einem Bündnis nicht geben sollte", qualifizierte die *Neue Zürcher Zeitung* Bahrs Sorgen als „giftige antiamerikanische Stimmungsmache". Er hätte „durch seinen sachlich unfundierten und zeitlich völlig verfehlten Ausfall gegen die Politik Washingtons den sowjetischen Gastgebern nicht eigenhändig die Munition zu dem propagandistischen Spaltungsmanöver" liefern sollen.[12]

Im Rahmen seiner Moskauer Gespräche, so mit dem stellvertretenden Außenminister Georgi Kornienko und dem stellvertretenden Generalstabschef Achromejew, hatte Egon Bahr die westlichen Sorgen über die fortlaufende Stationierung der sowjetischen SS-20-Raketen erläutert sowie die ernsthafte Absicht einer Verhandlungslösung der westlichen Allianz hervorgehoben. Er kehrte mit dem eher sorgenvollen Eindruck zurück, „daß man sich zwischen den beiden Großen nicht so gut versteht, noch nicht so eng im Gespräch ist, und daß man hier in Moskau, also bei den Regierungsstellen oder bei den Führungsstellen, den Eindruck zunehmend gewinnt oder den Verdacht zunehmend hegt, daß die Amerikaner die Verhandlungen oder die Gespräche über die Verhandlungen benutzen wollen, um Zeit zu gewinnen und in der Zwischenzeit weiter zu rüsten, das heißt, vollendete Tatsachen zu schaffen".[13] Diese Einschätzung des SPD-Abrüstungsexperten sollte sich nur allzu bald bestätigen.

Unterdessen versuchte Bundeskanzler Schmidt die zunehmend brisanter werdende Debatte in der SPD dadurch zu beenden, daß er auf einer SPD-Veranstaltung in Recklinghausen im Mai 1981 mit seinem Rücktritt drohte, falls der NATO-Doppelbeschluß nicht in seinen beiden Teilen verwirklicht würde. Außenminister Hans-Dietrich Genscher gab Ende Mai eine ähnliche Erklärung auf dem Kölner FDP-Parteitag ab.

Kurze Zeit später, am 20. Mai 1981, gelang es Helmut Schmidt bei seinem Treffen mit dem US-Präsidenten Reagan, diesen zu der Zusage zu bewegen, daß die USA bis zum Jahresende Verhandlungen mit der Sowjetunion über Mittelstreckenraketen in Europa aufnehmen würden. Ein erster Hoffnungsschimmer zeigte sich Ende November 1981, als tatsächlich in Genf Verhandlungen zwischen den USA und der Sowjetunion über ein Nachfolgeabkommen von SALT II begannen. Das Ziel dieser unter der Bezeichnung START (für: Strategic Arms Reduction Talks) laufenden Verhandlungen war die Reduzierung strategischer Waffen.

Im März 1982 zog Egon Bahr nach dem ersten Reagan-Jahr eine Bilanz und kam zu dem Schluß: „Das militärische Denken wird überbewertet. Und: Es fehlt eine überzeugende politische Strategie gegenüber der Sowjetunion."[14] In seiner Mängelrüge heißt es ferner: „Das Denken in Kategorien militärischer Stärke ist geeignet, politische Stärke einseitig zu Lasten des Westens zu demontieren."[15] Im Grunde könne man sich fragen, ob Moskau eigentlich sehr unzufrieden sein müsse mit einer Politik Washingtons, die dabei ist, sich Europa zu entfremden, und die die Konkurrenz zur anderen Supermacht ausgerechnet auf einem Sektor suche, auf dem diese am stärksten sei, dem militärischen. Der Westen könne den Osten niederrüsten um den Preis der Solidarisierung im Osten um Moskau und der Destabilisierung des westlichen Bündnisses, warnte Egon Bahr, der nun immer mehr zu der Überzeugung kam, daß die Abschreckungsdoktrin eine „Übergangsdoktrin" ist und durch eine „Sicherheitspartnerschaft" überwunden werden müsse. Solche Gedankengänge, meinte er anläßlich einer SPD-Veranstaltung, seien allerdings für die Amerikaner nur schwer nachvollziehbar, „weil sie sich als die Schönsten, Größten und Besten dünkten".[16]

Das von Egon Bahr in die Diskussion gebrachte Stichwort „Sicherheitspartnerschaft" wurde allerdings zunächst wenig beachtet, es ging in den Jahren der Raketenzählerei um SS-20 und Pershing unter. Erst in den letzten Jahren erfreut sich das Konzept einer „Sicherheitspartnerschaft" einer zunehmenden Aufmerksamkeit und auch kontroversen Beurteilung.

Als im April 1981 die SPD in München ihren Bundesparteitag abhielt, sprach sich Egon Bahr gegen einen von Eppler und Lafontaine eingebrachten Antrag aus, ein Stationierungsmoratorium für Raketensysteme mittlerer und größerer Reichweite zu fordern. Er verteidigte den Kurs der Bundesregierung mit dem Hinweis auf die laufenden Genfer Verhandlungen, die nicht zusätzlich durch ein solches Votum belastet werden sollten. Deshalb bestehe gegenwärtig zu diesem Thema kein „Entscheidungsbedarf". In optimistischer Erwartung eines positiven Ergebnisses in Genf sollten weitere Beschlüsse zum NATO-Doppelbeschluß vorerst unterbleiben. „Der bestehende Zeitbedarf reicht dicke aus, um ein Ergebnis bis Mitte oder Herbst 1983 zu erzielen", also vor einer möglichen Stationierung neuer Nuklearwaffen in Westeuropa.[17]

Eine offene Kurskorrektur konnte auf diesem Parteitag vermieden werden, kündigte sich aber in Umrissen für den Herbst 1983 an. Unterdessen schien sich in Genf im Juli 1982 ein Durchbruch anzubahnen, als sich die beiden Chefunterhändler der USA und der Sowjetunion, Paul Nitze und Juli Kwizinski, auf dem berühmt gewordenen „Waldspaziergang" auf eine Reduzierung der Mittelstreckenraketen in Europa einigten. Doch die beiden Regierungen verweigerten diesem Diplomaten-Kompromiß ihre Zustimmung; die Bundesregierung wurde im übrigen weder informiert noch konsultiert.

Bundeskanzler Schmidt hätte den in Genf ausgehandelten Kompromiß akzeptiert; ein militärisches Gleichgewicht auf vergleichsweise niedrigem Niveau – ohne Aufstellung der Pershing II – hätte als Erfolg gewertet werden können. Doch dazu kam es nicht. Schmidts Bemühungen, die beiden Großmächte zu einem Kompromiß zu drängen, blieb der Erfolg versagt.

Wenige Monate später war auch das sozialliberale Bündnis am Ende, bereiteten die Liberalen die Wende zur Union vor. Mit der Wahl des CDU-Vorsitzenden Helmut Kohl am 1. Oktober zum Bundeskanzler einer CDU/CSU-FDP-Regierung war die Ära der sozialliberalen Regierungen beendet, nahmen die Sozialdemokraten nach dreizehn Jahren Regierungsverantwortung wieder auf den Oppositionsbänken Platz.

Während des Jahres 1983 setzte – begünstigt durch den Machtverlust – innerhalb der SPD eine Rückzugsbewegung hinsichtlich des NATO-Doppelbeschlusses ein, ein Landesverband nach dem anderen kündigte frühere Positionen auf und sprach sich für ein Nein zum erwarteten Stationierungsbeschluß aus. So war es denn auch kaum noch eine Überraschung, daß ein SPD-Sonderparteitag im November 1983 in Köln fast geschlossen gegen die Stationierung neuer Raketen in der Bundesrepublik votierte und die 1979 erteilte Zustimmung zum NATO-Doppelbeschluß aufhob. Zu den wenigen Gegenstimmen zählten die von Helmut Schmidt und den langjährigen Ministern seines Kabinetts wie Georg Leber und Hans Apel. Unter großem Beifall erklärte der Parteivorsitzende Brandt, die Verhandlungen in Genf seien gescheitert „an der Sturheit derer, die es für wichtiger hielten, Pershing II nach Deutschland zu bringen, als sowjetische SS-20 runterzuhandeln".[18]

Egon Bahr meinte, nicht das Nein schade dem deutschen Volk, sondern die Aufstellung neuer Raketen. In dem Kölner Parteitagsbeschluß forderten die Sozialdemokraten von den USA einen Stopp der Stationierung, von der Sowjetunion den Beginn der Reduzierung ihrer auf Westeuropa gerichteten Mittelstreckenraketen bis auf eine beträchtlich verminderte Zahl und von den beiden Verhandlungspartnern einen Stopp für die Einführung neuer Nuklearwaffen kürzerer Reichweite.[19]

Die Stationierung der neuen Raketen, die Anfang Dezember 1983 begann, nachdem die konservativ-liberale Bundestagsmehrheit am 23. November 1983 ihre Zustimmung erteilt hatte, konnten die Sozialdemokraten nicht verhindern. Egon Bahr behielt recht mit seiner im Juni 1983 im Bundestag dargelegten Position: „Es ist eine Illusion zu glauben, die Verhandlungen könnten nach der Stationierung einfach fortgesetzt werden, als wäre nichts geschehen. Wenn sie fortgesetzt werden, dann geschieht das vor dem Hintergrund neuer sowjetischer Raketen zwischen Elbe und Weichsel... Wer dürfte, von allem anderen ganz abgesehen, hoffen, die Sowjetunion werde Ende der nächsten Verhandlungsphase am 15. November die Fortsetzung, wie üblich, zum 15. Januar vereinbaren, wenn die Stationierung nach dem 1. Dezember beginnt? Ich halte das für unwahrscheinlich und wünsche in diesem Fall sehr, unrecht zu behalten."[20]

Die Genfer Verhandlungen wurden von den Sowjets im Januar 1984 abgebrochen; erst am 12. März 1985 trafen sich die Unterhändler zur Fortsetzung der Abrüstungsgespräche. Und erst fast zwei Jahre später konnten sich beide Großmächte auf ein Abkommen verständigen, das am 8. Dezember 1987 von den Vereinigten Staaten und der Sowjetunion unterzeichnet wurde. Das INF-Abkommen (Intermediate-range Nuclear Forces; Kernwaffen mittlerer Reichweite) beinhaltet eine doppelte „Null-Lösung": Beide Seiten verpflichten sich zum vollständigen Abbau von Mittelstreckenraketen mit einer Reichweite zwischen 500 und 5500 km innerhalb von drei Jahren und haben entsprechende gegenseitige Kontrollmaßnahmen vereinbart. Das Kapitel NATO-Doppelbeschluß war nun mit diesem Abkommen endgültig vom Tisch, die Voraussetzungen für den Abbau der inzwischen in der Bundesrepublik stationierten Pershing-II-Raketen waren nun gegeben.

Von allen Parteien wurde das INF-Abkommen mit nuanciertem Enthusiasmus als Beginn einer neuen Entspannungsphase zwischen Ost und West begrüßt, der Anfang einer echten Abrüstung registriert. Auch wenn nur drei Prozent der Atomwaffen verschrottet werden, wies Egon Bahr in einer Stellungnahme auch auf die nicht zu unterschätzende psychologische Bedeutung dieses Abkommens hin: „Ich halte es wirklich für sehr wichtig, daß die Menschen in allen Ländern, aber auch in unserem Land, zum ersten Mal erfahren: Verhandlungen haben

Sinn. Es wird nicht nur geredet über Reduktion oder neue Obergrenzen, sondern es ist wirklich möglich, abzurüsten. Und das verändert doch wirklich die Lage."[21]

Der CSU-Vorsitzende Strauß war in seiner Bewertung zurückhaltender. Er hielt den „Jubel, mit dem dieses Abkommen begrüßt wird", für „völlig unangebracht, denn technisch haben wir von dem neuen Abkommen nicht mehr Sicherheit".[22]

Bahr würdigte das INF-Abkommen hingegen als historischen „Durchbruch, der Appetit macht nach mehr", auch, weil es nun für die europäischen Staaten mehr „Bewegungsspielräume" schafft. Damit bekommen zugleich Überlegungen über die Zusammenarbeit der europäischen Staaten auf dem Gebiet der gemeinsamen Sicherheit eine Realisierungschance.

Sicherheitspartnerschaft

Seit Ende der siebziger Jahre hat Egon Bahr in zahlreichen Aufsätzen, Kolumnen und bei öffentlichen Diskussionen immer wieder für eine neue politische Strategie im Ost-West-Verhältnis plädiert. Der Abrüstungsexperte entwickelte während der sich dramatisch verschlechternden Beziehungen zwischen den Supermächten Anfang der achtziger Jahre das Konzept einer Sicherheitspartnerschaft. Auf die Urheberschaft dieser Formel will sich Egon Bahr nicht festlegen, er meint, daß Helmut Schmidt den Begriff öffentlich in Umlauf brachte. Allerdings hatte Egon Bahr schon während seiner Zeit im Planungsstab des Auswärtigen Amtes Denkmodelle eines europäischen „Sicherheitssystems" entworfen.

Intensiv mit diesem Denkmodell hat sich Egon Bahr im Rahmen der Palme-Kommission auseinandergesetzt.

Palme hatte Bahr gebeten, für die Kommission einen Vorschlag über Sicherheit im atomaren Zeitalter zu entwickeln. Das Ergebnis war das Konzept der Gemeinsamen Sicherheit („Common Security"), von der Kommission als zentrale Botschaft in einem Bericht für die Vereinten Nationen aufgenommen. Nicht als Ersatz für die bestehenden Bündnissysteme – sie bleiben weiterhin „unentbehrlich" – sei eine Sicherheitspartnerschaft anzustreben, sondern um zu überwölbenden, die Bündnisse verbindenden Abmachungen und Verträgen zu kommen, damit die Furcht vor der Gewaltandrohung des potentiellen Gegners wegfällt.

„Gemeinsame Sicherheit verlangt als eine politische Doktrin, daß wir uns für eine unbegrenzte Zeit auf das Nebeneinander unterschiedlicher Systeme einstellen und ausschließen, daß unterschiedliche, ja gegensätzliche Ideologien durch Gewalt durchgesetzt werden. Gemeinsame Sicherheit verlangt als militärische Doktrin einen neuen Ansatz der Rüstungskontrolle. Bisher haben Generale auf beiden Seiten, auftragsgemäß, die Positionen vorbereitet, wie man durch Rüstungskontrolle den eigenen Vorteil sichern kann. Generale auf beiden Seiten wissen heute besser als manche Politiker um die Zerstörungskraft ihrer Waffen und um die eigentliche Unvorstellbarkeit ihrer Benutzung, die sie sich auftragsgemäß dennoch dauernd überlegen müssen. Sie wären die besten Experten, wenn sie den Auftrag bekämen, gemeinsam Vorkehrungen zu treffen, damit beide Seiten gleichermaßen sicher sein können."[23] Eine solche Konzeption von „gemeinsamer Sicherheit" verlangt nicht nur den Verzicht auf jede Doktrin der Überlegenheit, „sondern das Bewußtsein, daß der potentielle Gegner der Partner oder der Bruder des Überlebens ist, mit dem zusammen ich die Sicherheit organisieren muß".[24] Die Organisation müßte folgende Elemente enthalten: Vorkehrungen gegen jeden Überraschungsangriff zu vereinbaren; die beiderseitigen Potentiale risikogleich zu machen; diese Vereinbarungen müssen konventionelle und nukleare Systeme der beiden Pakte umfassen, und alle Vereinbarungen müssen kontrollierbar sein. „Denn die Definition des gemeinsamen Interesses, gleichen Risikos, gleicher Kontrollfähigkeit führt im Prinzip zu der Festlegung der Regeln, nach denen sich beide Seiten verteidigen. Das ist die Transformation zur Partnerschaft. Wenn dieses Stadium erreicht wird, würde es einen Sinn machen, die Verteidigungsministerien in Sicherheitsministerien umzubenennen."[25] Fünf Jahre später, 1985, sind diese Begriffe und Zielvorstellungen von Gorbatschow aufgenommen und auch zu zentralen Teilen der westlichen Verhandlungsposition geworden.

Das Konzept der „Gemeinsamen Sicherheit" verlangt also nicht die totale Entwaffnung, sondern Vereinbarungen und Streitkräfte, die ohne untragbares Risiko nicht mehr angriffsfähig sind, also allen Teilnehmern Sicherheit bieten. Nur von allen Mitgliedern der Militärblöcke gemeinsam kann dieses Ziel erreicht werden, „es gibt keinen isolierten deutschen Weg".[26]

Zugleich betonte Bahr, daß dieses Konzept nicht den Ausstieg aus der NATO oder gar Neutralisierung beinhaltet. „Aber im Bündnis werden wir uns für eine neue Strategie einsetzen, die geeignet ist, auf beiden Seiten strukturelle Defensivfähigkeit zu schaffen, Nichtangriffsfähigkeit auch konventionell, d. h. die Partnerschaft an die Stelle der Abschreckung zu setzen. Ich unterstreiche nochmals: Auf beiden Seiten, denn Sicherheitspartnerschaft heißt nicht einseitige Wehrlosigkeit."[27]

Rechten Zeitungs-Kommentatoren bereitete dieses neue sicherheitspolitische Konzept erhebliche Verständnisschwierigkeiten. Enno von Loewenstern fand in der *Welt* für „Sicherheitspartnerschaft" die polemische Formel: „Wie arrangieren sich Bürger mit Einbrechern?"[27] Und der CDU-Abgeordnete Willi Weiskirch sorgte sich um die Folgen von „Bahrs neuester Formel": „Käme die neue Politik zum Zuge, wäre es um die Sicherheit unseres Landes schlimm bestellt."[28]

Den Sozialdemokraten fehlte nun in der Opposition die Macht, um überhaupt neue sicherheitspolitische Strategien im Bündnis auf die Tagesordnung setzen zu können. Doch sie sahen sich nicht daran gehindert, ein „Sicherheitskonzept des nuklearen Zeitalters" zu entwickeln. Wenige Monate vor der Wende in Bonn hatte die SPD eine Arbeitsgruppe „Alternative Sicherheit" eingesetzt, mit der außer Egon Bahr auch Horst Ehmke, Hans Apel, Oskar Lafontaine und Karsten Voigt die Strategiediskussion vorantreiben wollten. In den von ihnen formulierten Überlegungen, die 1983 veröffentlicht wurden, tauchte denn auch der Begriff der „Sicherheitspartnerschaft" als Alternative zur atomaren Abschreckung auf. Allerdings gingen die Meinungen über dieses magische Stichwort innerhalb der Sozialdemokraten noch eine Weile durcheinander. Im Januar 1984 meldete sich Horst Ehmke mit zusätzlichen „Überlegungen zur Selbstbehauptung Europas" zu Wort, in denen er die Ansicht der Arbeitsgruppe unterstrich, die Abhängigkeit der NATO von einem frühen Einsatz von Atomwaffen sei falsch und müsse rückgängig gemacht werden.[29]

Nicht einverstanden mit Bahrs Konzept war der ehemalige Wohnungsbauminister Dieter Haack, der in einem Aufsatz die Sozialdemokraten vor einer „Schaukelpolitik" zwischen Ost und West warnen zu müssen glaubte.[30] Eine weitere Variante ließ ferner der Vorsitzende der sicherheitspolitischen Kommission der SPD, Andreas von Bülow, erkennen, der in einem Positionspapier für eine „erhebliche" Aufwertung der sogenannten konventionellen (nichtatomaren) Waffen plädierte. Eine Ansicht, die zwar bei vielen Sozialdemokraten auf Ablehnung stieß, von Egon Bahr indes als „diskussionswürdig" eingestuft wurde.

Für den Essener SPD-Bundesparteitag im Mai 1984 faßte eine Arbeitsgruppe des SPD-Vorstands unter der Leitung Egon Bahrs die sicherheitspolitischen Aspekte in einem Antrag zusammen, der unter der Überschrift „Für eine neue Strategie des Bündnisses" für die Ablösung der gültigen NATO-Strategie der atomaren Abschreckung und die Einführung einer von Ost und West getragenen Sicherheitsordnung eintritt. Als praktische Schritte zum Ziel einer Sicherheitspartnerschaft in Europa wurde unter anderem ein Gewaltverzichtsabkommen zwischen NATO und Warschauer Pakt im Rahmen der Stockholmer KVAE-Konferenz (Konferenz über Vertrauens- und Sicherheitsbildende Maßnahmen) vorgeschlagen. Auf dem Essener Parteitag wurde dieser Leitantrag mit nur wenigen Änderungen angenommen. Die zwei Jahre später auf dem Nürnberger Bundesparteitag beschlossenen sicherheitspolitischen Leitlinien, „Unser Weg zu Abrüstung und Frieden", bildeten eine Fortschreibung des Konzepts einer Sicherheitspartnerschaft, das als eine zweite Phase der Entspannungspolitik interpretiert wurde. Die mit Einstimmigkeit angenommenen Nürnberger Beschlüsse „waren kein Zufall, sie waren kein Opportunismus, sondern das Ergebnis eines, zugegeben, mühsamen Diskussionsprozesses".[31]

Das besonders von Bahr, dem Quer- und Vordenker der Partei, favorisierte Konzept der Sicherheitspartnerschaft ist unter führenden Sozialdemokraten kaum noch umstritten und gilt, wie der Parteitag in Münster Ende August 1988 demonstrierte, als Kern sozialdemokratischen Sicherheitsverständnisses. Daß der Partei, insbesondere Egon Bahr, weitere kritische Debatten in der Öffentlichkeit und polemische Verdächtigungen ins Haus stehen, irritiert den Abrüstungsexperten nicht. „Daß unsere Sicherheitspolitik so stark im öffentlichen Interesse steht, ist zu begrüßen. Daß sie umstritten ist, teilt sie mit der Ostpolitik in ihrer ersten Phase. Zu unseren damaligen Vorstellungen hieß es: Wenn sie verwirklicht würden, würden die Panje-Pferdchen der Russen auf den Rheinwiesen grasen. Als wir sie verwirklicht hatten, war von Sicherheitsrisiko keine Rede mehr, und heute gibt es eine Kontinuität der Ostpolitik durch diejenigen, die sie damals erbittert bekämpft haben. Man kann voraussehen, daß dies bei der Verwirklichung des sozialdemokratischen Sicherheitskonzepts wieder so sein würde. Vielleicht gibt es gewichtige Teileinwände. Sie zu diskutieren sind wir begierig und bereit."[32]

Eine sachliche Diskussion steht noch aus, Ablehnung und Polemik bestimmen derzeit die Auseinandersetzung über eine Sicherheitspartnerschaft. Die Polarisierung zwischen der konservativen Koalitionsregierung und der SPD-Opposition wird sichtbar an der unterschiedlichen Bewertung einer Erprobung des Sicherheitskonzepts im deutsch-deutschen Verhältnis.

Gemeinsame Sicherheit der Deutschen in Ost und West

„Die Gemeinsamkeit der Interessen ist in einem Punkt unabweisbar: Wir werden gemeinsam den Frieden erleben oder gemeinsam untergehen. Es gibt keine deutsche Risikoteilung im Falle eines Konflikts. Wenn wir heute über die Zukunft der Deutschen in Ost und West nachdenken, müssen sich unsere Überlegungen darauf konzentrieren, wie wir auf dem Wege der gemeinsamen Sicherheit vorankommen."[33] Der ehemalige ostpolitische Unterhändler Bahr bemühte sich deshalb, die DDR-Führung, die seit dem Schmidt-Honecker-Treffen am Werbellinsee 1981 sich auch zu einer „Verantwortungsgemeinschaft" bekannte, beim Wort zu nehmen und ins Gespräch über Sicherheitspartnerschaft zu kommen.

Im Juli 1984 nahm die SED-Führung das Angebot, das der SPD-Fraktionsvorsitzende Hans Jochen Vogel bei seinem Honecker-Besuch im März erläutert hatte, an und empfing eine Delegation von SPD-Abgeordneten in Ost-Berlin. Eine kleine Arbeitsgruppe aus SPD-Experten, Egon Bahr, Karsten Voigt und Hermann Scheer, diskutierte mit dem SED-Führungsmitglied Hermann Axen und zwei weiterer SED-Repräsentanten über die Einrichtung von „Chemiewaffenfreien Zonen in Europa". Der inzwischen zum abrüstungspolitischen Sprecher der CDU/CSU-Fraktion aufgestiegene CDU-Abgeordnete Jürgen Todenhöfer äußerte nach der DDR-Reise Bahrs sofort den Verdacht, „daß es ihm in Ostberlin weniger um Abrüstung ging als um die Wiederbelebung alter ostpolitischer Pläne mit unverändert neutralistischen Tendenzen".[34]

Nach fast einjährigen Verhandlungen mit sechs abwechselnd in Bonn und Ost-Berlin geführten Gesprächsrunden hatten sich im Juni 1985 beide Delegationen auf eine gemeinsame Empfehlung für die Schaffung einer chemiewaffenfreie Zone in Europa verständigt. In dem am 19. Juni in Bonn von Karsten Voigt und SED-Politbüromitglied Hermann Axen gemeinsam vorgestellten Entwurf eines Abkommens, für das sich auch die CSSR aussprach, verpflichten sich beide Staaten, ihre Territorien von C-Waffen freizumachen, auf die Herstellung und den Erwerb von C-Waffen zu verzichten sowie auch die Lagerung und den Transport durch andere Staaten auf ihrem Territorium zu verhindern.

Der SPD-Abgeordnete Voigt legte Wert auf die Feststellung, daß über die Verhandlungen mit den SED-Mitgliedern das Bundeskanzleramt ständig unterrichtet und auch das amerikanische Außenministerium informiert worden war. Egon Bahr erklärte, daß die erzielten

Vereinbarungen zunächst nur Empfehlungen für spätere Regierungsverhandlungen seien, und wenn die derzeitige Bonner Regierung auf diese Vorschläge nicht eingehen wolle, würden die Sozialdemokraten sie dann im Falle einer Regierungsübernahme in die Tat umsetzen.

Die Bundesregierung ließ die Vorschläge der SPD/SED-Gespräche zunächst zu den Akten legen. Immerhin begannen daraufhin am Rande der Verhandlungen in Genf Konsultationen zwischen den Delegationen der Bundesrepublik, der DDR und der CSSR . Bahr heute: „Wenn die Bemühungen zu einem weltweiten Abkommen zur Beseitigung der Chemiewaffen scheitern, wie es aussieht, wird unsere europäische Zone neue Aktualität gewinnen." Der parlamentarische Geschäftsführer der CDU/CSU-Bundestagsfraktion, Rudolf Seiters, bezeichnete die Treffen der SPD-Politiker mit den Ost-Berliner SED-Funktionären als „Schritt zur Verbrüderung mit Kommunisten", und dem stellvertretenden CDU/CSU-Fraktionsvorsitzenden Volker Rühe fiel nur der Tadel ein, „die Opposition verhandelt mit den kommunistischen Staatsparteien, als habe sie dafür ein Mandat der Wähler".[35]

Dem Vorwurf, die SPD, und emsig allen voran Egon Bahr, betreibe eine Art „Nebenaußenpolitik", hielt der Abrüstungsexperte entgegen: „Das, was wir machen, sind keine Vertragsverhandlungen. Schon daran sieht man, daß der Vorwurf ins Leere geht. Parteien können in diesem Sinne keine Außenpolitik ‚machen'. Sie können Modelle entwickeln. Sie können Lücken ausfüllen, die ihnen die Regierenden überlassen. Wo es keine Außenpolitik gibt, kann es auch keine Nebenaußenpolitik geben."[36] Ein Verbot für sicherheitspolitische Modellerprobungen ließ sich die SPD nicht einreden. „Die SPD versucht nur", kommentierte die *Frankfurter Rundschau* diese deutsch-deutschen Aktivitäten, „mit den ihr zur Verfügung stehenden, begrenzten Mitteln ein Loch zu füllen, an das sich die dafür Zuständigen in Bonn offensichtlich nicht recht herantrauen."[37]

Das mit SED-Vertretern ausgehandelte Papier über chemiewaffenfreie Zonen bildete denn auch erst den Auftakt zu einer Reihe weiterer Gesprächsrunden. Anfang Dezember 1985 setzten sich erneut beide Delegationen zusammen, um über die Schaffung von atomwaffenfreien Zonen in Europa zu verhandeln. Im Herbst 1986 legte die Arbeitsgruppe aus Mitgliedern der SPD-Bundestagsfraktion (Egon Bahr, Karsten Voigt, Hermann Scheer, Erwin Horn) und Vertretern der SED die gemeinsam formulierten Grundsätze für einen atomwaffenfreien Korridor in Europa vor.[38] In einem dreihundert Kilometer breiten Korridor beiderseits der deutschen Grenze sollen nicht nur alle Atomwaffen abgezogen, sondern auch die entsprechenden Trägersysteme abgebaut werden. Für Egon Bahr bedeutete dies ein erhebliches Zugeständnis der DDR, da auf diesem Streifen rund neunzig Prozent des östlichen Raketenpotentials stationiert sind und sechzig Prozent der Flugplätze liegen. Dieses Korridor-Modell würde, wenn es einmal in die Praxis umgesetzt werden sollte, „ein Stück weniger Angriffsfähigkeit des Warschauer Pakts" bedeuten.[39] Mit diesem Vorschlag wurde von beiden Delegationen im Sinne der Sicherheitspartnerschaft ein Weg aufgezeigt, „wie man mehr konventionelle Stabilität bis hin zur Nichtangriffsfähigkeit auch auf konventionellem Gebiet herbeiführen kann, nämlich indem man bestimmte Waffen herausnimmt, die für die moderne Kampfführung unentbehrlich sind. Ohne Artillerie kann man schlecht angreifen. Aber ohne Artillerie kann man auch schlecht verteidigen. Doch wenn die Angriffsfähigkeit vermindert ist, kann ich auch die Verteidigungsfähigkeit reduzieren."[40]

Im Rahmen des von Sozialdemokraten mit SED-Politikern geführten Dialogs über Modelle gemeinsamer Sicherheit kam es im August 1987 schließlich auch noch zur Unterzeichnung eines Papiers über Grundfragen des ideologischen Streits und über die künftigen Formen der Austragung dieses Streits. „Der Streit der Ideologien und die gemeinsame Sicherheit", wie das SPD/SED-Papier überschrieben wurde, war von zwei Mitgliedern der SPD-Grundwerte-Kommission, Erhard Eppler und Thomas Meyer, sowie von zwei SED-Vertretern, den Professoren Rolf Reissig und Otto Reinhold von der Akademie für Gesellschaftswissenschaften, ausgearbeitet worden.[41]

Egon Bahr, der nicht an der Erarbeitung dieses SPD/SED-Papiers beteiligt war, erklärte, daß es „keine ideologische Koexistenz gebe und sie auch in Zukunft nicht geben werde". Beide Seiten hätten in dem Papier ihre Reformfähigkeit anerkannt und sich für einen Dialog ausgesprochen, der „Kritik, auch in scharfer Form, nicht als Einmischung in die inneren Angelegenheiten" zurückweisen dürfe. Eine realistische Analyse sei „dafür erforderlich, was die Möglichkeiten jeder Seite dabei" seien. Außerdem müsse die „offene Diskussion über Vor- und Nachteile, Erfolge und Mißerfolge innerhalb jedes Systems möglich" sein. Und „man könnte sagen", betonte Bahr, „daß hier Kriterien von der SED beschrieben und angenommen worden sind, die unter dem Sammelbegriff Glasnost von ihr mit erkennbarer Zurückhaltung betrachtet werden".[42]

Das, vorerst, letzte von SPD- und SED-Politikern vereinbarte Ergebnis gemeinsamer Beratungen zum Thema Sicherheitspartnerschaft veröffentlichten die Abrüstungsexperten Bahr und Axen im Juli 1988. Nach sechs Arbeitssitzungen legten sie in Bonn Vorschläge für eine „Zone des Vertrauens und der Sicherheit in Zentraleuropa" vor, die vor allem an die KSZE-Staaten adressiert sind. Kernpunkt des mittlerweile dritten Dokuments zur Sicherheitspartnerschaft ist die Idee, die Gefahr von Überraschungsangriffen abzubauen. So plädiert das Papier beispielsweise dafür, die Untergrenzen für ankündigungspflichtige Manöver bei der Zahl der Soldaten und Panzer mit einer Ankündigungsfrist von sechzig Tagen weiter herabzusetzen; Manöver mit mehr als zwanzigtausend Soldaten sollten schon zwei Jahre vor Beginn angekündigt werden, Manöver mit mehr als vierzigtausend Soldaten sollten überhaupt nicht mehr stattfinden. Ferner sollten die Staaten Zentraleuropas sogenannte Zentren der Vertrauensbildung einrichten, deren Aufgabe es wäre, militärisch relevante Informationen und Beobachtungsergebnisse auszutauschen, um, wie es in der Vereinbarung heißt, „die beteiligten Regierungen in die Lage zu versetzen, Krisensituationen in Zentraleuropa vorzubeugen, beziehungsweise sie mit politischen Mitteln zu regeln".[43]

SED-Politbüromitglied Hermann Axen wertete diesen gemeinsamen Vorschlag als einen „wichtigen Beitrag, um den Prozeß der Abrüstung und Vertrauensbildung auf unserem Kontinent voranzubringen". Egon Bahr äußerte die Vermutung, daß die Regierung der DDR „sich diese Vorschläge zu eigen machen wird". Daher dürfte die Bundesregierung wohl damit rechnen, ihnen auf internationalen Konferenzen wieder zu begegnen. Die Bundesregierung müsse sich also überlegen, ob sie eine solche Initiative allein der DDR überlassen wolle. „Der SPD/SED-Vorschlag", so meinte Egon Bahr in Anwendung der Fußballsprache, sei „für die Bundesregierung eine Vorlage für ein sicheres Tor. Schießen muß sie selbst."[44]

Bislang hat sie sich aber noch nicht einmal die Fußballschuhe angezogen. Die Union warf den Sozialdemokraten vor, sich auf einem „Schlingerkurs" zu befinden und ihren „unrealistischen" Vorschlägen über chemie- und atomwaffenfreie Zonen und Korridore in Mitteleuropa eine „weitere Zone trügerischer Sicherheit" hinzuzufügen.[45]

Die bisherigen Reaktionen aus Regierungskreisen haben Egon Bahr allerdings nicht überrascht, die Polemik hat ihn nicht verunsichern können. Denn er ist felsenfest davon überzeugt, daß sich die Mehrheitsverhältnisse in Bonn eines – nicht allzu fernen – Tages wieder zugunsten der Sozialdemokraten ändern werden. Bis dahin bleibt er unerschütterlich dabei: „Ich habe ein Mandat, mich um Fragen zu kümmern, die die Existenzfragen meines Volkes berühren. Wenn ich dieses Mandat ablehne, kann ich abtreten."[46]

Direktor des Instituts für Friedensforschung in Hamburg

Seit 1980 stehen Fragen der Abrüstungs- und Rüstungskontrollpolitik im Mittelpunkt der Arbeit Egon Bahrs. Die Ostpolitik hatte durch ein möglichst dichtes Netz qualifizierter Gewaltverzichtsverträge die Entspannungspolitik absichern sollen. Den politischen Verträgen mußten nun militärpolitische Vereinbarungen zwischen Ost und West folgen. Seine Philosophie der Sicherheitspartnerschaft verlangt, das Risiko von Kriegen im Atomzeitalter durch ein wechselseitiges Geflecht von Abkommen über Zusammenarbeit zu verringern und schließlich ganz auszuschließen. Wenn sich weiter die bestehenden Militärblöcke zu einer beiderseitigen und kontrollierbaren „strukturellen Nichtangriffsfähigkeit" verpflichten, wird die Zielvorstellung einer europäischen Friedensordnung sichtbar. Sie soll dazu beitragen, „die Ära der militärischen Konfrontation zu beseitigen und durch einen garantiert friedlichen politischen Wettstreit der Systeme und wirtschaftliche Zusammenarbeit zu ersetzen".[47]

Auf diese konzeptionellen Überlegungen wollte sich der SPD-Abrüstungsexperte fortan konzentrieren und die sicherheitspolitische Strategiediskussion durch gründliche Studien und detaillierte Modelle vertiefen.

Es war ein Glücksfall für Egon Bahr und sein Anliegen, daß er im Frühjahr 1984 die Chance bekam, seine Arbeiten an einem wissenschaftlichen Institut fortsetzen zu können. Der Hamburger Bürgermeister Klaus von Dohnanyi fragte ihn, ob er Direktor des Instituts für Friedensforschung und Sicherheitspolitik und Nachfolger von Wolf Graf von Baudissin werden wolle, der dieses Institut der Hamburger Universität dreizehn Jahre geleitet hatte.

In der Öffentlichkeit stieß dieser Vorschlag auf nahezu einhellige Kritik. Die liberale Wochenzeitung *Die Zeit* befürchtete, daß „parteipolitisch Schindluder mit der Friedensforschung getrieben" werde, und empfahl dem Hamburger Senat, „rasch Bahrs Kandidatur zurückzuziehen".[48] Auch die *Süddeutsche Zeitung* zeigte wenig Verständnis für den Vorschlag, Bahr an die Spitze des renommierten Instituts zu berufen: „Mit einem City-Hopper zwischen Bonner Abgeordnetenbüro und Hamburger Institutsbibliothek ist den Friedensforschern an der Alster alles andere als gedient."[49] Für den Hamburger Oppositionschef in der Hamburger Bürgerschaft, Hartmut Perschau (CDU), war es schlicht „unfaßbar", daß Dohnanyi „den wehrpolitischen Chefideologen der SPD an die Spitze des Instituts berufen" wolle; er wertete diesen Vorgang als „die schlimmste Genossenverfilzung, die wir bisher in Hamburg erlebt haben".[50] In Bonn entrüstete sich der stellvertretende Vorsitzende der CDU/CSU-Bundestagsfraktion, Volker Rühe, über die Hamburger „Nacht-und Nebel-Aktion" und vermutete, dem Institut stehe eine Abqualifizierung zu einer „Außenstelle der Bonner SPD-Baracke" bevor.[51]

Selbst der langjährige Amtsinhaber, der sechsundsiebzigjährige Graf Baudissin, meldete Zweifel an der Berufung Bahrs an: „Ich schätze Herrn Bahr außerordentlich als Politiker. Aber weil er eine politische Schlüsselfigur ist, ist mir nicht ganz wohl bei dem Gedanken, daß er auf meinen Stuhl kommt."[52]

Egon Bahr konnte die Sorge hinsichtlich seiner wissenschaftlichen Qualifikation zwar verstehen, „aber ein Politiker darf nicht ausgeschlossen werden. Die Antwort, ob er qualifiziert ist, kann letztlich nur die von ihm vorgelegte Arbeit geben."[53] Der Bonner Politiker, der nicht daran dachte, für dieses Amt sein Abgeordneten-Mandat niederzulegen, stellte vor der Abstimmung im dafür zuständigen Kuratorium zwei Bedingungen, unter denen er in Hamburg antreten wolle: „Erstens muß sich die zukünftige Forschungsarbeit konzentrieren auf Europa betreffende Fragen, und die Forschung muß völlig unabhängig sein. Zweitens müßte das Institut einen geschäftsführenden Direktor für die Organisation erhalten, weil ich keinen Fulltime-Job antreten will. Ich will mich auf wissenschaftliche Fragen konzentrieren."[54] Zugleich versicherte der Anwärter auf den Direktorenposten, daß er wegen seiner Anwesenheit von regelmäßig einem Tag in der Woche auch nur zwanzig Prozent des Gehaltes annehmen werde.

Bei der entscheidenden Abstimmung – es standen insgesamt sechs Bewerber zur Auswahl – Mitte Mai wurde Bahr mit einer knappen Mehrheit zum neuen Direktor nominiert und übernahm Anfang September die Leitung des Friedensforschungsinstituts. Die Hamburger Oppositionsparteien CDU und Grün-Alternative-Liste (GAL) hatten sich gegen Bahr entschieden. GAL-Sprecher und Kuratoriumsmitglied Thomas Ebermann äußerte den Verdacht, Institutsdirektor Bahr solle im Auftrag der SPD eine „sozialdemokratische Hegemonie innerhalb der Friedensbewegung" durchsetzen.[55] Und in einem Zeitungskommentar sah der spätere CDU-Sprecher Jürgen Merschmeier in der Berufung des sozialdemokratischen Abrüstungsexperten keinen Nutzen: „Bahr erweckt oft genug den Eindruck, alles immer schon zu wissen und die Rezepte zu kennen. Was will er eigentlich noch erforschen?"[56]

Darüber ließ Egon Bahr bei seinem Amtsantritt niemanden im unklaren. Er sei sich zwar der Problematik bewußt, neben einem politischem Mandat eine wissenschaftliche Aufgabe unabhängig wahrzunehmen, aber es wäre „für das Institut tödlich, wenn es sich einmischte in tagesaktuelle Fragen".[57]

Den Schwerpunkt der von ihm zu betreuenden Forschungen legte Bahr auf die europäische Sicherheitspolitik, denn er registrierte besonders „auf dem Gebiet der europäischen Rüstungskontrolle eine Marktlücke".[58] Für Forschungen auf diesem Gebiet wollte er die zunächst zehn (heute fünfundzwanzig) wissenschaftlichen Mitarbeiter motivieren. „Mit einer Konzentration auf diesen Themenkomplex wird das Hamburger Institut seinen unverwechselbaren Platz bekommen. Wie der Friede in Namibia zu erreichen ist, das muß kein Thema für das Hamburger Institut sein."[59]

Entsprechend dieser Ankündigung, die wissenschaftlichen Untersuchungen auf „europarelevante Fragen" zu konzentrieren, die „innerhalb der nächsten zwei bis acht Jahre für die Politik Bedeutung bekommen könnten", begannen die Institutsmitarbeiter, Kriterien für das Konzept einer „gemeinsamen Sicherheit" zu entwickeln. In zahlreichen Aufsätzen und Buchpublikationen, die in den vergangenen Jahren aus diesem Institut hervorgegangen sind, wurde das Thema „Gemeinsame Sicherheit" aus unterschiedlichen Perspektiven erörtert und auf seine Praktikabilität hin untersucht sowie mit anderen sicherheitspolitischen Konzepten und Modellen verglichen. Unter Fachwissenschaftlern und Abrüstungsexperten im In- und Ausland hat sich das Hamburger Institut inzwischen den Ruf einer „Denkfabrik der Sicherheitspartnerschaft" erworben.[60]

294

Die Hamburger Friedensforscher unter der Leitung Bahrs haben sich aber neben ihren Arbeiten zum Thema „Gemeinsame Sicherheit" in den letzten Jahren auch zu anderen militärstrategischen Plänen und Überlegungen mit fundierten Untersuchungen zu Wort gemeldet, etwa gegen die vom amerikanischen Präsidenten Reagan geplanten Weltraumwaffen (SDI) oder, im Februar 1985, gegen neue NATO-Planungsrichtlinien (Rogers-Plan). Derartige Untersuchungen und wissenschaftliche Papiere blieben in der Öffentlichkeit nicht ohne Eindruck, wenn auch leider ohne Folgen. Die Kritik beispielsweise des Hamburger Instituts am sogenannten Rogers-Plan – er sah unter anderem vor, daß im Kriegsfall die gegnerischen Kräfte mit weitreichenden konventionellen Waffen auch in der Tiefe der östlichen Gebiete bekämpft werden sollen – fand der verteidigungspolitische Sprecher der Unionsparteien, Willy Wimmer, äußerst „beunruhigend". Der CDU-Abgeordnete rechtfertigte die NATO-Planung und bezichtigte den Institutsdirektor Bahr, er habe sich zum „Transporteur sowjetischer Argumente" gemacht.[61]

An derartige und ähnliche Vorwürfe haben sich die Hamburger Friedensforscher inzwischen gewöhnt. „Das Überdenken traditioneller Positionen und das Nachdenken über eine neue Sicherheitspolitik fällt hierzulande immer noch sehr vielen recht schwer", meint Egon Bahr. Um so mehr empfindet er Freude darüber, daß im Ausland, besonders in Osteuropa, die Arbeiten des Hamburger Friedensforschungsinstituts mehr Beachtung finden. Egon Bahr berichtet von einem solchen Fall: „Wir hatten einen polnischen Gast bei uns, einen früheren stellvertretenden Außenminister. Der hat ein paar Wochen in unserem Institut gearbeitet und war von der Idee der Gemeinsamen Sicherheit nicht nur beeindruckt, sondern er hat in Hamburg an ihr auch intensiv mitgearbeitet. Der hat dann plötzlich in Polen, aber auch in anderen Ländern des Warschauer Pakts darüber publiziert. Und wenn man heute von einem ‚Jaruzelski-Plan' [Mai 1988] spricht, dann kann man sicher sein, daß eine Reihe von Überlegungen, die in Hamburg gedacht worden sind, dort eingeflossen sind."

Das Hamburger Institut für Friedensforschung hatte in den letzten Jahren auch mit dem Ost-Berliner Institut für Politik und Wissenschaft mehrere Arbeitstreffen veranstaltet „über die Frage der ‚gemeinsamen Sicherheit'. Da wurde, mal in Hamburg, mal in Ost-Berlin, diskutiert über wirtschaftliche Auswirkungen, militärische Auswirkungen, ideologische Auswirkungen, Rolle der beiden deutschen Staaten. Darüber ist gelegentlich auch publiziert worden. Unsere Tageszeitungen interessiert das nicht, aber Wirkung hat es", betont Egon Bahr, „und wenn man sich die beiden Papiere ansieht, die beide Institute über diese Diskussionen fähig waren zu formulieren, dann wird einen im Grunde nichts mehr überraschen, was etwas später von den Staaten des Warschauer Pakts in Warschau vorgeschlagen worden ist. Dann wird man auch nicht überrascht darüber sein, was die DDR an öffentlichen Vorschlägen macht. Das heißt, wenn man sich das eine oder andere ansieht, was auch andere Institute machen, die unsere Papiere gelesen haben, die wir regelmäßig veröffentlicht haben, teils in Buchform oder in Fachzeitschriften, die werden überall gelesen. Die werden zum Teil in Washington mit größerem Interesse gelesen als vielleicht in der einen oder anderen Amtsstube in Bonn, na gut, das liegt dann an den Amtsstuben. Aber wir beeinflussen Denken unter der Voraussetzung, daß das Denken begründet und relevant ist. Und das tun wir, und das macht auch Spaß."

Das einzige, was Egon Bahr immer wieder bedauert, ist, zuwenig Zeit für die wissenschaftliche Grundlagenforschung zu haben: „Ich würde gern dort mehr arbeiten, denn an dem einen Tag im Hamburger Institut kann man anregen, ein bißchen korrigieren und Kollegen helfen, aber selbst nicht arbeiten."

Dennoch ist für Egon Bahr das Institut zu einem wichtigen akademischen Labor sicherheitspolitischer Konzepte, zu einem wissenschaftlichen Zuliefererbetrieb geworden, und erst, was den argumentativen Härtetest in- und ausländischer Experten besteht, wird in die öffentliche Strategiediskussion eingespeist.

Zwei Friedensverträge mit Deutschland

„Die sogenannte offene deutsche Frage kann nicht ohne die Sicherheitsfrage diskutiert werden, wenn man ehrlich sein will. Aber die deutsche Frage ist nicht identisch mit der Sicherheitsfrage: Selbst wenn es ein europäisches Sicherheitssystem gäbe, würden die Systemunterschiede zwischen den beiden Staaten noch bestehen, wie sie sich in der EG und im RGW organisiert haben, und die unterschiedlichen Wertvorstellungen", schrieb Egon Bahr im September 1985.[62]

Für den SPD-Politiker hat die Frage der Sicherheit in Europa eindeutig Priorität vor der Lösung der deutschen Frage. Und sollte eines Tages das Konzept der „Gemeinsamen Sicherheit" konkrete Formen annehmen, so würde sich am Fortbestehen zweier deutscher Staaten auch in einem europäischen Sicherheitssystem nichts grundlegend ändern, so sehr Egon Bahr dies auch persönlich bedauert. Dies, zumal er die Option auf Wiedervereinigung in einem von den Block-Gegensätzen befreiten Europa im Hinterkopf stets parat hat und dies auch seine Überlegungen zur operativen Politik bestimmt. Dies sind freilich Überlegungen, die – wie Bahr bewußt ist – sehr weit in die Zukunft weisen.

Nicht mit den Mitarbeitern des Hamburger Instituts für Friedensforschung, sondern im gedanklichen Alleingang hat Egon Bahr Anfang 1988 in einer scharfsinnigen Analyse den Versuch unternommen, einen Weg zu zeigen, an dessen Ende eine Wiedervereinigung stehen kann – nicht muß. In seinem Buch *Zum europäischen Frieden. Eine Antwort auf Gorbatschow* erhebt er die Forderung, beide deutsche Staaten sollten, wenn die konventionelle Stabilität zwischen Atlantik und Ural erreicht ist, die ehemaligen vier Siegermächte drängen, einen Schluß unter die Nachkriegszeit zu ziehen, mit beiden Teilstaaten einen Friedensvertrag abzuschließen und ihnen somit die völlige Souveränität zu übertragen. Da beide deutsche Staaten in entscheidenden Fragen der Souveränität keine Kompetenzen haben, weil die Zuständigkeit für alle ganz Deutschland betreffenden Fragen nach wie vor bei den ehemaligen Siegermächten liegt, wäre es nach vierzig Jahren durchaus an der Zeit, dieses Nachkriegsproblem zu lösen.

Da aufgrund der historischen Entwicklung ein Friedensvertrag für Deutschland als Ganzes „zur Fiktion" geworden ist, könne es heute nur noch um zwei Friedensverträge für die beiden deutschen Staaten gehen. Der Sinn und Vorteil in einem derartigen Vertragswerk besteht für Bahr darin: „Mit den deutschen Friedensverträgen würde die Kompetenz für alle ganz Deutschland betreffenden Fragen den Deutschen zurückgegeben. Es läge bei ihnen, ihr Selbstbestimmungsrecht so zur Geltung zu bringen, wie sie das wollen und können, sicher nicht ohne Rücksicht auf ihre Nachbarn, noch viel weniger auf ihre Freunde."[63] Bei seinen Überlegungen greift Bahr auch die Frage des Berlin-Status auf und sieht die „einzig klare Lösung" in der Eingliederung West-Berlins in das Bundesgebiet und der Anerkennung Ost-Berlins als Hauptstadt der DDR, „eine Rolle, die sie heute schon spielt".[64]

Zwei deutsche Friedensverträge würden aber auch an der gegenwärtigen Lage der beiden deutschen Staaten in Europa wenig ändern, sie wären eine Zustandsbeschreibung: „Wenn wir uns einmal versuchsweise vorstellen, daß es heute zwei Friedensverträge für die beiden deutschen Staaten gäbe, werden mehrere Punkte deutlich: Erst einmal würden die beiden deutschen Staaten die Einheit ebensowenig wollen oder sogar herbeiführen können wie im heutigen Zustand ohne Friedensverträge. Zweitens würde die Bundesrepublik den integrierenden wirtschaftlichen Verbund der Europäischen Gemeinschaft gar nicht verlassen können – schon weil sie den Zustand, der nicht nur wirtschaftliches Wohlergehen bedeutet, auch gar nicht ändern will. Es ist auch nicht zu sehen, daß die beiden Staaten ihre Bündnisse verlassen könnten, um sich zu einer neutralen Einheit zusammenzufinden. Das wäre nicht einmal wünschenswert, denn ein neutrales Deutschland wäre unsicherer, als seine beiden Teile heute sind. Vor allem aber: Für gemeinsame Sicherheit brauchen wir die beiden Bündnisse. Zur Sicherheit brauchen wir den potentiellen Gegner ebenso wie die Freunde. Niemand kann ‚aussteigen', um sicher zu leben. Sogar die Neutralen und Block-Ungebundenen erfreuen sich der Stabilität, die ihnen diese Blöcke geben. Zwei Friedensverträge wären das Ende der Diskussion über Deutschland in den Grenzen des Jahres 1937 und der Belastungen, die uns innen- wie außenpolitisch daraus erwachsen."[65] Deshalb wären zwei deutsche Friedensverträge „also ehrlich. Sie würden die Luft klären, die Wirklichkeit zeigen, Illusionen oder gar Heuchelei beenden. Es gibt für mich einen einzigen Grund, zwei Friedensverträge heute nicht anzustreben: Es gibt Wichtigeres, nämlich europäische Sicherheit."[66]

Bahrs Aufforderung, sich von politischen Illusionen zu

verabschieden und aus der wirklichen Lage die notwendigen Konsequenzen zu ziehen, stieß nach Erscheinen seines Buches sofort auf heftige Ablehnung bei den Unionsparteien, aber auch in den Reihen der Sozialdemokraten war die Bereitschaft, seine Überlegungen aufzugreifen, spürbar zurückhaltend. Für den deutschlandpolitischen Sprecher der Unionsparteien, Eduard Lintner, machte sich Egon Bahr mit seinen Vorschlägen „wieder einmal zum Vorkämpfer der Interessen der SED und der übrigen kommunistischen Parteien in Osteuropa, und das auf dem Rücken der betroffenen Völker".[67] Kritisch nahm auch der deutschlandpolitische Sprecher der FDP, der Abgeordnete Uwe Ronneburger, zu Bahrs Empfehlungen Stellung. In einem Rundfunkinterview meinte Ronneburger: „Ich kann nur mein tiefstes Bedenken dagegen zum Ausdruck bringen, daß wir im Augenblick Friedensverträge oder auch nur einen Friedensvertrag ins Auge fassen, der die Teilung Deutschlands und damit im Grunde genommen die Teilung Europas festschreibt."[68] Bei den Mandatsträgern der Grünen waren die ersten Reaktionen unterschiedlich; während der Abgeordnete Alfred Mechtersheimer von einem „Irrweg" sprach, begrüßte seine Fraktionskollegin Antje Vollmer Bahrs Idee von zwei separaten deutschen Friedensverträgen: „Damit wäre auch die Notwendigkeit gegeben, die Existenz zweier deutscher Staaten offiziell anzuerkennen und jegliche Spekulation auf Grenzrevisionen zu verhindern."[69]

Den Sozialdemokraten fiel bislang eine Würdigung des Bahr-Vorschlags recht schwer. Der SPD-Parteivorsitzende und Fraktionsvorsitzende Hans Jochen Vogel bezeichnete den von Bahr entwickelten Ansatz eher ausweichend für „diskutabel" und meinte, der Vorschlag Bahrs basiere auf einer „sehr weiten zeitlichen Perspektive". Bei einem sozialdemokratischen Streitgespräch in der Parlamentarischen Gesellschaft im Frühjahr 1988, an dem die Abgeordneten Horst Ehmke, Konrad Porzner,

Dietrich Stobbe, Hartmut Soell und Hans Büchler teilnahmen, fanden die Thesen Bahrs wenig Anklang.[70] So hielten einige SPD-Parlamentarier Egon Bahr vor, er denke zu sehr über deutsche „Sonderwege" nach und erwecke mit seinen Vorschlägen den Eindruck einer eher „deutschnationalen" Gesinnung.[71]

Egon Bahr selbst zeigt sich über derartige Mutmaßungen und kritische Einwände seiner Parteifreunde wenig irritiert, er kennt das aus seiner langjährigen Erfahrung mit gedanklichen Vorstößen auf dem Gebiet der Deutschland- und Sicherheitspolitik. Egon Bahr denkt in anderen Zeiträumen, skizziert in seiner ausgeprägten „Lust am Denken" langfristige Entwicklungen und Perspektiven. Daß die Reaktionen auf seinen Vorschlag bislang eher negativ ausgefallen sind, „verstehe ich, denn es ist zu neu", meint Egon Bahr, der ungerührt an seiner Auffassung festhält: „Ich werde immer sicherer in der Annahme oder in der Überzeugung, daß die zwei separaten Friedensverträge notwendig sind und vielleicht früher kommen, als ich in meinem Buch noch angenommen habe. Wenn wir die Europäische Union, also den Binnenmarkt, 1992 unrevidierbar, wie der Bundeskanzler mit Recht sagt, erreichen, werden zwei Friedensverträge unausweichlich; es sei denn man sagt, diese Deutschen sollen nie einen bekommen, als einziges Volk in Europa."

Siebtes Kapitel

Aspekte eines Politikerlebens

„Mein Leben stellt sich dar als eine ungebrochene Kontinuität, in mehrfacher Hinsicht: Die Begegnung in Berlin mit dem Ost-West-Konflikt, die mich eigentlich fast ohne Unterbrechung begleitet hat, die Auseinandersetzung mit dem Kommunismus, die Sicherheitsfrage, und dann wieder zurück in Berlin nach der Lernphase Bonn, über die Mauer und die sich daraus ergebenden Konsequenzen bis später zum Planungsstab, wo Ost-West- und Sicherheitspolitik in eins flossen, mit dem großen Glück der Durchführung nach 1969. Dann mit der Rückkehr zum zweiten Thema, das Teil des ersten oder Konsequenz des ersten ist – leider in der Opposition –, und man kann sagen, daß es in meinem politischen Leben nur zwei Intervalle gegeben hat: Das eine Intervall war die Entwicklungspolitik, das heißt, zum einen meine Reisen 1957, 1958 und Ghana 1959, und dann der Entwicklungshilfeminister. Aber dies ist für mich etwas ganz Unentbehrliches, es gehört dazu, und ich würde es gar nicht missen wollen, weil die Dimension der dritten Welt, das heißt, der nach der Sicherheit notwendigen Aufgabe, mir dabei aufgegangen ist. Das andere Intervall war der Bundesgeschäftsführer, das heißt die wirklich intime Kenntnis, daß jede Außenpolitik eine sichere innenpolitische Basis braucht. Kontinuität aber auch in anderer Beziehung: Ich habe 1954 zur Außenministerkonferenz in Berlin ein Papier über ein europäisches Sicherheitssystem geschrieben, das ist aber nicht veröffentlicht worden. Ich habe es damals einem schwedischen Kollegen gegeben, in der naiven Vorstellung, man könnte dort noch etwas einspeisen. Und dann habe ich 1966 in Berlin ein Manuskript geschrieben, wie man über ein Sicherheitssystem zur deutschen Einheit kommt. Das habe ich auf dem Altar der Großen Koalition geopfert, es blieb unveröffentlicht. Der Bogen reicht hin bis zu meinem letzten Buch, das sich ein sicherheitspolitisches System vorstellt, auf dem man das europäische Haus bauen kann; mit dem, was es dann für die Deutschen bedeutet, ist eigentlich Kontinuität, Konsequenz ein Thema, in vielen Variationen."

Das Thema, dem sich Egon Bahr seit nun fast fünfzig Jahren mit nüchternem Realismus und leidenschaftlichem Engagement verpflichtet fühlt, heißt: Deutschland in einem friedlich geeinten Europa. Realist ist Egon Bahr, indem er von der wirklichen Lage in Europa und der Welt ausgeht – sowenig ihm die gegenwärtige Lage gefällt –, keinen Illusionen anhängt, die uneingeschränkte Anerkennung der Nachkriegsrealitäten zur Voraussetzung gerade deutscher Politik akzeptiert. Engagiert zeigt sich der gebürtige Thüringer in seinem unablässigen Bemühen, in bezug auf das geteilte Deutschland mit variationsreichen Denkanstößen und mutigen Konzepten – vom „Wandel durch Annäherung" bis zu zwei separaten Friedensverträgen – die in Jahrzehnten erstarrten Positionen in der Deutschlandpolitik von der Stelle zu bewegen. Als einfallsreicher Inspirator und erfolgreicher Akteur war ihm zusammen mit Willy Brandt die Durchsetzung der ostpolitischen Vertragspolitik, die Normalisierung der innerdeutschen Beziehungen gelungen. Es war für Egon Bahr die anstrengendste, spannendste, aber auch die glücklichste Phase seiner politischen Arbeit; in seiner unverändert gebliebenen Bescheidenheit reicht er die Anerkennung stets an seinen engsten politischen Freund, Willy Brandt, weiter.

Bahr, der nie aus der zweiten Reihe heraustreten wollte, das öffentliche Rampenlicht mied, weil er den Schreibtisch für die angemessene Bühne ansah, sich für eine Heldenrolle ungeeignet hielt, weil ihm das nötige Charisma fehlt, widerfuhr es dann doch: Der Einzelgänger Bahr mußte an die politische „Front", stand im grellen Scheinwerferlicht einer kritischen und nicht selten diffamierenden Öffentlichkeit, wurde für viele Deutsche zu einer Zielscheibe, zur Inkarnation eines konspirativen „Verräters" gestempelt, der gemeinsame Sache mit den Kommunisten, mit Moskau macht. Die üblen Verleumdungen gingen ihm anfangs doch unter die Haut und haben ihn, der nichts so sehr verabscheut wie Gemeinheit, manches Mal verletzt. Heute kann ihn dergleichen nicht mehr aus der inneren Ruhe bringen oder gar seine Überzeugungen erschüttern.

Das hat er mit seinem engsten politischen Weggefährten und Freund Willy Brandt gemeinsam, der ebenfalls jahrelang Verleumdungen von politischen Gegnern ausgesetzt war. Die Freundschaft zwischen beiden hat all die Jahre überdauert, der Kontakt zwischen ihnen ist auch nach Brandts Rückzug aus dem Amt des Parteivorsitzenden und dem politischem Tagesgeschäft nicht abgerissen. Egon Bahr, der die enge persönliche Freundschaft zu Willy Brandt als „Glücksfall" schätzt, pflegt selbst nur ganz wenige echte Freundschaften, kann sie an einer Hand aufzählen. In der Partei hat er natürlich viele gute Bekannte, Leute, denen er freundschaftlich verbunden ist, „aber ein Freund ist jemand, mit dem man durch dick und dünn geht und mit dem man nicht nur durch die Arbeit oder die politische Auffassung verbunden ist. Ich bin sicher, es würde auch in der Partei solche geben, man hat leider zuwenig Zeit, daß sich eine derartige Freundschaft, die die Partei nicht braucht, auch in der Partei bildet."

Seit über dreißig Jahren wirkt Egon Bahr nun schon in

der SPD, übt politischen Einfluß aus, macht der Beruf des Politikers einen großen Teil seines Lebens aus. Trotz seiner Zugehörigkeit zur politischen Elite in der Bundesrepublik ist Politik für Egon Bahr keine Droge, die ihn süchtig gemacht hat. Ganz allmählich ist er in den politischen Betrieb geraten, ohne jede Ambition auf eine Karriere, wie er immer wieder betont. „Also, im Ausgangspunkt, bei dem man noch nicht weiß, wo es einen hinführt, war es ganz einfach, einen kleinen Beitrag zu leisten dafür, daß sich jedenfalls so etwas wie das Dritte Reich nicht wiederholen kann. Aber das führte ja zunächst nur zum Journalismus und dann erst in die Politik. Dann habe ich später in Berlin bei Brandt bemerkt, daß dieser Mann ein fast hundertprozentiger politischer Mensch ist, bei dem Politik fast nichts mehr von dem Menschen übrigläßt oder jedenfalls ganz wenig, wofür man sich Zeit und Nischen raubt. Das heißt, ich habe während dieser Zeit die Gefahr gesehen, daß die Persönlichkeit verändert wird, und habe es immer als eine für mich ganz ungemein wertvolle Erfahrung empfunden, daß ich, nach vierzehn Jahren im Amt, 1974, das Amt nicht brauchte, um ich selbst zu bleiben. Ich habe zu keiner Zeit aufgehört, das zu lesen, was ich wollte – und nicht, was ich mußte; oder Musik zu hören. Aber ich habe festgestellt, ich gehe nicht mehr ins Theater oder ins Konzert, fast nicht mehr ins Kino. Ich weiß nicht mehr, was auf verschiedenen Gebieten, die mich interessiert haben, passiert; ich muß eben auswählen. Das heißt, die Gefahr der Verengung besteht. Aber das ist ein Preis, den man zahlen muß. Ich hoffe, aber das können nur andere beurteilen, daß der Mensch im politischen Geschäft nicht verkrüppelt wird."

Der heute sechsundsechzigjährige Politiker denkt allerdings gegenwärtig nicht daran, sich aus dem „politischen Geschäft" zurückzuziehen; die Politik läßt ihn nicht los, denn noch ist für ihn „der Antrieb stark genug, noch etwas Sinnvolles bewirken zu können. Ich glaube, wenn ich das nicht mehr fühle, würde ich es aufgeben und würde es dann sogar gern aufgeben und einen Schlußstrich ziehen wollen."

So wird der SPD-Politiker auch weiterhin von seinem Abgeordnetenbüro aus mit unorthodoxen Vorschlägen und faszinierenden Konzepten in die deutschland- und sicherheitspolitischen Debatten eingreifen. Nach den bisherigen Erfahrungen dürfte es dabei auch bei der Vordenker-Rolle bleiben, wie seine jüngste Forderung nach zwei Friedensverträgen belegt. Eine Forderung, zu der er mit dem ihm eigenen Selbstbewußtsein sagt: „Wenn man eine Analyse macht, und zwar unter Berücksichtigung der eigenen Interessen, und diese ist richtig, die eigenen Interessen sind zutreffend definiert, dann ergibt sich, daß nach einigen Jahren das, was zuerst nur Idee war, in der Realität selbstverständlich wird. Ich bin ziemlich sicher, daß das mit den beiden Friedensverträgen auch so gehen wird."

Aber Vordenker war Egon Bahr nicht nur auf diesem politischen Feld. Vor gut zehn Jahren – er war damals SPD-Bundesgeschäftsführer – machte er sich für eine stärkere Berücksichtigung der Frauen in Parteiämtern stark und regte bereits die Einführung der Quotenregelung in die Satzung an. Auf einer Tagung der „Arbeitsgemeinschaft sozialdemokratischer Frauen" (AsF) Ende der siebziger Jahre wurde sein entsprechender Vorschlag abgelehnt, rief ihm die streitbare Karin Hempel-Soos vom Podium zu: „Egon, laß die Finger davon!" Als auf dem SPD-Bundesparteitag in Münster Ende August 1988 die Quotenregelung für Frauen als Durchbruch enthusiastisch gefeiert wurde und jene Karin Hempel-Soos Zitronen an sogenannte Quotengegner verteilte, meinte Egon Bahr: „Das hätten die SPD-Frauen schon zehn Jahre früher haben können."

Aber so verlief es schon immer, wenn Egon Bahr mit

neuen Konzepten und Ideen die eigene Partei überrasch-
te, die Öffentlichkeit aufhorchen ließ und den politischen
Gegner zur Abwehr mobilisierte. Auch die Reaktions-
muster haben sich inzwischen eingespielt: Die eigene
Partei griff, oft zögernd und ängstlich bedacht auf ihr
Image bei Mitgliedern und Wählern, seine politischen
Überlegungen auf und erklärte sie nach einer gewissen
Zeit zu ihrer eigenen Sache – wie etwa die Ostpolitik oder
Sicherheitspartnerschaft; die Medien wählten, je nach
parteipolitischer Optik, kommentierungswürdige Aspekte seiner jeweiligen Überlegungen aus, um sie dann mal
mit gefälliger, mal mit schriller Begleitmusik in die öffentliche Diskussion einzubringen; die Opposition arti-
kulierte helles Entsetzen und wähnte stets in naher Zukunft die Russen am Rhein, inzwischen haben die wieder
auf der Regierungsbank sitzenden Unionsparteien Bahrs
Politik der kleinen Schritte in der Ost- und Deutschlandpolitik stillschweigend übernommen und, wie Egon Bahr
anerkennend einräumt, erfolgreich fortgesetzt.

Obwohl nun Oppositionspolitiker, klagt Bahr weiterhin über zuwenig Zeit für andere Dinge, sein Terminka-
lender verpflichtet ihn weiterhin zu Sitzungen in Partei
und Fraktion, seine Aufgaben als Herausgeber des *Vorwärts* oder als Direktor des Hamburger Instituts für Friedensforschung verlangen ihren Zeitaufwand ebenso wie
die Betreuung seines Wahlkreises in Schleswig-Holstein.
Da bleibt kaum Zeit für das Privatleben, für Muße und
Entspannung. „Das völlige Abschalten gibt es für einen
Politiker eigentlich gar nicht", meint Egon Bahr nach-
denklich, der, wenn er „ziemlich ausgebrannt" ist, Fern-
sehkrimis oder die „Sportschau" gelegentlich als Möglichkeiten zur Entspannung schätzt. „Auch ein Western
ist für mich manchmal eine richtige Erholung."

So richtig abschalten kann Egon Bahr nur, wenn er,
wie in den vergangenen Jahren häufig geschehen, mit
einem Frachter auf den Weltmeeren unterwegs ist. „Da

kennt mich keiner, der mit mir reden will, und da bin ich für einige Zeit für niemanden zu erreichen." Ein kleines Segelboot wollte er sich auch schon mal zulegen, aber der Gedanke an die wenigen freien Wochenenden ließ ihn den Plan wieder aufgeben. So bleibt Egon Bahr – der, wie so viele Politiker, inzwischen von seiner Frau getrennt lebt – wenigstens hin und wieder Zeit für einen Besuch bei seinen Kindern, die mittlerweile berufstätig und verheiratet sind. Mit seinem Sohn Wolfgang, einem Biophysiker, diskutiert Egon Bahr gelegentlich auch über Politik. 1969 war dieser der SPD aus Sympathie für Willy Brandt beigetreten und hatte 1972 wegen Karl Schiller, der die SPD verlassen und für die CDU Wahlkampf gemacht hatte, enttäuscht das Parteibuch zurückgegeben; sein Sohn ist aber nach wie vor SPD-Sympathisant, versichert Egon Bahr. Mit Tochter Marion wird weniger über Politik gesprochen, dafür setzen sich beide ans Klavier und spielen vierhändig Sonaten. „Aber das kommt auch leider viel zu selten vor", bedauert Egon Bahr, der mit zunehmendem Alter feststellt, daß ihm die Politik für die Familie zuwenig Zeit gelassen hat. „Ich muß sagen, daß die wirklich ungeheure zeitliche Belastung bezahlt wird mit einem Mangel an Kontakten und Nähe. Also, ich habe von dem Großwerden der Kinder zuwenig gehabt. Ich habe eigentlich festgestellt, daß ich da Unwiederholbares versäumt habe. Aber der innere Kontakt ist in Ordnung, und das Gefühl ist da, doch man hat zuwenig Zeit, um das, was man Zusammenleben nennt, den Dauerkontakt, zu erleben. Das vermisse ich."

In den vergangenen rund dreißig Jahren ist Egon Bahr, zunächst als Journalist und später dann als Politiker, mit den meisten bedeutenden ausländischen Politikern zusammengekommen, hat viele mehrmals in persönlichen Gesprächen erlebt und schätzengelernt, so zum Beispiel den schwedischen Ministerpräsidenten Olof Palme. Danach gefragt, welche der internationalen Persönlichkeiten ihn stark beeindruckt haben, fallen Egon Bahr die Namen John F. Kennedy, Henry Kissinger, de Gaulle, Breschnew und schließlich Gorbatschow ein.

Den neuen sowjetischen Politiker sieht Egon Bahr als einen Mann, „der historisches Format hat. Abgesehen davon, daß er persönlich Sympathie ausstrahlt, wird er, wenn er Erfolg hat mit dem, was er sich vorgenommen hat, in der Geschichte nicht kleiner als Lenin sein, für sein Land und für die Welt." Mit Gorbatschow ist Egon Bahr zweimal zusammengetroffen; vor der jüngsten Begegnung im Frühjahr 1988 lag dem sowjetischen Staatsmann eine rasch angefertigte Übersetzung des Bahr-Buches *Zum europäischen Frieden* vor. Gorbatschow, so erzählt Bahr, habe sich beeindruckt über die Passagen geäußert, in denen sich der deutsche Politiker mit den Problemen von Glasnost und Perestrojka auseinandersetzte. Über die Frage zweier Friedensverträge wurde nicht gesprochen, denn „Gorbatschow hat gegenwärtig ganz andere Probleme". Den früheren Sowjetführer Chruschtschow hätte Egon Bahr gern einmal aus der Nähe kennengelernt, doch zu einer Begegnung, die 1963 in Berlin unmittelbar bevorstand, ist es, wie in diesem Buch dargestellt, nie gekommen.

Von den gegenwärtig lebenden politischen Persönlichkeiten möchte Egon Bahr besonders mit einem Mann zusammentreffen: Nelson Mandela, dem in Südafrika seit über zwanzig Jahren inhaftierten schwarzen Bürgerrechtler. „Ich möchte wissen, ob dieser Mensch in all den Jahren der Gefangenschaft die geistige Spannkraft behalten hat, für dieses irrsinnige Problem noch einen wirklichen Weg zu wissen."

Während der Wunsch nach dieser Begegnung vielleicht eines Tages noch in Erfüllung gehen kann, ist das bei einem früher einmal geäußerten, eher hypothetischen Wunsch ohnehin nie möglich gewesen. Egon Bahr, gefragt, bei welchem historischen Ereignis er gerne dabeigewesen wäre, nannte die Konferenz von Teheran (1943), bei der Stalin, Roosevelt und Churchill zum ersten Mal gemeinsam über eine europäische Nachkriegsordnung verhandelten. „Erstens, es müßte ungeheuer schön sein, an einer Konferenz als Sieger teilzunehmen. Wir haben immer aus der Rolle des Besiegten und Verlierers heraus agieren und arbeiten müssen. Zweitens, ich hätte die Personen gerne kennengelernt. Und drittens muß es ungemein lehrreich sein, Mechanismen zu beobachten, die selbst bei Siegern und Großmächten Dummheiten nicht ausschließen."

Wenn bei Egon Bahr über ein politisches Vorbild spekuliert wird, fällt nicht selten der Name des deutschen Reichsgründers, des Preußen Bismarck. „Es wäre sehr überheblich zu sagen, er sei mein Vorbild. Aber daß Bismarck aus den außenpolitischen Möglichkeiten eines Landes in der Mitte Europas das Äußerste gemacht hat, sehe ich mit größter Bewunderung. Als mein politisches Vorbild würde ich lieber Gandhi bezeichnen. Er war ein Mann, der aus Schwäche Stärke gemacht hat", meint Egon Bahr, der sich bewußt zu seiner evangelischen, deutsch-preußischen Prägung bekennt, seine mitteldeutsche Herkunft nie verleugnet. Bismarck, der Preuße, hat ihn zwar beeindruckt, fasziniert aber hat ihn ein anderer Preuße, nämlich der Schriftsteller Theodor Fontane, „ein Mann, der im Stil seiner Zeit und verständlich für seine Zeit, das heißt, plaudernd, fast schwerelos, fast gegenstandslos etwas Wichtiges sagen konnte." Fontane, ein den Attitüden des Preußentums gegenüber skeptisch eingestellter Schriftsteller, zählt immer noch zu Bahrs Lieblingsautoren, und mit seinen mitteldeutschen Landschaftsbildern weckt Fontane bei Egon Bahr Erinnerungen auch an seine Heimat, „und vielleicht spielt da auch ein bißchen Nostalgie mit".

Wenn Egon Bahr an Heimat denkt, fällt ihm die Bundeshauptstadt Bonn, in der er schon seit vielen Jahren lebt und arbeitet, überhaupt nicht ein. Berlin ist zu einer Art Wahlheimat geworden, hier fühlt er sich immer wieder „zu Hause". Ob er allerdings dort den sogenannten Lebensabend verbringen möchte, weiß er noch nicht, dafür kann er sich auch noch einen anderen Ort vorstellen. Als er einmal in seinem Geburtsort Treffurt und in Torgau, der Stadt seiner Kindheit, zu Besuch weilte, hatte Bahr „das Gefühl der verlorenen Heimat. Aber ich könnte mir gut vorstellen, einmal in Torgau oder in Treffurt als Pensionär zu leben."

Als Realist hat Egon Bahr den Verlust der Heimat zu tragen gelernt, aber die Hoffnung auf Überwindung der Teilung Deutschlands nie aufgegeben. Er wird sie, so räumt Bahr ein, zu seinen Lebzeiten wohl nicht mehr erleben. „Ich bin fest davon überzeugt, daß die Geschichte der zurückliegenden fünfundvierzig Jahre bewiesen hat, daß das Bewußtsein der Menschen, hier wie drüben, Deutsche zu sein, sich nicht verändert hat. Wenn es sich auch weiterhin nicht verändern sollte, was ich annehme, dann kann das Zusammenwirken der Deutschen auch unterhalb der staatlichen Einheit ganz andere Formen annehmen, als viele sich heute vorstellen können. Dann kann es zu einer Entwicklung kommen, in der die Teilung nicht mehr schmerzt."

Der politische Lebensweg Egon Bahrs ist nicht zuletzt auch ein Beispiel für den Versuch, die Folgen der Teilung so erträglich wie nur möglich zu gestalten. Als ein Lebensmotto könnte für Egon Bahr sicher eine Formulierung von Kurt Tucholsky aus dem Jahre 1929 zutreffen, der in seinem Essay „Heimat" schrieb:

„Deutschland ist ein gespaltenes Land. Ein Teil von ihm sind wir. Und in allen Gegensätzen steht — unerschütterlich, ohne Fahne, ohne Leierkasten, ohne Sentimentalität und ohne gezücktes Schwert — die stille Liebe zur Heimat."

Anmerkungen

ERSTES KAPITEL
Kindheit und Jugend

1. Dettmar Cramer: *Gefragt: Egon Bahr*, Bornheim 1975, S. 7 (im folgenden zitiert als Cramer, *Gefragt*)
2. Ebd.
3. Ebd., S. 8
4. Egon Bahr: *Was wird aus den Deutschen? Fragen und Antworten*, Reinbek bei Hamburg 1982, S. 41 (im folgenden zitiert als Bahr, *Was wird*)
5. Ebd.
6. Ebd.
7. Cramer, *Gefragt*, a. a. O., S. 8 f.
8. Ebd., S. 9
9. Bahr, *Was wird*, a. a. O., S. 40
10. Ebd., S. 41
11. Cramer, *Gefragt*, a. a. O., S. 10
12. *Playboy*-Interview: Egon Bahr, Nr. 9/1984, S. 47
13. Bahr, *Was wird*, a. a. O., S. 42
14. Cramer, *Gefragt*, a. a. O., S. 10 f.
15. Bahr, *Was wird*, a. a. O., S. 42 f.
16. Cramer, *Gefragt*, a. a. O., S. 11 f.
17. Bahr, *Was wird*, a. a. O., S. 47 f.
18. Ebd., S. 46
19. Ebd.
20. Ebd., S. 48 f.
21. Cramer, *Gefragt*, a. a. O., S. 18
22. Bahr, *Was wird*, a. a. O., S. 49
23. Ebd., S. 50
24. Cramer, *Gefragt*, a. a. O., S. 9
25. Bahr, *Was wird*, a. a. O., S. 52
26. Ebd., S. 59

ZWEITES KAPITEL
Der Journalist

1. *Deutsche Zeitung*, 17. 3. 1972
2. Bahr, *Was wird*, a. a. O., S. 59
3. Ebd., S. 56
4. Ebd., S. 59
5. Ebd., S. 60
6. Ebd.
7. Ebd., S. 61
8. Ebd., S. 62
9. Ebd., S. 63
10. Cramer, *Gefragt*, a. a. O., S. 22
11. Bahr, *Was wird*, a. a. O., S. 63
12. Cramer, *Gefragt*, a. a. O., S. 22
13. Theodor Eschenburg: *Jahre der Besatzung: 1945–1949;* Stuttgart 1983, S. 144 f.
14. Bahr, *Was wird*, a. a. O., S. 64
15. Ebd.
16. *Wirtschaftswoche* v. 25. .5. 1973
17. Bahr, *Was wird*, a. a. O., S. 65
18. Ebd.
19. Ebd., S. 65 f.
20. Ebd., S. 34 f.
21. Cramer, *Gefragt*, a. a. O., S. 24
22. *Playboy*-Interview: Egon Bahr, Nr. 9/1984, S. 38
23. Cramer, *Gefragt*, a. a. O., S. 26
24. Bahr, *Was wird*, a. a. O., S. 66
25. *Wirtschaftswoche* v. 25. 5. 1973
26. Cramer, *Gefragt*, a. a. O., S. 29
27. Ebd., S. 28
28. Ebd., S. 31 f.
29. Brewster S. Chamberlain/Jürgen Wetzel: *Der 17. Juni und der RIAS. Aus einem Gespräch mit dem früheren RIAS-Direktor Gordon Ewing;* zitiert nach: Ilse Spittmann/Karl Wilhelm Fricke (Hrsg.): *17. Juni 1953. Arbeiteraufstand in der DDR*, Köln 1982, S. 215
30. Richard Löwenthal: *Vom kalten Krieg zur Ostpolitik*, Stuttgart 1974, S. 25 (Sonderdruck aus: Richard Löwenthal/Hans-Peter Schwarz [Hrsg.]: *Die zweite Republik. 25 Jahre Bundesrepublik Deutschland – eine Bilanz*, Stuttgart 1974)
31. Ebd., S. 32

32. Cramer, *Gefragt*, a. a. O., S. 26
33. Bahr, *Was wird*, a. a. O., S. 38
34. Cramer, *Gefragt*, a. a. O., S. 26
35. Bahr, *Was wird*, a. a. O., S. 38
36. Ebd., S. 37
37. Ebd., S. 70
38. Ebd.
39. Ebd., S. 66 f.
40. Ebd., S. 67
41. Ebd., S. 67 f.
42. Cramer, *Gefragt*, a. a. O., S. 35
43. Heinrich Albertz: *Blumen für Stukenbrock. Biographisches*, Stuttgart 1981, S. 17
44. NDR-Interview v. 30. 3. 1960
45. Ebd.
46. Ebd.
47. *Weltwoche* v. 6. 2. 1970, Fritz René Allemann: *Egon Bahr – Bonns Graue Eminenz*
48. *Stuttgarter Nachrichten* v. 12. 3. 1964, Renate Marbach: *Egon Bahr – der ‚Regierende Pressechef‘*
49. Bahr, *Was wird*, a. a. O., S. 214
50. Willy Brandt: *Begegnungen und Einsichten: Die Jahre 1960–1975, Hamburg 1976*, S. 9
51. Bahr, *Was wird*, a. a. O., S. 218
52. Schreiben des Regierenden Bürgermeisters von Berlin, Brandt, an Präsident Kennedy v. 16. 8. 1961, abgedruckt in: Jürgen Rühle/Gunter Holzweißig: *Der 13. August 1961. Die Mauer in Berlin*, Köln 1981, S. 100 f.
53. Brandt, *Begegnungen*, a. a. O., S. 30 f.
54. Ebd., S. 17
55. Bahr, *Was wird*, a. a. O., S. 218
56. Erklärung Willy Brandts auf dem außerordentlichen Landesparteitag im Dezember 1961, zit. nach Diethelm Prowe: *Die Anfänge der Brandtschen Ostpolitik in Berlin*, in: Wolfgang Benz/Hermann Graml (Hrsg.): *Aspekte deutscher Außenpolitik im 20. Jahrhundert*, Stuttgart 1976, S. 259
57. Brandt, *Begegnungen*, a. a. O., S. 102
58. Ebd., S. 113
59. zit. nach Prowe, *Anfänge*, a. a. O., S. 272 f.
60. zit. nach Prowe, *Anfänge*, a. a. O., S. 276
61. zit. nach Kurt L. Shell: *Bedrohung und Bewährung. Führung und Bevölkerung in der Berlin-Krise*, Köln 1965, S. 295
62. *Frankfurter Allgemeine Zeitung* v. 9. 10. 1963

63. Brandt, *Begegnungen*, a. a. O., S. 56 f.
64. Erklärung vor dem Berliner Abgeordnetenhaus am 9. 1. 1964, abgedruckt in: Willy Brandt: *Der Wille zum Frieden. Perspektiven der Politik*, Hamburg 1971, S. 101
65. Heinrich Siegler (Hrsg.): *Wiedervereinigung und Sicherheit Deutschlands. Eine dokumentarische Diskussionsgrundlage*, Bonn, Wien, Zürich 6. Aufl., 1970, S. 302
66. Bahr, *Was wird*, a. a. O., S. 220 f.
67. *Neues Deutschland* v. 18. 12. 1963
68. zit. nach Prowe, *Anfänge*, a. a. O., S. 281
69. Brandt, *Begegnungen*, a. a. O., S. 105
70. Bahr, *Was wird*, a. a. O., S. 219
71. Im Deutschen Bundestag am 9. 1. und 15. 10. 1964
72. Brandt, *Begegnungen*, a. a. O., S. 106
73. *Tagesspiegel* v. 6. 11. 1964
74. *Telegraf* v. 14. 10. 1966
75. Ebd.
76. *Die Welt* v. 7. 10. 1966

DRITTES KAPITEL

Der Ostpolitiker

Bei der Schilderung der Moskauer Vertragsverhandlungen stützte ich mich auf das grundlegende Werk von Günther Schmid: *Entscheidung in Bonn. Die Entstehung der Ost- und Deutschlandpolitik 1969/1970*, Köln 1979.

1. Cramer, *Gefragt*, a. a. O., S. 49 f.
2. Bundesministerium für innerdeutsche Beziehungen (Hrsg.): *Texte zur Deutschlandpolitik*; Bd. III, 2. Aufl. 1968, S. 261 f.
3. Richard Löwenthal: *Vom kalten Krieg*, a. a. O., S. 75
4. Ebd., S. 76
5. siehe dazu Willy Brandt: *Begegnungen und Einsichten. Die Jahre 1960–1975*, Hamburg 1976, S. 243
6. ARD-Fernsehdiskussion vom 4. 9. 1967; Bundespresseamt, Abt. Nachrichten, Anhang II
7. Ebd.
8. zit. nach Brandt, *Begegnungen*, a. a. O., S. 245
9. Cramer, *Gefragt*, a. a. O., S. 221 f.
10. Bahr, *Was wird*, a. a. O., S. 221 f.

11. *Die Tat*, Zürich, v. 29. 9. 1973
12. *Süddeutsche Zeitung*, v. 27. 9. 1973
13. *Süddeutsche Zeitung*, v. 24. 9. 1973
14. *Süddeutsche Zeitung*, v. 27. 11. 1968
15. Brandt, *Begegnungen*, a. a. O., S. 183 f.
16. siehe dazu Karsten Schröder/Wolfgang Vonhausen: *Die Behandlung der Koalitionsfrage auf den Bundesparteitagen der FDP von 1967 bis 1969*, in: Lothar Albertin (Hrsg.): *Politischer Liberalismus in der Bundesrepublik*, Göttingen 1980, S. 195–210
17. Cramer, *Gefragt*, a. a. O., S. 53 f.
18. Arnulf Baring, *Machtwechsel. Die Ära Brandt-Scheel*, Stuttgart 1982, S. 166
19. Bahr, *Was wird*, a. a. O., S. 222
20. Egon Bahr, Vier Jahre Bonner Ostpolitik, in: *Die Zeit* v. 14. 12. 1973
21. Brandt, *Begegnungen*, a. a. O., S. 529
22. Löwenthal, *Der kalte Krieg*, a. a. O., S. 80
23. Helmut Allardt, *Moskauer Tagebuch. Beobachtungen, Notizen, Erlebnisse*, Düsseldorf, Wien 1973, S. 260
24. Ebd., S. 262
25. Ebd.
26. Brandt, *Begegnungen*, a. a. O., S. 439
27. Allardt, *Moskauer Tagebuch*, a. a. O., S. 20
28. Ebd., S. 264
29. Ebd., S. 265 f.
30. *Abendzeitung*, München v. 24. 2. 1970
31. *Frankfurter Allgemeine Zeitung*, v. 2. 2. 1970
32. Fernseh-Interview mit Günter Gaus (Südwestfunk) v. 4. 6. 1972, Manuskript, S. 7
33. Cramer, *Gefragt*, a. a. O., S. 55
34. Ebd., S. 56
35. Ebd., S. 58
36. Interview mit dem Autor
37. Cramer, *Gefragt*, a. a. O., S. 56 f.
38. *Süddeutsche Zeitung* v. 10. 2. 1970
39. *Süddeutsche Zeitung* v. 7. 2. 1970
40. Gaus-Interview, a. a. O., S. 9
41. Ebd.
42. Allardt, *Moskauer Tagebuch*, a. a. O., S. 272
43. Ebd., S. 272 f.
44. Ebd., S. 273
45. *Quick*-Protokollfragmente, 26. 4. 1972

46. Gaus-Interview, a. a. O., S. 9
47. Peter Bender: *Neue Ostpolitik. Vom Mauerbau bis zum Moskauer Vertrag*, München 1986, S. 173
48. *Playboy*-Interview mit Egon Bahr, a. a. O.
49. *Bahr in Moskau: Wir sind ein gutes Stück weitergekommen*, in: *Die Welt* v. 14. 3. 1970
50. WDR-Interview v. 19. 3. 1970, Manuskript d. Bundespresseamts
51. siehe zu diesem Vorgang die Schilderung bei Allardt, *Moskauer Tagebuch*, a. a. O., S. 306 f.
52. Allardt, *Moskauer Tagebuch* a. a. O., S. 308
53. Ebd., S. 309
54. vgl. auch *Frankfurter Rundschau* v. 9. und 11. 5. 1970
55. *Quick*-Protokollfragmente, 26. 4. 1972
56. Stenographischer Bericht, 6. Wahlperiode, 53. Sitzung v. 27. 5. 1970
57. Ferseh-Interview im „Bericht aus Bonn", 5. 6. 1970
58. Cramer, *Gefragt*, a. a. O., S. 62
59. Ebd.
60. zu den Personen der Delegation siehe Schmid, *Entscheidung in Bonn*, a. a. O., S. 158
61. Hessischer Rundfunk, Bundespresseamt, Kommentarübersicht, Anhang I, S. 1
62. Schreiben des Fraktionsvorsitzenden Rainer Barzel vom 10. 8. 1970, veröffentlicht vom Pressereferat der CDU/CSU-Bundestagsfraktion (10. 8. 1970)
63. Peter Bender, *Neue Ostpolitik*, a. a. O., S. 175
64. zit. nach Schmid, *Entscheidung in Bonn*, a. a. O., S. 176
65. Werner Link: *Außen- und Deutschlandpolitik in der Ära Brandt 1969–1974*, in: Karl Dietrich Bracher u. a. (Hrsg.): *Geschichte der Bundesrepublik Deutschland, Bd. 5/I: Republik im Wandel. 1969–1974. Die Ära Brandt*, Stuttgart, Mannheim, 1986, S. 202
66. Ebd.
67. Peter Bender, *Neue Ostpolitik*, a. a. O., S. 189
68. Ebd., S. 187
69. siehe auch Bundesministerium für innerdeutsche Beziehungen: *Zehn Jahre Deutschlandpolitik. Die Entwicklung der Beziehungen zwischen der Bundesrepublik Deutschland und der Deutschen Demokratischen Republik 1969–1979. Bericht und Dokumentation*, Bonn 1980, S. 8
70. *Süddeutsche Zeitung*, v. 15. 11. 1971
71. Peter Bender, *Neue Ostpolitik*, a. a. O., S. 188

317

72. *Süddeutsche Zeitung* v. 13. 12. 1971
73. Ebd.
74. Ebd.
75. *Frankfurter Rundschau* v. 13. 12. 1971
76. Cramer, *Gefragt*, a. a. O., S. 89
77. *Bild am Sonntag* v. 14. 5. 1972
78. *Der Spiegel*, Nr. 38 v. 11. 9. 1972
79. Theo Sommer: *Mission in Moskau*, in: *Die Zeit* v. 13. 10. 1972
80. *Neue Zürcher Zeitung* v. 12. 10. 1972
81. Cramer, *Gefragt*, a. a. O., S. 63 f.
82. Fernseh-Interview, ARD-„Kontraste" v. 21. 12. 1972
83. Ebd.
84. *Vorwärts* v. 15. 11. 1973
85. Peter Bender, *Neue Ostpolitik*, a. a. O., S. 195
86. *Playboy*-Interview, a. a. O., S. 52

VIERTES KAPITEL
Der Entwicklungshilfeminister

1. zit. n. *Frankfurter Rundschau* v. 26. 1. 1973
2. *Süddeutsche Zeitung* v. 26. 1. 1973
3. *Deutschland-Union-Dienst* v. 29. 1. 1973
4. *Die Zeit* v. 2. 2. 1973
5. zit. n. *Süddeutsche Zeitung* v. 27. 2. 1973
6. Bahr-Interview im *Playboy*, Nr. 9/1984
7. Fernseh-Interview, Reihe „Zeitgenossen", v. 23. 6. 1975
8. *Frankfurter Rundschau* v. 17. 5. 1974
9. *Frankfurter Rundschau* v. 8. 7. 1974
10. *Kölner Stadt-Anzeiger* v. 10. 7. 1974
11. *Süddeutsche Zeitung* v. 10. 7. 1974
12. *Lübecker Nachrichten* v. 1. 9. 1974
13. Bulletin der Bundesregierung v. 9. 10. 1974
14. *Frankfurter Rundschau* v. 10. 7. 1974
15. *Die Zeit* v. 31. 1. 1975
16. Pressemitteilung der CDU/CSU-Bundestagsfraktion v. 5. 2. 1975
17. vgl. Bundestagsdebatte, 7. Wahlperiode, 204. Sitzung v. 28. 11. 1975

18. *Stuttgarter Zeitung* v. 3. 12. 1975
19. *Süddeutsche Zeitung* v. 23. 1. 1976
20. Ebd.
21. Ebd.
22. *Süddeutsche Zeitung* v. 26. 2. 1976
23. *Stuttgarter Zeitung* v. 26. 2. 1976
24. Deutschlandfunk v. 27. 2. 1976
25. *Frankfurter Neue Presse* v. 5. 3. 1976
26. *Süddeutsche Zeitung* v. 11. 6. 1975
27. *Frankfurter Rundschau* v. 7. 2. 1975
28. *Süddeutsche Zeitung* v. 1. 6. 1976
29. Ebd.
30. Ebd.
31. Bahr, *Was wird*, a. a. O., S. 130
32. *Stuttgarter Zeitung* v. 3. 12. 1976

FÜNFTES KAPITEL
Der Bundesgeschäftsführer

1. *Der Spiegel* v. 22. 11. 1976
2. Interview im Südwestfunk (SWF) v. 22. 11. 1976;
   Bundespresseamt, Kommentarübersicht
3. *Der Spiegel* v. 22. 11. 1976
4. Ebd.
5. *Neue Ruhr-Zeitung* v. 14. 12. 1976
6. *Süddeutsche Zeitung* v. 22. 1. 1977
7. *Vorwärts* v. 27. 1. 1977
8. *Süddeutsche Zeitung* v. 22. 1. 1977
9. *Vorwärts* v. 27. 1. 1977
10. *Frankfurter Rundschau* v. 26. 1. 1977
11. Ebd.
12. *Frankfurter Rundschau* v. 28. 2. 1977
13. *Berliner Zeitung* v. 19. 3. 1977
14. *Süddeutsche Zeitung* v. 29. 3. 1977
15. Interview-Auszug in *Frankfurter Rundschau* v. 28. 4. 1977
16. *Süddeutsche Zeitung* v. 2. 5. 1977
17. *Neue Westfälische* v. 16. 4. 1977
18. Ebd.
19. *Frankfurter Rundschau* v. 16. 5. 1977

20. Rede, Manuskript, SPD-Bundesparteitag in Hamburg, 18. 11. 1977, S. 7
21. *Kölner Stadt-Anzeiger* v. 10. 2. 1979
22. *Vorwärts* v. 21. 7. 1977
23. CDU/CSU-Bundestagsfraktion, Pressedienst v. 19. 7. 1977
24. *Die Welt* v. 14. 8. 1977
25. Ebd.
26. *Die Zeit* v. 22. 7. 1977
27. Südwestfunk (SWF), „Ein Wort zur Politik", 20. 8. 1977
28. *Deutschland-Union-Dienst* v. 7. 2. 1978
29. *Die Zeit* v. 21. 4. 1978
30. *Süddeutsche Zeitung* v. 8. 4. 1978
31. *Vorwärts* v. 24. 8. 1978
32. ARD-Fernsehen, Tagesthemen, 6. 9. 1978
33. ZDF, Nachrichtensendung „heute" v. 6. 9. 1978
34. *Die Welt* v. 6. 9. 1978
35. *Die Frankfurter Rundschau* v. 4. 9. 1978
36. *Die Zeit* v. 8. 9. 1978
37. *Deutsche Zeitung* v. 8. 9. 1978
38. Ebd.
39. *Bayern-Kurier* v. 9. 9. 1978
40. *Frankfurter Rundschau* v. 14. 9. 1978
41. *Frankfurter Rundschau* v. 23. 9. 1978
42. *Der Spiegel* v. 11. 9. 1978
43. *Westfälische Nachrichten* v. 17. 2. 1979
44. ARD-Fernsehen, „Tagesthemen", 28. 2. 1979
45. Ebd.
46. *Neue Ruhr-Zeitung* v. 28. 2. 1979
47. *Frankfurter Rundschau* v. 27. 9. 1979
48. *Neue Zürcher Zeitung* v. 7. 10. 1979
49. *Frankfurter Rundschau* v. 2. 7. 1979
50. *Deutschland-Union-Dienst* v. 16. 5. 1979
51. *Stuttgarter Nachrichten* v. 17. 5. 1979
52. *Nürnberger Nachrichten* v. 3. 7. 1980
53. *Frankfurter Allgemeine Zeitung* v. 9. 10. 1980
54. *Frankfurter Rundschau* v. 24. 2. 1981
55. *Süddeutsche Zeitung* v. 25. 2. 1981
56. *Vorwärts* v. 12. 3. 1981
57. *Deutsches Allgemeines Sonntagsblatt* v. 15. 3. 1981
58. Ebd.

SECHSTES KAPITEL:

Der Sicherheitsexperte

1. *Die Zeit* v. 18. 1. 1980
2. Bahr, *Was wird*, a. a. O., S. 27
3. Ebd., S. 26
4. *Der Spiegel* v. 1. 9. 1978
5. CDU/CSU-Bundestagsfraktion, Pressedienst v. 27. 4. 1981
6. Der NATO-Doppelbeschluß ist abgedruckt in: Helga Haftendorn: *Sicherheit und Stabilität. Außenbeziehungen der Bundesrepublik zwischen Ölkrise und NATO-Doppelbeschluß*, München 1986, S. 226 ff.
7. Ebd., S. 228
8. Ebd., S. 131
9. Bahr, *Was wird*, a. a. O., S. 150
10. *Süddeutsche Zeitung* v. 2. 2. 1981
11. *Vorwärts* v. 11. 6. 1981
12. *Neue Zürcher Zeitung* v. 13. 6. 1981
13. Bundespresseamt, Kommentarübersicht v. 12. 6. 1981
14. *Vorwärts* v. 11. 3. 1982
15. Ebd.
16. *Frankfurter Neue Presse* v. 12. 3. 1982
17. *Frankfurter Rundschau* v. 22. 4. 1982
18. *Lübecker Nachrichten* v. 20. 11. 1983
19. Ebd.
20. Stenographische Berichte des Deutschen Bundestages, 10. Wahlperiode, 13. Sitzung v. 16. 6. 1983, S. 703
21. Bayerischer Rundfunk, Reihe „Aus erster Hand", 28. 11. 1987
22. Zweites Deutsches Fernsehen (ZDF) v. 7. 12. 1987
23. *Flensburger Tageblatt* v. 21. 12. 1983
24. Ebd.
25. Ebd.
26. *Vorwärts* v. 14. 9. 1985
27. *Die Welt* v. 25. 10. 1983
28. *Aachener Volkszeitung* v. 22. 5. 1984
29. *Frankfurter Rundschau* v. 10. 4. 1984
30. Ebd.
31. *Vorwärts* v. 11. 7. 1987
32. *Frankfurter Allgemeine Zeitung* v. 22. 9. 1986
33. Bahr, *Was wird*, a. a. O., S. 28
34. CDU/CSU-Bundestagsfraktion, Pressedienst v. 3. 7. 1984
35. *Frankfurter Rundschau* v. 26. 9. 1985

36. *Der Spiegel* v. 14. 10. 1985
37. *Frankfurter Rundschau* v. 15. 2. 1986
38. *Stuttgarter Zeitung* v. 22. 10. 1986
39. Ebd.
40. *Die Zeit* v. 24. 10. 1986
41. siehe dazu die Dokumentation: Wolfgang Brinkel/Jo Rodejohann (Hrsg.): *Das SPD-SED-Papier. Der Streit der Ideologien und die gemeinsame Sicherheit*, Freiburg 1988
42. Parlamentarisch-Politischer Pressedienst v. 25. 5. 1988
43. *Frankfurter Rundschau* v. 8. 7. 1988
44. Ebd.
45. *Neue Zürcher Zeitung* v. 9. 8. 1988
46. *Der Spiegel* v. 14. 10. 1988
47. Egon Bahr: *Zum europäischen Frieden. Eine Antwort auf Gorbatschow*, Berlin 1988
48. *Die Zeit* v. 20. 4. 1984
49. *Süddeutsche Zeitung* v. 14. 4. 1984
50. *Frankfurter Rundschau* v. 26. 4. 1984
51. CDU/CSU-Bundestagsfraktion, Pressedienst v. 12. 4. 1984
52. *Frankfurter Rundschau* v. 26. 4. 1984
53. *Hamburger Abendblatt* v. 13. 4. 1984
54. Ebd.
55. *Frankfurter Allgemeine Zeitung* v. 21. 4. 1984
56. *Bonner Rundschau* v. 15. 5. 1984
57. *Süddeutsche Zeitung* v. 5. 9. 1984
58. *Hamburger Abendblatt* v. 13. 4. 1984
59. *Hamburger Abendblatt* v. 15. 5. 1984
60. *Die Welt* v. 6. 10. 1984
61. *Süddeutsche Zeitung* v. 21. 3. 1985
62. *Vorwärts* v. 14. 9. 1985
63. Bahr, *Zum europäische Frieden*, a. a. O., S. 95
64. Ebd., S. 96
65. Ebd., S. 97 f.
66. Ebd., S. 98
67. CDU/CSU-Bundestagsfraktion, Pressedienst v. 3. 2. 1988
68. *General-Anzeiger* (Bonn) v. 4. 2. 1988
69. Die Grünen im Bundestag, Pressemitteilung Nr. 132/88 v. 4. 2. 1988
70. *Frankfurter Allgemeine Zeitung* v. 23. 4. 1988
71. Ebd.

Den Frieden leben

Vorträge und Essays
von Egon Bahr

Wandel durch Annäherung

Ein Diskussionsbeitrag in Tutzing, 15. Juli 1963

Es ist in den letzten Tagen schon eine ganze Menge über das Thema der Wiedervereinigung gesagt worden. Ich möchte kein Korreferat dazu halten, sondern nur einige Bemerkungen machen. Sie sind zur Anregung der Diskussion gedacht und entspringen dem Zweifel, ob wir mit der Fortsetzung unserer bisherigen Haltung das absolut negative Ergebnis der Wiedervereinigungs-Politik ändern können, und der Überzeugung, daß es an der Zeit ist und daß es unsere Pflicht ist, sie möglichst unvoreingenommen neu zu durchdenken.

Natürlich muß man dabei davon ausgehen, daß nicht nur das Berlin-Problem nicht isoliert gelöst werden kann, sondern auch das Deutschlandproblem eben Teil des Ost/West-Konfliktes ist. Die Parole „Deutsche an einen Tisch" war immer eine Parole, die nur der Anerkennung der deutschen Teilung dienen sollte. Es kann keinem Zweifel unterliegen, daß die Sowjetunion auch heute noch ihre harte Hand auf dem deutschen Glacis hält. Die theoretische Vorstellung, daß in Ost-Berlin ein Demokrat säße, macht sofort deutlich, daß die sowjetische These, die Wiedervereinigung sei allein Sache der Deutschen, die Herrschaft eines sowjetischen Vizekönigs in Ost-Berlin voraussetzt.

Die Voraussetzungen zur Wiedervereinigung sind nur mit der Sowjet-Union zu schaffen. Sie sind nicht in Ost-Berlin zu bekommen, nicht gegen die Sowjet-Union, nicht ohne sie. Wer Vorstellungen entwickelt, die sich im Grunde darauf zurückführen lassen, daß die Wiedervereinigung mit Ost-Berlin zu erreichen ist, hängt Illusionen nach und sollte sich die Anwesenheit von 20 oder 22 gut ausgerüsteten sowjetischen Divisionen vergegenwärtigen. Die Wiedervereinigung ist ein außenpolitisches Problem. Es widerspricht zwar vielen Resolutionen, aber es entspricht der realen Lage, wenn innerhalb der Bundesregierung nicht das Ministerium für Gesamtdeutsche Fragen, sondern das Auswärtige Amt für diesen Komplex zuständig ist. Niemand ist deshalb auf den Gedanken gekommen, daß diese Ressorteinteilung etwa eine Anerkennung der sogenannten DDR bedeute.

Die amerikanische Strategie des Friedens läßt sich auch durch die Formel definieren, daß die kommunistische Herrschaft nicht beseitigt, sondern verändert werden soll. Die Änderung des Ost/West-Verhältnisses, die die USA versuchen wollen, dient der Überwindung des Status quo, indem der Status quo zunächst nicht verändert werden soll. Das klingt paradox, aber es eröffnet Aussichten, nachdem die bisherige Politik des Drucks und Gegendrucks nur zu einer Erstarrung des Status quo geführt hat. Das Vertrauen darauf, daß unsere Welt die bessere ist, die im friedlichen Sinn stärkere, die sich durchsetzen wird, macht den Versuch denkbar, sich selbst und die andere Seite zu öffnen und die bisherigen Befreiungsvorstellungen zurückzustellen.

Die Frage ist, ob es innerhalb dieser Konzeption eine spezielle deutsche Aufgabe gibt. Ich glaube, diese Frage ist zu bejahen, wenn wir uns nicht ausschließen wollen von der Weiterentwicklung des Ost/West-Verhältnisses. Es gibt sogar in diesem Rahmen Aufgaben, die nur die Deutschen erfüllen können, weil wir uns in Europa in der einzigartigen Lage befinden, daß unser Volk geteilt ist.

Die erste Folgerung, die sich aus einer Übertragung der Strategie des Friedens auf Deutschland ergibt, ist, daß die Politik des Alles oder Nichts ausscheidet. Entweder freie Wahlen oder gar nichts, entweder gesamtdeutsche Entscheidungsfreiheit oder ein hartes Nein, entweder Wahlen als erster Schritt oder Ablehnung, das alles ist nicht nur hoffnungslos antiquiert und unwirklich, sondern in einer Strategie des Friedens auch sinnlos.

Heute ist klar, daß die Wiedervereinigung nicht ein einmaliger Akt ist, der durch einen historischen Beschluß an einem historischen Tag auf einer historischen Konferenz ins Werk gesetzt wird, sondern ein Prozeß mit vielen Schritten und vielen Stationen.

Wenn es richtig ist, was Kennedy sagte, daß man auch die Interessen der anderen Seite anerkennen und berücksichtigen müsse, so ist es sicher für die Sowjet-Union unmöglich, sich die Zone zum Zwecke einer Verstärkung des westlichen Potentials entreißen zu lassen. Die Zone muß mit Zustimmung der Sowjets transformiert werden. Wenn wir so weit wären, hätten wir einen großen Schritt zur Wiedervereinigung getan.

Nun kann es kaum einen Zweifel geben, daß Änderungen in der Zone besonders schwer zu erreichen sind. Die Zone ist in der politischen Entwicklung zurückgebliebener als Polen, Ungarn und die Sowjet-Union. Und das hat seine Gründe. Ulbricht konnte sich halten, nicht obwohl, sondern gerade weil er der letzte Stalinist ist. Die Erfahrungen des Jahres 1953 haben dem Kreml gezeigt, wie gefährlich es in seinem Sinne ist, wenn in der deutschen Zone Erleichterungen für die Menschen gewährt werden. Denn gerade weil es sich um den Teil eines gespaltenen Volkes handelt, schlagen, anders als etwa in Polen oder in der Sowjet-Union, soziale und wirtschaftliche Forderungen sofort um in politische und in nationale.

Das Gefälle zur Bundesrepublik ist da. Und es ist durch die 18jährige kommunistische Herrschaft nicht zu beseitigen gewesen. Aus der Forderung nach geringeren Normen ist am 16. Juni 1953 auf dem Wege von der Stalinallee bis zum Haus der Ministerien die Forderung nach freien Wahlen geworden. Die Zügel glitten dem Ulbricht-Regime aus der Hand und konnten nur von den sowjetischen Panzern wieder aufgenommen werden. Das Ergebnis war eine Befestigung der Stellung Ulbrichts.

Wenn es richtig ist, und ich glaube, es ist richtig, daß die Zone dem sowjetischen Einflußbereich nicht entrissen werden kann, dann ergibt sich daraus, daß jede Politik zum direkten Sturz des Regimes drüben aussichtslos ist. Diese Folgerung ist rasend unbequem und geht gegen unser Gefühl, aber sie ist logisch. Sie bedeutet, daß Änderungen und Veränderungen nur ausgehend von dem zur Zeit dort herrschenden verhaßten Regime erreichbar sind. Das ist nicht ganz so erschreckend, wie es klingt, nachdem wir schließlich mit diesem Regime schon eine ganze Weile zu tun haben und auch auf der verschämten Ebene der Treuhandstelle für den Interzonenhandel sprechen.

An dieser Stelle drängt sich naturgemäß die Überlegung auf, ob es nicht durch einen totalen Stopp sämtlicher auch noch bestehender wirtschaftlicher Verbindungen denkbar wäre, das Gebäude der Zone zum Einsturz zu bringen. Man könnte sogar noch einen Schritt weitergehen und dem theoretischen Gedanken nachhängen, ob es nicht durch eine Verschärfung der Situation, die man bewußt fördert, zu einem Zusammenbruch kommen könnte.

Die kühle Überlegung führt zu einer totalen Ablehnung dieser Gedanken. Es ist eine Illusion, zu glauben, daß wirtschaftliche Schwierigkeiten zu einem Zusammenbruch des Regimes führen könnten. Die gutgemeinten Ratschläge der Menschen aus der Zone: brecht den Handel ab, wir schnallen uns gern unseren Gürtel noch enger, zeigen leider keinen Weg. Mehr noch – wir wissen eben aus Erfahrung: Zunehmende Spannung stärkt Ulbricht und vertieft die Spaltung. Ganz abgesehen davon, daß auch die Bundesregierung bekanntlich niemals eine Haltung eingenommen hat, die aus diesem Motiv zu einem Abbruch des Interzonenhandels hätte führen müssen, und abgesehen davon, daß eine derartige Haltung die Lage Berlins unberücksichtigt ließe.

Der nächste Einwand ergibt sich aus unserer berechtigten Ablehnung, das Zonenregime anzuerkennen. Ich halte die Diskussion um die Anerkennung zuweilen insofern für zu eng und vielleicht sogar für gefährlich, weil sie uns in eine Sackgasse führen und jegliche Politik verbauen kann. Die selbstverständliche und von niemandem in Frage gestellte Weigerung, die Zone als einen rechtmäßigen Staat anzuerkennen, darf uns nicht lähmen.

Jahrelang haben die Botschafter Rotchinas und der Vereinigten Staaten in Genf und Warschau miteinander verhandelt, ohne daß deshalb die USA Rotchina anerkannt hätten oder man auch nur behauptet hat, diese Gespräche seien eine Anerkennung. Der Innenminister der Deutschen Demokratischen Republik – ohne Anführungsstriche – hat den in Berlin stationierten Alliierten am 13. August 1961 verboten, weiterhin von ihrem Recht Gebrauch zu machen, den Ost-Sektor der Stadt auf allen Wegen zu betreten, und sie auf den einen Übergang am heutigen Checkpoint Charly beschränkt. Als die Alliierten dieser Anweisung folgten, hat niemand deshalb behauptet, das sei eine Anerkennung der „DDR". Das hat auch niemand behauptet, als wider jedes Recht Truppen der Zone nach Ost-Berlin einmarschierten und sich den Amerikanern, Engländern und Franzosen gegenüberstellten, um dafür zu sorgen, daß die genannten Anordnungen befolgt werden.

Wenn heute ein Flüchtling durch die Spree schwimmt und beschossen wird, oder der Bus von Flüchtlingen sich in dem Slalom-System verklemmt und auf die Menschen geschossen wird, dann geschehen doch Verbrechen, oder nicht? Aber dann darf unsere Polizei nicht zurückschießen und nichts tun, um diese Verbrechen zu verhindern. Und niemand hat bisher zu sagen gewagt, daß dies die brutalste Form der Anerkennung sei.

Es gibt einen bevollmächtigten Verhandlungsführer, mit entsprechenden Schreiben des Bundeswirtschaftsministers und des Regierenden Bürgermeisters ausgestattet, sein Name ist Dr. Leopold, der mit einem Bevollmächtigten der anderen Seite seit Jahren verhandelt. Aber auch das ist keine Anerkennung. Jedenfalls hat niemand das behauptet.

Niemand von uns erkennt das Ulbricht-Regime an, wenn er in Töpen, in Marienborn oder in Lauenburg eine Wegegebühr zahlt und seinen Personalausweis in dem Schlitz verschwinden läßt, hinter dem er überprüft wird. Daß wir einer Reihe von Kategorien von Menschen empfehlen, den Luftweg zu benutzen, weil die anderen Wege eben nicht frei von Kontrolle und frei von Zugriffsmöglichkeiten des Ulbricht-Regimes sind, ist auch keine Anerkennung. Es ist natürlich erst recht keine, wenn die Bundesrepublik Beziehungen zu Ländern abbricht, die Beziehungen zu Pankow aufnehmen. Das könnte man höchstens als eine Negativform der Anerkennung bezeichnen.

Ich komme zu dem Ergebnis, daß sich unterhalb der juristischen Anerkennung, unterhalb der bestätigten Legitimität dieses Zwangsregimes bei uns soviel eingebürgert hat, daß es möglich sein muß, diese Formen auch gegebenenfalls in einem für uns günstigen Sinne zu benutzen. Wenn Dr. Leopold oder ein anderer zum Chef einer Behörde gemacht würde, die sich nicht nur mit den Fragen des Interzonenhandels beschäftigt, sondern mit allen Fragen, die zwischen den beiden Teilen Deutschlands von praktischem Interesse sind, dann würde ich darin um so weniger eine substantielle Änderung der heutigen Situation erblicken können, als die Treuhandstelle für den Interzonenhandel ja auch schon bisher nicht ausschließlich Handelsfragen besprochen hat.

Der amerikanische Präsident hat die Formel geprägt, daß soviel Handel mit den Ländern des Ostblocks entwickelt werden sollte, wie es möglich ist, ohne unsere Sicherheit zu gefährden. Wenn man diese Formel auf Deutschland anwendet, so eröffnet sich ein ungewöhnlich weites Feld. Es wäre gut, wenn dieses Feld zunächst einmal nach den Gesichtspunkten unserer Möglichkeiten und unserer Grenzen abgesteckt würde. Ich glaube, sie sind sehr viel größer als alle Zahlen, die bisher genannt wurden.

Wenn es richtig ist, daß die Verstärkung des Ost-West-Handels mit der genannten Einschränkung im Interesse des Westens liegt, und ich glaube, es ist richtig, dann liegt sie auch im deutschen Interesse, erst recht in Deutschland. Wir brauchen dabei nicht pingelig zu sein, um diesen bekanntgewordenen Kölner Ausdruck für eine bekannte Haltung zu benutzen.

Das Ziel einer solchen Politik kann natürlich nicht sein, die Zone zu erpressen, denn kein kommunistisches Regime, und schon gar nicht das so gefährdete in der Zone, kann sich durch Wirtschaftsbeziehungen in seinem Charakter ändern lassen. Aber das haben schließlich auch nicht die Amerikaner verlangt, als sie Polen Kredite gaben, und das ist auch nicht der Sinn des amerikanischen Wunsches nach verstärktem Osthandel.

Uns hat es zunächst um die Menschen zu gehen und um die Ausschöpfung jedes denkbaren und verantwortbaren Versuchs, ihre Situation zu erleichtern. Eine materielle Verbesserung müßte eine entspannende Wirkung in der Zone haben. Ein stärkeres Konsumgüterangebot liegt in unserem Interesse, in der Sowjetunion ist der Konsumwunsch gewachsen und hat zu positiven Wirkungen beigetragen. Es ist nicht einzusehen, warum es in der Zone anders sein sollte.

Die Sowjetunion ist angetreten mit dem Ziel, den Westen einzuholen und zu überholen, gerade auch auf dem Gebiet des Lebensstandards, auf dem der Westen am stärksten ist. Abgesehen davon, daß es sich dabei um ein Ziel handelt, das den Westen als Vorbild hinstellen muß und an seiner Leistung orientiert ist, ist offensichtlich, daß diese Politik nicht allein die Zone innerhalb des Ostblocks ausnehmen kann. Den Prozeß zur Hebung des Lebensstandards zu beschleunigen, weil sich dadurch Erleichterungen mannigfacher Art für die Menschen und durch verstärkte Wirtschaftsbeziehungen verstärkte Bindungen ergeben können, würde demnach in unserem Interesse liegen.

Man könnte die Sorge haben, daß dann die Unzufriedenheit unserer

Landsleute etwas nachläßt. Aber eben das ist erwünscht, denn das ist eine weitere Voraussetzung dafür, daß in dem Prozeß zur Wiedervereinigung ein Element wegfallen würde, das zu unkontrollierbaren Entwicklungen führen könnte und damit zu zwangsläufigen Rückschlägen führen müßte. Man könnte sagen, das Regime würde dadurch gestützt, aber ich habe eben zu entwickeln versucht, daß es keinen praktikablen Weg über den Sturz des Regimes gibt. Ich sehe nur den schmalen Weg der Erleichterung für die Menschen in so homöopathischen Dosen, daß sich daraus nicht die Gefahr eines revolutionären Umschlags ergibt, die das sowjetische Eingreifen aus sowjetischem Interesse zwangsläufig auslösen würde.

Die Bundesregierung hat in ihrer letzten Regierungserklärung gesagt, sie sei bereit, „über vieles mit sich reden zu lassen, wenn unsere Brüder in der Zone sich einrichten können, wie sie wollen. Überlegungen der Menschlichkeit spielen hier für uns eine größere Rolle als nationale Überlegungen".

Als einen Diskussionsbeitrag in diesem Rahmen möchte ich meine Ausführungen verstanden wissen.

Wir haben gesagt, daß die Mauer ein Zeichen der Schwäche ist. Man könnte auch sagen, sie war ein Zeichen der Angst und des Selbsterhaltungstriebes des kommunistischen Regimes. Die Frage ist, ob es nicht Möglichkeiten gibt, diese durchaus berechtigten Sorgen dem Regime graduell so weit zu nehmen, daß auch die Auflockerung der Grenzen und der Mauer praktikabel wird, weil das Risiko erträglich ist. Das ist eine Politik, die man auf die Formel bringen könnte: Wandel durch Annäherung. Ich bin fest davon überzeugt, daß wir Selbstbewußtsein genug haben können, um eine solche Politik ohne Illusion zu verfolgen, die sich außerdem nahtlos in das westliche Konzept der Strategie des Friedens einpaßt, denn sonst müßten wir auf Wunder warten, und das ist keine Politik.

Streiflichter aus der Sowjetunion

Ein Beitrag für die Stuttgarter Zeitung,
31. Dezember 1970

Es sind sehr unterschiedliche Bilder, die aus der Erinnerung auftauchen, wenn ich die letzten zwölf Monate überdenke. Sie sind natürlich subjektiv, unsystematisch und von sehr unterschiedlichem Gewicht.

Auf dem Flugplatz in Scheremetjewo empfangen mich am 28. Januar 1970 der Botschafter und einige Journalisten. Vom sowjetischen Protokoll war nichts zu sehen. Dies wurde später als ein Irrtum erklärt.

Auf dem Wege in die Stadt fährt man an einer überdimensionierten symbolischen Panzersperre vorbei, die nachts erleuchtet ist. Bis hierher seien die deutschen Truppen gekommen, erklärt der Botschafter. Die Erinnerung wird korrigiert: Die deutschen Truppen waren nicht vor, sie waren in Moskau.

Die Stadt wirkt kalt, kahl, abweisend und scheint keine Schaufenster zu haben; alle Scheiben sind dicht zugefroren.

Das hat für den Sprachunkundigen Konsequenzen: Als ich bei minus 32 Grad und scharfem Wind mit dem Schal um den Kopf (froh, daß kein Fotograf zu sehen ist) die Läden abklappere, wo es Pelzmützen geben soll, gerate ich von einem Kolonialwarenladen in eine Post, von einem Geschäft für Schreibutensilien zu einem Damenfriseur und ernte entrüstete Blicke, gewinne aber dafür die Erfahrung, wie das Parfüm „Roter Oktober" duftet.

Ein Begleiter zeigt uns eines der Hochhäuser aus der Stalinzeit: „Sie sehen hier eines der sechs häßlichsten Gebäude der Welt. Die anderen fünf stehen auch in Moskau." Ich sehe sie im Morgen- und Abendlicht, im Schneetreiben und bei Sonnenschein, gegen blauen und grauen Himmel, und verstehe nicht, warum man das als Zuckerbäckerstil bezeichnet. Es ist nichts Süßes und Verspieltes daran. Sie wirken wie Trutzburgen, die die Stadt beherrschen für Jahrhunderte. Sie spiegeln Größe, Stolz, Verschwendung von Arbeit und Zeit und etwas sinnlose Prahlerei.

Der Wolkenkratzer für das COMECON (wenn man so will, das Gegenstück zur EWG) könnte in jeder westeuropäischen Großstadt stehen. Am besten vielleicht in Brüssel, denn der Grundriß des Hochhauses zeigt die gleiche Form wie das Gebäude der Hohen Kommission: die Strahlen des Mercedessterns in die Höhe gezogen. Der Außenschmuck des Plenarsaales mutet auch vertraut an: abstrakte Formen. Die Moskauer haben sich darüber aufgeregt. Es hat heftige

Diskussionen in den Lokalspalten der Zeitungen gegeben. Gegenüber der modernen Kunst ist der Geschmack des Mannes auf der Straße konservativ wie bei uns.

Im Vorbeifahren auf der weiten Straße zwischen Kremlmauer und Moskwa erfaßt der Blick für eine Sekunde einen Mann, der bei bitterer Kälte halb auf einem Brett, halb im Schnee liegt unter seinem klapprigen Lastwagen und ihn repariert. Die Fahrertür steht offen. Erster Gedanke: So etwas könnte bei uns nicht passieren; der Wagen wäre längst aus dem Verkehr gezogen.

Zweiter Gedanke: So etwas könnte bei uns nicht passieren; niemand würde unter so harten Bedingungen arbeiten, sondern auf den Abschleppdienst warten.

Einer der Arbeiter, die offenbar Kabel verlegen, hält ein Mittagsschläfchen. Im Schnee. Da die Sonne hoch steht, sind es auch höchstens 15 Grad Frost.

Aus einem Haus kommt einer mit nacktem Oberkörper. Er verschwindet zwei Häuser weiter. Keiner der Straßenpassanten dreht sich um oder zeigt Zeichen der Verwunderung. Ein harter Menschenschlag.

Der Gesang ist weich, zart und rein. Er verströmt Inbrunst und Demut. Die Besucher der Kirche, Laien, einfache Menschen, einfach gekleidet, singen. Mir fällt kein anderer Ausdruck ein: Gesichter vom Leben, Hände von harter Arbeit gezeichnet. Und die Töne sind klarer, das Crescendo und Decrescendo feiner, als ich es von einem Berufschor gehört habe. Unglaubliche Gegensätze, die ineinander verschmelzen. Der Bischof, würdig und jung, meint zu der Frage, wie die Kirche mit dem sowjetischen Staat auskomme, der Aufruf zum Vaterländischen Krieg durch die Kirche, wenige Tage vor dem gleichen Aufruf des Staates, habe von der Loyalität der Kirche überzeugt.

Ein russischer Begleiter, sicher Mitglied der Partei, kauft eine Kerze für mich, damit ich sie entzünde und aufstelle. Im Wagen erläutert er, dies bedeute nach altem russischen Brauch, daß ich wiederkommen würde. Ein harter Menschenschlag?

Ein Mitglied der Botschaft schwor: „Sie finden zur Zeit keine einzige Zitrone in Moskau." Zwei Stunden später bremsten wir in einer Nebenstraße, um festzustellen, ob wir einer optischen Täuschung erlegen seien. Dies war nicht der Fall. In einer hölzernen Verkaufsbude lagen Berge von Zitronen. Auf einer Schiefertafel mit Kreide der Preis: 65 Kopeken das Kilo, das wären etwa 2,60 Mark. Beim Kauf stellt sich heraus, es handelte sich um den Preis pro Stück.

Die Schneebeseitigung ist vorbildlich. In Kolonne schieben gestaffelte Fahrzeuge die Massen an die Seite. Dort stehen motorisierte Konstruktionen, deren Metallarme in den Schnee greifen, ihn an sich raffen auf ein Band, das ihn auf die bereitstehenden Lastwagen bringt. Einfach und wirksam. Diese Dinger werden „Kapitalisten" genannt. Jochen Vogel sollte sie ansehen.

Apropos Kapitalisten. Gegenüber dem Hotel Ukraina steht ein Haus mit einer weißen Laufschrift. Die Nachfrage ergibt: Das Haus gehört der „Iswestija". In ihm sind Mitarbeiter des Regierungsblattes untergebracht. Die Leuchtschrift war vorher auf dem Redaktionsgebäude, das in der Innenstadt liegt. Man hatte eine neue, bunte Leuchtschrift angeschafft (aus der Bundesrepublik). Die Idee war: Die alte Leuchtschrift arbeitet weiter und macht für eine Lebensversicherung Reklame. Mit den Einnahmen daraus kann man die Kosten für die Reinigung des Hauses decken. Einfach und wirksam.

Blumen. Erst wenn sie fehlen, wird ihr Wert wieder ganz bewußt. In den Wohnungen der Deutschen stehen künstliche; die Botschafterin zeigt auf einige kümmerliche und halberfrorene Stengel, die echt sind. Sie kommen vom italienischen Kollegen und werden als wirklich kostbares Geschenk betrachtet.

Es soll sich lohnen, Blumen aus dem Süden der Sowjetunion kofferweise nach Moskau zu fliegen und auf dem Markt zu verkaufen. Aber die Preise sind phantastisch, und die Freude bei der Kälte ist nur kurz. Zur zweiten Gesprächsrunde bringe ich Forsythienzweige mit, besonders gut in Zeitungen verpackt und unter größter Beschleunigung vom Flugzeug in den Wagen gepackt. Sie werden wochenlang Zeugen des Tauwetters. Rührende kleine, einfache bunte Sträuße habe ich gesehen; auf den Gräbern von Stalin, Dostojewski, Tschaikowski, Lermontow, Mussorgski, Puschkin und dem heiligen Sergius.

Ein solches Sträußchen legte ein junges Mädchen auf den Friedhof in Leningrad, auf dem 600 000 Menschen in Massengräbern beerdigt sind, mit großer Sorgfalt so auf eine Steinplatte, daß sie es zusammen mit der darunter angebrachten Schrift fotografieren konnte. Es gibt keine Namen. Die einzelnen Massengräber sind nur dadurch kenntlich, daß auf ihnen die Monate vermerkt sind, an denen die Toten begraben wurden. Sie machte mehrere Aufnahmen. Ganz nahe, wenige Schritte entfernt und schließlich mit dem Grab eines anderen Monats dazwischen. Immer aus demselben Winkel. Ihr Sträußchen wird zuletzt ein Punkt auf dem Bild werden, kaum noch erkennbar.

Mitglieder der Reisegruppe aus der DDR im Februar wollten es nicht glauben, daß die Bundesrepublik mit der Sowjetunion über einen Vertrag spricht. Im Sommer, als ich mit Herrn Scheel zu den abschließenden Verhandlungen in Moskau war, kam vor der Residenz des Botschafters eine Gruppe auf mich zu und fragte, ob ich es sei. Sie seien Bürger des anderen deutschen Staates, wollten nur die Hand drücken und wünschen, daß das Werk gelingen möge. Es werde ein Segen für alle sein.

Der Zufall fügte es, daß ich einen Klassenkameraden aus Torgau wiedersah. Die Reise seiner Gruppe war natürlich festgelegt worden, ohne daß er ahnen konnte, mich in Moskau zu treffen. Er erfuhr meine Anwesenheit durch die „Prawda". Wir stellten fest, daß wir uns 34 Jahre nicht gesehen hatten. Ich erinnerte mich seines Gesichts erst durch das Foto, das uns beim „Einkehren" auf einem Klassenausflug zeigt. Wir amüsierten uns über die alten Pauker. Viele aus der Klasse sind gefallen, die Überlebenden hat die Geschichte gleichmäßig zu Bürgern der beiden Staaten gemacht. Seine Hoffnung: „Wenn es in Moskau klappt, wird es auch bei uns zu Hause klappen."

Die Abfahrt am 13. August war mit der Ankunft am 28. Januar nicht zu vergleichen. Nicht nur des Wetters wegen. Bei der Fahrt hinauf zum Flugplatz passierten wir die schon erwähnte „Panzersperre". Der russische Fahrer legte meiner Sekretärin die Hand auf den Arm, wies auf dieses Erinnerungsmal, sagte auf deutsch: „Geschichte" und machte eine abschließende Handbewegung.

Vier Jahre Bonner Ostpolitik

Ein Beitrag für Die Zeit, *14. Dezember 1973*

Nach vier Jahren ist mit der Unterzeichnung des Vertrages zwischen der Bundesrepublik Deutschland und der Tschechoslowakischen Volksrepublik das System der bilateralen Abkommen vollendet. Ohne die vorgezogenen Bundestagswahlen im letzten Jahr wäre das 1969 umrissene Programm innerhalb einer Legislaturperiode voll erfüllt worden. Die vertragliche Basis für die Eingliederung der Bundesrepublik in das westliche Vertragssystem war Anfang der fünfziger Jahre in nur drei Jahren geschaffen worden.

Verträge sind kein Garantieschein für Reibungslosigkeit. Das sehen wir sogar bei unseren Verbündeten. Die Basis für die Normalisierung unseres Verhältnisses zu Osteuropa ist gelegt; es wird der Pflege von beiden Seiten bedürfen.

Das Prinzip Gewaltverzicht wurde zum Grundstein der Beziehung. Seine Formulierung schuf ein Modell für das Zusammenwirken von Staaten verschiedener Gesellschaftsordnung in Europa. Das Interesse dieser Staaten an der Sicherheit des Friedens rangiert höher als ihre zum Teil tiefgehenden Meinungsverschiedenheiten. Die ideologischen Unterschiede bleiben; sie sollen aber kein Hindernis sein, um die Zusammenarbeit zum Nutzen aller Beteiligten zu entwickeln.

„Zu einem ehrlichen Versuch der Verständigung", wie es in der Regierungserklärung vom 28. Oktober 1969 geheißen hatte, war die Einsicht erforderlich, daß es eine Illusion wäre, Ostpolitik an der Führungsmacht Sowjetunion vorbei treiben zu wollen. Der schwierigste Teil der Moskauer Verhandlungen bestand darin, die Gesprächspartner von der Aufrichtigkeit unserer Absichten zu überzeugen. Das klingt gewiß paradox für jene bei uns, die ihr Mißtrauen gegenüber den Absichten des Ostens für die einzig relevante politische Größe halten. Das Mißtrauen der Sowjetunion gegenüber unseren Absichten, zusammen mit ihrer Einschätzung unseres Einflusses auf die Vereinigten Staaten, war sehr real. Das galt für unser Mißtrauen gegenüber der Sowjetunion ähnlich.

Gemessen an der Vergangenheit ist der Abbau des gegenseitigen Mißtrauens bis hin zu einem Stand, den man am besten wohl mit „Wachsamkeit" kennzeichnet, in erstaunlichem Umfang erreicht worden. In den Gesprächen zwischen führenden Männern beider Staaten wurde die Unterschiedlichkeit der Interessen nicht verschleiert; gerade daraus begann sich ein engerer Kontakt zu entwickeln, der für beide Seiten von großem Wert ist.

Ich glaube, daß dies Ergebnis des Moskauer Vertrages noch immer unterschätzt wird: Breschnew und Brandt haben begonnen, jenes Minimum an Vertrauen zu entwickeln, wie es Nixon bei seinen Begegnungen mit dem ersten Mann der Sowjetunion als unerläßlich bezeichnet hat.

Wer in der Lage ist, sich einmal vom innenpolitischen Meinungsstreit der letzten Jahre frei zu machen, wird objektiv feststellen, daß das Gewicht der Bundesrepublik Deutschland als internationaler Partner seit 1969 erheblich größer geworden ist. Dies lag nicht zuletzt daran, daß wir gleichlaufend mit den Versuchen zur Verständigung mit dem Osten die Zusammenarbeit und Abstimmung mit unseren westlichen Partnern verstärkt haben. Zwischen den Verbündeten und uns hat es zu keiner Zeit nennenswerte Meinungsverschiedenheiten über Anlage und Durchführung unserer Ostpolitik gegeben. Das ist um so wichtiger, als es selbstverständlich nicht nur bei uns, sondern auch in verbündeten Staaten abweichende Meinungen gegeben hat und gibt. Ausschlaggebend bleibt, daß zwischen den für die Politik verantwortlichen Regierungen volles Einvernehmen herrscht.

Maßgebende Kräfte der Opposition würdigen diese Verbesserung unserer Beziehungen zur Sowjetunion und anderen Staaten und versuchen, die Basis der gültigen Verträge zu verbreitern.

Mit dem Moskauer Vertrag wurden auch die Absichtserklärungen wirksam, ähnliche Verträge mit Polen, der DDR und der ČSSR zu schließen.

Der Vertrag von Warschau, am 7. Dezember 1970 unterzeichnet, war das Ende einer Politik der unerfüllbaren Ansprüche und Ausdruck unseres Mutes, die Wirklichkeit zu erkennen. Er sollte einen Schlußstrich unter die Vergangenheit ziehen und eine Ausgangsbasis für die Entwicklung schaffen. Seine praktischen Ergebnisse haben für beide Seiten nicht alle an ihn geknüpften Erwartungen erfüllt. Dies kann nur den wundern, der nicht weiß, daß gerade nach den unendlichen Auseinandersetzungen der Geschichte, von denen die letzte die einschneidendste war, eine neue Grundlage viel schwerer zu schaffen war als für das Verhältnis entfernter voneinander liegender Staaten. Beide Seiten sind sich inzwischen klar, daß jede von ihnen besondere Anstrengungen unternehmen muß, wenn das anspruchsvolle Wort eines Neubeginns gerechtfertigt werden soll. Die Gespräche dieses Jahres dienen diesem Ziel. Ein Treffen zwischen Brandt und Gierek erscheint beiden Seiten nur sinnvoll, wenn es Fortschritte sichtbar macht.

Der dritte grundlegende Vertrag war das Vier-Mächte-Abkommen vom 3. September 1971. Ohne die Verträge von Moskau und Warschau hätte es kein Berlin-Abkommen gegeben. Die Regierungserklärung vom Oktober 1969 hatte sich für die Fortsetzung der eingeleiteten Besprechungen mit der Sowjetunion ausgesprochen. Dabei sollte der Status der vier Mächte unangetastet bleiben. „Dies darf nicht daran hindern, Erleichterungen für den Verkehr in und nach Berlin zu suchen."

Die öffentlichen Ansprüche von damals sind mehr als erfüllt worden. Bundesregierung und Senat haben im Rahmen einer vorbildlichen Kooperation mit den drei Mächten ein Ergebnis erzielt, das die originären Rechte der drei Mächte bestätigt hat. Über 19 Millionen Menschen – eine Zahl also, die größer ist als die Einwohnerzahl der DDR – haben seither die Transitwege benutzt. Die für den zivilen Verkehr geschaffene Rechtsgrundlage stellt eine entscheidende Verbesserung der Lage Berlins dar.

Die Schwierigkeiten, die sich bei der strikten Einhaltung und vollen Anwendung des Vier-Mächte-Abkommens ergeben haben, beruhen auf zwei Faktoren:

Erstens konnte das Abkommen der vier Mächte nur ein Rahmenabkommen sein. Niemand wäre zu irgendeinem Zeitpunkt in der Lage gewesen, einen beiderseitig akzeptablen Text mit Regeln für jeden denkbaren praktischen Fall zu formulieren.

Zweitens konnte auch dieser Vertrag nur geschlossen werden im vollen Bewußtsein der Tatsache, daß die einander widerstreitenden Rechtsauffassungen nicht auf einen Nenner zu bringen waren. Die vier Mächte wußten, daß der Vertrag, der praktische Lösungen ermöglichen sollte, im Rahmen seiner Grundsätze eben in der Praxis erprobt werden mußte.

Im Gegensatz zu einem Teil der öffentlichen Meinung bei uns sind die beteiligten Regierungen der vier Mächte im Grunde mit dem Funktionieren des Berlin-Abkommens zufrieden. Die heutigen Schwierigkeiten liegen auf einer sehr viel niedrigeren Ebene als die Krisen jener Zeit, in der die oberste Gewalt der drei Mächte über Berlin (West) und die Bindungen zwischen dem Bund und Berlin (West) noch nicht von der Sowjetunion offiziell akzeptiert waren.

Mit dieser Feststellung will ich weder die noch bestehenden Probleme verkleinern, noch irgendeinen Zweifel daran lassen, daß Bundesregierung und Senat mit aller Zähigkeit jedem Versuch entgegentreten werden, die durch das Vier-Mächte-Abkommen ermöglichten praktischen Erleichterungen für die Berliner zu beschneiden oder zu verringern. Berlin bleibt der Prüfstein der Entspannung. Aber gerade dann darf es nicht Zankapfel sein.

Die Regierungserklärung vom Oktober 1969 bot der DDR Regierungsverhandlungen an und sprach bewußt erstmalig von „zwei Staaten in Deutschland". Heute wissen wir, daß diese Vorleistung die Gesprächspartner in Osteuropa von der Ernsthaftigkeit der Absichten der Bundesregierung überzeugt hat.

Erfurt und Kassel markieren den Weg von der Hoffnung über die Schwierigkeiten bis zu den Grenzen von Spitzenbegegnungen. Die Gespräche mit der DDR über allgemeine Verkehrsfragen verdichteten sich zu Verhandlungen über ein Transitabkommen, das als Durchführungsabkommen zur Berlinregelung durch die vier Mächte in Kraft gesetzt wurde. Im Verkehrsvertrag war, auch mit Zustimmung der Opposition, bereits festzustellen, daß die DDR über ein „Hoheitsgebiet" verfügt, woraus sich natürlich gewisse Konsequenzen ergeben.

Grundsatzfragen in jeweils einzelnen Verträgen neu zu definieren erschien nicht nützlich. Deshalb wurde der andere Weg vorgezogen: erst die Grundlagen der Beziehungen zu regeln, damit dann, wenn möglich, die einzelnen Gebiete der Normalisierung oder der Zusammenarbeit geregelt werden können.

Auch ohne den Grundlagenvertrag wäre die DDR heute gleichberechtigter Partner internationaler Konferenzen: Sie war für das Vier-Mächte-Abkommen ebenso unentbehrlich wie die Bundesrepublik und ist bereits dort als gleichberechtigter Faktor behandelt worden. Die Staaten Europas hätten sich von den Querelen der beiden deutschen Staaten nicht abhalten lassen, ihre Sicherheit und Zusammenarbeit, wahrscheinlich auch eine Reduktion von Truppen, zu besprechen. Die Termine standen fest, als noch nicht einmal sicher war, ob es auch nur zu Verhandlungen über einen Grundlagenvertrag kommen würde. Es wäre nach dem Erscheinen der DDR auf dem internationalen Parkett noch schwerer gewesen, befriedigende Regelungen auf der deutschen Ebene zu erreichen. Fortschritte zwischen Ost und West in Europa ohne die DDR zu erzielen ist eben unmöglich. Niemand kann sich die Zeiten zurückwünschen, in denen Volkspolizisten auf den Transitwegen die Ampeln auf Rot stellten.

In dem Jahr, das seit dem Inkrafttreten des Verkehrsvertrages am 17. Oktober 1972 vergangen ist, haben mehr als 1,2 Millionen Rentner aus der DDR die Bundesrepublik besucht. Das war eine Steigerung um 19,2 Prozent im Vergleich zum Vorjahr. In dringenden Familienangelegenheiten sind in dieser Zeit etwas über 50 000 Bewohner der DDR zu uns gekommen. Ein Vergleich zu den Vorjahren ist nicht möglich. Was die Reise von Westdeutschen in die DDR angeht, so beträgt die absolute Zahl vom November 1972 bis zum Oktober 1973 2 287 864. Das ist eine Zunahme von 62 Prozent zum Vorjahr. In dieser Ziffer sind die Reisenden enthalten, die nach dem Inkrafttreten des Grundlagenvertrages Tagesbesuche im Rahmen des grenznahen Verkehrs in der DDR durchgeführt haben. Dabei handelt es sich seit Ende Juli bis 25. November um über 167 000 Personen.

338

Hunderttausendfach sind hier Erleichterungen für Menschen Wirklichkeit geworden. Gerade weil wir das nicht gering achten, gerade weil dies ein Kernstück des Verhältnisses zur DDR darstellt, gerade weil die DDR auf allen Ebenen weitere Erleichterungen zugesagt hat, ist es sehr ernst zu nehmen, wenn durch administrative Maßnahmen die Besucherzahlen von West nach Ost praktisch halbiert werden.

Das darf nicht verwechselt werden mit dem unvermeidlichen Ärger, der durch die praktische Annäherung entsteht. Je intensiver die Beziehungen werden, um so stärker werden auch Reibungen. Die Teilnehmer an den Nachtsitzungen in Brüssel wissen davon ein Lied zu singen, obwohl es sich dort um die Fragen von Partnern handelt, die auf ein Ziel ausgerichtet sind.

Die Probleme, scheinbar klein, die seit zwanzig Jahren entlang der Grenze liegengelassen worden sind, werden nun zügig behandelt. Der individuelle Zahlungsverkehr kann wohl in absehbarer Zeit geregelt werden. Über den Gang der anderen Nachfolgeverhandlungen lassen sich keine Voraussagen machen.

Wer über die bisher erzielten praktischen Ergebnisse der Vertragspolitik mit der DDR enttäuscht ist, hat entweder schon vergessen, wie es früher war, oder er hat sich Illusionen über die DDR gemacht und ist zum Gefangenen übersteigerter Erwartungen geworden. Nicht nur ich, aber auch ich habe immer wieder darauf hingewiesen, daß Nichtbeziehungen zunächst einmal durch schlechte Beziehungen abgelöst werden würden.

Auch wenn man den guten Willen der DDR in jedem Punkt unterstellen könnte – und das ist leider nicht möglich –, sind die objektiven Schwierigkeiten groß: die vollkommen verschiedenen Ziele der beiden Regierungen, das Spannungsverhältnis zwischen tausend Jahren gemeinsamer Geschichte und der plötzlichen Trennung in zwei voneinander unabhängige und schließlich gleichberechtigte Staaten; wegen der Abgrenzungsbedürfnisse maßgebender Kräfte in der DDR und nicht zuletzt wegen der Vergiftung der Atmosphäre durch einen zwanzig Jahre lang währenden Streit, wie er so intensiv eben nur zwischen Mitgliedern einer Familie geführt werden kann.

Auch wenn wir Empfindlichkeiten der anderen Seite nicht weniger ernst nehmen als die eigenen, läßt sich dieses sagen – die Konstruktion „vom einheitlichen Ganzen" wirkt im Grunde weiter: Die DDR kann keine Politik der Spannung und eines eklatanten Mangels an Kooperation oder Konsultation führen, ohne daß die Entwicklung der Zusammenarbeit und Fortschritte der Entspannung mit anderen Staaten des Warschauer Vertrages erschwert werden.

Es ist kein Zufall, daß sich die Sowjetunion erstmalig im Herbst nach der Unterzeichnung des Moskauer Vertrages bereit erklärt hat, über Truppenreduktion zu sprechen. Nachdem die Phase der bilateralen Verträge beendet ist, erleben wir die Phase der Vorbereitung multilateraler Ost-West-Abkommen.

Soweit es sich um die Konferenz für Sicherheit und Zusammenarbeit handelt, wird dort versucht, das Prinzip Gewaltverzicht zur verpflichtenden Grundlage für das Verhältnis aller europäischen Staaten zu machen. Auch hier sind die Erfahrungen des Moskauer Vertrages von großem Wert: Niemand darf die innere Hoheit des anderen antasten; die innenpolitischen Grenzen bleiben bei uns klar gegenüber allen, die das Grundgesetz mit Gewalt ändern oder ein Einparteiensystem einführen wollen. Dies aber darf Staaten verschiedener Gesellschaftsordnung nicht daran hindern, Gebiete gemeinsamer Interessen zu finden und diese Interessen zu entwickeln.

Damit sind wir auf dem Gebiet der im wesentlichen wirtschaftlichen Kooperation. Hier gilt es, auf der Basis der geschaffenen Verträge weiter zu bauen, um zum Nutzen beider Seiten durch Wirtschaftsprojekte großen Stils das Interesse an der Erhaltung des Friedens zu institutionalisieren. Das ist ein Vorhaben, das die bilateralen Möglichkeiten übersteigt, weil natürlich gerade bei größeren Projekten der Infrastruktur jeweils schon aus geographischen Gründen mehrere Partner zusammenarbeiten müssen.

Auch hier mag es in einigen Fällen nicht ohne Amerika gehen, das bekanntlich ein Teilnehmer der Konferenz für Sicherheit und Zusammenarbeit ist. Während die deutsche Ostpolitik entwickelt wurde, stellte die Sowjetunion die Forderungen ein, Amerika aus Europa zu verdrängen. Es gibt keine Sicherheit in Europa ohne Amerika. Die Sowjetunion hat diese Realität praktisch anerkannt.

Wenn es möglich ist, auf dem Gebiete der Kooperation vertrauensbildende Investitionen vorzunehmen, so ergibt sich die Möglichkeit, Mißtrauen zu reduzieren, indem man Truppen reduziert. Sollte es auf diesem Gebiet Fortschritte geben, so werden wiederum Fortschritte auf dem Gebiete der wirtschaftlichen Kooperation denkbar. Ohne schematische Parallelität entwickelt sich hier eine Interdependenz. Im Lauf der nächsten Jahre wird sich absehen lassen, ob auf diesem Wege die Fortschritte so weit gehen können, daß dabei auch in Europa neben das System der Sicherheit durch Abschreckung ein System der Sicherheit durch Vereinbarung treten kann.

Sicherheit durch Vereinbarung neben der Sicherheit durch Abschreckung ist das, was sich zwischen den Vereinigten Staaten und der Sowjetunion entwickelt hat, während die deutsche Ostpolitik geführt wurde. Die Ostpolitik hat die Entwicklung zwischen den beiden Supermächten gefördert, aber diese Entwicklung wäre nicht aufzuhalten gewesen, weil sie zwangsläufigen Interessen in Washington und Moskau entspricht. Man kann frösteln bei der Vorstellung, was aus den Interessen der Bundesrepublik und vor allem Berlins geworden wäre, wenn wir versucht hätten, auch nach dem Anti-Atom-Pakt Positionen des kalten Krieges zu halten.

Im übrigen hat die Bonner Ostpolitik nicht verhindert, daß die Europäische Gemeinschaft neue Antriebsmomente erhielt, wie sie durch die Gipfelbegegnungen 1969 im Haag, 1972 in Paris und am Ende dieser Woche in Kopenhagen gekennzeichnet sind.

Wenn die Aufmerksamkeit und der Schwerpunkt künftig auf die Entwicklung der mehrseitigen Beziehungen liegen werden, so werden die bilateralen Beziehungen zu unseren einzelnen Partnern nicht vernachlässigt werden dürfen.

Die Verträge mit Leben zu erfüllen – das ist nicht in erster Linie eine Frage, ob die Bundesrepublik Kredite zu gleichen Bedingungen gibt wie andere westliche Staaten auch (Frankreich hat gerade einen neuen Kredit an die Sowjetunion in Höhe von 1,5 Milliarden Francs bis zum Ende des Jahres 1974 vereinbart, ohne daß deshalb in Paris jemand von verschleierten Reparationen spricht). Nicht weniger ist es eine Frage, ob auf beiden Seiten das Bewußtsein lebendig bleibt, wie kostbar und labil zugleich die psychologische Grundlage für den „ehrlichen Versuch der Verständigung" ist. Hier darf niemand den anderen überfordern. Von der Verständigung zum Vertrauen ist es ein weiter Weg.

Den „Ernstfall Frieden" leben

Rede Egon Bahrs zur Verleihung des
Gustav-Heinemann-Bürgerpreises am 23. Mai 1982
(aus: Vorwärts, 27. 5. 1982)

Alle wollen Sicherheit. Dieser elementare Wunsch existiert, seit es
Geschichte gibt. Um sicher zu sein, mußte man stark sein. Noch
sicherer war, wer Verbündete gewann. Am sichersten war man natürlich, wenn man den potentiellen Gegner besiegte, also die Gefahr für
sich ausschaltete. Der potentielle Gegner dachte und rüstete und
handelte genauso. Das Ergebnis war die Geschichte der Kriege.

Heute leben wir im Zeitalter der gesicherten gegenseitigen Ver-
nichtung, der Mutual Assured Destruction, wie das die Amerikaner
genannt haben. Diese Fähigkeit hat den Sieg und die Hoffnung auf
Sieg ausgelöscht. Abstrakt weiß man das. Das wirkliche Verhalten
entspricht aber immer noch dem traditionellen Denken. Wir erleben
Diskussionen über einen ersten Schlag, einen Überraschungsangriff,
den Vorteil des ersten Gebrauchs von Atomwaffen, über die Begrenzbarkeit von Kriegen und ihre Führbarkeit.

Alle diese Diskussionen finden ihren Sinn in der verzweifelten
Rechnung, wenn nötig, den Krieg auch gewinnen zu können. Die
Hoffnung, Krieg zu verhindern, sucht zu ihrer Rückversicherung
seine Vorbereitung und die Fähigkeit ihn zu führen und zu gewinnen.
Die klassische Formel: Wenn du den Frieden willst, bereite den Krieg
vor, hat, seit sie geprägt wurde, buchstäblich Tausende von Kriegen
nicht verhindert.

Bisher konnten alle Schäden repariert werden, die der Krieg verursachte. Die unersetzlichen Menschenleben, die wir nicht vergessen
wollen, deckte die Zeit zu. Ein atomarer Krieg wäre etwas grundsätzlich anderes. Er könnte das Leben der Menschheit auslöschen.

Der atomare Krieg ist irreparabel. Irrtümer wären nicht mehr
korrigierbar. Deshalb ist es oberstes Ziel, politisch wie ethisch, vor
Gott und den Menschen, das Ende der Menschheit zu verhindern. Es
gibt keinen Wert, der darüber geht, kein Prinzip, das höher steht, kein
Interesse, das nicht untergeordnet werden müßte.

Kommunisten und Kapitalisten, Gläubige und Ungläubige, Reiche
und Arme aller Hautfarben haben sich diesem ersten Gebot des
menschlichen Lebens unterzuordnen. „Der Friede ist Pflicht", hat der
Papst gesagt. Vom Ernstfall des Friedens sprach Gustav Heinemann
und meinte das gesellschaftspolitische Verhalten für unseren Staat;
Heinemanns Wort gilt buchstäblich global.

Alarmiert haben wir erlebt, daß auch in unserer Zeit innerhalb weniger Stunden die Frage, ob eine Inselgruppe künftig Falkland oder Malvinen heißt, auch 1982 noch nationalistische Stimmungen entfachen kann, die nach der Verhältnismäßigkeit der Mittel wenig fragen. Aber schlimm wird die Sache, wenn in der *Frankfurter Allgemeinen Zeitung* diese Haltung verherrlicht und verabsolutiert wird; wenn dieses Blatt, was der *National- und Soldatenzeitung* würdig wäre, Friedensmentalität verächtlich zur winselnden Harmlosigkeit degradiert und mit Machtverzicht und politischer Raumleere gleichsetzt.

Wer uns England als Beispiel vorhält und zum Muster europäischer Zivilisation und Prinzipienfestigkeit erklärt, setzt die Gesetze des nuklearen Zeitalters außer Kraft. Denn folgerichtig müßte er fordern: Das Prinzip des Selbstbestimmungsrechts gilt für die Deutschen sicher nicht weniger als für die Falkländer. Und warum soll dann Japan noch zögern, es gegenüber den Kurilen anzuwenden? Was hindert die NATO, ihre Prinzipien in der Türkei durchzusetzen oder sie Solidarnosc durchsetzen zu helfen?

Es ist eine Beleidigung aller Deutschen, ihnen Prinzipienlosigkeit oder Krämergeist vorzuwerfen, weil wir berechtigte nationale Wünsche und das Prinzip des Selbstbestimmungsrechts der Pflicht zum Frieden untergeordnet haben. Es gibt keine Ziele und keine Interessen, die anders als im Frieden und anders als mit den Mitteln des Friedens verfolgt werden dürfen. Es sei denn, wie im Falle Argentinien und der britischen Reaktion darauf, daß beide glauben, sich den grausamen Luxus eines garantiert nicht-nuklearen Konflikts noch einmal leisten zu können. Europa kann und darf das nicht.

Der Wille zum Frieden darf nicht als Bereitschaft zur Unterwerfung mißverstanden oder verleumdet werden. Der Wille zum Frieden erstrebt eine Welt, in der sich jedes Volk in Sicherheit und in Respekt vor seinen Nachbarn entwickeln kann, eine Welt, in der es ideologische Auseinandersetzungen gibt, die mit vielen Mitteln, aber jedenfalls nicht mit denen des Konflikts und der Gewalt ausgetragen werden dürfen. Bis zu diesem Zustand ist es wohl noch ein weiter Weg.

Friedenssicherung durch Kriegsvorbereitung ist abgelöst worden durch die Doktrin der Abschreckung. Dies ist ein Fortschritt. Die nuklearen Rüstungen in Ost und West sollen Krieg nicht vorbereiten, sondern verhindern. Aber es gibt unterschiedliche Doktrinen der Abschreckung. Die NATO-Strategie der flexiblen Antwort will die Abschreckung auf allen denkbaren Stufen eines Angriffs, konventionell, strategisch und interkontinental wasserdicht, also lückenlos machen. Diese Strategie kann nicht verhindern, daß sie im Kern das Anhalten auf jeder Stufe beinhaltet. Das ist sogar erwünscht. Sie finden ihren Sinn in der Hoffnung auf Begrenzbarkeit, falls die Abschreckung nicht funktioniert.

Die sowjetische Strategie lehnt die Möglichkeit der Begrenzbarkeit ab und kündigt die globale strategische Antwort an. Sie verfolgt also die massive politische Abschreckung. Auf seiten des Westens lückenlose, aber in Stufen unterscheidbare Abschreckung oder die totale Abschreckung auf seiten des Ostens – die Menschheit wird hoffentlich nie die Erfahrung machen müssen, welche der beiden Strategien sich durchsetzt.

Die NATO hatte einmal die Strategie der massiven Vergeltung, ohne Zweifel eine höchst wirksame Abschreckung, solange die Sowjetunion nicht in der Lage war, Amerika durch Atomraketen zu erreichen, abgelöst mit dem Hinweis, daß nicht länger glaubwürdig wäre, Amerika würde seine Existenz aufs Spiel setzen für den Fall eines regional begrenzten sowjetischen Angriffs.

Die Doktrin der Abschreckung heißt: Nur wenn ich bereit bin, meine eigene Existenz zu wagen, mit dem Druck auf den atomaren Knopf, werde ich nicht nötig haben das zu tun. Das Gleichgewicht des Schreckens, die gegenseitig gesicherte Zerstörung, hat funktioniert.

Es war logisch, wenn nach dem Ende der massiven Vergeltung immer kleinere Atomwaffen entwickelt wurden, Systeme begrenzter Wirksamkeit, zielgenau auf dem überschaubaren Gefechtsfeld benutzbar. Diese Waffen haben nicht nur die Zerstörungskraft der großen strategischen Waffen verkleinert, sondern auch den Schrecken vor ihnen. Die Miniaturisierung von nuklearen Waffen birgt die Gefahr der Miniaturisierung der Abschreckung.

Die Senkung der atomaren Schwelle, die besonders bei der Einführung von Neutronen-Waffen möglich würde, könnte technisch und politisch die Neigung verstärken, auf ihre Benutzbarkeit zu hoffen, ohne die große Katastrophe befürchten zu müssen. Es handelt sich also um eine Entwicklung, die gerade in Europa sogar ungewollt die Abschreckung mindern und damit die Gefahr eines Krieges vergrößern könnte.

Abschreckung enthält zwei Elemente: Das eine Element ist das der gegenseitigen Abhängigkeit. Man ist auf den Gegner fixiert, mit dem Gegner in dem gemeinsamen Ziel der Kriegsverhinderung durch Abschreckung verbunden. Gleichzeitig enthält Abschreckung das andere, das klassische Element. Man muß alle Optionen des Gegners haben, wenn möglich bessere, mit Vorteilen, um für den Fall, daß Abschreckung nicht funktioniert, Krieg wirklich führen zu können. Ohne diese Fähigkeit würde Abschreckung natürlich nicht funktionieren.

344

Mir scheint die Idee der Abschreckung eine Übergangstheorie zu sein. Sie will Kriegsverhinderung mit der Führbarkeit von Kriegen verbinden, falls doch Krieg nicht zu verhindern wäre. In diesem inneren Widerspruch liegt auch eine Gefahr. Man könnte überspitzt sagen: Nicht die Idee der Abschreckung, sondern der Schrecken der Waffen selbst hat den nuklearen Krieg verhindert. Wenn die Waffen durch die Begrenzbarkeit ihrer Zerstörungskraft den Schrecken vor sich mindern, wird auch die Wirksamkeit der Abschreckung gemindert werden.

Im Zeitalter der gegenseitig gesicherten Zerstörung ist Sicherheit nicht mehr vor dem Gegner, sondern nur noch mit ihm zu erreichen. Die Gegner wären im Untergang vereint; sie können nur gemeinsam überleben. Das nukleare Zeitalter verlangt die Doktrin der gemeinsamen Sicherheit.

Gemeinsame Sicherheit verlangt das Umdenken, den Gegner als Partner zu akzeptieren, weil und nachdem er durch Gewaltanwendung nicht mehr zu besiegen ist.

Daß die Gegner Partner von Rüstungskontroll-Verhandlungen sind, ist schließlich unbestreitbar. Erstaunlich, daß die Union den Bundeskanzler wegen einer solchen Feststellung angreift. Wenn Reagan mit Breschnew über die Begrenzung strategischer Waffen redet, dann sind beide Partner. Das bedeutet nicht, daß Reagan Kommunist und Breschnew Demokrat werden muß. Es bedeutet auch nicht, daß die beiden ihre Verbündeten vergessen. Die globale Partnerschaft zur Verhinderung eines interkontinentalen nuklearen Krieges geht allen Bündnissen vor. Die Bündnisse bleiben auch unentbehrlich, da niemand weiß, ob die Partnerschaft funktionieren wird. Bisher ist es so, daß jeder der beiden Partner seinen Vorteil sucht; denn sie sind Partner aus Zwang und nicht aus Neigung.

Fast alle bisherigen Rüstungskontroll-Verhandlungen und -Vereinbarungen haben darunter gelitten, daß beide Seiten sich Vorteile zu verschaffen suchten, indem sie Lücken ließen, um ihre Stärken weiter zu entwickeln oder ihre Schwächen auszugleichen.

So ist geschehen, daß bei der Vereinbarung über SALT II zum Beispiel Raum blieb für die Entwicklung seegestützter Marschflugkörper, auf beiden Seiten. Dieses Rennen hat begonnen. Die Amerikaner entwickeln viele Hunderte davon, und die Russen tun das gleiche.

Wir stehen vor einer Phase, in der beide Seiten sich Mittel verschaffen, die das Territorium des anderen erreichen können, ohne vom eigenen abgeschossen zu sein. Dies ist deshalb so gefährlich, weil es bei seegestützten Cruise-Missiles keinen rüstungskontrollpolitischen Ansatz oder irgendeine verläßliche Verifizierung gibt. Der „Fortschritt" wird abermals destabilisieren und weniger statt mehr Sicherheit bringen, außer beide Seiten verzichten auf einen solchen Fortschritt.

Abschreckung enthält etwas Sicherheit mit dem Gegner, aber mehr Sicherheit vor dem Gegner. Deshalb wird Abschreckung allein niemals geeignet sein, die weitere Aufrüstung zu stoppen. Aber gerade dieser Stopp ist nötig, in erster Linie aus Sicherheitsgründen, aber dann auch aus wirtschaftlichen. Wir sehen doch schon heute, daß nicht einmal Amerika in der Lage ist, alles zu bezahlen, was es bestellt hat und was seine Industrie produzieren könnte. Wir destabilisieren unsere Gesellschaft mit einer Rüstung, die nur durch soziale Kürzungen finanzierbar wird. Und wenn damit nicht einmal mehr Sicherheit produziert wird, so destabilisieren wir unsere Gesellschaft, weil die Rebellion gegen die doppelte Unlogik einer solchen Politik logisch wird und als einziger Ausweg erscheint.

Der unentbehrliche Konsens zwischen Bevölkerung und Regierungen, wenn Demokratie funktionieren soll, wird gefährdet, wenn sich der Eindruck ergibt, daß Regierungen Gefangene alter Beschlüsse geworden sind, unfähig zu erkennen, daß falsch wurde, was gestern richtig war, zu schwach, um sich aus alten Denk-Schablonen zu befreien und in die berühmten Speichen des Rades zu greifen.

Manche merken noch gar nicht, daß die Routine der alten Methodik von Verhandlungen und Rüstungen und Teilerfolgen bei Verhandlungen, aber vollen Erfolgen bei Rüstungen in das Herz, nämlich in die Glaubwürdigkeit unserer westlichen Gesellschaft und ihrer Werte führt. Weder durch Repression noch durch Betrug, weder durch Polizei noch durch Beschwichtigung ist das Fehlen eines Konsenses über Sinn unserer Verteidigung und über die Perspektive unsrer Sicherheit zu ersetzen.

Mindestens ein Viertel der gesamten amerikanischen Intelligenz arbeitet für die Rüstungsindustrie. In der Sowjetunion werden es wohl mehr sein. Auf beiden Seiten sicher nicht die Schlechtesten. Denn jedenfalls in Amerika kann sich die Rüstungsindustrie, weil sie auf Geld weniger Rücksicht zu nehmen braucht, die Besten leisten. Es ist ja auch viel interessanter, über neue Möglichkeiten im Weltraum zu tüfteln und zu experimentieren, als Kühlschränke und Plätteisen zu verbessern.

Die Tatsache übrigens, daß Japan in den letzten dreißig Jahren seine Intelligenz praktisch ausschließlich auf die Verbesserung der zivilen Produktion gelegt hat, ist neben anderen Faktoren sicher eine Ursache dafür, daß japanische Waren nicht nur billiger, sondern auch auf einer ganzen Reihe von Gebieten besser als amerikanische und europäische geworden sind.

346

Es wäre interessant, dem Gedanken nachzugehen, ob nicht ein Konzept daraus wird, sich systematisch Vorteile für friedliche Produktion zu verschaffen, die dann voll wirksam werden, wenn der Aufwand anderer sich auszahlt, den Frieden durch Rüstung zu erhalten.

Aber wozu über etwas nachdenken, worüber unsere japanischen Freunde längst nachgedacht haben?

Wichtiger ist, daß die Suche der auf Rüstung konzentrierten menschlichen Intelligenz explosive Ergebnisse hat. Die Entwicklung neuer Waffen-Systeme wächst schneller als die Fähigkeit, sie zu beherrschen. Die Wissenschaft kann dafür Computer einsetzen, die Politik bleibt im wesentlichen auf die Aufnahmefähigkeit der Gehirne angewiesen. Die Elektronik steht im Dienst der Technik, aber nicht im Dienst der politischen Überzeugung. Der Mensch ist buchstäblich in der Gefahr, von seiner Technik überwältigt zu werden.

Die Zahl der politischen Gehirne, die sich damit befassen, die Gefahren zu bannen, die von anderen objektiv geschaffen werden, hat sich kaum vergrößert; sie ist auch nicht beliebig vermehrbar, weil die politischen Entscheidungsstrukturen im wesentlichen unveränderbar sind.

Tausende arbeiten auf der einen Seite und konfrontieren auf der anderen Seite einzelne, die alle Ergebnisse durchdenken müssen, weil sie entscheiden sollen. Die Tausende sind auf den „Erfolg" fixiert: größere, genauere Zerstörung, Berechenbarkeit, kürzere Flug- und Warnzeiten, Zielgenauigkeit, Ausschaltung gegnerischer Abwehr und menschlicher Schwächen, Ausnutzung der idealen Bedingungen im Weltraum und so fort. Sie machen dabei sogar in der Ausschaltung des Wetters, also der Gegebenheiten unseres Globus, beachtliche Fortschritte.

Die anderen sind fixiert auf die Verantwortung, die Notwendigkeit, Übereinstimmung mit ihren Wählern herbeizuführen, Geld für Versuche zu bewilligen, deren Ergebnisse sie nicht überschauen können, und Ergebnisse der Technik zu lernen, um Gefahren zu erkennen, die objektiv entstehen, damit sie sie subjektiv beherrschen können. Dies ist wirklich ein ungleiches Rennen, und die Wahrscheinlichkeit, daß die Vernunft gewinnt, die Wahrscheinlichkeit, daß die Politik nicht zum Gefangenen einer unkontrollierten Entwicklung wird, ist bedrückend gering. Man muß Optimist sein, um ihr 50 Prozent zu geben.

Die Wissenschaft und die Politik deshalb zu beschimpfen, wäre falsch, jedenfalls ohne Ergebnis. Ich zweifele, daß ein Appell an die Verantwortung der Wissenschaft Wirkung hätte. Aber jedenfalls ist das Prinzip Verantwortung für die Politik unabweisbar. Wer denn sonst als die Politik soll und muß sich diesem Prinzip als dem übergeordneten stellen, der Verantwortung, nicht alles zu tun, was möglich ist und technisch geht, der Verantwortung vor den kommenden Generationen, der Verantwortung, die mehr ist und mehr verlangt als das Prinzip Hoffnung? Nicht weniger als diese Dimension ist die Meßlatte für die Entscheidungen, die wir zu treffen haben.

Aber auch dies gilt für beide Seiten. Niemand darf glauben, daß die individuelle Aufnahmefähigkeit von Breschnew oder Honecker größer ist als die von Reagan oder Schmidt, daß Quantität oder Qualität derer, die ihnen unmittelbar zuarbeiten und Entscheidungen vorbereiten, sich grundlegend unterscheidet. Wir haben trotz aller Unterschiede der Systeme oder der Wertvorstellungen dieselben Probleme. Es ist leichter, Entwicklungen zu starten, als sie zu beherrschen. Auch von dieser Seite her ist ein neuer Ansatz nötig.

Die Erkenntnis, daß keine Seite militärisch oder in der Rüstung noch einen Vorteil erringen kann, der nicht kurze Zeit danach auch dem anderen zuwächst, bedeutet: Es gibt nur gemeinsam Sicherheit. Nur wenn dies beide Seiten akzeptieren, werden sie die Kraft finden, gemeinsam das Rennen zu stoppen, ohne daß der eine über den anderen Vorteile gewinnt. Dann wird es zum gemeinsamen Erfolg, die Einführung neuer Waffen-Qualitäten zu stoppen. Dann werden sie auch feststellen, daß das Ganze billiger zu haben ist. Gemeinsame Sicherheit führt zu Abrüstung.

Nun gibt es hier wie in Amerika ein Gefühl dafür, daß alte Rezepte und alte Strategien vielleicht nicht mehr funktionieren. Die SPD hat in München eine Strategie-Debatte beschlossen, in Amerika haben McNamara und andere die Frage aufgeworfen, ob der Westen nicht auf den Erstgebrauch von nuklearen Waffen verzichten sollte. In Frankreich gibt es eine Überprüfung der seit de Gaulle gültigen Strategie. Ich halte das angesichts unserer Probleme für natürlich und richtig und möchte meine heutige Rede als einen Beitrag in dieser internationalen Diskussion verstanden wissen.

Dazu gehört ein wichtiger Orientierungspunkt: Solange ich kein neues Konzept habe, muß das alte gelten. Solange es keine neue Strategie gibt, gilt die alte. Keine tiefgreifenden einseitigen Akte können uns mehr Sicherheit bringen.

Gemeinsame Sicherheit heißt auch, daß wir, in der Bundesrepublik Deutschland, Sicherheit nur im Bündnis und mit dem Bündnis bekommen, mit Amerika und nicht ohne. Gemeinsame Sicherheit ist das Gegenteil von „ohne mich". Der einzelne kann aussteigen, ein Volk nicht. Nicht einmal Amerika könnte allein auf sich gestellt auf Dauer Sicherheit bekommen.

Gemeinsame Sicherheit heißt weder Waffenlosigkeit noch Pazifismus.

Gemeinsame Sicherheit muß sich gegen alles wenden, was geeignet

348

sein könnte, das europäische Schicksal vom amerikanischen abzukoppeln oder uns oder den Amerikanern ungleiche Risiken zuzuschieben. Hier beginnt die Diskussion über den Verzicht auf ersten Gebrauch von Atomwaffen. Diese Möglichkeit hat sich bekanntlich die NATO vorbehalten, weil sie anders nicht glaubt, einen konventionell überlegenen Angriff abschrecken oder gegebenenfalls zum Halten bringen zu können. Der Osten hat mehrfach den gegenseitigen Verzicht auf den Erstgebrauch von Atomwaffen angeboten. Das ist immer abgelehnt worden, wegen der konventionellen östlichen Überlegenheit.

Ich habe den Vorschlag der vier Amerikaner deshalb interessant gefunden, weil er die besondere Lage der Bundesrepublik mit unserer besonderen Gefährdung anerkennt und das Interesse formuliert, das unser Interesse auch ist: Die nukleare Schwelle muß so hoch wie möglich gesetzt werden. Wir dürfen nicht durch immer verkleinerte, ganz vorn postierte Atomwaffen gewissermaßen hineingleiten in den atomaren Krieg. Das sprach und spricht gegen Neutronenwaffen, aber auch gegen andere taktische Waffen, über deren Einsatz de facto im Ernstfall ohne politische wirkliche Abstimmungsmöglichkeit schnell und delegiert entschieden werden müßte.

Ich kann auf den Erstgebrauch von Atomwaffen verzichten, wenn ich eine annähernde konventionelle Gleichheit beider Seiten habe, nicht vorher. Ich komme zu dem Ergebnis, daß die gegenwärtige Strategie der sogenannten Triade bleiben muß, solange das konventionelle Gleichgewicht nicht vorhanden und überprüfbar vertraglich gesichert ist.

Aber den nuklearen Krieg oder das Überschreiten der nuklearen Schwelle möglichst unmöglich zu machen, hat einen ganz hohen Stellenwert. Er wäre für mich hoch genug, um auch zu der Konsequenz ja zu sagen. Wir müßten bereit sein, mehr Geld auszugeben für konventionelle Rüstung, wenn dies der einzige Weg dazu wäre. Hier muß man seine Prioritäten kennen.

In der bisherigen öffentlichen Diskussion ist allerdings verblüffend zu sehen, daß darunter immer konventionelle Aufrüstung verstanden wird, wenn von konventionellem Gleichgewicht gesprochen wird. Es wäre doch naheliegend, mit den Warschauer Vertragsstaaten das annähernde konventionelle Gleichgewicht durch Abrüstung auf eine niedrigere Ebene zu verhandeln. Dabei muß die Bundeswehr nicht die sowjetische Armee ausbalancieren. Aber wenn wir die Zahlen der Gesamtstreitkräfte nehmen, in der NATO und im Warschauer Vertrag, dann ist das kein überwältigendes Ungleichgewicht, was da zu beseitigen ist. Natürlich muß man dafür über die Region hinausgehen, wie sie für die Wiener Verhandlungen bestimmt wurde.

Ich muß Streitkräfte in der Sowjetunion ebenso wie in Amerika sehen und auch die Zeit in ein annäherndes Gleichgewicht bringen, die für beide Seiten erforderlich ist, gegebenenfalls auffüllen zu können. Der abgeschlossene Host-Nation-Support zeigt Wege. Vielleicht begrenzt man sich auf Zentral-Europa und läßt zunächst sowohl den Norden wie den Süden beim gegenwärtigen Zustand. Aber es ist klar, daß dann auch die französischen Streitkräfte berücksichtigt werden müssen; sie wollen im Ernstfall ja gar nicht anders betrachtet werden denn als Feind des Angreifers und Teil des Bündnisses. Ich habe es dann mit verschiedenen Asymmetrien zu tun, einer beträchtlichen sowjetischen Panzerüberlegenheit, die durch eine beträchtliche konventionelle Panzerabwehrfähigkeit natürlich nicht so weit auszugleichen wäre, daß wir keine Panzer mehr brauchten.

Aber das Entscheidende ist nicht, auf allen Sektoren zahlenmäßige Gleichheit zu erhalten, sondern offensiv benutzbare Überlegenheiten der anderen Seite so zu reduzieren, daß ein Angriff militärisch sinnlos wird.

In diesem Zusammenhang ist ein Blick auf die Interessen angebracht. Ich glaube, daß seit mehr als einem Dutzend Jahren das Verhalten der beiden Supermächte ihre Priorität zeigt, den großen globalen atomaren Konflikt zu verhindern. Unter dem Gesichtspunkt: das Wichtigste zuerst, haben sie sich vor allem darauf konzentriert, die gewaltigsten Zerstörungspotentiale zu neutralisieren. Das heißt, sie erstreben ein Gleichgewicht, das auf der Basis vernünftigen Verhaltens auf beiden Seiten bei gegenseitiger Verwundbarkeit den Einsatz ausschließt. Der SALT-Prozeß zeigt das. Wir haben gleiches für die darunter liegenden Ebenen nicht.

Krieg zu verhindern ist das Interesse beider; wenn dies nicht möglich ist, so ist das Interesse beider, was immer sie erklären, den Krieg möglichst außerhalb ihrer Territorien zu führen. Wir sollten das nicht kritisieren. Wir würden ebenso denken, wenn wir in Washington oder Moskau säßen. Es entspricht sogar dem allgemeinen Interesse, daß nicht die Menschheit untergeht, falls Europa bis zur Unkenntlichkeit zerstört würde.

Interessen lügen nicht, ist gesagt worden, und deshalb ist es richtig, daß natürlich Europa das Interesse hat, in den gleichen Zustand ausbalancierter Sicherheit zu kommen, den beide Supermächte für sich zu festigen suchen.

Das geht auf zweierlei Art; die eine ist die Verklammerung, die lückenlose Integration aller militärischen Mittel in einer Vollständigkeit, die gewissermaßen wie ein Domino-Prinzip wirkt: Wenn ein Stein fällt, fallen alle anderen. Die Androhung der Eskalation bis zum letzten ist sicher, weil die Sorge vor dem Abgrund bewirkt, daß niemand den ersten Stein anstößt. Die Triade der NATO will das erreichen. Europa will Amerika gewissermaßen nicht die Freiheit lassen zu entscheiden, wann es seine eigene Existenz aufs Spiel setzt, sondern die USA fast automatisch mit dem eigenen Schicksal unlösbar verkoppeln. Wenn das gelänge, wäre es das Äußerste an erreichbarer Sicherheit, solange das Gleichgewicht möglichen Schreckens wirkt.

Aber eben dieses haben die Vereinigten Staaten abgelehnt, seit sie die Strategie einer massiven Vergeltung abgelehnt haben, mit der Erklärung, die Androhung zum Einsatz der äußersten Waffen im Falle eines begrenzten Angriffs sei nicht mehr glaubwürdig. Wir dürfen nicht vergessen, daß der Zweifel, ob Amerika sein Schicksal unlösbar an das Europas koppeln wolle, das wohl entscheidende Moment für de Gaulle gewesen ist, eine eigene nukleare Abschreckung Frankreichs strategisch und militärisch zu entwickeln. Niemand kann Amerika zwingen, seine eigene Existenz einzusetzen, solange es nicht seine eigene Existenz unmittelbar bedroht sieht.

Die Strategie der flexible response hat ein doppeltes Gesicht. Sie droht auf der einen Seite mit der lückenlosen Abschreckung, und gleichzeitig kündigt sie das Interesse an, nur das Notwendige zu tun, Stufen zu haben, um anhalten zu können. Wenn ein Stein fällt, sollen eben gerade nicht automatisch alle anderen fallen. Die gültige NATO-Strategie verbindet also beides. Sie macht Abkoppelung und Ankoppelung denkbar, begrenzten Krieg und unbegrenzten Krieg.

Ich zweifle nicht daran, daß im Ernstfall die Bemühungen zur Begrenzung unternommen würden, auch wenn die Sowjetunion mit ihrer Strategie das Gegenteil androht. Die sowjetische Strategie sagt vereinfacht, ein Krieg in Europa ist nicht begrenzbar, und behält sich den Einsatz aller Mittel vor, die sie für notwendig hält, um einen Kampf auf Leben und Tod zu bestehen. Und das geht nicht, ohne ihren Hauptgegner, Amerika, entscheidend zu treffen.

Dennoch ist der Versuch zur Begrenzung, den Interessen beider entsprechend, wahrscheinlich; die Wahrscheinlichkeit, daß es gelingt, ist annähernd null aus vielen Gründen, die ich jetzt nicht erörtern will.

Die zweite Art, daß auch Europa in den Genuß des ausbalancierten Gleichgewichts kommt, das die beiden Supermächte für sich zu etablieren suchen, ist die eines konventionellen Gleichgewichts, das jeden Angriff unsinnig macht. Aber hier begegnen wir dem ernsten Einwand, daß Verzicht auf die Androhung des nuklearen ersten Einsatzes Krieg wieder führbar erscheinen lassen könnte. Man kann argumentieren, daß gerade die Unausdenkbarkeit und die Unkalkulierbarkeit des Abgrundes vor Krieg abgeschreckt hat, und fürchten: Wer den Schrecken wegnimmt, macht den nur konventionellen Krieg wieder möglich.

Bei der hohen Bevölkerungsdichte, bei der hoch anfälligen Entwicklung unserer Zivilisation, bei Feuerkraft und Präzision modern ausgerüsteter Verbände wäre ein konventioneller Krieg im Zentrum Europas schrecklich, lähmend und unakzeptabel. Bei der Enge des Raums ist es geradezu ein Alptraum, sich vorzustellen, daß sich im wesentlichen auf unserem Boden über Wochen und Monate elektronisch gelenkte Zerstörungsmaschinen von hundert oder hundertzwanzig Divisionen austoben würden, in der Gewißheit, daß die Territorien der beiden Supermächte unangetastet bleiben. Es könnte die perfekte Abkoppelung werden.

Die nüchterne Analyse scheint Europa nur vor Alternativen zu stellen, die unterschiedlich unannehmbar sind.

Wer für die Völker und Staaten Europas einen neuen Ansatz der gemeinsamen Sicherheit sucht, muß von den Realitäten ausgehen: Es gibt vier Atommächte in Europa, zwei unterschiedliche Bündnisse und unterschiedliche konventionelle und nukleare Streitkräfte. Es wäre wirklichkeitsfremd, von den Atommächten ihre eigene atomare Entwaffnung zu verlangen.

Das Atomwaffen-freie Europa ist eine Illusion. Keine einstimmig angenommene Resolution wird die vier Atommächte dazu bringen, ihre Atomwaffen abzuschaffen.

Es gibt eine zweite Realität: Die Atomwaffen-Staaten entscheiden über den Einsatz ihrer Atomwaffen nur in eigener Verantwortung, die sie nicht teilen, weil niemand die Entscheidung über die eigene Existenz mit einem anderen teilt, jedenfalls kein Nuklear-Staat. Für Nicht-Nuklearstaaten gilt das nicht.

Wenn Atomstaaten entscheiden, entscheiden sie über unsere Existenz; wir niemals über ihre. Ich habe im vorigen Jahr in Berlin formuliert: „Nicht wir, sondern andere treffen Entscheidungen über unsere Existenz. Unsere Hoffnung ist: In dieser Lage sind wir Deutschen nicht allein. Wir teilen sie mit allen Staaten Europas, die nicht über Atomwaffen verfügen. Alle Nicht-Atomwaffenstaaten haben das gemeinsame Interesse, nicht Geiseln zu werden, über die verfügt wird, und dennoch gleichzeitig die Bündnisse der Stabilität zu sichern."

In dem Buch „Was wird aus den Deutschen?" habe ich im Zusammenhang darzulegen versucht, daß sich alle nicht atomaren Staaten auf beiden Seiten und in beiden Bündnissen in der gleichen Situation sehen. Keiner dieser Staaten kann existentielle Entscheidungen über die Atomstaaten treffen. Diese Ungleichheit ist nicht zu beseitigen. Sie ist ein destabilisierender Faktor der Bündnisse, die wir brauchen, weil niemand aussteigen kann; denn wenn das Dach der europäischen Sicherheit in Brand geriete, nützte kein Rückzug in neutrale Ecken.

352

Unter dem Gesichtspunkt der gemeinsamen Sicherheit ergibt sich folgender Vorschlag:

1. Alle Atomwaffen werden aus den Staaten in Europa abgezogen, die nicht über sie verfügen.

2. Auf dem Gebiet der konventionellen Streitkräfte wird ein annäherndes Gleichgewicht zwischen NATO und Warschauer Vertrag hergestellt.

3. Die beiden Bündnisse mit ihren Verpflichtungen und Garantien bleiben unverändert.

Zu 1: Europa wird damit nicht atomwaffenfrei. Die Atomwaffen bleiben bei den vier Staaten, die über sie verfügen. Es entsteht eine atomwaffenfreie Zone, bedroht oder unter dem Schutz von Atommächten, die über Waffen unterschiedlicher Reichweite verfügen, die sie im Falle eines Konfliktes einsetzen könnten. Aber die Gefahr einer Eskalation wäre vermindert: Wo keine gefährlichen Ziele sind, wird der Einsatz gefährlicher Waffen unnötig. Die gesamte Diskussion über die Begrenzbarkeit von Kriegen, die Senkung der atomaren Schwelle, wäre gegenstandslos.

Zu 2: Eine atomwaffenfreie Zone in Europa verlangt, daß die konventionellen Streitkräfte in einem Gleichgewicht sind, also jede Überlegenheit beseitigt wird, gegen die zur Zeit nukleare Waffen für erforderlich gehalten werden. Ohne die Bereitschaft zum konventionellen Gleichgewicht ist eine atomwaffenfreie Zone in Europa nicht realistisch, da keine Seite einen Vorteil gegenüber der anderen haben darf.

Zu 3: Im Interesse der Stabilität und Sicherheit bleiben die Bündnisse unentbehrlich. Ihr Prinzip, die Verletzung der Grenzen eines Partners als eine Verletzung der Sicherheit aller zu betrachten, entspricht auch der Idee der gemeinsamen Sicherheit. Gemeinsame Sicherheit ist nur mit den Bündnissen und mit ihren Führungsmächten und nicht gegen oder ohne sie zu erreichen. Außerdem genießen die neutralen Staaten Europas die Stabilität, die durch die Bündnisse garantiert wird.

Eine solche Überlegung muß zuallererst unter dem Gesichtspunkt der Interessen überprüft werden. Von den beiden Supermächten her könnte sich die Frage ergeben, ob eine solche Regelung nicht zu einer Teilung des Risikos führte, weil die Möglichkeit eines atomaren Schlagabtausches allein zwischen ihnen größer werden könnte. Aber zunächst einmal haben sie ja dafür SALT oder START; außerdem bleibt das Risiko der atomwaffenfreien Staaten aufgrund ihrer geographischen Lage, das heißt ihr unmittelbares Risiko, durch die zerstörerische Kraft moderner konventioneller Waffen.

Zum anderen müssen alle, Atomare wie Nicht-Atomare, die Möglichkeit sehen, daß im Falle eines Krieges schließlich doch Atomwaffen von außen auf Europa gerichtet und benutzt werden. Davor darf niemand die Augen verschließen.

Aus der Sicht der nicht-nuklearen europäischen Staaten wäre zu fragen, was sie denn davon hätten, wenn sie im Ernstfall doch durch nurkleare Waffen bedroht wären. Die Antwort ist, daß die Atommächte, mindestens die USA und die Sowjetunion, auch heute schon nicht nur fast jeden Punkt auf allen Kontinenten durch ihre Raketen erreichen können, sondern im Konfliktfalle natürlich auch jetzt die Option haben, strategisch hier gar nicht stationierte Atomwaffen zu benutzen.

Der Unterschied zu heute wäre, daß es keine Ziele gäbe, die den Atomschlag auf sich ziehen. Aber alle müssen sich klarmachen: Es gibt keine gemeinsame Sicherheit, die auf den atomaren Schirm verzichten kann, der gleichzeitig die atomare Bedrohung ist. Es ist Futurologie, an einen Zustand zu denken, in dem atomare Waffen abgeschafft sind, so sehr dies ein Ziel bleibt, das erst erreichbar werden könnte, wenn die Doktrin der gemeinsamen Sicherheit sich etabliert, bewährt und die Abschreckung ersetzt hat.

Etwas anderes wird denkbar und sinnvoll, wenn dieser Vorschlag verwirklicht würde: nämlich die sogenannte negative Sicherheitsgarantie, wie sie die Vereinigten Staaten, Großbritannien und die Sowjetunion auf der ersten Sondergeneralversammlung der Vereinten Nationen im Jahre 1978 abgegeben haben.

Die Vereinigten Staaten haben erklärt, daß sie keine nuklearen Waffen gegen irgendeinen nicht-nuklearen Staat benutzen werden, der dem Nicht-Verbreitungsvertrag beigetreten ist, ausgenommen im Falle des Angriffs auf die Vereinigten Staaten, ihre Streitkräfte oder Verbündeten durch einen nuklearen Staat oder einen seiner Verbündeten.

Großbritannien hat im Prinzip die gleiche Erklärung abgegeben.

Die Sowjetunion hat erklärt, niemals nukleare Waffen gegen solche Staaten zu benutzen, die auf Produktion und Erwerb solcher Waffen verzichten und sie nicht auf ihrem Territorium haben.

Für eine Zone ohne Atomwaffen in Europa würde die Verpflichtung durch derartige Erklärungen, die gar nicht anders zu lauten brauchen, zusätzliche Stabilität, also Sicherheit bringen. Gleichzeitig bliebe die Abschreckung des Atomschirmes erhalten.

Es würden eine Reihe von Streitigkeiten im Bündnis gegenstandslos: die Entwicklung immer kleinerer Atomwaffen, sogenannter Gefechtsfeldwaffen und Neutronenwaffen. Denn sie zu entwickeln und zu produzieren macht wenig Sinn, wenn sie das Territorium verlieren, auf dem sie stationiert und nötigenfalls eingesetzt werden sollen.

Der Einwand, was man für teures Geld produziert hätte, könne nicht einfach beiseite gelegt werden, ist nicht akzeptabel. Für mehr Sicherheit ist uns die Produktion von Waffen nicht zu teuer, ihre Beseitigung darf es noch viel weniger sein. Und wer von der Sowjetunion und ihren Verbündeten die Beseitigung von Waffen verlangt, mit Recht ohne Rücksicht darauf, was sie gekostet haben, muß auch selbst dazu bereit sein.

Die Aufgabe kleiner Nuklearwaffen könnte auch endlich die Lösung eines Problems bringen, die alle Nichtnuklearstaaten vor den Vereinten Nationen, die Bundesregierung eingeschlossen, seit langem gefordert haben und im nächsten Monat wieder fordern werden, den umfassenden Versuchs-Stopp.

Vor fast 25 Jahren hat der Deutsche Bundestag sich einmütig dafür ausgesprochen, weitere atomare Versuchsexplosionen einzustellen. Schon damals sagte man zu Recht, daß die angesammelten Zerstörungspotentiale ausreichen. Heute verfügen Frankreich und England etwa über die gleichen atomaren Explosivkräfte wie damals Amerika und die Sowjetunion.

In all diesen Jahren haben die Atommächte immer neue Entschuldigungen gefunden, um dem vereinten Willen der Nichtatomstaaten auszuweichen. Sie brauchen immer noch ein paar Versuchsexplosionen, jetzt im Zehn-Kilo-Tonnen-Bereich und darunter, um immer kleinere Sprengsätze zu entwickeln, die unausweichlich den Schrecken vor ihnen verkleinern. Es könnte sein, daß die Atommächte erst dann die Kraft finden, den umfassenden Teststoppvertrag (CTB) abzuschließen, wenn die nichtatomaren Staaten ihnen verweigern, die Ergebnisse ihrer Forschung bei sich zu stationieren.

Die nuklearen Staaten haben die Verpflichtung zur Reduktion der atomaren Waffenrüstung aus Art. 6 seit mehr als zwölf Jahren nicht erfüllt. Sie können sich nicht wundern, wenn das auf seiten der nichtnuklearen Staaten Folgen haben wird. Nicht nur, was die Globalität des Nicht-Verbreitungsvertrages angeht.

Solange die Signale nicht auf strategische Abrüstung gestellt sind, und zwar durch mehr als die Erklärungen guten Willens, die wir lange genug gehört haben, ohne daß Taten folgten, werden die nicht-atomaren Staaten gedrängt, sich auf ihr einziges Mittel zu besinnen, das sie in diesem Zusammenhang haben, nämlich das: Sie können darüber entscheiden, ob Atomwaffen auf ihrem Boden stationiert werden oder nicht. Dies ist der einzige Punkt, auf dem die Nicht-Nuklear-Staaten souverän sind.

Doch noch ein weiteres Mal ist nach den Interessen in diesem Zusammenhang zu fragen: Es kann kein Zweifel sein, daß Amerika niemals zulassen würde, daß Europa unversehrt in die Hände der

Sowjets fällt. Man kann auch sicher sein, daß die Sowjetunion dies weiß. Die Abschreckung bliebe erhalten. Es gibt eben doch keine Abkoppelung, wenn konventionelles Gleichgewicht hergestellt wird und das Bündnis gilt.

Eine Regelung – keine Atomwaffen in Nicht-Atomwaffen-Staaten – würde nur bedeuten, daß die Staaten des Bündnisses, auf deren Boden sie heute stationiert sind, in denselben Zustand und unter denselben Schutz kämen wie diejenigen Bündnisstaaten, die die Stationierung von Atomwaffen auf ihrem Boden in Friedenszeiten abgelehnt haben, wie zum Beispiel Norwegen und Dänemark.

Das amerikanische Argument könnte sein, daß man die amerikanischen Truppen nicht ohne die Fähigkeit, sich taktisch nuklear verteidigen zu können, lassen will. Aber hierauf wäre zu antworten, daß die amerikanischen Truppen dann nur unter demselben Risiko und unter denselben Bedingungen zu kämpfen hätten wie die Deutschen und alle anderen. Ihr Risiko wäre nicht größer als das unsere. Was die Sicherheitsstruktur angeht, wären die nicht-atomaren Partner des Bündnisses in einer vergleichbaren Lage wie Amerikaner, Franzosen und Engländer in West-Berlin es sind: Das Risiko für die Angegriffenen ist gleich; das Risiko für den Angreifer bleibt zuletzt unkalkulierbar, also zu groß. Und das funktioniert in Berlin, es würde für West-Europa erst recht funktionieren.

Präsident Reagan hat seine jüngsten Abrüstungsvorschläge auch damit begründet, daß die zerstörerischsten und destabilisierendsten Waffen, die Interkontinental-Raketen, nicht zu Fehlkalkulationen Anlaß geben dürfen. Er sucht also interkontinentale Berechenbarkeit als Basis der Stabilität und Sicherheit.

Für Europa haben wir das Gegenteil, die bewußte Unsicherheit der Region im Rahmen der Triade. Aber natürlich muß Europa nach gleicher Sicherheit vor Fehlkalkulationen streben. Nukleare Freiheit für Nicht-Nuklearstaaten würde dem Rechnung tragen, ohne die alte Drohung wegzunehmen, wie sie zwischen den beiden Supermächten besteht.

Es gibt übrigens eine Entwicklung der Waffentechnik, die ermöglicht, zwischen die taktische und die strategische eine weitere Stufe zu schieben. Beide Seiten verfügen über Untersee-Boote, deren Raketen den Gegner erreichen, ohne vom eigenen Territorium aus abgeschossen zu sein. Die Verfeinerung und Erweiterung dieses Potentials durch seegestützte Marschflugkörper (Cruise-Missiles) wird zunehmend ein Faktor, der unterhalb der interkontinentalen Ebene ein neues Gleichgewicht zu schaffen sucht, das dadurch gekennzeichnet ist, den Zeitfaktor, in dem beide Seiten verwundbar werden, annähernd vergleichbar zu machen. Gerade wenn diese Entwicklung weitergeht ist also der Verzicht auf die taktisch-nukleare Ebene keineswegs gleichbedeutend mit dem übergangslosen Sprung auf die interkontinentale.

Wenn START funktioniert, also Fehlkalkulationen nach menschlichem Ermessen unmöglich werden, so ist das theoretisch die Abkoppelung von oben, genauso, wie es theoretisch die Abkoppelung von unten wäre, wenn man sich allein auf ein konventionelles selbsttragendes Gleichgewicht stützen wollte. Das ist der Grund, weshalb die eurostrategischen Mittelstreckenwaffen in ein Gleichgewicht gebracht werden sollen, das ebenso Fehlkalkulationen ausschließt.

Theoretisch ließen sich weitere Gleichgewichte denken: der Kurzstreckenraketen, dann der taktischen atomaren Schlachtfeldwaffen, ehe wir zu den konventionellen kommen. Dem gesunden Menschenverstand hält das alles nicht stand. Je kürzer die Flugzeiten und die Vorwarnzeiten werden, um so größer werden die Gefahren, Opfer technischer Fehler oder Irrtümer zu werden, auf die Menschen reagieren müssen, weil und wie es ihnen ihre Instrumente sagen.

Weitere Punkte unterschiedlicher Auffassungen im Bündnis könnten zu den Akten geschrieben werden: Ob es nicht eine Prämie für denjenigen geben könnte, der glaubt, anfangen zu müssen; ob unmittelbare Gefahr nicht vom ersten, sondern vom frühen Gebrauch der kleinen vorn stationierten Waffen ausgeht? Letzteres ist ein Punkt, dem der Bericht der Palme-Kommission besondere Aufmerksamkeit zuwendet.

Das Prinzip also, keine Atomwaffen in Nicht-Atomwaffen-Staaten, würde das Bündnis erleichtern, also festigen. Es ist einfach zu verhandeln, es ist leicht zu verifizieren.

Es blieben die Stufen der landgestützten eurostrategischen Raketen in Großbritannien, Frankreich und der Sowjetunion, der seegestützten strategischen Raketen der vier Atomstaaten unterhalb der interkontinentalen Ebene.

Daß diese Ebenen in ein stabiles, von Fehlkalkulationen freies Gleichgewicht gebracht werden durch die vier Atomstaaten selbst, können die Nicht-Atomstaaten den atomaren Staaten durchaus überlassen. Denn es liegt im gemeinsamen Interesse, den scheinbaren Widerspruch zu erhalten, mit dem wir leben müssen: den Atomkrieg verhindern, aber doch zu ihm fähig zu sein. Das ist der atomare Schirm. Er bleibt.

Ein anderes Moment ist interessant. Wir sind heute mit der verhandlungstechnischen Schwierigkeit konfrontiert, daß Genf dafür sorgen muß, daß nicht ein neues Rennen bei Raketen kurzer Reichweite beginnt, während man über die längere Reichweite verhandelt. Wenn die taktischen Atomwaffen unverhandelt bleiben, können die

Bemühungen zur ausgewogenen Truppenreduktion in Wien zur Kosmetik werden. Mit anderen Worten: Eigentlich hängt alles zusammen. Nichts ist ohne Berücksichtigung des anderen regelbar. Verhandlungstechnisch würde das Prinzip Atomwaffenfreiheit für nichtatomare Staaten die Überschaubarkeit der beiden Verhandlungseinheiten bringen – atomar und konventionell. Die Verhandlungsmaterie für Wien würde sich natürlich erweitern.

Ich möchte wiederholen: Man darf nicht die bestehenden Instrumente weggeben, solange man über neue nur redet, aber sie nicht hat. Das heißt, Genf und Wien und die neuen Verhandlungen zur Reduktion strategischer Waffen müssen ihre Chance behalten. Nichts ist zu modifizieren, was darüber grundsätzlich gesagt wurde.

Aber wir müssen eine Perspektive öffnen, die endlich wieder politisches Denken dem militärischen überordnet, die Sachzwänge berücksichtigt, ohne sich ihnen zu unterwerfen, die uns aus der bedrückenden Welt kleiner taktischer Vorteile entläßt, die Europa endlich wieder seine natürliche Kraft gibt, wir müssen aus der Verkrampfung heraus, mit der wir so lange an alten Strategien festhalten, bis die Arme lahm werden. Unvoreingenommen nachzudenken verlangt natürlich, sich korrigieren zu lassen durch bessere Ideen und jeden relevanten Einwand zu prüfen.

Zuletzt ist zu fragen: Atomwaffenfreiheit für Staaten des Nichtverbreitungsvertrages – wem würde das schaden? Ich sehe niemanden und keinen Staat.

Eine solche Regelung würde die politische Atmosphäre in der Welt positiv verändern, die Gefahr eines Kollisionskurses bedeutend verringern. Schon die Absicht, über eine derartige Regelung zu verhandeln, würde der Welt neue Hoffnung geben, sie würde uns allen gemeinsam mehr Sicherheit geben. Und was eigentlich wollen wir mehr?

Die Kunst der geschliffenen Rede

Rede anläßlich der Verleihung des
„Goldenen Mikrophons" am 25. Februar 1988

Die meisten von Ihnen sollten eigentlich im Plenarsaal sitzen, denn wir haben sicher eine wichtige Regierungserklärung zu verarbeiten. Da ich sie nicht gehört habe, erlaube ich mir, den vermutlichen Inhalt kurz zusammenzufassen:

Bei den Gesprächen in Washington konnten unsere Verbündeten davon überzeugt werden, daß die konventionelle Bedrohung durch die Streitkräfte des Warschauer Vertrages so zurückgegangen ist, wie das die Bundesregierung vor zwei Wochen in einem Weißbuch nachgewiesen hat. Deshalb wird es möglich, Umfang und Bereitschaft unserer Heeresstreitkräfte zu verringern. Erfreulicherweise ist zu berichten, daß auch die amerikanische Regierung, ohne auf das Parlament zu warten, bedeutende Abstriche ihrer Rüstungsplanungen und -ausgaben vornimmt. Das ist ein neuer Beweis für die nahtlose Übereinstimmung zwischen Bonn und Washington und das Ergebnis unserer Festigkeit. Deshalb brauchen wir auch vorläufig keine Modernisierung, sondern ein Gesamtkonzept, für das der Westen, nach dem Abzug der SS 22 aus der DDR als Zeichen seines guten Willens, schon mal mit Truppenreduktionen anfängt. Die Sowjetunion wird sicher verstehen, was es bedeutet, wenn wir uns die Modernisierung vorbehalten. Sie ist zu fragen, ob sie nicht ihrerseits einseitige Reduktionen vornehmen will, zumal man dabei, das wissen wir aus eigener Erfahrung, Geld sparen kann, das für die Europäische Gemeinschaft besser angelegt ist. Die Opposition hat wahrscheinlich den Darlegungen des Kanzlers zugestimmt, ohne dabei den überflüssigen Hinweis unterdrücken zu können, daß endlich auch die Bundesregierung eingesehen hat, wie konstruktiv einseitige Vorleistungen für die zweite Phase der Entspannungspolitik sein können. Aber lassen Sie mich nun zum Anlaß unserer kleinen Zusammenkunft kommen. Ich habe natürlich keinen Zweifel, daß Sie mich lassen werden; denn wozu wären wir sonst hier?

Natürlich habe ich überlegt, in welcher Form oder gehöriger Form ich danken soll. Politiker haben dafür eine ganze Skala von Möglichkeiten. Ich muß Ihnen Dank sagen, geht nicht, weil das „muß" so klingt, als hätten Sie mir eine Anstrengung zugemutet, was zwar der Fall ist, aber bei einem solchen Anlaß unvermeidbar und nicht beklagenswert.

Dank sagen, geht auch nicht; denn daß ich spreche und keinen Brief übermittle, ist für die Anwesenden keine Überraschung. Zu der Bitte, meinen Dank entgegenzunehmen, kann ich mich auch nicht versteigen; denn Sie haben keine Wahl der Ablehnung. Meinen Dank ausdrücken, will ich keinesfalls, denn das erinnert an allerlei Ausgedrücktes, im besten Fall Orangen. Das Ergebnis der unkonventionellen Überlegung ist die Rückkehr zum Einfachen. Ich danke Ihnen!

Freilich geht einem dabei durch den Kopf, daß es nicht nur die Kunst der geschliffenen Rede mit dem Ziel gibt, Kanten zu produzieren, in denen sich das Licht bricht, sondern auch einen Rundschliff, der Empfindungen erzeugt. Und dies scheint mir nicht weniger eine Kunst, eines Preises würdig.

Auch Weglassungen können den Effekt des unprofilierten Profils gewinnen. Denken Sie nur an das Beispiel jener berühmten schon bei Karl May nachzulesenden arabischen Gelassenheit, wonach die Hunde bellen, aber die Karawane weiterzieht.

Ohne Strauß und die Hunde zu erwähnen, aber die Karawane ziehen zu lassen, erweckt den Verdacht, daß hier einer am Werk ist, der die Ungenauigkeit zum Prinzip stilisiert, bedacht auf die Wirkung, die nicht nur hinten, sondern überhaupt rauskommt.

Ich gestehe, in diesen Kategorien nachgedacht zu haben, als es um die Passierscheine ging, die wir weder von Bonn noch vom Magistrat bekommen konnten, sondern eben von jener Organisation in Ost-Berlin, die wir nicht Regierung nennen durften, schon gar nicht eines Staates, der noch nicht einmal bis zum Phänomen avanciert war, aber sich Zone nicht mehr nennen lassen wollte. Ich glaube, Heinrich Albertz fand die salvatorische Klausel, daß über Orts-, Amts- und Behördenbezeichnungen keine Übereinstimmung erzielt werden konnte, und mir fiel für den täglichen amtlichen Gebrauch die Formel ein: die andere Seite.

Die andere Seite, das ist Exaktheit mit einer gnädigen Unbestimmtheit, was die Legalismen angeht. Der Erfolg solcher Formeln liegt gerade darin, daß sie kein Copyright haben. Je unbelasteter sie geklaut werden, um so besser.

Mit einer anderen Formulierung hatte ich weniger Glück. Als ich 1973 im Bundestag sehr ehrlich sagte, daß man manche Wahrheiten vor den Wahlen nicht ausspricht, gab es einen unvergeßlichen Ausbruch hämischer Heuchelei, die man jetzt sicher nicht mehr hören wird, nachdem dankenswerterweise der Herr Bundeskanzler auf der Wehrkundetagung dasselbe gesagt hat.

Politik beginnt damit, zu sagen, was ist. Das ist ein berühmter Satz aus der typischen Haltung eines Oppositionellen. Regierungen gehen meist davon aus: Nachdem sie selbst wissen, was ist, ist es wichtiger, der Bevölkerung zu sagen, was davon und wie sie es sehen soll. Wenn eine Regierung dabei übertreibt, Mißerfolge zu verschweigen, wie gerade in Washington, oder Regen als Sonnenschein darzustellen, verliert sie an Glaubwürdigkeit. Aber im anderen Extrem: Wenn Gorbatschow glaubt, alles sagen zu müssen, was in seinem Land schlecht ist, und das nicht nur heute, sondern was auch gestern und vorgestern schlecht war, dann wird er eine ganze Menge Ärger kriegen. Der tote Stalin bedeutet für die Sowjetunion noch immer mehr als der lebende Waldheim für Österreich.

Wir leben in einer Zeit, in der die Menschheit sich immer stärker der Gefahren bewußt werden muß, die sie selbst geschaffen hat. Wir erleben eine Medienberieselung, die ebenso unterhaltsam wie ausgewogen glättet und verdummt. Die Auswahl, die unter Gesichtspunkten der Einschaltquoten getroffen wird, kann ähnliche Resultate haben wie die Zensur östlicher Systeme. Da und hier wissen Eliten, was Sache ist und worüber zu sprechen lohnt.

Wie weit sich veröffentlichte Meinung von Substanz entfernen kann, habe ich in den letzten Wochen erlebt. Der Verleger meines Buches wollte durch Auszüge im Stern werben, der Stern für seine Vorabdrucke durch die Agenturen. So wurden aus 100 Seiten 17 Zeilen. Die 17 Zeilen wurden kommentiert, und schließlich fragte mich ein Sender, ob ich nicht diese Kommentare kommentieren wolle. Und das alles, bevor das Buch überhaupt gelesen werden konnte.

Unsere Demokratie, kostbar trotz aller Schwächen, braucht eine neue Phase der Aufklärung. Unser Bundespräsident leistet das, soweit es die Grenzen seines Amtes gestatten. Sofern er neues Denken anstößt, enthüllen sich diejenigen, die das anstößig finden. Aber politische Parteien sollten jedenfalls einige in ihren Reihen haben, die zuspitzen, Kanten schleifen, also aufklären und für die Vernunft gewinnen. Da geht es dann immer mehr um die Sache und weniger um Personen.

Wie eigentlich ist es möglich, daß viele wirklich glauben, daß wir den Frieden hier den Atomwaffen verdanken, ohne zu fragen, warum wir dann nicht anderen Regionen denselben Frieden verschaffen und die Nuklearwaffen verbreiten?

Wie können wir zulassen, Selbstbestimmung zu fordern, ohne einen Friedensvertrag zu verlangen. Oder zwei Friedensverträge, nachdem nun alle demokratischen Parteien zu der Auffassung gekommen sind, daß die deutsche Frage der europäischen nachgeordnet ist?

Warum scheut man sich auszusprechen, daß Bundesrepublik und NATO eine Einheit sind, die die deutsche Einheit ausschließt? Ich erkenne ja die Fortschritte im neuen CDU-Papier an mit der Handschrift des Meisters der schon einmal erwähnten Weglassungen. Die Grenzen des Jahres 1937 kommen nicht mehr vor. Aber nachdem

Strauß und andere gegen ein Papier protestiert haben, das nach Kohl erstens nichts Neues bringt, zweitens in den Kreisverbänden noch diskutiert wird, wonach sich drittens erst herausstellen wird, ob das Alte neu genannt werden darf, begrüße ich die Freunde der Union in der Nachahmung sozialdemokratischer Unsitte bei der Produktion langer Papiere. Die Chancengleichheit für Ärger ist hergestellt.

Ich gestehe übrigens eine Bewunderung, nicht frei von Neid, für jene, deren Sprache kraftvoll und bildhaft Bonmots und Aperçus gewissermaßen im Vorbeigehen produziert. Die meisten meiner Formulierungen, die zitiert werden, sind Ergebnis oder Späne beim Bohren dicker Bretter. So weiß ich noch genau, wie erschrocken ich war über die Erkenntnis der gemeinsamen Sicherheit, die Gegner zur Partnerschaft zwingt, entgegen der Erfahrung menschlicher Geschichte. Zu verfolgen, wie sich ein Begriff verselbständigt, Eigenleben gewinnt, im Osten und Westen Denken beeinflußt, wobei der Ursprung gleichgültig wird – ein solches Erlebnis ist sehr schön.

Es geht mir also weniger um Würze, sondern um den Beitrag zur Erkenntnis von Problemen und alternativen Wegen. Ich freue mich, wenn eine Formulierung ein Problem erhellt, anregt, vielleicht überzeugt, und ich hoffe, mich noch oft freuen zu können.

Vernunft und Vision

*Rede aus Anlaß des 125jährigen Bestehens der SPD
in Würzburg am 17. Juli 1988*

125 Jahre Geschichte der SPD – das ist deutsche Geschichte und es ist internationale Geschichte der Arbeiterbewegung.

Wir haben gefeiert, mit Recht, im alten Reichstag in Berlin und in Frankfurt auf der Straße. Wir haben uns dabei nicht nur selbst gelobt. Niemand darf vergessen, daß es neben Erfolgen auch Mißerfolge, neben Höhen auch Tiefen gegeben hat. Selbstkritik gehört zu dieser Partei, leider offenbar auch, daß sie zuweilen den berechtigten Stolz über das Erreichte übertönt.

Man kann die Geschichte der SPD als eine Geschichte der dauernden Auseinandersetzung schreiben. Der Kampf um den jeweils richtigen nächsten Wegabschnitt – das ist die Kontinuität einer Partei, die sich nie genügt und damit zuweilen bei denen, die sie gewinnen will, den Eindruck erweckt, sie sei ungenügend. Aber das werden wir wohl nicht mehr ändern.

125 Jahre SPD – das ist auch der geschichtliche Nachweis, wie schwer es die Vernunft hat, mehrheitsfähig zu werden. Das industrielle Zeitalter war das Ergebnis technischer und wissenschaftlicher Vernunft und die Arbeiterbewegung ihr Kind, das sich zaghaft, aber immer vernehmlicher, meldete mit der Forderung, daß der Triumph der Technik nicht auf den Knochen des einzelnen erreicht werden dürfe.

Hier wurde eine Mischung zwischen Vernunft und Pathos, zwischen Rationalität und Emotion deutlich, die die Partei bis heute begleitet.

Des kalten Intellekts wie der Träumerei konnte man uns gleichermaßen zeihen, aber das war schon in Ordnung und ist es noch heute, wenn es von denen kommt, die im wesentlichen konservieren wollen, deren Maxime „keine Experimente" lautet und die „weiter so, Deutschland" nicht nur fordern, sondern auch denken und, so sie können, sogar machen. Vernunft und Vision sind die Quellen des Fortschritts, nicht nur bei uns.

Wer an die Anfänge erinnert, wird finden, daß die damaligen Forderungen im Prinzip nicht anders beantwortet wurden als heutige Forderungen der SPD. Ob es um die Abschaffung der Kinderarbeit oder den 12-Stunden-Arbeitstag ging, stets hieß es, daß dies die Wirtschaft nicht trage, ihre Konkurrenzfähigkeit mit dem Ausland mindern würde. Sechzig Jahre hat es gebraucht, um den 8-Stunden-Tag zu erkämpfen. Vieles von dem, was heute als selbstverständlich gilt, ist sicher nicht nur unser Verdienst, aber wäre ohne die SPD undenkbar.

Wann immer berechtigte Wünsche der Mehrheit erfüllt wurden, hat dies nicht zum Zusammenbruch der Wirtschaft geführt, sondern ihr neue Kräfte zuwachsen lassen und zu einer Besserung für alle geführt. Wo berechtigte Wünsche der Mehrheit unerfüllt blieben, wie etwa im zaristischen Rußland, brachen sie sich revolutionär Bahn. Nicht zu den geringsten Punkten, auf die wir stolz sind, gehört die Feststellung, daß sozialdemokratische Evolution den Menschen mehr gebracht hat als kommunistische Revolution.

Und da die Völker unserer Welt immer schneller immer mehr voneinander wissen, liegt die Vermutung nahe, daß die berechtigten Forderungen der Mehrheit, sofern sie nicht evolutionär erfüllt werden, sich revolutionär Bahn brechen werden.

100 Jahre nach den Erfahrungen des Sozialisten-Gesetzes zeigt uns die Geschichte, daß wir alle in der Bundesrepublik heute zu der reichen Minderheit gehören gegenüber der armen Mehrheit der Menschen in der dritten Welt, denen wir nicht sehr viel anders gegenübertreten als damals die besitzende Klasse gegenüber denen, die um Würde, um Chancen für sich und ihre Kinder kämpften.

Auch unter diesem Gesichtspunkt weist sozialdemokratische Erfahrung nach vorn.

Das gilt nicht weniger für die Stellung des Menschen in der Wirtschaft. Es begann mit der Vorstellung, aus geplagten Proletariern gleichberechtigte Mitbürger werden zu lassen. Wenn die Produktivität sich erhöht, darf der einzelne nicht auf der Strecke bleiben. Wir leben nicht, um zu arbeiten, sondern wir arbeiten, um zu leben, ist eine Grundhaltung, die wieder aktuell geworden ist. Automation und Chips erhöhen die Produktivität und drohen, den arbeitenden Menschen zu ihren Gefangenen zu machen, statt ihn zu befreien. Wir brauchen immer weniger Menschen, um immer mehr produzieren zu können. Die 35-Stunden-Woche ist unaufhaltsam, und die Deutsche Bank, unabhängig von dem, was die Wirtschaft sonst sagt, engagiert sich weitsichtig auf eine Freizeitgesellschaft noch vor dem Ende dieses Jahrhunderts.

Aber gleichzeitig hören wir Argumente, die für Nacht- und Feiertagsarbeit sprechen. Welch ein Rückschritt, wenn die 5-Tage-Woche oder der Sonntag zur Disposition gestellt würden, der erreichte Fortschritt für den Menschen der rationellen Nutzung von Maschinen geopfert würde. Die Maschinen, die dem Menschen dienen sollten, verlangen den Menschen als Diener.

Hier steht Freiheit auf dem Spiel. Ob es um Wahlrecht ging oder die Einführung bezahlten Urlaubs oder die Sicherung im Krankheitsfalle: Jeder dieser Schritte war ein Stückchen mehr Freiheit des arbeitenden Menschen. Es war ein Stück mehr Freiheit von Ausbeutung, und es war ein Stück mehr Freiheit durch Zerbrechen alter Formen und überkommener Vorurteile. Jeder dieser Schritte mußte erkämpft werden gegen das Desinteresse der vielen, die Macht weniger, die Sorge einiger und gegen Verleumdung unserer Absichten.

Heute sieht es so aus, als ob wir nicht nur mehr Freiheit erringen, sondern erreichte Freiheit bewahren müssen.

1890, als der 1. Mai international erstmals begangen wurde, erschien eine Schrift, deren damalige Sprache dennoch keine Übersetzung braucht:

„Die Erfolge der Arbeiter wären aber nicht möglich geworden, wenn die Widerstandsfähigsten unter ihnen nur für sich gesorgt hätten. Wenn sie nicht bestrebt gewesen wären, ihre schwächeren Mitarbeiter, die entweder gar nicht oder wenig imstande waren, ihre Interessen zu vertreten, an ihren Errungenschaften teilnehmen zu lassen. Die Solidarität aller Arbeiterschichten, das Zusammengehen der Starken mit den Schwachen, wird auch durch ihr wohlverstandenes eigenes Interesse geboten. Die Interessen der gesamten Arbeiterklasse hängen denn tatsächlich auf das innigste zusammen. Ihre ideale Solidarität ist bloß das Abbild ihrer wirklichen Solidarität."

Wenn das Wort von der Arbeiterklasse durch den Begriff der abhängig Arbeitenden ersetzt wird, so gilt das heute nicht weniger.

Die Zeiten haben sich geändert, die Menschen wenig; das Wirtschaften hat sich verändert, die Probleme wenig. Wir erstreben eine Gesellschaft, in der die Menschen einander in Respekt und Verständnis begegnen können, in der Menschlichkeit kein Fremdwort ist, in der Lebensangst und Isolierung der Zuversicht weichen, in der die Menschen einander nicht mehr isolieren, sondern auch anerkennen und aufeinander zugehen. In der Regierungserklärung des ersten sozialdemokratischen Bundeskanzlers hieß das: „Wenn wir eine solche Gesellschaft wollen, dann brauchen wir mehr Solidarität und Liberalität in unserem Lande. Liberalität, weil sie der Kern der Demokratie ist, und Solidarität, weil sie Gerechtigkeit erst möglich macht und weil nur durch Solidarität die soziale Sicherheit ermöglicht wird, aus der erst die erlebbare persönliche Freiheit von vielen, vielen Millionen Menschen fließen kann."

Der Anspruch ist noch immer nicht erfüllt, und wer über Steuerreform, Rentenreform und Gesundheitsreform in den Zeitungen liest, sieht, daß verlorenzugehen droht, was schon errungen war.

Hier geht es nicht um Ziffern, hier geht es um Freiheit. Und die SPD ist die Partei der Freiheit.

Ungeduld zeichnet nicht nur junge Genossen aus. Zuweilen hat die SPD die notwendige Zustimmung nicht erreicht, weil sie dem Bewußtsein der Menschen zu weit vorauseilte. Die Ziele immer ein Stückchen weiter setzen, als in der gegebenen Situation gerade noch erreichbar ist, jedenfalls über die nächsten Wahlen hinaus denken, daraus wächst Führungsanspruch.

Die Zustimmung der Menschen bleibt aus für etwas, das sie als Futurologie verstehen. Es ist 100 Jahre her, daß August Bebel im Vorwort zu seinem Buch „Die Frau und der Sozialismus" formuliert hat: „Es gibt keine Befreiung der Menschheit ohne die soziale Unabhängigkeit und Gleichstellung der Geschlechter." Bebel war sogar seiner Partei voraus. Er hat mit Recht geglaubt, dieses Buch nur in eigenem Namen schreiben zu können. Es ist eine Genugtuung, daß die deutsche Sozialdemokratie lange Zeit die einzige Kraft war, die für die volle Gleichberechtigung der Frau eintrat. 1919 konnten zum erstenmal in einem deutschen Parlament Frauen als Abgeordnete reden. Wir haben das durchgesetzt. Ohne uns, genauer: ohne einige Frauen bei uns, gäbe es den entsprechenden Satz im Grundgesetz nicht. Aber wir haben zu bekennen, daß dennoch Unabhängigkeit und Gleichstellung der Geschlechter eben nicht die Wirklichkeit unserer Gesellschaft sind und es eben nicht ohne Reibungen geht, bis hoffentlich die Partei Ende August sich zeitlich begrenzt die Krücken der Quotierung verordnen wird.

Im Januar 1865 erschien das Organ des Allgemeinen deutschen Arbeitervereins mit dem Programm der Partei. Es war sehr kurz. Die Zeit hat ihm wenig angetan:
1. Wir bekämpfen jene Gestaltungen des europäischen Staatensystems, welche, unnatürlich die Völker trennend und verbindend, aus dem feudalen Mittelalter in das 19. Jahrhundert sich herübergeschleppt haben, wir wollen fördern die Solidarität der Völker-Interessen und die Volkssache durch die ganze zivilisierte Welt.
2. Wir wollen nicht ein ohnmächtiges und zerrissenes Vaterland, machtlos nach außen und voll Willkür im Innern – das ganze gewaltige Deutschland wollen wir, den einen freien Volksstaat.
3. Wir verwerfen die Beherrschung der Gesellschaft durch das Kapital. Wir hoffen zu erkämpfen, daß die Arbeit den Staat regiere.

Von diesen drei Punkten spannt sich der Bogen zu Gustav Heinemann, der als erster sozialdemokratischer Bundespräsident den versammelten Mitgliedern des Bundestages und des Bundesrates erklärte: „Wir stehen erst am Anfang der ersten wirklichen freiheitlichen Periode unserer Geschichte. Freiheitliche Demokratie muß letzten Endes das Lebenselement unserer Gesellschaft werden. Nur wenn das gelingt, begegnen wir der Widersprüchlichkeit unserer Zeit, die ich darin sehe, daß der Bereich dessen, was der einzelne gestalten kann, enger wird, zugleich aber die Selbstbestimmung des einzelnen Raum gewinnt. In einem zuvor nie erlebten Tempo macht sich die Menschheit die Schöpfung bis in den Weltraum hinein untertan. Der einzelne wird aber immer ohnmächtiger. Die Konzentration der Wirtschaft schreitet fort. Die ohnehin großen Bürokratien wachsen weiter. Was wird aus dem freien Existenzraum des einzelnen und der einzelnen? Ihr Anteil am Getriebe von Erzeugung und Verbrauch wird immer spurenloser, immer unpersönlicher, immer fremdbestimmter. Ist es aber zugleich nicht auch so, daß wir eine neue Welle von Umbruch einer jahrhundertelangen Fremdbestimmung des Menschen in eine verantwortliche Eigenbestimmung erleben? Es geht um den Dialog, es geht um die Durchsichtigkeit der Geschehnisse und der Entscheidungen. Ich meine, wir sind in der Lage, die große Wandlung aus obrigkeitlicher Fürsorge in Selbstbestimmung und Selbstverantwortung zu bestehen, ohne daß unser Zusammenleben aus den Fugen gerät."

Es gehört zu unseren Erfolgen, von einer Klassenpartei zu einer Volkspartei geworden zu sein. Nach wie vor gilt das Wort Kurt Schumachers: „Es ist gleichgültig, ob jemand durch die Methoden marxistischer Wirtschaftsanalysen, ob er aus philosophischen oder ethischen Gründen oder ob er aus dem Geiste der Bergpredigt Sozialdemokrat geworden ist. Jeder hat für die Behauptung seiner geistigen Persönlichkeit und für die Begründung seiner Motive das gleiche Recht in der Partei."

Diese Breite, die durch Godesberg bestätigt wurde, müssen wir uns bewahren. Sie ist nicht immer bequem, aber kostbar, weil wir ohne sie in der Demokratie die Chance der Verantwortung und der Gestaltung durch Regieren verlieren würden.

Der Staat ist reformfähig, und er bleibt reformwürdig. An dieser Grundeinstellung, die wir uns auch durch Spaltungen der Arbeiterklasse erkämpft haben, halten wir fest. Sie ist ein besonderer Ausdruck unserer Überzeugung, daß Sozialismus nur durch Demokratie zu verwirklichen ist.

„Wir brauchen Demokratie wie die Luft zum Atmen"; dieses Wort Gorbatschows hallt in sozialdemokratischen Ohren wie ein Donner, der sich an Bergwänden des Irrtums vielfach bricht. Damit meine ich gar nicht die Selbstbestätigung für den Sozialdemokraten durch einen Sozialisten. Obwohl uns auch das guttut, auch wenn es uns nicht

367

erspart, in konkreten Problemen jeweils die rechte Mischung zwischen demokratischen und sozialistischen Elementen zu finden.

Aber wer einmal unter dem Motto von der Diktatur des Proletariats aufgebrochen und bei der Demokratie als dem lebensnotwendigen Element angekommen ist, wird nicht nur unserer Genugtuung begegnen und der Selbstbestätigung, daß unsere Demokratie kostbar ist, trotz aller ihrer unübersehbaren Mängel, stark ist trotz ihrer Schwächen, gehütet werden muß vor Entartungen. Er läßt am Horizont eine epochale Dimension erscheinen, den Pluralismus der Meinungen, die die Freiheit des Andersdenkenden auch in einem Ein-Parteien-System legalisiert. Das ist nicht der Pluralismus unserer Demokratie, in der eine Partei die andere in der Verantwortung ablöst, aber es wäre die Berechenbarkeit, die Durchsichtigkeit der Sowjetunion, die für eine stabile Entwicklung unserer Welt so unentbehrlich ist. Hier stoßen wir abermals auf Vernunft und Vision, von denen der Fortschritt in unserer Welt lebt.

Die ersten beiden Punkte aus dem Jahre 1865 führen zu dem, was man heute Außenpolitik nennt und damals Internationalismus genannt hat.

Wer 1865 von Europa sprach, sprach im wesentlichen von der damaligen Welt. Die Reste konnten übersehen werden; die sogenannte große Politik war das Konzert der europäischen Völker. Nicht zu übersehen auch, daß in der Formulierung eine Kritik an dem Kleindeutschen steckte, wie es sich wenige Jahre später im Bismarckschen Reich vollzog.

Im Rückblick können wir sagen: Krieg und Diktatur haben die Sozialdemokraten nie über das deutsche Volk gebracht. Wir haben Deutschland nie in Katastrophen geführt, wohl aber mehr als einmal den Karren aus dem Dreck gezogen. Es ging unserem Volk immer gut, wenn die Sozialdemokratie stark war. Es wäre besser gewesen, wenn man auf unseren Rat oder unsere Warnungen gehört hätte. Aber ebenso klar ist: Unter Katastrophen haben die Sozialdemokraten genauso gelitten wie das ganze Volk. Wir sind ein Stück dieser Geschichte, ihrer Realität. Künftig würde noch ganz anderes gelten als früher: Warnungen interessieren nur die Geschichtsschreiber oder das eigene Gewissen, falls es dann noch Geschichtsschreiber gibt.

Die alte Sozialdemokratie war 1914 am Krieg zerbrochen. Die Hoffnung auf den Internationalismus ging in Stunden in den Wellen nationaler Begeisterung unter. Daß dies auch heutzutage geschehen kann, sogar in England, war im Konflikt mit den Falklandinseln bedrückend zu spüren. Aber jener Internationalismus, der

1914 als Traum zerstob, ist zum Ende dieses Jahrhunderts Zwang, der Zwang zur Vernunft, im Interesse des Überlebens geworden.

Weimar mit seinen vielversprechenden Ansätzen scheiterte nicht nur an anderer Leute Zerstörungslust, sondern auch an eigener Kraftlosigkeit. Wir allein hätten nicht aufhalten können, was nach 1933 kam, aber Schuld kann auch durch Unterlassung entstehen. Die bohrenden Fragen danach gibt es eben trotz jenes mutigen Rufs von Otto Wels im Reichstag gegen das Ermächtigungsgesetz: „Die Freiheit können sie uns nehmen, die Ehre nicht." Jakob Kaiser, ein Sohn dieser Region, empfand seine Unterwerfung unter die Fraktionsdisziplin des Zentrums für den Rest seines Lebens als Versagen: „Ich hätte in den Boden versinken mögen, denn die Haltung von Wels war politisch und moralisch die einzig mögliche Haltung." Martyrium und persönliche Opfer vieler, von Sozialdemokraten und Kommunisten, Konservativen verschiedener Schattierung und Parteiungebundenen, gehören zu der Geschichte danach, die Wiedergutmachung für die Geschichte davor nicht kennt.

Die SPD kann diese Menschen nur ehren, indem sie bei jedem Anschlag auf die Demokratie, von welcher Seite er auch kommt, hart und offensiv kämpft und angesichts der Dimension, um die es heute außenpolitisch geht, das als richtig und notwendig Erkannte bekennt und ohne Opportunismus vertritt.

Die Vereinigten Staaten von Europa stehen seit 1925 in unserem Programm und noch lange nicht vor der Verwirklichung; denn was bis 1992 erreicht werden soll, ist ein Binnenmarkt für den Westen Europas.

Bundespräsident von Weizsäcker hat an Leipzig als Gründungsort des „Allgemeinen Deutschen Arbeitervereins" erinnert. Die „Sozialdemokratische Deutsche Arbeiterpartei" wurde 1869 in Eisenach gegründet. In Dresden verlangte Bebel 1871 den damals utopischen 10-Stunden-Tag. 1875 fand die Einigung in Gotha statt. Das Europa-Programm 1925 datiert aus Erfurt. Das Kernland der deutschen Sozialdemokratie liegt auf dem Boden der DDR. In der sowjetisch besetzten Zone hat sich die SPD früher organisiert als in den drei Westzonen. Keine deutsche Partei hat die Spaltung tiefer getroffen als die SPD. Ohne die Spaltung hätte es andere Mehrheitsverhältnisse gegeben. Es ist hier nicht die Zeit, dies alles aufzuarbeiten oder auszuformulieren, was da noch alles mitschwingt.

Unter den Gesichtspunkten der Geschichte der SPD ist es jedenfalls dieser Partei schwerer gefallen als allen anderen, Konsequenzen zu ziehen aus harten und bitteren Realitäten, die andere geschaffen hatten, und im Interesse unseres Volkes den Weg über die Passierscheine zum Grundlagenvertrag zu bahnen, den heute kontinuierlich fortzusetzen sich diejenigen rühmen, die ihn damals leidenschaftlich bekämpft haben.

Ohne den Widerstand von Luise Schröder, Ernst Reuter und Willy Brandt wären Sieger nicht zu Verbündeten geworden, und ohne den Widerstand von Kurt Schumacher auch nicht; mit seinem Widerstand gegen die Militärgouverneure und Adenauer hat Schumacher die Finanzhoheit des Bundes erzwungen, ohne die die Entwicklung der Bundesrepublik, insbesondere der Bundeswehr, gar nicht vorstellbar wäre.

Der leidenschaftliche Widerstand der Sozialdemokraten gegen eine Westintegration, bevor die Möglichkeiten der deutschen Einheit auch nur sondiert worden sind, darf nicht vergessen werden. Wir haben für die Einheit gestritten und gelitten, während andere davon sprachen und bis heute sprechen, daß die Wiedervereinigung vordringlichste Aufgabe bleibt, aber das Gegenteil tun.

Ich habe von den vielfältigen Wurzeln der deutschen Sozialdemokratie gesprochen. Die Spannungen zwischen den nationalen und den internationalen gehört gewiß dazu. Daß Deutschland nicht über alles gehen darf, brauchen wir nicht mehr zu lernen. Daß die Nation nur zu bewahren ist, indem sie im internationalen Geflecht ihren Platz findet, wird auch von Konservativen nicht mehr bestritten. Aber das bedeutet für die vor uns liegende überschaubare Zukunft, daß die Nation ihre Chance in der Teilung suchen muß, daß die beiden deutschen Staaten, fest gebunden in ihren gesellschaftlichen und wirtschaftlichen europäischen Systemen sogar noch stärker als in ihren militärischen Bündnissen, nicht nach der Einheit, sondern nach der Gemeinsamkeit ihrer Interessen suchen müssen.

Selbstbestimmung ist ein großes Wort. Wie kann es sie geben, solange in den das ganze Land bestimmenden Fragen die Siegerrechte gelten und die Bundesregierung noch nicht einmal den Mut hat, sich für eine Konferenz auszusprechen, in der die europäischen Staaten am Tisch säßen, wenn es um vitale Fragen der europäischen Sicherheit geht?

Niemand kann die Geschichte zurückdrehen. Eine deutsche Chance wird es nur geben, wenn die beiden Staaten ihr Selbstbestimmungsrecht genauso erhalten wie alle anderen Staaten in Europa auch, und das heißt nach meiner Überzeugung: zwei Friedensverträge.

Daß die Wiedervereinigung nicht die vordringlichste Aufgabe bleibt, wird sich abermals als Heuchelei spätestens erweisen, wenn es darum geht, dem Binnenmarkt Westeuropas, der sich Europäische Gemeinschaft nennt, 1992 den Charakter der Unumkehrbarkeit zu geben. Bis dahin nämlich wird sich zeigen, ob die heute regierenden

370

Parteien den deutschen Vorbehalt anmelden werden, so, wie das noch anläßlich des Beitritts der Bundesrepublik zur NATO geschehen ist. Unumkehrbarkeit in der Europäischen Gemeinschaft und Wiedervereinigung, schon gar als vordringlichste Aufgabe, schließen einander aus. Und das soll ja wohl so sein; denn Wiedervereinigung zum bloßen Anschluß der DDR zu degradieren, wird man kaum wagen, und zwar nicht nur, weil es den Grundlagenvertrag brechen würde. Der europäische Binnenmarkt mit seinem Charakter der Unumkehrbarkeit macht den Weg zu zwei Friedensverträgen unumgänglich, sofern nicht der Standpunkt eingenommen wird, daß die beiden deutschen Staaten in dem Sonderstatus ohne Friedensvertrag zeitlich unbegrenzt gehalten werden sollen mit den gegenüber den anderen europäischen Staaten diskriminierenden Zügen.

Als Sozialdemokrat, als Deutscher, als Europäer, bin ich mehr denn je davon überzeugt, daß es unsere Aufgabe ist, die Chancen in der Teilung zu suchen.

Es gibt noch ein wichtiges Element sozialdemokratischen Denkens für die Zukunft. Ich meine die Idee der Gemeinsamen Sicherheit. Die Erkenntnis, daß im Zeitalter der gegenseitig gesicherten Zerstörung ein Krieg zwischen Ost und West nicht mehr gewonnen werden kann, läßt den potentiellen Gegner zum unentbehrlichen Partner der eigenen Sicherheit werden. Uns war bewußt, daß dies Umdenken erfordert, gegenüber der ganzen Menschheitsgeschichte, die geglaubt hatte, Sicherheit durch Stärke erreichen zu können und gerade dadurch die Geschichte der Kriege nicht verhindern konnte.

Die Vernunft sagt, daß es den Krieg, diese Garantie des eigenen Untergangs, nicht mehr geben darf. Und diese Vernunft wird identisch mit der Vision, den Krieg abzuschaffen. Vision und Vernunft fließen in eins: Das für notwendig Erkannte zu tun, durch Verträge, durch Kontrolle, zu garantieren, daß Überlegenheiten abgebaut, daß Angriffsunfähigkeit strukturell erreicht wird.

Es ist ein großes Erlebnis zu sehen, wie sozialdemokratische Erkenntnisse zur Grundlage internationaler Verhandlungen werden und ihre Kraft entfalten, wenn sie von dem ersten Mann der einen Supermacht konsequent zur Grundlage seiner Politik werden. Was heute auf der Tagesordnung steht, ist nicht ein bißchen Rüstungskontrolle oder Abrüstung von ein paar wenigen Waffen: Auf der Tagesordnung steht für Europa das Ende der militärischen Konfrontation und statt dessen die wirtschaftliche Kooperation und der friedliche Wettstreit der Systeme. Auf der Tagesordnung steht die Organisation eines neuen Abschnittes in der europäischen Geschichte. Es ist die langfristige Gestaltung der Ost-West-Beziehungen in Europa. Nicht unter Ausschaltung, aber unter Reduzierung des militärischen Elements auf das Minimum der gegenseitigen Verteidigungsfähigkeit. Was heute unter den Gesichtspunkten der militärischen Stabilität auf möglichst niedrigem Niveau zur Verhandlung ansteht, ist nichts Geringeres als die faktische Ausschaltung des Militärischen und sein Ersatz durch das politische, ökonomische, kulturelle, menschliche Zusammenwirken der europäischen Völker. Hier versöhnen sich auch Nationalismus und Internationalismus.

Ich möchte nur kurz einfügen in das, was vor dem Ergebnis der Konferenz der Warschauer Vertrags-Staaten geschrieben wurde. In Ideen und Formulierungen, die dort beschlossen wurden, sind wir alten Bekannten begegnet. Wir sind einig in dem Ziel eines unzerbrechbaren europäischen Friedens, der auf der kontrollierten Angriffsunfähigkeit beider Seiten ruht. Viele Elemente auf diesem Weg sind die unseren, weil sie der Vernunft unserer Zeit entsprechen. Ich hatte nach den Beschlüssen aus Warschau gestern kein Wort dessen zu ändern, was ich sagen wollte.

Was die Vernunft vor dem Ersten Weltkrieg gebot, in der Tradition nationalen Denkens zerstob, wird heute durch die vernünftige Angst vor einem atomaren wie konventionellen selbstzerstörerischen Krieg auf beiden Seiten zum kategorischen Imperativ. Die Vision entspricht der Vernunft; die Vernunft verlangt die Vision. Sozialdemokratisches Denken — Entwürfe — kann Wege weisen für ein Zusammenleben der Völker nicht nur unseres Kontinents, in Frieden, ohne den alles nichts ist. Dann wird sich vielleicht auch zeigen, ob unsere Auffassung richtig ist, daß weder der amerikanische Weg noch der sowjetische der Weltgesellschaft den Weg ins dritte Jahrtausend zeigt.

1962 hat Waldemar von Knoeringen auf dem Parteitag in Köln gesagt: „Wir sollten uns nicht scheuen, ganz offen zu erklären, daß eine politische Partei kein Debattierclub ist, keine Ideengemeinschaft, die nur in abstrakten Formeln denkt. Deshalb braucht die Sozialdemokratie ein unsentimentales und natürliches Verhältnis zur Macht... Wir sind abgerückt von der Utopie, daß zu irgendeiner Zeit durch den Sozialismus ein paradiesischer Zustand geschaffen werden könnte. Wir kommen zu der Erkenntnis, daß wir in dieser Welt, die in jedem Augenblick Menschen hervorbringt, die den Willen haben, ihre Mitmenschen zu unterdrücken, zu manipulieren, zu mißbrauchen, daß wir in dieser Welt zu jeder Stunde und in jeder Minute für die Verwirklichung der Menschenrechte kämpfen müssen, immer neu, im großen und kleinen. Jede nachkommende Generation junger Sozialdemokraten wird erneut vor der Aufgabe stehen, für die Verwirklichung von mehr Freiheit, von

372

mehr Gerechtigkeit und mehr Solidarität einzutreten. In diesem kleinen Wörtchen mehr liegt die ungeheure dynamische Spannung unserer Politik.

... Wir wissen auch, der Sozialismus wird die Tränen dieser Erde nicht trocknen, aber indem wir uns mutig von der Utopie als nie zu realisierender Hoffnung lösen und ein reales Ziel anstreben, wollen wir viel, wir wollen nämlich alles, was dem Menschen möglich ist. Die Sozialdemokratie hat 100 Jahre der geschichtlichen Stürme und der gesellschaftlichen Umbrüche überdauert, weil in ihr die Leidenschaft lebte zu einer Auseinandersetzung und zum Kampf mit den tausend Ungerechtigkeiten der kapitalistischen Gesellschaft. Die leidenschaftliche Kleinarbeit, bis in die kleinste Dorfgemeinschaft hinunter, die mühsame Kleinarbeit, das war es, was uns groß gemacht hat. Dem Herzen des einzelnen Menschen nahe zu sein, den einzelnen zum Verbündeten der Gemeinschaft zu machen, das wird auch weiterhin unsere Stärke sein."

Zuletzt kann man sozialdemokratische Geschichte und Programme in einen Satz bündeln: Wir wollen, daß der Mensch sich frei, also in Frieden, entfalten kann. Unsere Partei hat noch große Aufgaben.

GÜNTER GRASS

Egon Bahrs Kärrnerarbeit

Rede anläßlich der Verleihung des Friedenspreises für das Jahr 1972 der Freda-Wüsthoff-Stiftung

Lieber Egon Bahr, meine Damen und Herren!

Fragwürdig bleibt es, in einer Zeit vom Frieden zu sprechen, die zwar reich ist an friedwilligen Beteuerungen, aber bleibend gezeichnet wurde von dem zynischen Beschluß, in Vietnam den Frieden durch Bombenterror erzwingen zu wollen; dennoch will ich versuchen, bei knapper Zeit – denn die heutige Ehrung findet wie beiläufig zwischen Terminen statt – hauptsächlich von jener Kärrnerarbeit zu sprechen, die den deutschen Beitrag zur Friedenssicherung ausmacht.

Die Freda-Wüsthoff-Stiftung hat ihren Friedenspreis für das Jahr 1972 an Egon Bahr verliehen. Die Begründung sagt: ‚... für seine Bemühungen um die friedliche Zukunft der Menschheit'. Damit mag sich die Einsicht verbinden, daß die bloße Beschwörung des Friedens zur billigen Formel, ja, bei gleichzeitig aggressiv-militärischem Handeln, zum Ausdruck der Heuchelei geworden ist.

Nicht nur Wunschobjekte, der Frieden und seine Sicherung verlangen politisches Handeln, sind also machbar. Egon Bahr hat uns gezeigt, welch Ausmaß an Geduld, welche Kenntnis vom politischen Gegner und gleichwohl Verhandlungspartner und wieviel Respekt vor seinen Argumenten vonnöten sind, wenn auch nur Teilergebnisse jener großen und immer noch utopisch anmutenden Konzeption „Friedenspolitik" Wirklichkeit werden sollen.

Es hat lange gedauert, bis sich in der Bundesrepublik die Einsicht hat durchsetzen können, daß der vom Deutschen Reich begonnene und verlorene Krieg bittere Konsequenzen zur Folge hatte: Die Teilung Europas in zwei Macht- und Ideologiesphären wurde von den Siegermächten mitten in Deutschland vollzogen. Schießbefehl und Todesstreifen machten dieses Ergebnis des Zweiten Weltkrieges und des ihm folgenden kalten Krieges für jedermann deutlich; und dennoch wollte zwei Jahrzehnte lang eine im Wünschen weiträumige, doch vor der Realität befangene Politik der verschuldeten Niederlage und der Versäumnisse der Nachkriegszeit nicht gewiß werden: Vielmehr gab man sich beschäftigt, den verlorenen Krieg – und sei es im Sandkasten – nachträglich zu gewinnen.

Argumente verliefen sich in einem Wald von Gänsefüßchen. Was Wirklichkeit geworden war, wurde als „sogenannte" in Abrede gestellt. Nationales Pathos versuchte die separatistische Praxis zu schönen. Die Bürger der parallel zur Bundesrepublik entstehenden Deutschen Demokratischen Republik wurden im Stil eifernder Sonntagsredner zwar „Brüder und Schwestern" genannt, doch wochentags wie arme Verwandte behandelt. Wen wundert es, wenn die politisch törichte Verweigerung der Anerkennung von Tatsachen im anderen deutschen Staat einen Anerkennungskomplex bewirkt hat, dessen Folgen – Mißtrauen, Angst und demonstrative Härte – uns noch lange quälen und fordern werden.

Im Sommer 1963, relativ früh, hat Egon Bahr den Mut

gehabt, vergleichbar dem Kind im Märchen „Des Kaisers neue Kleider", die deutschen Tatsachen nackt zu sehen. Seit seiner Rede in Tutzing hat er Gehör gefunden, aber auch die Tiefen- und Flächenwirkung schlagzeilenfetter Verdächtigung und leisetretender Verleumdung zu spüren bekommen und wortkarg zu tragen gelernt. Mehr noch: Geprägt von solch gallebittren Erfahrungen, hat Egon Bahr es verstanden, seine Galle zu immunisieren; wir, die wir ihn während der letzten drei Jahre auf dem Fernsehschirm sprechen und schweigen gehört haben, konnten beobachten, wie es unserem Mann auf dem Verhandlungsweg gelang, den Haßerzeugnissen seiner politischen Gegner eine in deutschen Bereichen neu anmutende Qualität von Humor abzugewinnen. Möge – so sagt der Festredner – der frisch gewählte Bundestagsabgeordnete Egon Bahr diesen Humor – und sei es als anzustrebende Qualität des Lebens – in den Bundestag einbringen; dem stünde, nach soviel verletzender Schärfe und blöder Witzelei, ein Bahrsches Quentchen geistreichen Witzes gut zu Protokoll.

„Wandel durch Annäherung" hieß seine Tutzinger Rede. Wer den Realitätsgehalt dieser Formel prüfen möchte, möge sie umkehren und der Gegenformel – Annäherung durch Wandel – jenes Ausmaß idealistischer Vermessenheit und ideologischer Indoktrination ablesen, das in beiden deutschen Staaten zur dogmatischen Versteinerung geführt hatte. Denn die der Annäherung vorausgesetzte Wandlung verlangte jeweils vom anderen die Preisgabe der hausgemachten oder verordneten Ideologie. Wandlung hierzulande hätte demnach Ablösung der parlamentarischen Demokratie und des Privatkapitalismus durch die Einführung des kommunistischen Staatskapitalismus zu bedeuten; Wandlung dortzulande verlangte freie Wahlen und die Restauration der bürgerlichen Eigentumsideologie. Alles-oder-nichts-Forderungen gaben den Ton an. Weder Wandel noch

Annäherung fand statt. Vielmehr lebten sich beide Staaten mehr und mehr auseinander.

Jetzt endlich, nachdem Verhandlungen zu Verträgen geführt haben und Verträge ihr Gewicht beweisen, beginnt, nach Egon Bahrs These, zögernd und begleitet von rückversichernden Beschwörungen, unsicher und ob des eigenen Mutes erstaunt, auch widerwillig, weil der eigenen Veränderung mißtrauend, der schrittweise Prozeß der Annäherung. Hat er schon Wandel gebracht? – Ich meine ja: Das Vokabular des kalten Krieges ist entwertet, auch wenn es hier wie drüben gelegentlich echohaft nachscheppert. Begegnungen finden statt. Mehr Menschen einer Sprache, geimpft von gemeinsamer Geschichte und entfremdet durch deren Folgen, lernen einander in ihren Bedingungen kennen. Der vage und in Deutschland immer auswuchernde Begriff „Nation" läßt mit den ersten Konturen seinen bescheiden gewordenen Anspruch erkennen. Die politischen Feinde von gestern, wie sie unversöhnlich einander ausschlossen, begreifen in Ansätzen, daß sie sich fortan wie politische Gegner, das heißt, mit Respekt und Argumenten begegnen müssen. Doch gleichzeitig – weil Wandel Veränderungen zur Folge hat – regiert Furcht die Doktrinären in beiden Staaten: Hier wird mit Gruselgesten das altbekannte Kommunismusgespenst, dort mit dogmatischem Zeigefinger die Gefahr des Sozialdemokratismus beschworen; denn den Hütern jeweils alleinseligmachender Lehre dämmert die Ahnung, es könnte Wandel durch Annäherung in der Tat einen dritten Weg offenlegen: Hier würden Banken und Produktionsstätten unter gesellschaftliche Kontrolle gestellt werden; dort würden die Grundrechte den Bürgern nicht mehr verweigert bleiben. Ein noch unbestimmter, als Hoffnung dämmernder Sozialismus, der den Menschen als mündig begreift und sich nicht totaler Selbstzweck ist, könnte nach langwieriger Annäherung Wandel bedeuten.

378

Doch Egon Bahr, dem wie mir die Schnecke als relativ schnelles Tier gilt, weiß, wie zögernd und phasenverschoben Bewußtsein sich ändert, wie viele Hügel noch hinter dem nächsten liegen.

Wir kennen Perioden deutscher Geschichte, in denen nicht nur ein Willy Brandt vergleichbarer Staatsmann, sondern auch dessen beharrlicher Mann auf dem Verhandlungsweg gefehlt hat. Etwa, als der 30jährige Krieg noch keine zwei Jahre alt war, etwa nach dem Tod Gustav Adolfs und nach der Entlassung Wallensteins, spätestens während der vierjährigen Verhandlungsphase, die zum kriegsfördernden Aberwitz des Westfälischen Friedens geführt hat. Wer diese zurückliegende Geschichtsepoche bis ins Detail betrachtet, ihre Verhandlungsmühsal bei gleichzeitig kriegerischer Entwicklung, der wird an den nun zu Ende gehenden 30jährigen Krieg in Indochina erinnert: Auch wir erleben als Zeitgenossen anhaltende Friedensbemühungen bei gleichzeitig laufenden Offensiven und Gegenoffensiven.

Unter anderem ist es Egon Bahrs Verdienst, bewiesen zu haben, daß Verhandlungen zu Friedenssicherung nur dann erfolgreich sein können, wenn der unversöhnliche Feindbegriff fallengelassen wird und der politische Gegner und seine Argumente respektiert werden. – Doch die Bomben auf offene Städte, als verbrecherischer Versuch, den Frieden zu erzwingen, sind schon gefallen; diese Schuld ist nicht mehr zu tilgen.

Im Schatten des so mörderisch zu Ende gehenden Vietnam-Krieges steht diese kleine Feier. Sie möge dem Preisträger Mut machen auf seinen weiteren Verhandlungswegen. Geboren wurde er am 18. März 1922 in Treffurt an der Werra. Vielleicht, so mutmaßt der Schriftsteller, hat der Name seines Geburtsortes Egon Bahr geprägt. Notwendig bleibt es, sich so lange miteinander zu treffen, bis die Furt gefunden und von Ufer zu Ufer begehbar ist.

Ausgewählte Literatur

Heinrich Albertz: *Blumen für Stukenbrock. Biographisches*, Stuttgart 1981

Helmut Allardt: *Moskauer Tagebuch. Beobachtungen, Notizen, Erlebnisse*, Düsseldorf, Wien 1973

Claus Arndt: *Die Verträge von Moskau und Warschau. Politische, verfassungsrechtliche und völkerrechtliche Aspekte*, Bonn-Bad Godesberg 1973

Egon Bahr: *Was wird aus den Deutschen? Fragen und Antworten*, Reinbek bei Hamburg 1982

Egon Bahr: *Zum europäischen Frieden. Eine Antwort auf Gorbatschow*, Berlin 1988

Arnulf Baring: *Machtwechsel. Die Ära Brandt-Scheel*, Stuttgart 1982

Willy Brandt: *Der Wille zum Frieden. Perspektiven der Politik*, Hamburg 1971

Willy Brandt: *Begegnungen und Einsichten. Die Jahre 1960–1975*, Hamburg 1976

Peter Bender: *Die Ostpolitik Willy Brandts oder die Kunst des Selbstverständlichen*, Reinbek bei Hamburg 1972

Peter Bender: *Neue Ostpolitik. Vom Mauerbau bis zum Moskauer Vertrag*, München 1986

Peter Bender: *Wenn es West-Berlin nicht gäbe*, Berlin 1987

Wolfgang Benz/Hermann Graml (Hrsg.): *Aspekte deutscher Außenpolitik im 20. Jahrhundert*, Stuttgart 1976

Otto Borst: *Egon Bahr*, in: Walther L. Bernecker/Volker Dotterweich (Hrsg.): *Persönlichkeit und Politik in der Bundesrepublik Deutschland. Politische Porträts*, 2 Bde., Göttingen 1982, Bd. I, S. 27–39

Karl Dietrich Bracher/Wofgang Jäger/Werner Link: *Republik im Wandel. 1969–1974. Die Ära Brandt*, Stuttgart, Mannheim 1986 (Geschichte der Bundesrepublik Deutschland; Bd. 5/I)

Wolfgang Brinkel/Jo Rodejohann (Hrsg.): *Das SPD-SED-Papier. Der Streit der Ideologien und die gemeinsame Sicherheit*, Freiburg i. Br. 1988

Wilhelm Bruns: *Deutsch-deutsche Beziehungen. Prämissen, Probleme, Perspektiven*, Opladen 1978

Hans Buchheim: *Deutschlandpolitik 1949–1972. Der politisch-diplomatische Prozeß*, Stuttgart 1985 (Schriftenreihe der Vierteljahreshefte für Zeitgeschichte, Nr. 49)

Bundesministerium für innerdeutsche Beziehungen (Hrsg.): *Zehn*

Jahre Deutschlandpolitik. Die Entwicklung der Beziehungen zwischen der Bundesrepublik Deutschland und der Deutschen Demokratischen Republik 1969–1979. Bericht und Dokumentation, Bonn 1980

Dettmar Cramer: Gefragt: Egon Bahr, Bornheim 1975

Dettmar Cramer: Deutschland nach dem Grundvertrag, Stuttgart 1973

Theodor Eschenburg: Jahre der Besatzung: 1945–1949, Stuttgart, Mannheim 1983 (Geschichte der Bundesrepublik Deutschland; Bd. 1)

Helga Haftendorn: Sicherheit und Stabilität. Außenbeziehungen der Bundesrepublik zwischen Ölkrise und NATO-Doppelbeschluß, München 1986

Wolfgang Heisenberg/Dieter S. Lutz (Hrsg.): Sicherheitspolitik kontrovers. Auf dem Weg in die neunziger Jahre, Bonn 1987 (Schriftenreihe der Bundeszentrale für politische Bildung; Bd. 247)

Wolfgang Jäger/Werner Link: Republik im Wandel. 1974–1982. Die Ära Schmidt, Stuttgart, Mannheim 1987 (Geschichte der Bundesrepublik Deutschland; Bd. 5/II)

Richard Löwenthal/Hans-Peter Schwarz (Hrsg.): Die zweite Republik. 25 Jahre Bundesrepublik Deutschland – eine Bilanz, Stuttgart 1974; daraus erschien als Sonderdruck:

Richard Löwenthal: Vom kalten Krieg zur Ostpolitik, Stuttgart (1974)

Karlheinz Niclauß: Kontroverse Deutschlandpolitik. Die politische Auseinandersetzung in der Bundesrepublik Deutschland über den Grundlagenvertrag mit der DDR, Frankfurt 1977

Margit Roth: Zwei Staaten in Deutschland. Die sozialliberale Deutschlandpolitik und ihre Auswirkungen 1969–1978, Opladen 1981

Jürgen Rühle/Gunter Holzweißig: Der 13. August 1961. Die Mauer in Berlin, Köln 1981

Günter Schmid: Entscheidung in Bonn. Die Entstehung der Ost- und Deutschlandpolitik 1969/1970, Köln 1979

Kurt L. Shell: Bedrohung und Bewährung. Führung und Bevölkerung in der Berlin-Krise, Köln 1965

Heinrich Siegler (Hrsg.): Wiedervereinigung und Sicherheit Deutschlands. Eine dokumentarische Diskussionsgrundlage, Bonn, Wien, 6. Aufl., 1970

Ilse Spittmann/Karl Wilhelm Fricke (Hrsg.): 17. Juni 1953. Arbeiteraufstand in der DDR, Köln 1982

Benno Zündorf: Die Ostverträge. Die Verträge von Moskau, Warschau, Prag, das Berlin-Abkommen und die Verträge mit der DDR, München 1979

381

Namenregister